논어정의 論語正義

Lun Yu Zheng Yi —The Corrected Meaning of the LUN YU—

【五】

(권9 · 권10)

논어정의論語正義【五】
Lun Yu Zheng Yi —The Corrected Meaning of the LUN YU—

—

1판 1쇄 인쇄 2023년 12월 5일
1판 1쇄 발행 2023년 12월 18일

—

저 자 | 유보남劉寶楠
역 자 | 함현찬
발행인 | 이방원
발행처 | 세창출판사
　　　　신고번호 제1990-000013호
　　　　주소 03736 서울시 서대문구 경기대로 58 경기빌딩 602호
　　　　전화 02-723-8660 팩스 02-720-4579
　　　　이메일 edit@sechangpub.co.kr 홈페이지 www.sechangpub.co.kr
　　　　블로그 blog.naver.com/scpc1992 페이스북 fb.me/Sechangofficial 인스타그램 @sechang_official

—

ISBN 979-11-6684-290-0 94140
　　　 979-11-6684-221-4 (세트)

—

이 역주서는 2017년 대한민국 교육부와 한국연구재단의 지원을 받아 수행된 연구임.
(NRF-2017S1A5A7020726)

—

논어정의

論語正義

Lun Yu Zheng Yi —The Corrected Meaning of the LUN YU—

【五】

(권9 · 권10)

유 보 남劉寶楠 저

함 현 찬 역주

세창출판사

차 례

논어정의
論語正義
【五】

전체 차례

✳

논어정의
論語正義

해 제

1. 『논어정의』 번역의 가치

유학(儒學) 관련 경학 자료에는 동일한 원전 자료에 대해 오랜 기간 동안 수많은 학자들이 남긴 기록이 축적되어 있으며, 그것을 통해 이들의 형상이 어떻게 형성되는가를 살필 수 있다. 중국의 경우 『논어(論語)』 관련 주석서는 총 1,100여 종에 이르는데, 현전하는 가장 오래된 주석은 위(魏)나라 하안(何晏) 등이 쓴 『논어집해(論語集解)』이다. 이 책은 후한(後漢)의 포함(包咸)·주씨(周氏)·마융(馬融)·정현(鄭玄)과 위나라 진군(陳羣)·왕숙(王肅)·주생렬(周生烈) 등 7인의 주석과 『고논어(古論語)』의 공안국(孔安國) 주(注)를 모두 종합하여 집대성한 것이다. 이 『논어집해』는 양(梁)나라의 황간(皇侃)이 쓴 『논어의소(論語義疏)』를 통하여 후세에 전해졌다. 그런데 이 하안의 『논어집해』를 근거로 한 『논어』의 판본은 남북조시대(南北朝時代)에서 시작하여 수(隋)·당(唐)·오대(五代)를 거쳐 북송(北宋)에 이르기까지, 특히 황간의 『논어의소』본에 기대어 세상에 유행하였으나, 그 뒤에는 한동안 유행하지 않았다. 그 이유는 주희(朱熹)의 『논어집주(論語集註)』가 크게 유행함에 따라 자취를 감추게 되었기 때문인 것으로 생각된다. 다만 송(宋) 진종(眞宗) 3년(1000)에 칙명으로 형병(邢昺) 등이 하안의 『논어집해』를 다시 풀이하여 『논어주소(論語注疏)』

를 썼는데, 이것이 『십삼경주소(十三經注疏)』에 끼여 있는 논어의 전통적인 주해서 (注解書)이다. 이것은 황간의 『논어의소』에서 집해(集解)를 따로 떼어 지은 것이라고 하는데, 그 내용은 원칙적으로 황간의 『논어의소』를 따랐으나 장구(章句)의 훈고(訓詁)가 더욱 상세하였으므로, 황간의 『논어의소』를 밀어내는 까닭이 되었다. 그런데 이 황간의 『논어의소』는 당대에 일본에 전해졌다가 청대(淸代)에 청나라로 다시 전해짐으로써, 남송 때 없어진 이후 5백 년 뒤에 다시 유행하게 되었다.

한편, 주희의 『논어집주』는 형병의 『논어주소』의 경문을 바탕으로 고인(古人)들의 여러 해설을 참고하여 지은 것인데, 이로부터 논어의 해설은 이 『논어집주』가 단연 권위를 지니게 되었고, 오경(五經)을 중심으로 하던 유학이 사서(四書)를 더 중시하게 되었다. 또한, 『사서집주(四書集註)』가 나온 뒤로 『논어』는 더욱 존중되고 널리 읽혔다. 『사고전서총목(四庫全書總目)』을 통해 보면 『논어집주』를 이어 송대에 나온 『논어』의 주해서가 10여 종이며, 원대(元代)에도 다시 10여 종이 나왔고 명대(明代)에는 30여 종이 넘고 있다. 청대에는 더욱 많아 백여 종이 넘는다고 알려져 있다. 이것은 주희 이후로 유가의 경전이 오경에서 사서 중심으로 옮겨 갔으며, 그중에서도 『논어』가 가장 존중되었음을 뜻하는 것이다. 따라서 주희 이후로는 유가의 경전 중에서도 『논어』가 가장 중시되어 모든 공부하는 사람의 필독서가 되었다. 원대 이후로는 과거(科擧)에 있어서도 필수과목으로 채택되어 『논어』의 권위는 더욱 높아졌다. 특히 청대에는 고증학(考證學)이 발달함에 따라 진전(陳鱣)의 『논어고훈(論語古訓)』, 반유성(潘維城)의 『논어고주집전(論語古注集箋)』, 유보남의 『논어정의(論語正義)』 등 많은 연구서가 나왔다.

한국은 고려시대 말에 들어온 성리학을 그대로 계승·발전시켰으므로 『논어』가 더욱 중시되었다. 태조 원년(1392)에 확정된 과거법 이후 계속 과거에서 시험 과목으로 중시되었으며, 성균관에서의 교육 과목에서도 사서삼경은 가장 중요한 교과 과목으로 채택되었다. 역대 임금들도 사서오경에 대해 깊은 관심을 가졌으며, 여러 기록으로 미루어 사서오경은 임금과 태자로부터 모든 지식인에 이르기까지 꼭 읽어야 할 필독서로 자리를 잡고 있었음을 알 수 있다. 이에 따라 예로부터 있어 오던 구결(口訣) 또는 토(吐)를 달아 원문을 읽는 법에서 한 걸음 나아가 경서의 언해(諺解)가 시도되었다. 언해는, 유숭조(柳崇祖)가 칙명을 받아 『칠서언해구두(七書諺解口讀)』를 지은 것이 처음이라고 하나[유희춘(柳希春)의 『미암일기(眉巖日記)』, 안종화(安種和)의 『국조인물지(國祖人物志)』] 전하지 않는다. 이황(李滉)도 선조 3년(1570) 『삼경사서석의(三經四書釋義)』를 지었으나, 이보다도 본격적으로 우리나라에서 읽힌 언해본으로는 선조의 칙명으로 이루어진 『논어언해(論語諺解)』 4권과 이이(李珥)가 지은 『논어율곡언해(論語栗谷諺解)』 4권이 있다. 이 밖에 작자 미상의 『논어정음(論語正音)』 4권도 있다. 송시열(宋時烈)의 『논맹문의통고(論孟問義通攷)』도 있는데, 이것들을 통해 볼 때, 조선시대의 학자들은 무엇보다도 경문 자체를 올바로 읽고 정확하게 해석하려는 노력을 크게 기울였음을 엿볼 수 있다. 특히 정약용(丁若鏞)의 『논어고금주(論語古今注)』 등은 경학 연구 면에서 독특한 업적이었다고 할 수 있다.

그런데 한국에서의 『논어』 관련 경학 자료는 거의가 주희의 집주에 근거한 것이 대부분이다. 이는 고려시대 말의 성리학 도입 이래, 관리 등용에 있어 과거제도를 도입하여 관리를 선출했는데, 경전학 관련 과거는 오직 주희의 집주에 근거해 치러졌기 때문이라고 할 수 있다. 따라서 중국의 경우 『논어』 관련 주석서가 총 1,100여 종에 이르지만 우리나라의 경우는 조선시대에 성리학이 국교였던 관계로 중국에 비해 양적·질적으로 부족한 실정이며, 번역 및 해석서도 주희의 집주와 관련된 자료가 대부분이다. 뿐만 아니라 지금까지의 『논어』 관련 고전 자료의 대부분이 현대적으로 가공되지 않고 집성(集成) 형식으로 단순 정리됨으로써 자료적 가치에 비해 학문적 활용도를 담보하지 못하고 있다.

이제 완역된 본 『논어정의』는 하안의 『논어집해』, 황간의 『논어의소』, 주희의 『논어집주』와 더불어 『논어』 주소(注疏)의 사거서(四巨書)로 손꼽히는 유보남의 『논어정의』를 번역한 것으로 논어학의 체계적 정립에 기여하고, 한편으로는 『논어』가 담고 있는 광범위한 영역과 주제를 총체적으로 조망할 수 있는 기회를 제시할 것이다. 또한 현대적인 문맥에서 접근 가능한 표준적인 번역 작업을 수행하는 동시에 표점과 주해를 더하여 한국 유학에 있어『논어』에 대한 새로운 이해와 해석의 지평을 넓혀 줄 수 있을 것이다.

2. 원저자 소개

유보남은 중국 청나라 때의 고증학자이다. 자는 초정(楚楨), 호는 염루(念樓)이다. 강소성(江蘇省) 보응(寶應) 출신으로, 문안(文安)·삼하(三河)의 지현(知縣)을 지내기도 하였다. 유보남은 처음에 모씨(毛氏)의『시경(詩經)』과 정씨(鄭氏)의『예(禮)』를 연구하였는데, 뒤에 유문기(劉門淇)·매식지(梅植之)·포신언(包愼言)·유흥은(柳興恩)·진립(陳立) 등과 함께 경전을 공부하면서 각각 하나의 경전을 연구하기로 약속하여, 자신은『논어』를 맡았다.

유보남은『논어』 관련 주석서 중 황간과 형병의 소(疏)에 오류가 많고, 청담과 현학에 관련되었다고 탄식하였으며, 거친 곳이 있는 것을 병통으로 여겼다. 이에 한나라 이래 여러 학자의 학설을 두루 모으고, 송유(宋儒)의 의리론과 청유(淸儒)의 고증(考證)·훈석(訓釋)을 참고해서 초순(焦循)이『맹자정의(孟子正義)』를 저술한 체재에 따라 먼저 장편을 만들고 그런 뒤에 모으고 비교와 절충을 진행하였다.

유보남은『논어정의』를 도광(道光) 8년(1828)에 처음 쓰기 시작하였는데, 함풍(咸豊) 5년(1855)에 장차 완성되려 할 때 병으로 사망하였다. 이에 그의 아들 유공면(劉恭冕)이 저술을 계속하였으며, 동치 4년(1865)에 전서가 완성되었다.『논어정의』의 완성은 전후 38년이 소요되었으며, 동치 5년에 간행되었다.

그런데 유보남의『논어』 연구는 가학(家學)에 기초한 것이지만, 그의『논어정의』는 그가 38세에 뜻을 두고 착수하여 평생을 바친 저작으로, 청대『논어』 연구의 결정판으로 널리 알려져 있다. 그리하여 유보남의 『논어정의』는 흔히 한유(漢儒)의 구주를 망라한 하안의 『논어집해』, 위(魏)・양(梁) 제가(諸家)의 관점을 광범하게 수집하고 있는 황간의 『논어의소』, 주희의 『논어집주』와 더불어 『논어』 주소의 사거서로 손꼽힌다.

사실 청대의 고증학 중심의 『논어』 연구는 청나라 중기를 거치면서 유태공(劉台拱)의 『논어변지(論語騈枝)』, 초순의 『논어하씨집해보소(論語何氏集解補疏)』, 송상봉(宋翔鳳)의 『논어정주(論語程注)』에 오게 되면 한위경사(漢魏經師)의 『논어』 연구와 구주의 분석에 이르게 된다. 이러한 연구 성과와 초순의 『논어통석(論語通釋)』의 실사구시(實事求是) 제창은 경서에 대한 신주소(新注疏)가 생겨날 수 있는 토양이 되었는데, 그 위에서 성립된 것이 바로 유보남의 『논어정의』였다.

유보남은 『논어』를 연구함에 있어 정현의 주석을 높이 받아들였으며, 『논어집해』에 대해 "버리고 취함에 어긋남이 많고 의리가 조략하다."라고 하였고, 『논어의소』와 『논어주소』에 대해서는 "의리를 발명(發明)하지 못하고 뜻이 천박하여 미언대의에 대해서는 알지 못하고 전장훈고와 명물상수도 빠진 것이 많다."라고 하였다. 더욱이 송유의 논어학에 깊은 이해를 가지고 있었던 유보남은 자신의 이해를 시대적인 토양과 결합시킴으로써 한송겸채(漢宋兼采)의 논어학을 완성할 수 있었는데, 이것은 『논어정의』가 가지고 있는 최대의 특징이자 장점이다.

유보남의 저서로는 『논어정의』 이외에도 『석곡(釋穀)』, 『한석례(漢石例)』, 『염루집(念樓集)』 등이 있다.

3. 『논어정의』 소개

『논어』의 주석은 많으나 대표적인 것은 삼국시대 위나라의 하안이 몇 사람의 설을 편집한 『논어집해』와 남송의 주희가 새로운 철학 이론으로 해석한 『논어집주』

이다. 일반적으로 『논어집해』를 고주(古註), 『논어집주』를 신주(新註)라 한다. 고주를 부연·해석한 것이 송나라 형병의 소인데, 이는 『십삼경주소』에 수록되었다. 위·양 제가의 관점을 광범하게 수집하고 있는 황간의 『논어의소』는 앞에서 언급한 바와 같이 『논어』 주소의 사거서로 손꼽히기는 하지만, 본국에서 일찍 없어지고, 후한 정현의 『논어』 주석은 당나라 말기에 없어졌으나, 20세기 초 둔황[敦煌]에서 발견된 고사본(古寫本)과 1969년 투루판[吐魯蕃]에서 발견된 사본에 의해서 7편 정도가 판명되었다. 그리고 청나라의 유보남이 지은 『논어정의』는 훈고·고증이 가장 자세하다. 따라서 중국에서 『논어』의 제 주석(注釋) 가운데 가장 대표적인 것이 하안의 『논어집해』와 주희의 『논어집주』, 유보남의 『논어정의』인데, 세 가지는 각기 그 시대를 대표하는 저작으로서 각각의 특징을 최고(最古: 『논어집해』), 최정(最精: 『논어집주』), 최박(最博: 『논어정의』)으로 정의할 수 있다.

『논어정의』는 기본적으로 『논어』를 20편으로 분류하되, 「팔일(八佾)」·「향당(鄕黨)」이 예악제도를 많이 말하였으므로 자세하게 주석하여, 「팔일」을 2권(권3, 4)으로 나누고 「향당」을 25절 3권(권11, 12, 13)으로 나누었으며, 권24에는 하안의 「논어서(論語序)」를 수록하였고, 부록으로 「정현논어서일문(鄭玄論語序逸文)」을 붙이고 유공면의 「후서(後序)」를 더하여 모두 24권으로 구성되어 있다.

유보남은 도광 8년(1828)에 처음 『논어정의』를 쓰기 시작하였으나, 만년에 벼슬을 하게 되자 그 정리를 아들 공면에게 맡겼다. 『논어정의』의 편찬이 완성된 것은 함풍 5년 겨울인데, 유보남은 그해 가을에 완성을 보지 못하고 죽고 말았다. 『논어정의』는 권1에서 권17까지는 권의 제목 아래 "보응유보남학(寶應劉寶楠學)"이라고 되어 있고, 권18에서부터 권24까지는 "공면술(恭冕述)"이라고 되어 있어, 앞의 17권은 유보남이 저술한 것이고, 그 뒤로는 아들 유공면이 완성시킨 것임을 알 수 있다. 『논어정의』는 동치 4년(1865)에 전서가 완성되었으니, 책 편찬의 시작부터 전서의 완성까지, 전후 38년이 소요되었으며, 동치 5년에 간행되었다.

『논어정의』의 편찬 종지는 아들 유공면이 "자기의 견해를 주로 하지 않고 또한 한·송의 문호의 견해를 나누고자 하지 않았다. 성인의 도를 발휘하고 전례를 증명하여 실사구시하기를 기약했을 뿐이다.”라고 한 것을 보면, 한학과 송학의 장점을 아울러 취하여『논어정의』를 완성한 것이라고 할 수 있다.

『논어정의』는 범례상에 있어서 경문(經文)과 주석의 글은 모두 송 형병의 소본(疏本)을 따랐고, 한과 당의 석경(石經),『논어의소』및『경전석문(經傳釋文)』의 각 본의 이문(異文)을 소 가운데 열거하였다.

『논어정의』의 경문은『십삼경주소』의 형병의 소본을 저본으로 하고, 주문(注文)은 하안의『논어집해』를 사용하고 있다. 그리고 유보남이 경문의 문자 교감(校勘)에서 중시하고 있는 것은 당송 이래의 판본이다. 한·당·송의 석경은 물론이고, 황간의 소, 육덕명의『경전석문』에 실려 있는 명본(名本)을 형병의 소본 문자와 비교하여 자신의 새로운 소 안에 반영하고 있지만, 명·청 시기에 새로 출현한 문자의 차이에 대해서는 생략하고 논하지 않는다. 이 또한『논어정의』의 특징 중 하나이다. 유보남은 황간의 소에 실려 있는 하안의 주석이 비록 상세하기는 하지만 대부분 전적의 근거가 없는 것이라고 보고 대신 형병의 소에 실려 있는 하안의 주석을 사용한다.

청나라 때의 관료이자 학자인 장백행(張伯行, 1652~1725)의『청사열전(淸史列傳)』에서는『논어정의』의 장점을 다음과 같이 요약하고 있다.

“『논어정의』가 경문의 해석에서 뛰어난 것이 있는데, 예를 들면『논어』「학이」의 제12장인 ‘유자언체지용(有子言體之用)’ 장을『중용』의 설이라고 밝힌 것과, ‘50세에 천명을 알았다.’라는 것을 ‘하늘이 나에게 덕을 주셨음을 알았다.’라는 의미로 해석한 것, 자유·자하가 효를 물은 것에 대한 해석에서 ‘사(士)의 효’라고 말한 것, ‘뗏목을 타고 바다로 떠나겠다.’라고 한 것을 지금의 고려(한국)를 가리킨다고 해석한 것, ‘시에서 흥기시키며, 예에 서며, 음악에서 완성한다. 백성은 따르게 할 수는 있어도 알게 할 수는 없다.’를 공자의 교육 방법으로 본 점, ‘문왕이 이미 돌아가셨으니 문(文)이 이 몸에 있지 않겠는가?'를 간책(簡策)을 얻었음을 가리킨다고 한 것, '번지가 무우대에서 놀다가 덕을 높이며, 간특함을 닦으며, 의혹을 분별함에 대해 물은 것'에 대해 노나라가 기우제를 지낼 때, 번지가 기우제의 제사문을 가지고서 물었다는 것을 밝힌 것, '벗 사이에는 간절하고 자상하게 권면하며, 형제간에는 화락하여야 한다.'라는 것에 대해 벗 사이에는 책선(責善)하지만 형제간에는 책선해서는 안 된다고 해석한 것, 백어(伯魚)에게 '『주남』·『소남』을 배웠느냐?'라고 물은 것을 백어가 장가를 든 다음에 규문(閨門)의 훈계를 내린 것으로 해석한 것, '사해곤궁(四海困窮)'을 홍수의 재난으로 보아 요임금이 순임금에게 명령하자 순임금이 이를 받들어 다스린 것으로 해석한 것 등이다. 이 모두는 2천여 년 동안이나 드러나지 않았던 옛 성현의 뜻을 비로소 밝힌 것이다. 「팔일」·「향당」 두 편에서 밝힌 예제(禮制)는 상세하고도 정확하다."

이 외에도 『논어정의』의 특징을 정리해 보면, 유보남은 "옛사람들이 책을 인용할 때 원문을 검증하지 않았기 때문에 간혹 착오가 있을 수 있다."라고 보고, 이를 고려하여 한나라 이후 여러 서적이 인용하고 있는 『논어』의 어구에 대해 교감의 근거를 밝히지 않는다.

그리고 『논어정의』를 보면 문자훈고(文字訓詁)나 선진사사(先秦史事), 고대의 전적을 박람(博覽)하면서도 요령이 있다. 광범하게 인용하고 좋은 것을 골라서 따랐으며, 책 속에서 충분히 앞사람의 『논어』 연구 성과를 흡수하였다. 청인(淸人)이 집록한 정현의 남아 있는 주석을 모두 소 안에 수록하고 『논어집해』를 사용하여 한·위의 옛 모습을 간직했다. 경의 해석은 주를 근거로 하고 있으며, 또 경에 의거해 소를 보충하였고, 소에 잘못이 있으면 경의 뜻에 근거해 변론하였다. 또한 『논어정의』에서는 청대의 고증학을 드러내고 문자훈고와 사실의 고정(考訂)에 주의하였으며, 전장(典章), 명물(名物), 인명, 지명, 역사적 사건에 대해 모두 하나하나 주석하고 고증하여 자세하게 갖추었다. 그러나 책 속에 채택된 여러 사람의 학설에 구애되지 않았으므로 중류(衆流)를 절단(截斷)하였으나 대의가 남김없이 모두 개괄되었다. 또한 내용이 박흡(博洽)하고 고석(考釋)이 자세하게 갖추어져 있으며 정밀하다.

또한 『논어정의』는 가장 최후에 나온 저술답게 이전의 여러 주석서의 장점을 고루 흡수하였다. 한·위의 고주를 보존하였을 뿐 아니라, 이런 고주에 대해 상세하게 소해(疏解)하였고, 그 결과 『논어』의 주석 내용을 풍부하게 했으며, 고거(考據)와 의리를 아울러 중시하였고 간혹 송유의 학설을 채택하기도 하였다. 뿐만 아니라, 『논어정의』는 금문학파에 대한 이해도 있으며 건륭(乾隆)·가경(嘉慶) 고증학 황금시대의 다음 시대 저술로서 제가의 설을 집대성한 것이 이 책의 제일 공적이라고 할 수 있다.

이 외에도 『논어정의』의 또 다른 특징이라고 한다면 일본(日本) 오규 소라이[荻生徂徠]의 『논어징(論語徵)』에서 『논어』「술이(述而)」의 "子釣而不網" 구절과 "子貢曰, 有美玉於斯" 구절의 2조를 인용한 점이라고 할 수 있겠으며, 당시 시대상을 반영하는 문제들, 즉 동서문화우세론(東西文化優勢論)이나 민본사상(民本思想)에 관한 내용도 함께 담고 있는 점을 그 특징으로 꼽을 수 있다.

4. 『논어정의』 번역의 필요성

한국에 『논어』가 전해진 것이 언제인지는 분명하지 않지만, 일본 『고사기(古事記)』 응신왕 대(應神王代, 270~310)의 기록에 의하면 백제의 조고왕(근초고왕)이 보낸 화이길사[和邇吉師: 왕인(王仁)]가 『논어』 10권과 『천자문(千字文)』 1권을 가지고 왔다고 한 것을 보면 늦어도 3세기 중엽 이전에 전래된 것으로 볼 수 있다. 이렇게 『논어』가 한국에 전해진 이후로 이에 대한 많은 연구가 진행되었다. 통일신라시대인 682년(신문왕 2) 국학이 체계를 갖추었을 때 『논어』를 가르쳤으며, 그 뒤 독서삼품과(讀書三品科)로 인재를 선발할 때도 『논어』는 필수과목이었다. 조선시대에는 오경보다 사서를 중요시하는 주자학이 등장하여 사서의 중심인 『논어』는 벽촌의 학동들까지 배우게 되었다. 이황의『논어석의(論語釋義)』와 그의 문인 이덕홍(李德弘)의『사서질의(四書質疑)』가 그 면모를 짐작하게 해 준다. 또한 정약용의『논어고금주』는 한·당의 훈고와 송·명의 의리에 매이지 않고 문헌 비판적·해석학적 방법론에 따라『논어』를 해석하였다.

그런데, 국내에『논어』를 연구하고 이해할 수 있는 원전이 번역되어 있기는 하지만, 그것이 거의 성리학 중심의 원전이라는 것은 주지의 사실이다. 중국의 경우『논어』관련 주석서는 총 1,100여 종에 이르는데, 한국의 경우 나름의 특색과 독특한『논어』관련 연구 성과가 간혹 눈에 띄기는 한다지만, 조선이 성리학을 토대로 성립한 국가였던 관계로 대부분 성리학이나 정주(程朱) 계열의 학문 풍토를 벗어나지 못하고, 그에 따라 중국에 비해『논어』와 관련된 다양한 주석서에 대한 연구가 양적·질적으로 매우 부족한 실정이다. 뿐만 아니라『논어』나 그 밖의 연구·주석 역시 주로 주자 내지는 송유들의 전거에 의존하는 비율이 큼에 따라 한대 이후『논어』에 대한 다양한 연구·주석서를 접할 기회가 많지 않았으며, 오늘날에는 한글 전용의 분위기에 따라 한글로 번역된『논어집주』를 제외하면 거의 다른 주석서들에 대해서는 접근할 엄두조차 내지 못하게 되었다.

한대의 훈고학이나, 청대 고증학의 문장은 대단히 어렵다. 그들의 학문적인 깊이와 박식함에서 오는 어려움도 적지 않지만, 논리의 전개가 우리들의 허를 찌르는 부분이 많기 때문이기도 하다. 또 한국의 경학이 주자학 일변도로 걸어오면서 나름대로 형성된 주자학적 문리(文理)의 언어적인 전통이 다양한『논어』해석학의 글에 접근하기 힘들게 한다.

그렇지만 어렵다고 그냥 내버려 둘 수가 없는 것이 바로 유보남의『논어정의』이다. 앞서 소개하였듯이『논어정의』는 중국에서『논어』의 제 주석 가운데 가장 대표적인 것으로, 고증학자의 귀납적 추리법이 고도로 발휘된 책이기 때문이다. 더욱이 송유의 논어학에 깊은 이해를 가지고 있었던 유보남은 자신의 이해를 시대적인 토양과 결합시킴으로써 한송겸채의 논어학을 완성할 수 있었는데, 이것은『논어정의』

가 가지고 있는 최대의 특징이자 장점이라고 할 수 있다. 따라서『논어정의』를 우리 말로 번역하고 주해한다는 것은 논어학에 대한 전체적인 계통을 확인할 수 있고, 또한 성리학적 해석과의 차별성에 대해서도 알아볼 수 있는 훌륭한 학문적 기초를 마련하는 작업이라고 할 수 있다. 아울러『논어』와 공자, 맹자의 사상, 그리고 선진시대의 각종 제도나 사상에 대해서 이만큼 집요하게 관련 자료를 제시하고 있는 책도 많지 않다는 점에서『논어정의』에 대한 번역 작업은 한국의 논어학 관련 연구에 있어 무엇보다 필요하다고 할 수 있다.

5. 선행 연구

유보남의『논어정의』는 논어학 연구에 있어서 해석이 가장 뛰어나면서도 이전에 있던 여러『논어』주석서의 장점을 고루 흡수한 해석서임에도 불구하고, 우리나라에서는 이 책에 대해 천착하거나,『논어정의』만을 단독으로 다룬 전문 선행 연구 성과가 거의 전무한 실정이다. 그나마 유보남의『논어정의』가 언급된 연구 성과물로는 2010년 윤해정의『朱熹의 '論語集注'와 劉寶楠의 '論語正義'에 나타난 '仁'의 해석학적 비교』가 있고, 또 2003년 김영호의「중국 역대 《논어》 주석고」가 있지만, 모두 단편적으로『논어정의』에 대해 언급하고 있을 뿐이며, 그 외에 유교 경전학 관련 연구 논문에 언급되는 내용 역시 이 책이 갖고 있는 특징 내지는 서지적 정보에 대한 언급만 있을 뿐, 이 책에 대한 전반적인 연구는 아직 이렇다 할 만한 성과가 없는 실정이다.

따라서『논어정의』의 경전학적 가치의 입장에서 볼 때, 이 책에 대하여 현대적인 문맥에서 접근 가능한 표준적인 번역 작업을 수행하는 동시에 표점과 주해를 더하여 한국 유학에 있어『논어』에 대한 새로운 이해와 해석의 지평을 넓히기 위한 번역 작업이 무엇보다 시급하다고 여겼다.

역자는 유교철학을 전공하여 박사학위를 받았으며 한문 전문 연수기관인 성균관 한림원에서 사서오경을 중심으로 한문을 공부하였다. 현재 성균관대학교 유학·동양학과 겸임교수로 재직하면서, 학부 및 대학원에서 강의하고 있으며, 성균관 한림원 교수로서 한문을 가르치고 있다.

그동안 역자는 기초 한문 교재를 대상으로 『(교수용 지도서) 사자소학』·『(교수용 지도서) 추구·계몽편』·『(교수용 지도서) 격몽요결』을 집필하기도 하였다. 또한 역자는 한국연구재단의 명저번역지원사업을 통해 오규 소라이의 『논어징』을 공동 번역한 연구 성과가 있으며, 또한 연구재단의 토대연구지원사업을 통해 『성리논변』·『동유학안』(전 6권)·『주자대전』(전 13권)·『주자대전차의집보』(전 4권)를 공동 번역하여 출판한 연구 성과가 있다. 이 외에도 역자는 왕부지의 『독사서대전설』을 공동 번역하여 『왕부지 대학을 논하다』·『왕부지 중용을 논하다』라는 번역서를 출판하였고, 성균관대학교출판부를 통해 『논어』·『맹자』를 공동 번역하기도 하였는데, 이 『논어』는 『교수신문』 선정 최고의 『논어』 번역본으로 선정되기도 하였다.

일러두기

* 이 책은 1958년 중화민국(中華民國) 47년 4월에 중화총서위원회(中華叢書委員會)에서 간행한 유보남(劉寶楠)의 『논어정의(論語正義)』를 저본으로 삼고, 1990년 3월 중화서국(中華書局)에서 출판한 고유수(高流水) 점교본(點校本) 『논어정의(論語正義)』를 대교본으로 삼았다.

* 이 책의 표점은 기본적으로 1990년 3월 중화서국에서 출판한 고유수 점교본 『논어정의』를 따르되, 기본 원칙은 성균관대학교 한국유경편찬센터(http://ygc.skku.edu)의 표점 기준을 따르기로 한다.

* 청(淸) 유보남(劉寶楠)의 『논어정의』 24권을 완역했다. 아울러 부록(附錄)한 「정현논어서일문(鄭玄論語序逸文)」과 유공면(劉恭冕)의 「후서(後敍)」, 그리고 「청사고유보남전부유공면전(淸史稿劉寶楠傳附劉恭冕傳)」도 함께 완역했다.

* 주석은 『논어정의』 원문에서 원전의 내용을 인용한 경우는 출전만 밝히고, 『논어정의』 원문에서 출전만 밝힌 경우는 원전의 원문과 함께 번역을 싣는다.

* 주석의 내용이 같거나 중복될 경우 각주는 되도록 한 번만 제시했다.

* 한글과 한자를 한글(한자)로 병기하였다.

* 서명과 편명이 명확한 경우에는 책은 '『 』'로, 편은 '「 」'로 표시하고, 명확하지 않은 경우에는 모두 '『 』'로 표시했다.

* 각주의 서명과 편명과 장 제목, 인명(人名)과 지명(地名)의 한글과 한자는 권마다 처음으로 제시할 때만 한글(한자)로 병기하였다.

* 인용부호는 " ", ' ', "", ' '의 순서로 표시했다.

* 이해를 위해 역자가 추가로 삽입한 문장이나 낱말은 '( )'로 표시했다.

* 인명과 지명에 한해서 원문에 밑줄을 표시했다.

* 유보남의 『논어정의』에는 매우 많은 인명이 등장함에 따라 주요 인물의 인명사전을 부록으로 붙였다.

범 례

恭冕述

공면이 서술함

一. 經文「注」文, 從邢「疏」本. 惟「泰伯」篇: "予有亂臣十人", 以子臣母, 有干名義, 因據『唐石經』刪"臣"字, 其他文字異同, 如漢‧唐‧宋『石經』及皇侃「疏」‧陸德明『釋文』所載各本, 咸列於「疏」. 至山井鼎『考文』所引古本, 與皇本多同. 高麗‧足利本與古本亦相出入, 語涉增加, 殊爲非類, 旣詳見於『考文』及阮氏元『論語校勘記』‧馮氏登府『論語異文疏證』, 故此「疏」所引甚少. 古本‧高麗‧足利本, 有與皇本‧『釋文』本‧『唐石經』證合者, 始備引之, 否則不引. 至「注」文訛錯處, 多從皇本及後人校改, 其皇本所載「注」文, 視邢本甚繁, 非關典要, 悉從略焉.

하나. 경문 「주」의 문장은 형병(邢昺)의 「소」본을 따른다. 다만 「태백(泰伯)」의 "나에게는 다스리는 신하 열 사람이 있다."라고 한 구절은 자식으로서 어머니를 신하로 삼아 명분과 의리를 구함이 있으니, 『당석경(唐石經)』을 근거로 해서 "신(臣)"

자를 삭제했을 뿐이고, 그 외의 글자의 다르고 같은 것들, 예를 들어 한(漢)과 당(唐)과 송(宋)의 『석경』 및 황간(皇侃)의 「소」와 육덕명(陸德明)의 『경전석문』에 실려 있는 각 판본과 같은 것은 모두 「소」에 나열해 놓았다. 야마노이 가나에[山井鼎: 야마노이 곤론[山井崑崙]]의 『칠경맹자고문(七經孟子考文)』에 인용한 고본(古本)과 같은 경우 황간본과 많은 부분이 같다. 고려본(高麗本)과 아시카가본[足利本]은 고본과는 역시 서로 차이가 있고 말이 증가된 것 같으니, 전혀 같은 종류가 아니고, 이미 자세한 것은 『칠경맹자고문』 및 완원(阮元)의 『논어교감기(論語校勘記)』와 풍등부(馮登府)의 『논어이문소증(論語異文疏證)』에 보이므로, 이 「소」에서 인용한 부분은 매우 적다. 고본과 고려본과 아시카가본에 황간본과 『경전석문』본, 그리고 『당석경』의 증거들과 일치하는 것이 있는 것들은 처음 보이는 것은 구체적으로 갖추어 인용하였고, 그렇지 않은 것은 인용하지 않았다. 「주」의 글 중 잘못되었거나 뒤섞인 것은, 대부분 황간본과 후대 사람들이 교정하고 바로잡은 것을 따랐는데, 황간본에 실려 있는 「주」의 문장은 형병본보다 매우 번거롭기 때문에 불변의 법칙[典要]과 관계된 것이 아닌 것은 생략하기로 한다.

一. 「注」用『集解』者, 所以存魏·晉人著錄之舊, 而鄭君遺「注」, 悉載「疏」內. 至引申經文, 實事求是, 不專一家, 故於「注」義之備者, 則據「注」以釋經; 略者, 則依經以補「疏」; 其有違失未可從者, 則先疏經文, 次及「注」義. 若說義二三, 於義得合, 悉爲錄之, 以正向來注疏家墨守之失.

하나. 「주」에서 『논어집해』를 사용한 것은 위(魏)나라 사람들과 진(晉)나라 사람들이 저술하고 기록한 오래된 것들을 보존하기 위한 것이고, 정군[鄭君: 정현(鄭玄)]이 남긴 「주」는 모두 「소」 안에 기재했다. 경문(經文)을 인용해서 의미가 확대된 경우에는 실질에 힘써 진리를 구한 것이므로 한 학파에만 국한되지 않기 때문에 「주」에서 구체적으로 뜻이 잘 갖추어진 것은 「주」에 의거해서 경문을 해석하였고, 생략된 것은 경문에 의거해서 「소」를 보충하였으며, 어긋나거나 잘못된 부분이 있어 따를 수 없는 것은 먼저 경문을 소통시킨 다음에 「주」의 뜻에 미쳤다. 만약 말의 뜻이 두세 가지라도 의리에 부합할 수 있는 것이라면 모두 기록해서 그동안의 주석가들이 묵수하던 잘못을 바로잡았다.

一. 鄭「注」久佚, 近時惠氏棟·陳氏鱣·臧氏鏞·宋氏翔鳳成有『輯本』, 於『集解』外, 徵引頗多. 雖拾殘補闕, 聯綴之迹, 非其本眞, 而舍是則無可依據. 今悉詳載, 而原引某書某卷及字句小異, 均難備列, 閱者諒諸.

하나. 정현의 「주」가 일실된 지 오래되었으나, 근래에 혜동(惠棟)과 진전(陳鱣)과 장용(臧庸)과 송상봉(宋翔鳳)이 『집본(輯本)』을 완성했으니, 『논어집해(論語集解)』 외에도 증거로 인용할 만한 것들이 자못 많아졌다. 비록 해진 것들을 주워 빠진 부분을 보충해서 잇고 꿰맨 자취가 그 본래 진면목은 아니지만 이마저 버리면 의거할 만한 것이 없게 된다. 그러므로 이제 모두 상세히 실어 놓고 인용한 어떤 책이나 어떤 권 및 자구가 조금 차이 나는 것을 근원해 보았으나, 고루 다 갖추어서 나열하기는 어려웠으니, 이 책을 열어 보는 자들이 이를 혜량(惠諒)해 주기를 바란다.

一. 古人引書, 多有增減, 蓋未檢及原文故也. 翟氏灝『四書考異』, 馮氏登府『論語異文疏證』, 於諸史及漢·唐·宋人傳注, 各經說·文集, 凡引『論語』有不同者, 悉爲列入, 博稽同異, 辨證得失, 旣有專書, 此宜從略.

하나. 옛사람들은 책을 인용함에 더하거나 뺀 것이 많은데, 이는 아마도 점검이 원문에 미치지 못했기 때문인 듯싶다. 적호(翟灝)의 『사서고이(四書考異)』와 풍등부의 『논어이문소증』은 여러 역사서 및 한나라·당나라·송나라 사람들이 전한 주석과 각각의 경설(經說)과 문집(文集)에서 『논어』를 인용한 것이 같지 않은 점이 있는 것은 모두 나열해서 삽입하고, 널리 같고 다른 점을 고찰해서 잘잘못을 변별하고 증명해서 이미 전문적으로 다룬 저작이 있으니, 여기서는 마땅히 생략하기로 한다.

一. 漢・唐以來, 引孔子說, 多爲諸賢語・諸賢說. 或爲孔子語者, 皆由以意徵引, 未檢原文, 翟氏『考異』旣詳載之, 故此「疏」不之及.

하나. 한・당 이래로 공자의 학설을 인용한 것은 대부분은 제현들이 한 말이거나 제현들의 학설이다. 혹 공자가 한 말이라고 생각되는 것은 모두 의도적으로 증거를 인용함으로 말미암아 원문을 검토하지 않았는데, 적씨(翟氏)의 『사서고이』에 이미 상세히 실었기 때문에 여기의 「소」에서는 언급하지 않는다.

一. 漢人解義, 存者無幾, 必當詳載, 至皇氏「疏」・陸氏『音義』所載魏・晉人以後各說, 精駁互見, 不敢備引. 唐・宋後著述益多, 尤宜擇取.

하나. 한나라 사람들의 해의(解義)는 보존되어 있는 것이 거의 없으니, 반드시 상세하게 기재하는 것이 마땅하고, 황씨(皇氏)의 「소」와 육씨(陸氏)의 『음의』에 실려 있는 위나라와 진나라 사람들 이후의 각각의 설들은 정밀하고 잡박한 것들이 번갈아 보여서 감히 구체적으로 갖추어서 인용하지 않았다. 당나라와 송나라 이후에는 저술들이 더욱 많아졌으므로 더더욱 가려서 취함이 마땅하다.

一. 諸儒經說, 有一義之中, 是非錯見. 但采其善而不著其名, 則嫌於掠美; 若備引其說而並加駁難, 又嫌於葛藤. 故今所輯, 舍短從長, 同於節取, 或祇撮大要, 爲某某說.

하나. 여러 유학자의 경전에 대한 설명은 한 가지 뜻 안에서도 옳고 그른 것이 뒤섞여 보인다. 다만 그 잘된 것을 채록하되 그 이름을 밝히지 않으면 좋은 점만 훔친 것에 혐의가 있게 되고, 만약 그 말을 구비해서 인용하되 잡박하고 난해한 것까지 아울러 더해 놓으면 또 갈등을 일으킴에 혐의가 있게 된다. 따라서 이제 수집한 것을 단점은 버리고 장점을 좇아 똑같이 적절하게 취하되, 더러는 단지 큰 요지만을 취해서 아무개 아무개의 말이라고 하였다.

一. 引諸儒說, 皆舉所著書之名. 若習聞其語, 未知所出何書, 則但記其姓名而已. 又先祖考國子監典簿諱履恂著『秋槎雜記』, 先叔祖丹徒縣學訓導諱台拱著『論語駢枝』·『經傳小記』, 先伯父五河縣學訓導諱寶樹著『經義說略』, 「疏」中皆稱爵.

하나. 인용한 여러 유학자의 설은 모두 저서의 이름을 거론했으나, 그 말은 익히 들었지만 어느 책에서 나온 것인지 모르는 것과 같은 것은 단지 그 성명만 기록했을 뿐이다. 또 선조고(先祖考)이신 국자감 전부(國子監典簿) 휘(諱) 이순(履恂)이 저술한 『추사잡기(秋槎雜記)』와 선숙조(先叔祖)이신 단도현(丹徒縣) 현학(縣學)의 훈도(訓導) 휘 태공(台拱)이 저술한 『논어변지(論語駢枝)』와 『경전소기(經傳小記)』, 그리고 선백부(先伯父)이신 오하현(五河縣) 현학의 훈도 휘 보수(寶樹)가 저술한 『경의설략(經義說略)』은 「소」 안에 모두 작위를 칭하였다.

논어정의 권9

論語正義卷九

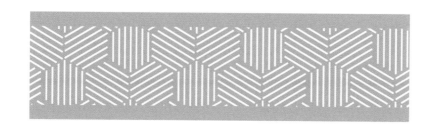

泰伯第八(태백 제8)

○●○

集解(집해)

○●○

凡二十一章(모두 21장이다)

8-1

子曰: "泰伯, 其可謂至德也已矣. 三以天下讓, 民無得而稱焉." 【注】王曰: "泰伯, 周太王之長子. 次弟仲雍, 少弟季歷. 季歷賢, 又生聖子文王昌, 昌必有天下, 故泰伯以天下三讓於王季. 其讓隱, 故無得而稱言之者, 所以爲'至德'也."

공자(孔子)가 말했다. "태백(泰伯)은 지극한 덕이 있다고 이를 만하다. 세 번 천하를 사양하였으나 백성들이 거기에 대하여 칭송할 수 없었다." 【주】 왕숙(王肅)이 말했다. "태백은 주(周)나라 태왕(太王)의 맏아들이다. 둘째[次弟]는 중옹(仲雍)이고, 막내[少弟]는 계력(季歷)이다. 계력이 현명한 데다 또 성(聖)스러운 아들 문왕(文王) 창(昌)을 낳으니, 창이 반드시 천하를 갖게 하려고 했기 때문에, 태백이 왕계(王季: 계력)에게 천하를 세 번 사양한 것이다. 그러나 그가 사양한 사실이 숨겨져 있기 때문에 그를 칭송할 수 있는 자취가 없었으니, 그래서 '지극한 덕'이 된 것이다."

正義曰: 鄭「注」云: "泰伯, 周太王之長子, 次子仲雍, 次子季歷. 泰伯見
季歷賢, 又生文王, 有聖人表, 故欲立之, 而未有命. 太王疾, 泰伯因適吳・
越採藥, 太王歿而不返, 季歷爲喪主, 一讓也. 季歷赴之, 不來奔喪, 二讓
也. 免喪之後, 遂斷髮文身, 三讓也. 三讓之美, 皆隱蔽不著, 故人無德而
稱焉."

정의에서 말한다.

　　정현(鄭玄)의 「주」에 "태백은, 주나라 태왕의 맏아들이고, 그다음 아
들은 중옹이며, 또 그다음 아들은 계력이다. 태백은 계력이 현명한 데다
가 또 문왕을 낳으매 성인(聖人)의 징표(徵表)가 있음을 알았기 때문에,
계력을 즉위시키기를 바랐지만, 아직 명이 내려지지 않은 상태였다. 태
왕이 병에 들자 태백이 병에 쓰기 위해 오(吳)나라와 월(越)나라로 약초
를 캐러 갔다가 태왕이 죽어도 돌아오지 않자 계력이 상주가 되었는데,
이것이 첫 번째 사양이다. 계력은 부음을 듣고 달려왔지만, 태백은 분상
(奔喪)하지 않았으니, 이것이 두 번째 사양이다. 삼년상을 마친[免喪] 뒤
에 마침내 머리카락을 자르고 몸에 문신을 새기니, 이것이 세 번째 사양
이다. 세 번씩이나 사양한 미덕(美德)을 모두 숨기고 가려서 드러내지 않
았기 때문에 사람들이 덕이라 하여 칭송할 수 없었던 것이다."라고 했다.

案, 『左』「僖」五年「傳」, "太伯・虞仲, 太王之昭也. 太伯不從, 是以不
嗣." 虞仲卽仲雍. "不從"者, 謂不從太王命立己爲嗣也. 『史記』「周本紀」,
"古公有長子曰太伯, 次曰虞仲. 太姜生少子季歷, 季歷生昌, 有聖瑞. 古公
曰: '我世當有興者, 其在昌乎!' 長子太伯・虞仲知古公欲立季歷以傳昌.
乃二人亡如荊蠻, 文身斷髮, 以讓季歷. 古公卒, 季歷立, 是爲公季. 公季
卒, 子昌立, 是爲西伯. 西伯曰文王." 此文卽鄭氏所略本也.

살펴보니, 『춘추좌씨전(春秋左氏傳)』「희공(僖公)」 5년의 「전」에 "태백

과 우중(虞仲)은 태왕의 아들[昭]이었지만 태백이 아버지의 명을 따르지 않았기 때문에 왕위를 계승하지 못하였다.”라고 했는데, 우중이 바로 중옹이다. “아버지의 명을 따르지 않았다”라는 것은 자기를 즉위시켜 왕위를 계승하도록 한 태왕의 명을 따르지 않았다는 말이다. 『사기(史記)』「주본기(周本紀)」에 “고공단보(古公亶父)에게는 맏아들이 있는데 이름을 태백이라 하고, 둘째를 우중이라 했다. 태강(太姜)은 막내아들 계력을 낳았고, 계력은 창을 낳았는데, 창이 태어날 때 성스러운 길조가 있었다. 고공단보는 ‘우리 세대에 큰일을 일으킬 사람이 있다는데, 그것이 창에게 달려 있는 것이로구나!’라고 했다. 맏아들 태백과 우중은 고공단보가 계력을 세워서 창에게 왕위를 전하고 싶어 한다는 것을 알았다. 이에 두 사람은 형만(荊蠻)으로 달아나 몸에 문신을 새기고 머리카락을 자름으로써 계력에게 임금 자리를 양보했다. 고공단보가 죽고 계력이 즉위하니, 이가 공계(公季)이다. 공계가 죽자 아들 창이 즉위하니, 이가 서백(西伯)이다. 서백을 문왕이라 한다.”라고 했는데, 바로 정현이 이 글을 간략하게 근거로 한 것이다.

원문 『韓詩外傳』云: “太王賢昌, 而欲季爲後, 太伯去之吳. 太王將死, 謂曰: ‘我死, 汝往讓兩兄, 彼卽不來, 汝有義而安.’ 太王薨, 季之吳告伯·仲, 伯·仲從季而歸. 群臣欲伯之立季, 季又讓. 伯謂仲曰: ‘今群臣欲我立季, 季又讓, 何以處之?’ 仲曰: ‘刑有所謂矣. 要於扶微者, 可以立季.’ 季遂立而養文王, 文王果受命而王. 孔子曰: ‘太伯獨見, 王季獨知; 伯見父志, 季知父心. 故太王·太伯·王季可謂見始知終, 而能承志矣.’”

　『論衡』「四諱篇」, “太伯入吳採藥, 斷髮文身, 以隨吳俗. 太王薨, 太伯還, 王季辟主. 太伯再讓, 王季不聽. 三讓, 曰: ‘吾之吳·越, 吳·越之俗, 斷髮文身. 吾刑餘之人, 不可爲宗廟社稷之主.’ 王季知不可, 權而受之.” 二說亦漢儒所傳, 與鄭氏異.

역문 『한시외전(韓詩外傳)』에 "태왕이 창이 현명함을 알고 계력을 후계자로 삼으려 하매, 태백이 오나라로 떠나갔다. 태왕이 임종하면서 '내가 죽거든 너는 가서 두 형에게 양보하되, 두 형이 즉시 오지 않더라도 너는 의리를 지키면서 편히 있거라.'라고 했다. 태왕이 죽자 계력이 오나라로 가서 태백과 우중에게 부고를 알리니, 태백과 우중이 계력을 따라 돌아왔다. 여러 신하가 태백이 계력을 즉위시키기를 바라자 계력이 또 사양했다. 태백이 우중에게 '지금 여러 신하가 내가 계력을 즉위시킬 것을 바라고 있는데, 계력이 또 사양을 하니 어찌 처리해야 하겠는가?'라고 하자, 우중이 '육체의 형벌을 받은 사람과 같이 한다면 일러 줄 말이 있을 것입니다. 미약함을 부지할 수 있는 이에게 요청하면 계력을 세울 수 있을 것입니다.'라고 했다. 계력이 마침내 즉위하여 문왕을 기르니, 문왕은 과연 천명을 받은 왕이로다. 공자가 말했다. '태백이 홀로 보았고, 왕계가 홀로 알았으니, 태백은 아버지의 뜻을 보았고, 왕계는 아버지의 마음을 알았구나. 그러므로 태왕과 태백과 왕계는 처음을 보고 끝을 알아 뜻을 계승할 수 있었다고 말할 수 있다.'"라고 했다.

『논형(論衡)』「사휘편(四諱篇)」에 "태백은 오나라로 잠적해 약초를 캐고, 머리카락을 자르고 몸에 문신을 새겨 오나라의 풍속을 따랐다. 태왕이 죽자 태백이 귀국하니 계력이 임금 자리를 사양했다. 태백이 재차 양보해도 왕계는 듣지 않았다. 태백이 세 번째 양보하면서 '내가 오나라와 월나라에 가 보니, 오나라와 월나라의 풍속은 머리카락을 자르고 몸에 문신을 새긴다네. 나는 육체의 형벌을 받은 사람과 같으니, 종묘와 사직의 주인이 될 수가 없다네.'라고 하자, 왕계도 태백의 뜻이 불가함을 알고 하는 수 없이 임시로 임금의 자리를 받아들이기로 했다."라고 했는데, 두 가지 이야기는 역시 한(漢)나라 시대 유학자들이 전하던 것으로 정현의 말과는 차이가 있다.

원문 案, 太王薨後, 季宜攝主, 斷無置喪事國事於不問, 而往吳告伯‧仲之理. 設使伯‧仲俱不隨季而歸, 將季遂偕逝乎? 抑將受伯‧仲之讓, 獨自歸乎? 『外傳』之言, 於是爲疎矣. 太王歿, 太伯若以奔喪反國, 則本爲適長, 理應嗣立, 群臣何敢與立季之議? 且後旣反國, 則其始之採藥荊蠻, 夫何爲者? 『論語』此義, 亦爲未達. 泛觀諸說, 惟鄭爲允.

역문 살펴보니, 태왕이 죽은 뒤에 계력이 의당 상주를 대신해야 했으니, 결단코 상사(喪事)나 국사(國事)를 묻지도 않은 채 내팽개치고 오나라로 가서 태백과 우중에게 알렸을 리가 없다. 설사 태백과 우중이 모두 계력을 따라 귀국하려 하지 않았다 하더라도 장차 계력이 마침내 함께 가려 했을까? 아니면, 태백과 우중의 사양을 받고서 혼자서 되돌아왔겠는가? 『한시외전』의 말은 이런 면에서 허술하다. 태왕이 죽었을 때 태백이 만약 분상을 핑계로 본국으로 되돌아왔다면, 본래 적장자(適長子)가 되니 이치상 응당 왕위를 계승해야 하는데, 여러 신하가 어떻게 감히 계력을 세우자는 의견을 올릴 수 있었겠는가? 또 훗날 이미 본국으로 되돌아왔으니, 그렇다면 애당초 형만으로 약초 캐러 간 것은 무슨 꼴이 되겠는가? 『논어(論語)』의 이 부분에 대한 뜻은 역시 분명하게 알 수가 없다. 여러 설을 두루 살펴보더라도 오직 정현의 설이 타당한 듯하다.

원문 『詩』「皇矣」云: "帝作邦作對, 自太伯‧王季; 維此王季, 因心則友; 則友其兄, 則篤其慶, 載錫之光." 觀此則知王季恭兄之誼, 必有非尋常人士所及者. 友愛如太伯, 固早知之. 知其父歿遜位, 季必不受, 故因太王病而托採藥以行. 及太王沒, 季歷赴之, 必屢促之, 而太伯決然不返. 及免喪之後, 文身斷髮, 從荊蠻之俗.「太伯世家」言"荊蠻義之, 從而歸之千餘家, 立

爲國主". 勢不容復返, 故季不得已而受讓耳. 傳世稱之, 是謂"載錫之光".
當時民雖無稱, 而歷世久遠, 夫子猶歎爲至德, 則亦王季厚明之所致矣.

역문 『시경(詩經)』「황의(皇矣)」에 "상제(上帝)가 나라를 만들고 담당할 자를
세운 것은 태백과 왕계로부터 시작하셨네. 오직 이 왕계는 마음속으로
부터 우애로웠지. 바로 그 형에게 우애하므로, 그 경사를 돈독히 하여,
영광을 형에게 내려 주었네."라고 했으니, 이 시를 보면 왕계가 형에게
공손했던 우의는 그저 평범한 인사가 미칠 수 있는 것이 아님을 알 수
있다. 우애가 태백 정도는 되어야 진실로 일찍 알아차릴 수 있는 것이
다. 아버지가 죽고 나서 왕위를 사양하면 계력이 반드시 받지 않을 것임
을 알았기 때문에 태왕이 병들자 약초를 캐겠다는 핑계로 떠났던 것이
다. 태왕이 죽게 됨에 미쳐 계력은 부고를 전해 반드시 여러 번 재촉했
으나 태백은 결연히 돌아오지 않았다. 그리고 삼년상을 마치고 난 뒤에
는 몸에 문신을 새기고 머리털을 깎고는 끝내 오랑캐[荊蠻]의 풍속을 따랐
던 것이다. 『사기』「오태백세가(吳太伯世家)」에 "형만 사람들은 그를 의롭
게 여겨 따르며 귀의한 1천여 집이 그를 나라의 군주로 세웠다."라고 했
으니, 형세가 이렇듯 되돌아갈 수 없었기 때문에 계력도 부득이하게 사
양을 받아들인 것일 뿐이다. 그러므로 대대로 전해지며 칭송했으니, 그
것이 이른바 "영광을 형에게 내려 주었다[載錫之光]"라는 것이다. 당시에
는 백성들이 이에 대해 무어라 칭송할 수 없었지만 세대가 지남이 오래
되고 멀어짐에 따라 공자는 오히려 지극한 덕이라고 찬탄했으니, 역시
왕계의 온후함과 총명함의 소치인 것이다.

원문 其云"三讓之美, 隱蔽不著"者, 案, 『孟子』云: "好名之人能讓千乘之國."
然則凡讓國者, 或出於好名之念, 惟太伯以讓之故, 幾不得爲子, 故其美隱
蔽. 皇「疏」引范寧說有二釋, 其後釋云"太王病而托採藥出, 生不事之以禮,

一讓也; <u>太王</u>薨而不反, 使<u>季歷</u>主喪, 死不葬之以禮, 二讓也; 斷髮文身, 示不可用, 使<u>季歷</u>主祭, 祀不祭之以禮, 三讓也." 此卽<u>鄭君</u>所云"隱蔽不著" 之義也. 隱蔽謂其美, 非謂其讓, 蓋讓國之事, 其跡甚著, 不可得而隱蔽也.

역문 "세 번씩이나 사양한 미덕을 숨기고 가려서 드러내지 않음"

살펴보니, 『맹자(孟子)』「진심상(盡心上)」에 "명예를 좋아하는 사람은 천승(千乘)의 나라도 사양할 수 있다."라고 했는데, 그렇다면 무릇 나라를 사양한 것은 혹 명예를 좋아하는 생각에서 나왔을 수도 있겠지만, 오직 태백만큼은 사양했기 때문에 거의 자식 된 도리를 할 수 없었고, 또 그런 까닭에 미덕을 숨기고 가렸던 것이다. 황간(皇侃)의 「소」에는 범녕(范寧)이 말한 두 가지 해석을 인용했는데,[1] 그 두 번째 해석에 "태왕[2]이 병들자 약초를 캐겠다는 핑계로 떠나가서 살아 계실 때 예(禮)로써 섬기지 않은 것이 첫 번째 사양이고, 태왕이 죽었는데도 돌아오지 않고 계력으로 하여금 상주가 되게 해서, 돌아가셨을 때 예로써 장사 지내지 않은 것이 두 번째 사양이며, 머리카락을 자르고 몸에 문신을 새겨 등용될 수 없음을 보임으로써 계력으로 하여금 제사를 주관하게 해서 제사에서 예로써 제사 지내지 않은 것이 세 번째 사양이다."라고 했으니, 이것이 바로 정군(鄭君)이 말한 "숨기고 가려서 드러내지 않았다[隱蔽不著]"라는 뜻이다. 숨기고 가린 것은 그 미덕을 말하는 것이지 그 사양한 것을 말하는 것이 아니니, 대체로 나라를 사양하는 일은 그 자취가 매우 분명하기 때문에 숨기거나 가릴 수가 없다.

1　『논어집해의소(論語集解義疏)』 권4, 「논어태백제8(論語太伯第八)」의 황간(皇侃)의 「소」에 태백(泰伯)이 세 번 천하를 사양한 자취에 대해 범녕(范寧)이 해석한 두 가지 가설을 인용했는데, 여기서는 그 두 번째 가설을 인용하였다.

2　『논어정의』에는 "太伯"으로 되어 있다. 『논어집해의소』를 근거로 "太王"으로 고쳤다.

원문 晉 孫盛著『三讓論』, 不解鄭氏"隱蔽"之旨, 輕爲譏彈, 又謂"斷髮之言, 與『左傳』相背, 事爲不經." 不知端委治禮乃君吳後事, 其斷髮文身自在免喪後從俗之時. 兩事判然, 毫不相背. 辱身遯跡, 冀以遜國, 豈復以不經爲嫌? 凡此之論, 未足爲鄭難也. 至孫自立說, 則棄太子位爲一讓, 不赴喪爲二讓, 不養仲雍子爲己後爲三讓. 一讓·二讓與鄭同, 三讓則孫氏臆測. 夫泰伯旣君吳, 雖立後, 亦僅爲吳國之嗣, 於周何與, 而有此深思遠防哉? 此亦未爲得理也.

역문 진(晉)의 손성(孫盛)[3]이 지은 『삼양론(三讓論)』은 정현의 "숨기고 가린" 취지를 이해하지 못하고, 경솔하게 비난을 퍼붓고, 또 "머리카락을 잘랐다는 말은 『춘추좌씨전』의 명문(明文)과는 서로 배치되니, 일이 정도에서 벗어난다."라고 했는데, 현단복(玄端服)을 입고 위모관(委貌冠)을 쓰고 주나라의 예로써 다스린 것은 바로 오나라의 군주가 된 뒤의 일이며,[4] 그가 머리카락을 자르고 몸에 문신을 새긴 것은 본래 삼년상을 치른 뒤에 오나라 풍속을 따르던 때에 있었던 사실임을 모르는 말이다. 두 가지

---

3 손성(孫盛, 302?~374): 산서성(山西省) 태원(太原) 사람. 중국 동진(東晉)의 학자로, 자는 안국(安國)이다. 10세 때 영천(潁川)의 태수였던 아버지가 살해되어 강남으로 피신하였다. 성장한 뒤 절강성(浙江省) 회계(會稽)의 청담계(淸談界)에서 이름이 알려져 좌저작랑(佐著作郎)을 시초로 관료가 되어 비서감까지 승진하였고, 장사(長沙)의 태수(太守)와 비서감(秘書監) 가급사중(加給事中)을 지냈다. 72세에 세상을 떠났으나 노후에도 학문을 버리지 않고, 『위씨춘추(魏氏春秋)』, 『진양추(晉陽秋)』 외에 시부(詩賦)와 논문 수십 편을 저술하였다. 그중에서도 진나라의 역사『진양추』 31권은 당시 양사(良史)라 불렸으나 모두 산일되어 전하는 것이 없다.

4 『춘추좌씨전(春秋左氏傳)』「애공(哀公)」 7년에 "태백이 현단복을 입고 위모관을 쓰고서 주례(周禮)를 행하였는데, 중옹(仲雍)이 뒤를 이어 임금이 되어서는 머리카락을 자르고 몸에 문신을 새겨 나체(裸體)를 장식하였으니, 이것을 어찌 예라 할 수 있겠습니까? 까닭이 있어서 그렇게 한 것입니다.[大伯端委, 以治周禮, 仲雍嗣之, 斷髮文身, 臝以爲飾, 豈禮也哉? 有由然也.]

일은 판연(判然)해서 털끝만큼도 서로 배치되지 않는다. 몸을 욕되게 하고 자취를 숨겨 나라를 사양할 것을 바랐거늘, 어찌 다시 정도가 아닌 것으로 혐의를 삼겠는가? 무릇 이런 논란거리는 족히 정현을 힐난할 만한 것이 못 된다. 심지어 손성은 자기가 말한 대로라면 태자의 자리를 버린 것이 첫 번째 사양이 되고, 초상에 달려가지 않은 것이 두 번째 사양이 되며, 중옹의 아들을 키워 자기의 후사로 삼지 않은 것이 세 번째 사양이 된다. 첫 번째 사양과 두 번째 사양은 정현의 설과 같지만 세 번째 사양은 손씨의 억측이다. 태백은 이미 오나라의 군주가 되었으니, 비록 즉위한 뒤라 할지라도 겨우 오나라의 후계자가 되었을 뿐인데, 주나라에 무슨 관여가 된다고 이리도 골똘히 생각해서 먼 데까지 방어할 것이 있단 말인가? 이 또한 이해할 수 없는 노릇이다.

원문 至范寧前釋, 以三讓爲季歷·文王·武王, 以武王始得天下故也. 然使當時更延數世甫有天下, 豈得一倂計之? 是又以文害辭矣. 又案, 鄭本「周紀」謂文王有聖表, 故太王欲立王季以及文王, 此自冀興其國之意, 非有所覬覦於天下也. 太王始居邠, 及狄人侵之, 去之曾不啻敝屣, 而謂有所動於天下之念, 豈其然乎? 然而夫子必言泰伯"以天下讓"者, 何也? 曰, 此美泰伯之德, 大言之耳, 明泰伯嗣周能有大卜也.

역문 범녕의 첫 번째 해석에서 세 번의 사양을 계력·문왕·무왕(武王)으로 본 것은,[5] 무왕이 비로소 천하를 얻었기 때문이다. 그러나 만일 당시에

---

5 범녕의 첫 번째 해석은 다음과 같다. "태왕이 죽자 계력이 왕위에 즉위한 것이 첫 번째 사양이고, 계력이 죽자 문왕이 왕위에 즉위한 것이 두 번째 사양이며, 문왕이 죽자 무왕이 왕위에 즉위해서 마침내 천하를 소유한 것이 세 번째 사양이다.[太王薨而季歷立, 一讓也; 季歷薨而文王立, 二讓也; 文王薨而武王立, 於此遂有天下, 是爲三讓也.]"

다시 몇 세대를 연장해서 조금만 더 천하를 소유했더라면 어떻게 모조리 헤아릴 수 있겠는가? 이렇게 되면 또 글자 하나를 가지고 문장 전체의 뜻을 해치는 꼴이다.[6] 또 살펴보니, 정현은 『사기』「주본기」를 근거로 문왕에게 성인의 징표가 있었기 때문에 태왕이 왕계를 세워 문왕에게까지 미치게 하려 했다고 생각했는데, 이는 스스로 그 나라를 일으킬 것을 바랐다는 뜻이지, 천하를 넘보는[覬覦][7] 바가 있었다는 것은 아니다. 태왕이 처음 빈(邠) 땅에 거처할 때 적인(狄人)이 침략해 오자 떠나가기를 일찍이 헌신짝 버리듯 했을 뿐만이 아니었는데, 천하를 감동시키려는 마음이 있었다고 한다면 어찌 그럴 수가 있었겠는가? 그런데도 공자가 굳이 태백이 "천하를 사양했다"라고 말한 것은 어째서일까? 이는 태백의 덕을 찬미해서 위대하게 말한 것일 뿐이니, 태백이 주나라를 계승했더라도 천하를 소유할 수 있었을 것임을 밝힌 것이다.

원문 『荀子』「正論篇」, "天下者, 至大也, 非聖人莫之能有也." 『孟子』「公孫丑篇」言"伯夷·伊尹與孔子, 得百里之地而君之, 皆能以朝諸侯, 有天下", 卽此義也. 其德能有天下而讓之人, 是謂"以天下讓". 古之以天下讓者, 莫大於堯·舜, 莫難於泰伯, 及周之服事, 若禹雖傳世, 而其始亦是讓. 故弟子記此篇, 以論泰伯始, 以論堯·舜·文王及禹終也. 若夫仲雍偕兄遜國, 亦是至德, 此不及者, 表泰伯則仲雍可知.

역문 『순자(荀子)』「정론편(正論篇)」에서 "천하란 지극히 큰 것이므로 성인

---

6 『맹자(孟子)』「만장상(萬章上)」: 『시경(詩經)』을 해설하는 자는 한 글자를 가지고 한 구절의 말을 해치지 말고, 한 구절의 말을 가지고 본래의 뜻을 해치지 말며, 독자의 마음으로 작자의 뜻을 헤아려 보아야 시를 알 수 있다.[說『詩』者, 不以文害辭, 不以辭害志, 以意逆志, 是爲得之.]

7 기유(覬覦): 아랫사람으로서 바라서는 안 될 일을 바라거나 넘겨다 봄.

이 아니면 아무도 소유할 수 없다."라고 했고, 『맹자』「공손추상(公孫丑上)」에서 "백이(伯夷)와 이윤(伊尹)과 공자는 백 리 되는 땅을 얻어서 임금 노릇을 한다면 모두 제후(諸侯)들에게 조회를 받고 천하를 소유할 수 있을 것이다."라고 한 것이, 바로 이 뜻이다. 그 덕이 천하를 소유할 수 있었는데도 남에게 사양했으므로 이것을 "천하를 사양했다"라고 한 것이다. 옛날에 천하를 선양한 이로는 요(堯)와 순(舜)보다 더 위대한 자가 없고, 태백보다 더 어렵게 한 자가 없었는데, 주나라를 복종하여 섬김에 미쳐서는 우(禹)처럼 비록 대물림을 하였지만 그 시작은 역시 선양이었다. 그러므로 제자들이 이 편을 기록할 때 태백을 논함으로부터 시작해서 요·순·문왕 및 우를 논함으로써 마친 것이다. 중옹이 형과 함께 나라를 사양한 것으로 말할 것 같으면 역시 지극한 덕이라 할 수 있으니, 여기에서 언급하지 않은 것은 태백을 드러내면 중옹에 대해서도 자연히 알 수 있기 때문이다.

원문 『釋文』, "得, 本亦作德." <u>鄭</u>此「注」即作"德", 見『後漢』「丁鴻傳」「注」. <u>邢</u>「疏」引<u>鄭</u>作"得", 誤也. 又「丁鴻傳」論及「劉佑傳」引經並作"德", 皆是叚"德"爲"得".

역문 『경전석문(經典釋文)』에 "득(得)은 판본에 따라서는 또 덕(德)으로 되어 있기도 하다."라고 했는데, 정현의 이 부분에 대한「주」에 바로 "덕(德)"으로 되어 있으니, 『후한서(後漢書)』「정홍열전(丁鴻列傳)」의「주」에 보인다. 형병(邢昺)의「소」에는 정현을 인용하면서 "득(得)"으로 썼으니, 오자(誤字)이다. 또「정홍열전」에서 논한 것과「유우전(劉佑傳)」에서 경전을 인용한 것에는 모두 "덕(德)"으로 되어 있는데, 모두 "덕(德)"을 가차해서 "득(得)"의 의미로 쓴 것이다.

- 「注」, "<u>泰伯</u>"至"<u>德也</u>".

- 正義曰: 「注」言"<u>昌必有天下, 故泰伯讓於王季</u>", 是泰伯有利天下之心, 且讓跡甚著, 復不得言"其讓隱", 此皆「注」說之誤. 至渾言"三讓", 不分節目, 亦尚可通. <u>金履祥</u>『通鑒前編』, "『儀禮』三遜謂之終遜. 然則三以天下讓, 謂終以天下遜也." <u>閻氏若璩</u>『四書釋地』取之, 卽此王「注」義.

○ 「주」의 "태백(泰伯)"부터 "덕야(德也)"까지.

○ 정의에서 말한다.

「주」에서 "창이 반드시 천하를 갖게 하려고 했기 때문에, 태백이 왕계에게 사양한 것이다."라고 했는데, 이는 태백이 천하를 이롭게 하려는 마음을 가지고 있었다는 말이고, 또 사양의 자취가 엄청나게 드러나므로, 다시 "그가 사양한 사실이 숨겨져 있다"라고 말할 수 없으니, 이는 모두 「주」의 설명이 잘못된 것이다. 심지어 "세 번의 사양[三讓]"을 뒤죽박죽 말해서 절목(節目)을 구분하지 않았지만 그래도 오히려 통할 만하다. 김이상(金履祥)[8]의 『자치통감전편(資治通鑒前編)』에 "『의례(儀禮)』에서는 세 번 사양함[三遜]을 종손(終遜)이라고 한다.[9]

---

8 김이상(金履祥, 1232~1303): 송말(宋末)·원초(元初)의 유학자. 자는 길보(吉甫) 또는 길부(吉父)이고, 이름은 상(祥), 또는 개상(開祥), 이상(履祥)이다. 절강성 난계(蘭谿) 출생으로 인산선생(仁山先生)이라 일컬어졌다. 어려서부터 총명하였으며, 군서(群書)에 통달하였다. 장년이 되면서 주돈이(周敦頤)와 정호(程顥)의 학문을 조종으로 삼아 의리(義理)를 궁구했다. 왕노재(王魯齋)·하북산(何北山)에게 사사하고, 주자(朱子)·황면재(黃勉齋)의 학통(學統)을 이어받아, 절학(浙學)을 중흥하였다. 송나라가 멸망할 위기에 처했을 때 기책(奇策)을 올렸으나 채택되지 않았으며, 송나라가 멸망하자 금화산(金華山)에 숨어 살았다. 문집에 『인산집(仁山集)』, 주요 저서에 『상서주(尙書注)』와 『상서표주(尙書表注)』, 『논어맹자집주고증(論語孟子集注考證)』, 『자치통감전편(資治通鑑前編)』, 『대학장구소의(大學章句疏義)』, 『중용표주(中庸標注)』 등이 있다.

9 『의례주소(儀禮注疏)』 권1, 「사관례(士冠禮)」에, "주인이 관례(冠禮) 등 예를 행할 때 예를 주관하는 빈(賓)이 되어 주기를 청하면[戒賓], 빈객은 예사(禮辭)하고 허락한다.[主人戒賓, 賓禮辭許.]"라고 했는데, 정현(鄭玄)의 「주(注)」에, "예사는 한 번 사양하고 수락하는 것이다. 두 번째 사양하고 수락함을 고사(固辭)라 하고, 세 번째 사양함을 종사(終辭)라 하는데, 이는 끝내 사양하고 허락하지 않는 것이다.[禮辭, 一辭而許也. 再辭而許曰固辭; 三辭曰終辭,

그러므로 세 번 천하를 사양한 것을 끝내 천하를 사양했다고 하는 것이다."라고 했다. 염약거(閻若璩)가 『사서석지(四書釋地)』에서 취한 것은 바로 이 왕숙「주」의 뜻이다.

8-2

子曰: "恭而無禮則勞, 慎而無禮則葸, 【注】"葸", 畏懼之貌, 言慎而不以禮節之, 則常畏懼. 勇而無禮則亂, 直而無禮則絞. 【注】馬曰: "'絞', 絞刺也."

공자가 말했다. "공손하되 예가 없으면 수고롭고, 신중(愼重)하되 예가 없으면 두려우며, 【주】"시(葸)"는 두려워하는 모습이니, 신중하되 예로써 절제하지 않으면 항상 두려워하게 된다는 말이다. 용감하되 예가 없으면 난을 일으키고, 정직하되 예가 없으면 각박해진다. 【주】마융(馬融)이 말했다. "교(絞)'는 남의 잘못을 각박하게 비난한다[絞刺]는 뜻이다."

원문 正義曰: 恭·慎·勇·直, 皆德行之美, 然無禮猶不可行. 「曲禮」所云: "道德仁義, 非禮不成." 又云: "人有禮則安, 無禮則危, 故曰'禮者不可不學'也." 「仲尼燕居」云: "敬而不中禮謂之野, 恭而不中禮謂之給, 勇而不中禮謂之逆." 與此言勞·葸·亂義近.

역문 정의에서 말한다.

공손함[恭]·신중함[愼]·용감함[勇]·정직함[直]은 모두 훌륭한 덕행이

不許也.]"라고 했다.

지만 예가 없으면 오히려 행할 수 없다. 『예기(禮記)』「곡례상(曲禮上)」에서 "도덕과 인의는 예가 아니면 이루어지지 않는다."라고 한 것과, 또 "사람이 예를 지키면 안전하고 예를 어기면 위태롭다. 이 때문에 '예란 배우지 않아서는 안 되는 것이다.'라고 하는 것이다."라고 한 것, 『예기』「중니연거(仲尼燕居)」에서 "경건하되 예에 맞지 않으면 이를 야(野)라 이르고, 공손하되 예에 맞지 않으면 이를 급(給)이라 이르며, 용감하되 예에 맞지 않으면 이를 역(逆)이라 이른다."라고 한 것은 여기에서 말한 수고로움[勞]·두려움[葸]·난(亂)과 뜻이 가깝다.

● 「注」, "'葸', 畏懼之貌."

● 正義曰: 『廣雅』「釋言」, "'葸', 愼也." 王氏念孫『疏證』, "'大戴禮記』「曾子立事篇」云: '人言善而色葸焉, 近於不說其言.' 『荀子』「議兵篇」, '諰諰然, 常恐天下之一合而軋己也.' 『漢書』「刑法志」作'鰓', 蘇林「注」云: '鰓音'愼而無禮則葸'之葸, 鰓鰓, 懼貌也.' 王延壽『魯靈光殿賦』云: '心猥猥而發悸.' 竝字異而義同." 案, 鄭注此云"愨質貌", 與畏懼義亦相近.

○ 「주」의 "'시(葸)'는 두려워하는 모습이다."

○ 정의에서 말한다.
『광아(廣雅)』「석언(釋言)」에 "시(葸)는 두려워함[愼]이다."라고 했는데, 왕염손(王念孫)의 『광아소증(廣雅疏證)』에 "『대대례(大戴禮)』「증자입사(曾子立事)」에 '남이 선한 말을 하는데, 얼굴에 두려워하는 기색이 있으면 거의 그 말을 좋아하지 않는 것이다.'라고 했다. 『순자』「의병편(議兵篇)」에 '덜덜 떨면서[諰諰然][10] 항상 천하가 하나로 연합해서 자기를 짓밟으려 들지 않을까 두려워하고 있다.'라고 했다. 『전한서(前漢書)』「형법지(刑法志)」에는 '새(鰓)'로

---

10 『순자(荀子)』「의병편(議兵篇)」 양경(楊倞)의 「주」에 "『한서』에는 '시(諰)'가 '새(鰓)'로 되어 있다. 소림이 말했다. '두려워한다[愼]는 뜻과 같이 읽어야 하니, 예가 없으면 두렵다[葸]고 할 때의 시(葸) 자이다. 새(鰓)는 두려워하는 모양이다.'[『漢書』'諰'作'鰓'. 蘇林曰: '讀如愼, 而無禮則葸之葸. 鰓, 懼貌也.']"라고 했다.

되어 있는데, 소림(蘇林)[11]의 「주」에 '새(鰓)는 발음을 "신중하되 예가 없으면 두렵다[愼而無禮則葸]"라고 할 때의 시(葸)로 읽어야 하니, 시시[鰓鰓]는 두려워하는 모양이다.'라고 했다. 왕연수(王延壽)의 『노영광전부(魯靈光殿賦)』에 '마음이 두려워[獚獚] 울렁증이 도졌다.'라고 했는데, 모두 글자는 다르지만 뜻은 같다."라고 했다. 살펴보니, 정현은 이것을 주석하면서 "삼가고 질박한 모양이다[慤質貌]"라고 했는데, 두려워한다는 뜻과도 서로 가깝다.

- 「注」, "'絞', 絞刺也."
- 正義曰: 絞者, 兩繩相交之名, 故引申爲乖刺之義. 鄭「注」云: "絞, 急也." 與馬義不異. 下篇云: "好直不好學, 其蔽也絞." 『韓詩外傳』, "<u>堂衣若以子貢言之絞.</u>" 『後漢』「杜根傳」, "好絞直."
○ 「주」의 "'교(絞)'는 남의 잘못을 각박하게 비난한다[絞刺]는 뜻이다."
○ 정의에서 말한다.

교(絞)란 두 가닥의 줄이 서로 꼬인 것을 이르니, 따라서 이 의미가 확대되어 남의 잘못을 각박하게 비난한다는 뜻이 되었다. 정현의 「주」에는 "교(絞)는 급하다[急]는 뜻이다."라고 했는데, 마융의 뜻과 다르지 않다. 아래 「양화(陽貨)」에 "정직한 것을 좋아하고 배우기를 좋아하지 않으면 그것에 가로막혀 각박하게 된다."라고 했고, 『한시외전』에서는 "당의약(堂衣若)[12]이 자공(子貢)이 말한 것을 급하게[絞] 여겼다."[13]고 했으며, 『후한서』「두근전(杜根傳)」에는

---

11 소림(蘇林, ?~?): 한말(漢末) 위초(魏初)의 학자. 자(字)는 효우(孝友)로, 진유군(陳留郡) 외황현(外黃縣) 사람이다. 위(魏)나라 때 급사중(給事中)의 지위에 있었으며, 황초(黃初) 연간에 박사(博士)로 옮겨졌다가 안성정후(安成亭侯)로 봉해졌다. 고금의 자의(字義)를 꿰뚫고 있어서 제서의 전문(傳文) 가운데 의심스러운 것이 있으면 그가 모두 훈석(訓釋)하였다고 한다.

12 당의약(堂衣若, ?~?): 춘추시대(春秋時代) 사람. 자세한 것은 알려진 것이 없다.

13 『한시외전(漢詩外傳)』 권9. 당의약(堂衣若)이 공자(孔子)의 대문을 두드리며 불렀다. "구(丘)는 있는가? 구는 있는가?" 자공(子貢)이 응대하며 말했다. "군자는 어진 이를 존경하고 대중을 포용하며, 잘하는 이를 아름답게 여기고 능치 못한 이를 긍휼히 여기고, 집안사람을 친히 해서 외부의 사람에게까지 미쳐 가며 자기가 하고 싶지 않은 것은 남에게 베풀지 않는데, 그대는 어찌하여 우리 스승님의 이름을 함부로 말하는가?" 당의약이 말했다. "자네는 어찌하여 나이도 어린 것이 말이 그리도 급한가?" 자공이 말했다. "큰 수레가 급히 가지 않으

"급하면서도 정직함을 좋아했다[好絞直]."[14]라고 했다.

君子篤於親, 則民興於仁; 故舊不遺, 則民不偸."【注】包曰:
"'興', 起也. 君能厚於親屬, 不遺忘其故舊, 行之美者, 則民皆化之, 起爲仁厚之
行, 不偸薄."

군자가 친척에게 후하게 하면 백성들이 인(仁)을 일으키고, 옛 친
구를 버리지 않으면 백성들이 각박해지지 않는다."【주】 포함(包咸)
이 말했다. "흥(興)'은 일으킴[起]이다. 임금이 능히 친척에게 후하게 하고 친구를 버
리지 않는 것은 아름다운 행실이니, 그렇게만 하면 백성들이 모두 감화(感化)되어 떨
쳐 일어나 인후(仁厚)한 행실을 하고, 각박해지지 않는다."

원문 正義曰: 舊說此與上文不相屬, 宜別爲一章. "故舊"者, "故"之爲言古也,
"舊"之爲言久也. 『周官』「大宗伯」, "以賓射之禮, 親故舊朋友." 「注」云:

면 그 맡은 일을 이루지 못하고, 거문고와 비파를 빨리 연주하지 않으면 그 음을 이루지 못
한다. 그대가 급하다고 하는 말은 이 때문에 급한 것이다."堂衣若扣孔子之門曰: "丘在乎?
丘在乎?" 子貢應之曰: "君子尊賢而容衆, 嘉善而矜不能, 親内及外, 已所不欲, 勿施於人, 子何
言吾師之名焉?" 堂衣若曰: "子何年少言之絞?" 子貢曰: "大車不絞, 則不成其任; 琴瑟不絞, 則
不成其音. 子之言絞, 是以絞之也.")

14 『후한서(後漢書)』 권87, 「두근전(杜根傳)」에 "지위가 파군(巴郡)의 태수에 올랐는데, 정치
를 함에 대단한 명성이 있었고, 근성(根性)은 방정하고 진실하며 급하면서도 정직함을 좋아
했다.[位至巴郡太守, 政甚有聲, 根性方實好絞直.]"라고 했는데, 「주」에 "교(絞)는 급하다[急]
는 뜻이다.[絞, 急也.]"라고 했다.

"王之故舊朋友, 爲世子時共在學者." 「小司寇」「注」, "故謂舊知也." 是也.
<u>郭忠恕</u>『汗簡』載此文"篤"作"竺". 『說文』, "竺, 厚也. 篤, 馬行運鈍." 義異.
今經傳皆叚"篤"爲"竺".

역문 정의에서 말한다.

구설(舊說)에 이 단락은 앞 문장과 서로 이어져 있지 않았다고 하니,
마땅히 별도의 한 장(章)으로 보아야 한다.

"고구(故舊)"

"고(故)"라는 말은 옛[古]이라는 뜻이고, "구(舊)"라는 말은 오래되었다
[久]는 뜻이다. 『주관(周官)』「대종백(大宗伯)」에 "주빈(主賓)의 활 쏘는[賓
射] 예로, 옛 친구와 벗을 친히 한다."라고 했는데, 「주」에 "왕의 옛 친구
와 벗이니, 세자가 되었을 때 함께 배우던 자들이다."라고 했고, 「소사
구(小司寇)」의 「주」에 "고(故)는 오랫동안 알고 지냈다는 말이다."라고
한 것이 이것이다. 곽충서(郭忠恕)[15]의 『한간(汗簡)』에 이 글이 실려 있는
데, "독(篤)"이 "독(竺)"으로 되어 있다. 『설문해자(說文解字)』에 "독(竺)은
후(厚)하다는 뜻이다.[16] 독(篤)은 말이 더디게 가는 모습이다.[17]"라고 했으
니, 뜻이 차이가 난다. 지금의 경전에서는 모두 "독(篤)"을 가차해서 "독
(竺)"의 뜻으로 쓴다.

---

15 곽충서(郭忠恕, ?~977): 중국 후주(後周) 말에서 북송(北宋) 초의 학자이자 서화가. 자는 서
선(恕先)으로, 전서(篆書)와 예서(隷書)에 능하였으며, 계척(計尺)을 사용하여 매우 복잡한
누각 건축도 정확하게 그렸다. 저서에 『한간(汗簡)』이 있다.

16 『설문해자(說文解字)』권13: 독(竺)은 후(厚)하다는 뜻이다. 이(二)로 구성되었고 죽(竹)이
발음을 나타낸다. 동(冬)과 독(毒)의 반절음이다.[竺, 厚也. 從二竹聲. 冬毒切.]

17 『설문해자』권10: 독(篤)은 말이 더디게 가는 모양이다. 마(馬)로 구성되었고 죽(竹)이 발음
을 나타낸다. 동(冬)과 독(毒)의 반절음이다.[篤, 馬行頓遲. 從馬竹聲. 冬毒切.]

- 「注」, "興起"至"偸薄".

- 正義曰: "興"訓"起", 見『爾雅』「釋言」. 君子指在位者, 故「注」以"君"言之. 『禮記』「大傳」云: "親者, 屬也." 『釋名』「釋親屬」云: "親, 襯也, 言相隱襯也. 屬, 續也, 思相連續也." 『爾雅』「釋親篇」: 有「宗族」・「母黨」・「妻黨」・「婚姻」, 此「注」所云"親屬", 意皆兼之.

○ 「주」의 "흥기(興起)"부터 "투박(偸薄)"까지.

○ 정의에서 말한다.

"흥(興)"은 "일으킴[起]"이라고 뜻을 새기니, 『이아(爾雅)』「석언(釋言)」에 보인다. 군자(君子)는 지위에 있는 자를 가리키므로 「주」에서 "임금[君]"이라고 말한 것이다. 『예기』「대전(大傳)」에 "친(親)이란 혈연의 연속[屬]을 뜻한다."라고 했고, 『석명(釋名)』「석친속(釋親屬)」에 "친(親)은 가깝다[襯]는 뜻이니 서로 은밀하게 가깝다는 말이다. 속(屬)은 이어진다[續]는 뜻이니, 생각이 서로 연속됨이다."라고 했다. 『이아』「석친(釋親)」에 「종족(宗族)」과 「모당(母黨)」과 「처당(妻黨)」과 「혼인(婚姻)」이 있는데, 여기의 「주」에서 말한 "친속(親屬)"은 의미적으로 모두 그것들을 겸하고 있다.

원문 "遺忘"者, 連文爲訓. 『孝經』「疏」引劉炫曰: "遺謂意不存錄也." 下篇, "<u>周公謂魯公曰</u>: '君子不施其親, 故舊無大故, 則不棄也.'"與此文義同. 『毛詩』「伐木」「序」云: "自天子至於庶人, 未有不須友以成者. 親親以睦, 友賢不棄, 不遺故舊, 則民德歸厚矣." 是言民化於上也. 「緇衣」云: "上好仁, 則下之爲仁爭先人." 此之謂也. "不偸薄"者, 『說文』云: "婾, 薄也." "偸"與"婾"同. 「齊語」云: "政不旅舊, 則民不偸."

역문 "유망(遺忘)"은 두 글자를 연결해서 뜻을 새긴다. 『효경(孝經)』의 「소」에 유현(劉炫)[18]이 "유(遺)는 마음속으로 보존하거나 새겨 두지 않는다는

---

18 유현(劉炫, 546?~ 613?): 수나라 하간(河間) 경성(景城) 사람. 자는 광백(光伯)이고, 사시(私

말이다."[19]라고 한 것을 인용했다. 아래 「미자(微子)」에 "주공(周公)이 노공(魯公)에게 말했다. '군자는 친척을 버리지 않으며, 옛 친구에게 큰 연고가 없으면 버리지 않는다.'"라고 했는데, 이 문장과 뜻이 같다. 『모시(毛詩)』「벌목(伐木)」의 「서」에 "천자(天子)로부터 서인(庶人)에 이르기까지 벗을 이용하여 이루지 않는 자가 없으니, 친척(親戚)을 친애하여 화목하고, 현명한 자를 벗 삼아 버리지 않으며, 옛 친구를 버리지 않는다면 백성의 덕(德)이 후한 데로 돌아갈 것이다."라고 했는데, 이는 백성들이 윗사람에게 감화됨을 말한 것이다. 『예기』「치의(緇衣)」에 "윗사람이 인을 좋아하면 아랫사람들은 인을 행하기를 남보다 먼저 하려고 다툴 것이다."라고 했으니, 이것을 말하는 것이다. "불투박(不偸薄)"은 『설문해자』에 "투(偸)는 각박함[薄]이다."[20]라고 했으니, "투(偸)"와 "투(愉)"는 같

諡)는 선덕선생(宣德先生)이다. 유헌지(劉獻之)의 삼전제자(三傳弟子)다. 어려서부터 총명하여 유작(劉焯)과 함께 10년 동안 책을 읽었다. 경적에 두루 정통해 '이류(二劉)'로 불렸다. 문제(文帝) 개황(開皇) 연간에 삼성(三省)을 두루 거치면서 국사(國史) 편찬에 참여하고, 천문율력(天文律曆)을 편찬했지만 관직에는 나가지 못했다. 양제(煬帝) 대업(大業) 연간에 사책(射策)에서 좋은 점수를 받아 태학박사(太學博士)에 올랐지만, 그해 말에 사직했다. 만년에 물러나 제유(諸儒)와 함께 오례(五禮)를 수정했다. 대업 말년에 상당수의 제자들이 농민군에 가담해 그를 불러 갔는데, 전투에서 패한 뒤 추위와 굶주림으로 죽었다. 저서에 『논어술의(論語述議)』와 『효경술의(孝經述議)』, 『상서술의(尙書述議)』, 『춘추술의(春秋述議)』, 『모시술의(毛詩述議)』, 『춘추공매(春秋攻昧)』, 『오경정명(五經正名)』, 『시서주(詩序注)』 등이 있고, 조정에서 일서(佚書)를 구하자 『연산역(連山易)』과 『노사기(魯史記)』를 위조하여 바쳤다.

19 『효경주소(孝經注疏)』 권4, 「효치장제팔소(孝治章第八疏)」 형병(邢昺)의 「소」.
20 『설문해자』 권12: 투(偸)는 각박함[薄]이다. 심(心)으로 구성되었고 유(俞)가 발음을 나타낸다. 탁(託)과 후(侯)의 반절음이다.[偸, 薄也. 從心俞聲. 託侯切.] 『설문해자』에는 "투(婾)는 아름답고 영리함[巧黠]이다.[婾, 巧黠也.]"라고 했고, 『설문해자』 권12, 「심부(心部)」에 "유(愉)는 엷다[薄]는 뜻이다. 심(心)으로 구성되었고 유(俞)가 발음을 나타낸다. 『논어(論語)』에 '사적으로 만나 볼 때에는 온화한 모습이었다.[愉愉如也.]'라고 했다. 양(羊)과 주(朱)의

은 글자이다. 『국어(國語)』「제어(齊語)」에 "정치 행위에서 옛 군주의 친구를 군대에 편입시키지 않으면 백성이 각박해지지 않는다[民不偷]."라고 했다.

8-3

曾子有疾, 召門弟子曰: "啓予足, 啓予手. 【注】鄭曰: "'啓', 開也. 曾子以爲受身體於父母, 不敢毀傷. 故使弟子開衾而視之也." 『詩』云: '戰戰兢兢, 如臨深淵, 如履薄冰.' 【注】孔曰: "言此詩者, 喩己常戒愼, 恐有所毀傷." 而今而後, 吾知免夫. 小子!" 【注】周曰: "乃今日後, 我自知免於患難矣. '小子', 弟子也. 呼之者, 欲使聽識其言."

증자(曾子)가 병이 나자, 문하의 제자들을 불러 말하였다. "이불을 걷어 내 발을 열어 보고, 내 손을 열어 보아라. 【주】정현이 말했다. "'계(啓)'는 연다[開]는 뜻이다. 증자는 '신체는 부모에게 받은 것이니, 감히 손상시켜서는 안 된다.'라고 생각했다. 그러므로 제자들에게 이불을 걷고서 손과 발을 보게 한 것이다." 『시경』에 '조심하고 경계해서 깊은 연못가에 임한 듯이 하며, 얇은 얼음을 밟는 듯이 하라.'라고 했는데, 【주】공안국(孔安國)이 말했다. "이 시(詩)를 말한 것은 자신이 항상 경계하고 삼가서 몸을 손상시킴이 있을까 두려워했음을 비유한 것이다." 이제야 나는 몸을 손상시키는 환난(患難)에서 벗어나게 되었음을 알겠구나. 얘들아!" 【주】주생렬(周生烈)이 말했다. "바로 오늘 이후부터 내가 환난에서 벗어나게 되었음을 스스로 알았다. '소자(小子)'는 제자이다. 제자들을 부른 것은 자기의 말을 듣고서 기억하게

반절음이다. 愉, 薄也. 從心俞聲. 『論語』曰: '私覿, 愉愉如也.' 羊朱切.]"라고 했다.

하려고 한 것이다."

正義曰:『廣雅』「釋詁」, "召, 呼也." "門弟子", 謂曾子門人也.『禮』, "男子不絶於婦人之手." 故曾子呼弟子, 啓其手足, 以疾重, 預戒之也. 司馬彪「禮儀志下」, "登遐, 三公啓手足色膚如禮." 是啓手足在旣卒之後. 曾子旣預戒之, 又引『詩』言, 自道其平日致謹其身, 不敢毁傷之意, 皆所以守身也.『詩』文在「小旻篇」. 毛「傳」, "戰戰, 恐也. 兢兢, 戒也." 又 "臨淵", 「傳」云: "恐墜也." "履氷", 「傳」云 "恐陷也."

정의에서 말한다.

『광아』「석고(釋詁)」에 "소(召)는 부른다[呼]는 뜻이다."라고 했다. "문하의 제자[門弟子]"란 증자의 제자를 이른다. 『의례(儀禮)』「기석(旣夕)」에 "남자는 부인의 손에서 숨을 거두지 않는다."라고 했기 때문에 증자도 제자들을 불러 이불을 걷어 자기의 손과 발을 열어 보게 한 것이니, 병이 중해졌기 때문에 미리 경계시킨 것이다. 사마표(司馬彪)는 『후한서』「예의지(禮儀志)·예의하(禮儀下)」에서 "임금이 승하[登遐]하면 삼공(三公)은 이불을 걷고 손과 발, 안색과 피부를 열어 보되 예법대로 한다."라고 했으니, 이불을 걷고 손과 발을 보는 것은 이미 죽은 뒤에 있는 일이다. 그런데도 증자는 이미 미리 경계시키고 또 『시경』의 말을 인용했으니, 그가 평소 자기의 몸을 지극히 삼가고 감히 손상시키지 않을 것을 스스로 말한 뜻은 모두 몸을 지키기 위한 것이었다. 『시경』의 글은 「소아(小雅)·소민(小旻)」에 있다. 모형(毛亨)의 「전」에 "전전(戰戰)은 두려워함[恐]이다. 긍긍(兢兢)은 경계함[戒]이다."라고 했다. 또 "임연(臨淵)"에 대해서는, 「전」에 "추락할까 두려워함[恐墜]이다."라고 하였고, "이빙(履氷)"에 대해서는, 「전」에 "빠질까 두려워함[恐陷]이다."라고 했다.

- 「注」, "啓開"至"之也".

- 正義曰:『說文』, "启, 開也. 啓, 教也." 義別. 今經傳通作"啓".『論衡』「四諱篇」載此文"開予足, 開予手", 以訓詁代本字也.『說文』, "誃, 離別也. 讀若『論語』'跢予之足.'" 作"跢", 當出『古論』. "跢"與"誃"音同, 義亦當不異. 段氏玉裁「注」引或說"跢"與"哆"同. 哆, 開也, 開卽是離別之義.

○ 「주」의 "계개(啓開)"부터 "지야(之也)"까지.

○ 정의에서 말한다.

『설문해자』에 "계(启)는 열어 본다[開는 뜻이다.[21] 계(啓)는 가르침[教]이다.[22]"라고 했으니, 뜻이 다르다. 지금의 경전에서는 통상적으로 "계(啓)"로 쓴다.『논형』「사휘편」에 실려 있는 이 문장은 "개여족(開予足), 개여수(開予手)"로 되어 있는데, 훈고(訓詁)해서 본래 글자를 대신한 것이다.『설문해자』에 "치(誃)[23]는 이별(離別)이다.『논어』에서 '나의 발을 열어 보거래跢予之足]'라고 할 때의 치(跢)[24]와 같은 음으로 읽어야 한다."[25]라고 했는데, "치(跢)"로 되어 있는 것은 당연히『고논어(古論語)』에서 나온 것이다. "치(跢)"와 "치(誃)"는 발음이 같으니, 뜻 또한 마땅히 다르지 않아야 한다. 단옥재(段玉裁)의 「주」에는 혹자의 설을 인용해서 "치(跢)"는 "치(哆)"와 같다고 했다. 치(哆)는 열어 본다[開]의 뜻이니, 열어 본다는 것은

---

21 『설문해자』 권2: 계(启)는 열어 본다[開는 뜻이다. 호(戶)로 구성되었고 구(口)로 구성되었다. 강(康)과 예(禮)의 반절음이다.[启, 開也. 從戶從口. 康禮切.]

22 『설문해자』 권2: 계(啟)는 가르침[教]이다. 복(攴)으로 구성되었고 계(启)가 발음을 나타낸다.『논어』에 "마음속으로 분발하지 않으면 가르쳐 주지 않는다."라고 했다. 강(康)과 예(禮)의 반절음이다.[啟, 教也. 從攴启聲.『論語』曰: "不憤不啓." 康禮切.]

23 치(誃)는 "다[duò]"로 발음하기도 하고, "이[yí]"로 발음하기도 한다.

24 치(跢)는 "다[duò]"로 발음하기도 하고, "치[chí]"로 발음하기도 하는데,『설문해자』 권2, 「주부(走部)」에는 치(趨)는 달려감[走]이다. 주(走)로 구성되었고, 추(芻)가 발음을 나타낸다. 칠(七)과 유(逾)의 반절음이다.[走也. 從走芻聲. 七逾切.]라고 했다.

25 『설문해자』 권3: 치(誃)는 이별(離別)이다. 언(言)으로 구성되었고 다(多)가 발음을 나타낸다.『논어』에서 '나의 발을 열어 보거라[跢予之足]'라고 할 때의 치(跢)와 같은 음으로 읽어야 한다. 주 경왕(周景王)이 낙양(洛陽)의 치대(誃臺)를 지었다. 척(尺)과 씨(氏)의 반절음이다.[誃, 離別也. 從言多聲. 讀若『論語』'跢予之足'. 周景王作洛陽誃臺. 尺氏切.]

바로 이별(離別)하게 되었다는 뜻이다.

원문 揆『古論』之意, 當謂身將死, 恐手足有所拘攣, 令展布之也. 鄭君以啓爲開, 甚合古訓. 而以爲開衾視之, 未免增文成義. 又『說文』, "睯, 省視也." 『廣雅』「釋詁」同. 王氏念孫『疏證』引此文, 謂"啓"與"睯"同, 此亦得備一解. 蓋恐以疾致有毁傷, 故使視之也. 『後漢』「崔駰傳」「注」引鄭此「注」, 有"父母全而生之, 亦當全而歸之"二句, 就義測之, 當在"受身體於父母"句下.

역문 『고논어』의 뜻을 헤아려 보면, 마땅히 자신이 장차 죽으려 할 때 손이나 발에 마비[拘攣]²⁶가 있을까 걱정이 되어 펴 보게 했다는 말인 듯하다. 정군은 계(啓)를 개(開)의 뜻으로 보았으니, 고훈(古訓)과 매우 합치된다. 따라서 이불을 걷어서 살펴보게 했다고 하는 것은 글자를 보태어 뜻을 이룬 것에 지나지 않는다. 또 『설문해자』에 "계(睯)는 살펴본다[省視]는 뜻이다."²⁷라고 했고, 『광아』「석고」에도 같다. 왕염손의 『광아소증』에는 이 문장을 인용하면서 "계(啓)"와 "계(睯)"는 같다고 했으니, 이 또한 하나의 해석으로 갖출 만하다. 아마도 병 때문에 몸에 손상된 곳이 있을까 걱정되었기 때문에 보도록 한 것인 듯싶다. 『후한서』「최사전(崔駰傳)」의 「주」에 정현의 이 「주」를 인용했는데, "부모가 온전히 낳아 주셨으니, 자식 역시 마땅히 온전히 해서 돌아가야 한다."라는 두 구절이 있으니, 의미를 가지고 헤아려 보면 마땅히 "신체는 부모에게 받은 것이다[受

---

26 구련(拘攣): 수족(手足)의 움직임이 자유롭지 못함을 이름. 풍증(風症)의 일종.

27 『설문해자』권4: 계(睯)는 살펴본다[省視]는 뜻이다. 목(目)으로 구성되었고 계(啓)의 생략형이 발음을 나타낸다. 고(苦)와 계(系)의 반절음이다.[睯, 省視也. 從目, 啓省聲. 苦系切.]『논어정의』에는 "省" 자가 빠져 있다. 『설문해자』를 근거로 보충하고 해석했다.

身體於父母"라고 한 구절 아래 있어야 한다.

원문 『孝經』云: "身體髮膚, 受之父母, 不敢毀傷." 『大戴禮』「曾子立事篇」,
"樂正子春下堂而傷其足, 傷瘳, 數月不出, 猶有憂色. 門弟子問曰: '夫子
傷足瘳矣, 數月不出, 猶有憂色, 何也?' 樂正子春曰: '吾聞之曾子, 曾子聞
諸夫子曰: "天之所生, 地之所養, 人爲大矣. 父母全而生之, 子全而歸之,
可謂孝矣. 不虧其體, 可謂全矣." 故君子頃步之不敢忘也. 今予忘夫孝之
道矣, 予是以有憂色也.'" 又曰: "一擧足不敢忘父母, 故道而不徑, 舟而不
遊, 不敢以先父母之遺體行殆也." 皆言不敢毀傷也.

역문 『효경』에 "몸과 터럭과 피부는 부모에게서 받은 것이니 감히 손상시
키지 않아야 한다."라고 했고 『대대례』 「증자입사」에, "악정자춘(樂正子
春)이 당을 내려가다가 발을 다쳐서 상처를 치료하느라 몇 달 동안 외출
하지 않으며 여전히 근심하는 낯빛이 있었다. 문하의 제자가 '선생님의
다친 발이 나으셨는데도 몇 달 동안 나가시지 않고 오히려 근심하는 낯
빛이 있는 것은 어째서입니까?'라고 묻자, 악정자춘이 대답했다. '나는
증자에게서 들었고, 증자는 공자에게서 들었는데, "하늘이 낳고 땅이 기
르는 것 중에 사람이 가장 위대하다. 부모가 온전히 낳아 주셨으니, 자
식 역시 온전히 해서 돌아가야 효라 이를 수 있다. 몸을 손상시키지 않
아야 온전히 했다고 이를 수 있다."라고 하셨다. 그러므로 군자는 반걸
음을 내딛는 동안에도 감히 효를 잊을 수 없는 것이다. 그런데 지금 나
는 효의 도리를 잊었으니, 내가 이 때문에 근심하는 낯빛이 있는 것이
다.'"라고 했다. 또 "한 발자국을 옮길 때도 감히 부모를 잊지 못하기 때
문에 큰길로 가고 좁은 지름길로 가지 않으며, 배를 타고 헤엄치지 아니
해서, 감히 돌아가신 부모가 물려주신 몸을 가지고 위태로운 행동을 하
지 않는 것이다."라고 했는데, 모두 감히 몸을 손상시켜서는 안 된다는

말이다.

- 「注」, "乃今"至"難矣".
- 正義曰: 曾子知未有毀傷, 自今日後, 當無有患難致毀傷矣. 患難, 謂刑辱顚隕之事.
- ○ 「주」의 "내금(乃今)"부터 "난의(難矣)"까지.
- ○ 정의에서 말한다.

  증자는 몸이 손상된 곳이 없으니, 오늘 이후부터는 마땅히 몸을 손상시키게 될 환난이 없을
  것임을 알았다. 환난은 형벌을 받거나 치욕을 당하거나 쓰러지고 넘어지는 일을 이른다.

8-4

曾子有疾, 孟敬子問之.【注】孟敬子, 魯大夫仲孫捷. 曾子言曰:
"'鳥之將死, 其鳴也哀. 人之將死, 其言也善.'【注】包曰: "欲戒敬
子, 言'我將死, 言善可用.'" 君子所貴乎道者三, 動容貌, 斯遠暴慢
矣; 正顔色, 斯近信矣; 出辭氣, 斯遠鄙倍矣.【注】鄭曰: "此道謂
禮也. 動容貌, 能濟濟蹌蹌, 則人不敢暴慢之; 正顔色, 能矜莊嚴栗, 則人不敢
欺詐之; 出辭氣, 能順而說之, 則無惡戾之言入於耳." 籩豆之事, 則有司
存."【注】包曰: "敬子忽大務小, 故又戒之以此. '籩豆', 禮器."

증자가 병환이 있자, 맹경자(孟敬子)가 문병을 왔다.【주】맹경자는
노(魯)나라 대부 중손첩(仲孫捷)이다. 증자가 말했다. "'새가 죽으려 할 때
는 울음소리가 애처롭고, 사람이 죽으려 할 때는 그 말이 착하
다.'라고 합니다.【주】포함이 말했다. "맹경자를 경계시키고자 해서, '내가 거

의 죽을 때가 되었으니, 말이 착하여 쓸 만할 것이다.'라고 말한 것이다." 군자가 도에서 귀중히 여기는 것이 세 가지 있으니, 예에 맞게 용모를 움직이면 남이 나를 해치거나 업신여김을 멀리하게 되고, 예에 맞게 얼굴빛을 바르게 하면 남이 나를 신뢰함을 가까이하게 되며, 예에 맞게 말을 하고 숨을 쉬면 남이 나를 비루하게 보고 등져 버림을 멀리하게 됩니다. 【주】 정현이 말했다. "여기에 말한 도(道)는 예(禮)를 이른다. 용모를 움직임에 엄숙하고 장엄하며 당당하고 위엄이 있으면 남이 감히 나를 해치거나 거만하게 대하지 못하고, 안색을 바르게 해서 조심성 있고 엄숙하며 엄격하고 위엄이 있으면 남이 감히 나를 속이지 못하며, 말과 숨소리를 낼 때 능히 도리에 따라 말하면 악하고 어그러진 말이 내 귀에 들어오지 않는다." 제기를 다루는 일 등은 담당자[有司]가 있습니다."【주】 포함이 말했다. "맹경자가 큰 일은 소홀히 하고 작은 일에 힘을 썼기 때문에 다시 이 말로 경계시킨 것이다. '변두(籩豆)'는 예기(禮器)이다."

원문 正義曰:『宋石經』避諱, "敬子"作"欽子". 敬子是大夫, 故告以君子之道. "容貌"者, 『說文』, "頌, 貌也. 皃, 頌儀也. 貌, 籀文." 段氏玉裁「注」, "頌卽今之容字. 凡容言其內; 貌言其外, 析言則容貌各有當, 故叔向曰'貌不道容'是也. 粂言則曰容貌, '動容貌'是也." 案, 古有容禮, 晉 羊舌大夫爲和容, 漢天下郡國有容史, 又魯 徐生善爲頌, 後有張氏亦善焉. 頌卽容也, 亦散文, 兼貌言之也. "顔色"者, 『說文』以"顔"謂"眉目之間", 色謂凡見於面也. "辭氣"者, 辭謂言語, 氣謂鼻息出入, 若"聲容靜·氣容肅"是也. 卿·大夫容貌·顔色·辭氣之禮, 「曲禮」·「玉藻」及賈子「容經」言之詳矣. "暴慢"者, 『毛詩』「終風」「傳」, "暴, 疾也." 『說文』, "慢, 惰也." "鄙背"者, 『史記』「樂書」, "鄙者, 陋也." 趙岐『孟子』「盡心」「注」, "鄙, 狹也." "倍"與"背"同. 『荀子』「大略」「注」, "倍者, 反逆之名也." 邢「疏」云: "人之相接,

先見容貌, 次觀顔色, 次交言語, 故三者相次而言也."

역문 정의에서 말한다.

『송석경(宋石經)』에는 피휘(避諱)해서 "경자(敬子)"가 "흠자(欽子)"로 되어 있다. 맹경자가 대부였기 때문에 군자의 도를 일러 준 것이다.

"용모(容貌)"

『설문해자』에 "송(頌)은 모습[貌]이다.[28] 모(皃)는 겉으로 드러나는 모습[頌儀]이다. 모(貌)는 모(皃)의 주문(籒文)이다.[29]"라고 했는데, 단옥재의 「주」에 "송(頌)은 바로 지금의 용(容) 자이다. 용(容)은 내면을 말한 것이고, 모(貌)는 외면을 말한 것인데, 나누어서 말하면 용(容)과 모(貌)는 각각 거기에 해당되는 뜻이 있으니, 따라서 숙향(叔向)이 '외모가 내면을 말해 주지 않는다[貌不道容]'라고 한 것이 바로 그렇게 쓰인 것이다. 이어서 말하면 용모(容貌)라고 하니, '예에 맞게 용모를 움직인다[動容貌]'라는 말이 바로 그렇게 쓰인 것이다."라고 했다. 살펴보니, 예로부터 용모를 갖추는 예가 있었으니, 진(晉)나라 양설대부(羊舌大夫)는 온화한 용모를 갖추었고, 한나라 시대 천하의 여러 나라[郡國]에는 예용(禮容)을 갖춘 사관이 있었으며, 또 노나라의 서생(徐生)은 용모[頌]를 잘 갖추었고, 후대의 장씨(張氏) 역시 예에 맞는 용모를 잘 갖추었다.[30] 송(頌)이 곧 용(容)이

---

[28] 『설문해자』 권9: 송(頌)은 모습[皃]이다. 혈(頁)로 구성되었고 공(公)이 발음을 나타낸다. 송(額)은 송(頌)의 주문(籒文)이다. 여(余)와 봉(封)의 반절음이다. 또 사(似)와 용(用)의 반절음이다.[頌, 皃也. 從頁公聲. 額, 籒文. 余封切. 又似用切.]

[29] 『설문해자』 권8: 모(皃)는 겉으로 드러나는 모습[頌儀]이다. 인(人)으로 구성되었다. 백(白)은 사람의 얼굴 모양을 상형한 것이다. 모든 모(皃)부에 속하는 한자는 다 모(皃)의 뜻을 따른다. 모(貌)는 모(皃)의 혹체자로서 혈(頁)로 구성되었고, 표(豹)의 생략형이 발음을 나타낸다. 모(貌)는 모(皃)의 주문(籒文)인데, 표(豹)의 생략형으로 구성되었다. 막(莫)과 교(敎)의 반절음이다.[皃, 頌儀也. 從人. 白象人面形. 凡皃之屬皆從皃. 貌, 皃或從頁, 豹省聲. 貌, 籒文皃從豹省. 莫敎切.]

라는 것은 역시 산문(散文)³¹이니, 모(貌)를 겸해서 한 말이다.

"안색(顔色)"

『설문해자』에는 "안(顔)"을 "눈썹과 눈동자 사이"³²라고 했고, 색(色)은 얼굴에 나타나는 모든 것을 말한다.

"사기(辭氣)"

사(辭)는 언어(言語)를 이르고, 기(氣)는 코로 숨이 나가고 들어오는 것이니, "목소리의 모양은 고요하고, 숨 쉬는 모양은 엄숙해야 한다."³³는 말과 같은 것이 그런 뜻이다. 경(卿)이나 대부(大夫)의 용모와 안색과 말하고 숨 쉬는 예에 대해서는 『예기』「곡례(曲禮)」와 「옥조(玉藻)」 및 가의(賈誼)의 『신서(新書)』「용경(容經)」에 상세히 언급했다.

"포만(暴慢)"

『모시』「종풍(終風)」의 「전」에 "포(暴)는 해침[疾]이다."라고 했다. 『설문해자』에 "만(慢)은 업신여김[惰]이다."³⁴라고 했다.

"비배(鄙背)"

『사기』「악서(樂書)」에 "비(鄙)란 비루함[陋]이다."라고 했고, 조기(趙岐)

---

30 "晉羊舌大夫"부터 "後有張氏亦善焉"까지는 『예설(禮說)』 권3, 「지관1(地官一)」의 내용을 인용한 것이다.

31 운율이나 음절의 수 등에 얽매이지 않고 자유롭게 쓴 글. 혼언(混言)은 또 산언(散言)이라고도 한다.

32 『설문해자』 권9: 안(顔)은 눈썹과 눈동자 사이이다. 혈(頁)로 구성되었고 언(彦)이 발음을 나타낸다. 안(顏)은 안(顔)의 주문(籒文)이다. 오(五)와 간(姦)의 반절음이다. 顔, 眉目之閒也. 從頁彦聲. 顏, 籒文. 五姦切.]

33 『예기(禮記)』「옥조(玉藻)」.

34 『설문해자』 권10: 만(慢)은 게으름[惰]이다. 심(心)으로 구성되었고 만(曼)이 발음을 나타낸다. 일설에는 거만함[慢]이라고도 하는데, 두려워하지 않는다[不畏]는 뜻이다. 모(謀)와 안(晏)의 반절음이다.[慢, 惰也. 從心曼聲. 一曰慢, 不畏也. 謀晏切.]

의 『맹자』「진심하(盡心下)」의 「주」에는 "비(鄙)는 편협함[狹]이다."[35]라고 했다. "배(倍)"는 "배반[背]과 같다. 『순자』「대략편(大略篇)」의 「주」에 "배(倍)란 반역(反逆)을 이른다."라고 했다. 형병의 「소」에 "사람이 서로 사귈 때, 먼저 용모를 보고, 다음엔 안색을 살피며, 그다음에는 말을 나누기 때문에 세 가지를 서로 순서대로 말한 것이다."라고 했다.

원문 案, 『禮記』「冠義」云: "禮義之始, 在於正容體, 齊顔色, 順辭令. 容體正, 顔色齊, 辭令順, 而後禮義備."「表記」云: "是故君子貌足畏也, 色足憚也, 言足信也."『大戴禮』「四代」云: "蓋人有可知者焉; 貌色聲衆有美焉, 必有美質在其中者矣; 貌色聲衆有惡焉, 必有惡質在其中者矣." 是容貌 · 顔色 · 辭氣皆道所發見之處, 故君子謹之. 子夏言"君子有三變", "望之儼然", 謂容貌也; "卽之也溫", 謂顔色也; "聽其言也厲", 謂辭氣也. 又『韓詩外傳』, "故望而宜爲人君者, 容也; 近而可信者, 色也; 發而安中者, 言也; 久而可觀者, 行也. 故君子容色, 天下儀象而望之, 不假言, 而知宜爲人君者." 竝與此文義相發.

역문 살펴보니, 『예기』「관의(冠義)」에 "예의(禮義)의 시작은 몸가짐을 바르게 하고, 안색을 가다듬으며, 말씨를 순하게 함에 있다. 몸가짐이 바르고, 안색이 자분하고, 말씨가 순해신 뒤에 예의가 갖추어진다."라고 했고, 「표기(表記)」에 "그러므로 군자는 용모에 두려움이 충만하고 얼굴빛에 두려움이 충만하며, 말에는 신의가 충만한 것이다."라고 했으며, 『대대례』「사대(四代)」에는 "대체로 사람에게는 알 수 있는 것이 있으니, 용모와 안색과 목소리에 많은 아름다움이 있으면 반드시 아름다운 자질을

---

35 『맹자』「진심하(盡心下)」: 유하혜(柳下惠)의 풍도를 들은 자는 각박한 자가 후해지고 편협한 자가 관대해진다.[聞柳下惠之風者, 薄夫敦, 鄙夫寬.]라고 한 곳의 "鄙" 자에 대한 「주」.

마음속에 가지고 있는 이이다. 용모와 안색과 목소리에 많은 악함이 있
으면 반드시 악한 자질을 마음속에 가지고 있는 자이다."라고 했는데,
이 용모와 안색과 말과 숨소리[辭氣]는 모두 발현되는 곳을 말하기 때문
에 군자가 삼가는 것이다. 자하(子夏)는 "군자는 세 가지 변화가 있다"라
고 했는데, "멀리서 바라보면 근엄하다[望之儼然]"라는 것은, 용모를 이르
는 것이고, "그에게 다가가면 온화하다[卽之也溫]"라는 것은 안색을 이르
는 것이며, "그 말을 들어 보면 또 엄격하다[聽其言也厲]"[36]라는 것은 말과
숨소리를 이르는 것이다. 또 『한시외전』에, "그러므로 바라봄에 임금이
되기에 마땅한 것은 용모이고, 가까울수록 믿을 수 있는 것은 안색이며,
드러남에 마음속을 편히 하는 것은 말이고, 오래될수록 볼만한 것은 행
실이다. 그러므로 군자의 용모와 안색은 천하가 행동거지의 표준으로
삼아 바라보니, 굳이 말하지 않더라도 임금이 되기에 마땅함을 안다."라
고 했으니, 모두 이 문장의 뜻과 서로 발명이 된다.

원문 "有司"者, "有", 語辭, "司", 主也. 『說文』云: "司, 臣司事於外者也." 『廣
雅』「釋言」, "有司, 臣也." 鄭注「士冠禮」以"有司"爲士所自辟府·史以下.
注「特牲」以"有司"爲士屬吏, 謂君命之士. 二者皆通稱"有司". 據『周官』
"籩人掌四籩之實", "醢人掌四豆之實", 則"有司"卽籩人·醢人之屬. "存"
者, 『爾雅』「釋詁」, "在, 存也."「釋訓」, "存存, 在也." 孫氏志祖『讀書脞
錄』, "蕭山 徐鯤云: '『後漢書』「崔琦傳」"百官外內, 各有司存."'『文選』「頭
陀寺碑」'庀徒揆日, 各有司存.' 覈其文義, 皆當以'司存'二字連讀. 故『晉
書』「職官志」「敍」云: '咸樹司存, 各題標準.' 又「桓沖傳」云: '臣司存闕外,

輒隨宜處分.'『北齊書』「儒林」「敍」云: '齊氏司存, 或失其守.' 益可以證矣."

역문 "유사(有司)"

"유(有)"는 어사(語辭)이고, "사(司)"는 주관함[主]이다. 『설문해자』에 "사(司)는 신하로서 밖에서 일을 맡은 자이다."[37]라고 했고, 『광아』「석언」에는 "유사(有司)는 신하[臣]이다."라고 했다. 정현은 「사관례(士冠禮)」를 주석하면서 "유사(有司)"를 사(士)가 부(府)와 사(史)를 불러서 제수하는 자로부터 그 이하라고 했으며,[38] 「특생궤사례(特牲饋食禮)」를 주석하면서 "유사(有司)"를 사(士)에게 속한 아전이라고 했는데, 임금이 명한 사(士)를 이른다. 두 아전 모두 "유사(有司)"라고 통칭한다. 『주관』에서 "변인(籩人)은 사변(四籩)[39]에 담는 제물의 조달을 담당한다."[40]라고 한 것과 "해인(醢人)은 사두(四豆)[41]에 담는 제물의 조달을 담당한다."[42]라고 한 것에 의거하면 "유사(有司)"는 바로 변인(籩人)이나 해인(醢人)의 등속이다.

---

37 『설문해자』권9: 사(司)는 신하로서 밖에서 일을 맡은 자이다. 후(后)를 옆으로 뒤집은 모양으로 구성되었다. 모든 사(司)부에 속하는 한자는 다 사(司)의 의미를 따른다. 식(息)과 자(玆)의 반절음이다.[司, 臣司事於外者. 從反后. 凡司之屬皆從司. 息玆切.]

38 『의례주소』권1, 「사관례제일(士冠禮第一)」정현의 「주」에 "유사(有司)란 여러 아전으로서 일이 있는 자이니, 주인(主人)의 아전으로 부(府)와 사(史)를 불러서 제수하는 자로부터 그 이하를 이른다.[有司, 群吏有事者, 謂主人之吏, 所自辟除府 · 史以下也.]"라고 했고, 가공언(賈公彦)의 「소」에 "사(士)는 비록 신하가 없지만, 모두 예속된 사(吏) · 서(胥) · 도(徒) 및 노비[僕隷]가 있다. 그러므로 '여러 아전으로서 일이 있는 자'라고 한 것이다.[士雖無臣, 皆有屬吏胥徒及僕隷. 故云: '有司群吏有事者也.']"라고 했다.

39 사변(四籩): 대나무로 만든 4가지의 제기로 조사변(朝事籩) · 궤사변(饋食籩) · 가변(加籩) · 수변(羞籩)이다.

40 『주례(周禮)』「천관총재하(天官冢宰下) · 변인(籩人)」.

41 사두(四豆): 나무로 만든 4가지의 제기로 조사두(朝事豆) · 궤사두(饋食豆) · 가두(加豆) · 수두(羞豆) 이다.

42 『주례』「천관총재하 · 해인(醢人)」.

"존(存)"

『이아』「석고(釋詁)」에 "재(在)는 존재함[存]이다."라고 했고, 「석훈(釋訓)」에 "존존(存存)은 존재함[在]이다."라고 했다. 손지조(孫志祖)[43]의 『독서좌록(讀書脞錄)』에 "소산(蕭山)의 서곤(徐鯤)이 말하길 '『후한서』「최기전(崔琦傳)」에 "백관(百官)이 안팎에 있음에 각각의 담당자[有司]가 있다." 라고 되어 있다.'라고 했고, 『문선(文選)』「두타사비(頭陀寺碑)」에 '다스리는 무리들이 날을 헤아리니 각각 담당자가 있다.'라고 했는데, 그 문장의 의미를 완미해 보면 모두 마땅히 '사존(司存)' 두 글자를 이어서 읽어야 한다. 그러므로 『진서(晉書)』「직관지(職官志)」의 「서문」에 '모두 사존(司存)을 세우고, 각자 표준을 적게 했다.'라고 했고, 또 「환충전(桓沖傳)」에도 '신(臣)은 사존으로 전장[閫外][44]에 있다가 문득 마땅한 곳을 따라 흩어졌습니다.'라고 했으며, 『북제서(北齊書)』「유림(儒林)」의 「서문」에 '제씨(齊氏)는 사존으로 혹 그 지킴을 잃었다.'라고 했으니, 더욱더 증거가

---

43 손지조(孫志祖, 1736~1800): 청나라 절강 인화(仁和) 사람. 자는 이곡(詒穀), 또는 이곡(頤谷)이고, 호는 약재(約齋)이다. 건륭(乾隆) 32년(1766) 진사가 되어 형부주사(刑部主事)를 거쳐 낭중(郎中)에 오르고, 강남도감찰어사(江南道監察御史)에 발탁되었으나 사직하고 귀향했다. 책을 읽다가 의심이 생기면 반드시 해결해야 직성이 풀렸다. 만년에는 자양서원(紫陽書院)에서 강학했다. 정현의 학문을 종주로 했으며, 왕숙의 설을 배척했다. 『문선(文選)』에 정밀했다. 저서에 『독서좌록(讀書脞錄)』과 『가어소증(家語疏證)』, 『문선고이(文選考異)』, 『문선주보정(文選注補正)』, 『문선이학권여보(文選理學權興補)』, 『후한서보정(後漢書補正)』 등이 있다. 『가어소증』에서 왕숙의 위작 사실을 논파했고, 『풍속통(風俗通)』의 일문을 편집했으며, 『후한서보정』에서는 사승(謝承)이 놓친 부분들을 수집했다.

44 곤외(閫外): 도성 문밖 즉, 전장(戰場)을 뜻한다. 곤(閫)은 도성의 문이다. 『사기(史記)』 권102, 「장석지풍당열전(張釋之馮唐列傳)」에 따르면, "옛날에 왕이 출정하는 장수를 전송할 때 임금이 무릎을 꿇고 수레바퀴를 손수 밀면서 '곤내(閫內)는 과인이 다스릴 테니 곤외는 장군이 알아서 하라.'[古王者之遣將也, 跪而推轂曰: '閫以內者, 寡人制之; 閫以外者, 將軍制之.']라고 말하였다."라고 했다.

될 만하다.”라고 했다.

원문 案, 此訓在爲察. 故“司存”二字連讀, 自漢後儒者孽生之義, 非其朔也. 『說苑』「修文篇」, “曾子有疾, 孟儀往問之. 曾子曰: ‘鳥之將死, 必有悲聲. 君子集大辟, 必有順辭. 禮有三儀, 知之乎?’ 對曰: ‘不識也.’ 曾子曰: ‘坐. 吾語女. 君子修禮以立志, 則貪欲之心不來; 思禮以修身, 則怠惰慢易之節不至; 修禮以仁義, 則忿爭暴亂之辭遠. 若夫置尊俎, 列籩豆, 此有司之事也, 君子雖不能可也.’” 與此傳聞略異.

역문 살펴보니 이 해석은 어떻게 살피는가에 달려 있다. 따라서 “사존(司存)” 두 글자를 이어서 읽는 것은 한나라 후기의 유학자들로부터 쏟아져 나온 뜻이지, 처음부터 있었던 것이 아니다. 『설원(說苑)』「수문(修文)」에 “증자가 병환이 있자 맹의(孟儀)가 가서 문병했다. 증자가 말했다. ‘새가 죽으려 할 때는 반드시 우는 소리가 슬프고 군자가 죽으려 할 때에는[大辟]⁴⁵ 반드시 말이 이치에 순조롭다고 합니다. 예에는 세 가지 준칙이 있는데 그대는 알고 있습니까?’ 맹의가 대답했다. ‘모릅니다.’ 증자가 말했다. ‘앉으십시오.⁴⁶ 제가 그대에게 말씀드리겠습니다. 군자가 예를 닦아 뜻을 세우면 탐욕스러운 마음이 생기지 않고, 예를 생각해서 몸을 닦으면 게으르고 거만한 태도가 이르지 않으며, 예를 닦아 인의를 행하면 성내어 다투고 사납고 어지러운 말이 멀어집니다. 준조(尊俎)⁴⁷를 배치하고

---

45 대벽(大辟): 오형(五刑)의 하나로 사형에 해당한다. 오형은 이마에 먹물을 새겨 넣는 묵형(墨刑), 코를 베는 의형(劓刑), 발꿈치를 베는 월형(刖刑), 생식기를 제거하는 궁형(宮刑), 사형에 처하는 대벽(大辟)을 말한다.(『서경(書經)』「주서(周書)·여형(呂刑)」) 여기서는 사망으로 보았다.

46 『논어정의』에는 “來”로 되어 있다. 『설원(說苑)』「수문(修文)」을 근거로 “坐”로 수정하고 해석했다.

변두를 진열하는 것은 이것은 담당자[有司]가 하는 일이니, 군자는 비록 잘하지 못하더라도 괜찮습니다.'"라고 했는데, 여기서 전해 들은 것과는 조금 다르다.

- 「注」, "孟敬子, 魯大夫仲孫捷."
- 正義曰: 鄭注「檀弓」云: "敬子, 武伯之子, 名捷." 此『釋文』云: "捷, 本又作踕, 同."『說苑』作 "孟儀", 疑"儀"是字.
- ○「주」의 "맹경자는 노나라 대부 중손첩이다."
- ○ 정의에서 말한다.

  정현은『예기』「단궁하(檀弓下)」를 주석하면서 "경자(敬子)는 무백(武伯)의 아들이고 이름은 첩(捷)이다."라고 했고, 이 장의『경전석문』에서는 "첩(捷)은 판본에 따라 또 첩(踕)으로도 되어 있는데, 같은 글자이다."라고 했다.『설원』에는 "맹의(孟儀)"라고 되어 있는데, 아마도 "의 (儀)"는 경자의 자(字)인 듯싶다.

- 「注」, "此道"至"於耳".
- 正義曰:『說苑』云"禮有三", 是此文言"道"卽禮也. "動容貌", 謂以禮動之; "正顔色", 謂以禮正 之; "出辭氣", 謂以禮出之. "能濟濟蹌蹌"者,「曲禮」言大夫行容濟濟, 士行容蹌蹌, 皆美盛之 貌也.『中論』「法象篇」, "君子口無戲謔之言, 言必有防. 身無戲謔之行, 行必有檢. 故雖妻妾 不可得而黷也, 雖朋友不可得而狎也." 卽此「注」義也.『集注』以"遠暴慢"·"近信"·"遠鄙倍" 屬在己者言, 與『說苑』合, 亦通.
- ○「주」의 "차도(此道)"부터 "어이(於耳)"까지.
- ○ 정의에서 말한다.

  『설원』에서 "예에는 세 가지가 있다"라고 했는데, 이것이 이「주」에서 말한 "도(道)"가 바로

---

47 준조(尊組): 제사(祭祀) 때에 술을 담는 '준(樽)'과 고기를 담는 '조(俎)'를 아울러 이르는 말.

예라는 것이다. "용모를 움직임"은 예에 맞게 움직인다는 말이고, "안색을 바르게 함"은 예에 맞게 바르게 한다는 말이며, "말과 숨소리를 냄"은 예에 맞게 낸다는 말이다. "엄숙하고 장엄하며 당당하고 위엄이 있다[能濟濟蹌蹌]"라는 것은 『예기』「곡례하(曲禮下)」의 '대부는 용모를 행함에 엄숙하고 장엄하며, 사는 용모를 행함에 당당하고 장엄하다'라는 말이니, 모두 아름답고 성대한 모습이다. 『중론(中論)』「법상(法象)」[48]에, "군자는 입에 희롱하고 농담하는 말을 담지 않아, 말함에 반드시 방비가 있고, 몸에 희롱하고 농담하는 행실이 없어서, 행실에 반드시 단속함이 있다. 그러므로 비록 처첩(妻妾)이라 할지라도 모독할 수 없고, 비록 친구라 할지라도 친압할 수 없다."라고 했으니, 바로 이「주」의 뜻이다. 『논어집주(論語集注)』에서는 "해치거나 거만하게 대함을 멀리함[遠暴慢]"과 "신의를 가까이함[近信]"과 "비루함과 등져버림[遠鄙倍]"을 자기에게 속해 있는 것이라는 입장에서 말했는데, 『설원』의 내용과 일치하니, 역시 통한다.

- 「注」, "'籩豆', 禮器."
- 正義曰: 『爾雅』「釋器」, "木豆謂之豆, 竹豆謂之籩, 瓦豆謂之登." 然則籩亦是豆, 特以用竹異其名耳. 『說文』, "木豆謂之梪, 從木豆. 豆, 古食肉器也. 從口, 象形." 鄭注『周官』「籩人」云: "籩, 竹器, 如豆者, 其容實皆四升." 賈「疏」謂"鄭依漢禮器制度知之." 「明堂位」, "夏后氏以楬豆, 殷玉豆, 周獻豆." 「注」云: "楬, 無異物飾也. 獻, 疏刻之." 此三代之異飾也. 異飾故異名.
- ○ 「주」의 "'변두'는 예기이다."
- ○ 정의에서 말한다.

『이아』「석기(釋器)」에 "나무로 만든 제기를 '두(豆)'라 하고, 대나무로 만든 제기를 '변(籩)'이라 하며, 질그릇으로 만든 제기를 '등(登)'이라 한다."라고 했다. 그렇다면 '변' 역시 제기이니, 단지 대나무로 만들었기 때문에 그 명칭을 달리한 것일 뿐이다. 『설문해자』에 "나무로 만든 제기를 두(梪)라 한다. 목(木)과 두(豆)로 구성되었다.[49] 두(豆)는 옛날에 고기를 담아

---

48 『중론(中論)』「법상(法象)」: 『논어정의』에는 『중론』「치학편(治學篇)」이라고 되어 있는데, 『중론』「법상」을 근거로 수정했다.
49 『설문해자』권5: 두(梪)는, 나무로 만든 제기를 두(梪)라 한다. 목(木)과 두(豆)로 구성되었다. 도(徒)와 후(候)의 반절음이다.[梪, 木豆謂之梪. 從木豆. 徒候切.]

먹던 그릇이다. 구(口)로 구성되었고 상형(象形)이다.[50]"라고 했다. 정현은 『주관』「변인(籩人)」을 주석하면서 "변(籩)은 대그릇[竹器]인데, 제기[豆]와 같은 것으로, 그 용량은 모두 4되이다."라고 했는데, 가공언(賈公彦)의 「소」에 "정현은 한나라 시대 예기의 제도(制度)에 의거해서 안 것이다."라고 했다. 『예기』「명당위(明堂位)」에 "하후씨(夏后氏)는 갈두(楬豆)를 사용했고, 은(殷)나라에서는 옥두(玉豆)를 사용했으며, 주나라에서는 헌두(獻豆)를 사용했다."라고 했는데, 「주」에 "갈(楬)은 다른 물건으로 장식함이 없는 것이다. 헌(獻)은 거칠게 깎은 것이다."라고 했으니, 이는 삼대(三代)에 제기의 장식을 달리했다는 말이다. 장식을 달리했기 때문에 이름이 다른 것이다.

8-5

曾子曰: "以能問於不能, 以多問於寡, 有若無, 實若虛, 犯而不校, 【注】包曰: "校', 報也, 言見侵犯不報." 昔者吾友嘗從事於斯矣." 【注】馬曰: "友', 謂顏淵."

증자가 말했다. "능하면서 능하지 못한 이에게 물으며, 들은 것이 많으면서 들은 것이 적은 이에게 물으며, 능력이 있어도 능력이 없는 것처럼 행하고, 학식이 가득하면서도 빈 것처럼 행하며, 자신에게 잘못을 범해도 따지지 않는 것, 【주】 포함이 말했다. "'교(校)'는 보복(報復)이니, 침범을 당해도 보복하지 않는다는 말이다." 옛날에 내 벗이 일

---

50 『설문해자』 권5: 두(豆)는 옛날에 고기를 담아 먹던 그릇이다. 구(口)로 구성되었고 상형(象形)이다. 모든 두(豆)부에 속하는 글자는 다 두(豆)의 의미를 따른다. 두(㯱)는 두(豆)의 고문이다. 도(徒)와 후(候)의 반절음이다.[豆, 古食肉器也. 從口, 象形. 凡豆之屬皆從豆. 㯱, 古文豆. 徒候切.]

일찍이 이 일에 종사했다." 【주】마융이 말했다. "'벗'은 안연(顔淵)을 이른다."

원문 正義曰: "不能"與"寡", 言人平時莫己若者也.「中庸記」言天地之大, 愚夫愚婦, 可與知·能, 而聖人或有所不知·不能. 故以大舜之知, 猶好問, 好察邇言者此也.『中論』「虛道篇」, "人之爲德, 其猶虛器與! 器虛則物注, 滿則止焉. 故君子常虛其心志, 恭其容貌, 不以逸群之才, 加乎衆人之上. 視彼猶賢, 自視猶不足也, 故人願告之而不倦.『易』曰: '君子以虛受人.'『詩』曰: '彼姝者子, 何以告之?' 君子之於善道也, 大則大識之, 小則小識之, 善無大小, 咸載於心, 然後擧而行之. 我之所有, 旣不可奪, 而我之所無, 又取於人, 是以功常前人, 而人後之也."『中論』所言, 與此章相發.

역문 정의에서 말한다.

"능하지 못한 사람"과 "들은 것이 적은 사람"은 사람이 평소 자기보다 못한 사람이라는 말이다.「중용기(中庸記)」에 "천지(天地)가 크더라도, 어리석은 지아비와 어리석은 지어미라 할지라도 참여하여 알 수 있고 행할 수 있지만, 성인도 혹 알지 못하고 능하지 못한 것이 있다."라고 했다.[51] 그러므로 위대한 순의 지혜로도 묻기를 좋아하고, 평범한 말을 살피기를 좋아했던 것[52]이 바로 이런 것이었다.『중론』「허도(虛道)」에 "사

---

51 『중용(中庸)』제12장: 어리석은 필부필부(匹夫匹婦)라 할지라도 참여하여 알 수 있지만, 그 지극함에 이르러서는 비록 성인이라도 또한 알지 못하는 것이 있으며, 불초한 필부필부라 할지라도 행할 수 있지만, 그 지극함에 이르러서는 비록 성인이라도 또한 능하지 못한 것이 있으며, 천지가 크더라도 사람들이 오히려 한스러워하는 것이 있다. 그러므로 군자가 큰 것을 말하면 천하도 이를 실어 주지 못하고, 작은 것을 말하면 천하도 이를 쪼개지 못한다.[夫婦之愚, 可以與知焉, 及其至也, 雖聖人, 亦有所不知焉; 夫婦之不肖, 可以能行焉, 及其至也, 雖聖人, 亦有所不能焉, 天地之大也, 人猶有所憾. 故君子語大, 天下莫能載焉; 語, 天下莫能破焉.]

람의 덕(德)은 빈 그릇과 같다. 그릇이 비면 물건을 담고 가득 차면 그친다. 그러므로 군자는 항상 그 심지(心志)를 비워 그 용모를 공손히 해서, 빼어난 재주라고 해서 민중들 위에 가하지 않는다. 민중을 보기를 오히려 현자를 보듯 하고, 자기를 보기를 오히려 부족한 사람인 듯하기 때문에 사람들이 그에게 하소연하기를 바라면서도 게을리하지 않는다. 『주역(周易)』「함괘(咸卦)」의 「상(象)」에 '군자는 이를 본받아 마음을 비우고서 남의 말을 받아들인다.'라고 했고, 『시경』「국풍(國風)·용(鄘)·간모(干旄)」에 '저 아름다운 그대는 무엇을 말해 주려는가?'라고 했는데, 군자는 선한 도에 대해서 크면 큰 대로 알고 작으면 작은 대로 알아서 큰 선이든 작은 선이든 할 것 없이 모두 마음에 담은 뒤에 들어서 행한다. 나에게 있는 것은 이미 빼앗을 수 없고, 나에게 없는 것은 또 남에게 취하니, 이런 까닭에 공은 항상 남을 앞세우나 남이 그를 뒤따르는 것이다."라고 했는데, 『중론』의 말이 이 장과 서로 발명된다.

원문 前篇顏子言志, "願無伐善, 無施勞." 亦此"若無"·"若虛"之意. "犯而不校", 是言其學能養氣也. 『韓詩外傳』引顏子曰: "人不善我, 我亦善之." 卽"不校"之意. 鄭注「檀弓」云: "昔, 猶前也." 曾子言時, 顏子已卒. 故稱"昔者", 與孔子言"今也則亡"意同. 皇「疏」引江熙曰: "稱'吾友', 言己所未能也."

역문 앞 「공야장(公冶長)」에서 안자(顏子)가 뜻을 말하면서 "선을 자랑함이 없으며 공로를 드러냄이 없기를 원합니다."라고 한 것도 여기에서 말하

---

52 『중용』제6장: 공자가 말했다. "순은 크게 지혜로운 분이실 것이다. 순은 묻기를 좋아하고, 평범한 말을 살피기를 좋아하시되, 악(惡)을 숨겨 주고 선(善)을 드러내시며, 두 끝을 잡고 헤아려 그 중(中)을 취한 뒤에 백성에게 쓰셨으니, 이 때문에 순이 되신 것이다."[子曰: "舜, 其大知也與. 舜好問而好察邇言, 隱惡而揚善, 執其兩端, 用其中於民, 其斯以爲舜乎."]

는 "능력이 없는 것처럼 행하고"·"빈 것처럼 행한다"라는 뜻이다. "자신에게 잘못을 범해도 따지지 않았다"라는 것은 그의 학문이 호연지기를 잘 길렀다는 말이다. 『한시외전』에는 안자를 인용해서 "남이 나를 선하게 대하지 않더라도 나는 또한 그를 선하게 대한다."라고 했는데, 바로 "따지지 않음[不校]"을 의미한다. 정현은 『예기』「단궁(檀弓)」을 주석하면서 "석(昔)은 전(前)과 같다."라고 했다. 증자가 이 말을 할 때 안자는 이미 죽었다. 따라서 "옛날에[昔者]"라고 일컬은 것은 공자가 "지금은 없다"[53]라고 말한 뜻과 같다. 황간의 「소」에는 강희(江熙)를 인용해서 "'내 벗[吾友]'이라고 일컬은 것은 자기는 아직 능하지 못한 것이라는 말이다."라고 했다.

● 「注」, "'校', 報也. 言見侵犯不報."
● 正義曰: 『小爾雅』「廣言」, "校, 報也." "校"與"挍"同. 『中庸』云: "不報無道."
○ 「주」의 "'교(挍)'는 보복[報]이니, 침범을 당해도 보복하지 않는다는 말이다."
○ 정의에서 말한다.
　『소이아(小爾雅)』「광언(廣言)」에 "교(校)는 보답한다[報]는 뜻이다."라고 했으니, "교(校)"와 "교(挍)"는 같은 뜻이다. 『중용(中庸)』에 "자신에게 무도(無道)한 짓을 가해도 보복하지 않는다."[54]라고 했다.

● 「注」, "'友', 謂顔淵."
● 正義曰: 知謂顔淵者, 以所言非顔淵不足當之. 『大戴禮』「曾子疾病篇」, "曾子謂曾元·曾華

53　『논어』「공야장(公冶長)」.
54　『중용』제10장: 너그럽고 유순함으로써 가르쳐 주고, 자신에게 무도한 짓을 가해도 보복하지 않는 것은 남방(南方)의 강함이니, 군자가 이러한 강함에 머문다.[寬柔以敎, 不報無道, 南方之强也, 君子居之.]

曰: '吾無顏氏之言, 吾何以語女哉?" 知顏淵爲曾子所甚服也.

○ 「주」의 "'벗'은 안연을 이른다."

○ 정의에서 말한다.

안연을 이르는지 알 수 있는 것은, 안연이 아니면 충분히 거기에 해당될 수 없는 것을 말했기
때문이다. 『대대례』「증자질병(曾子疾病)」에 "증자가 증원(曾元)과 증화(曾華)에게 말했다.
'내가 안씨(顏氏)의 말이 없었다면 내가 무엇을 가지고 너희들에게 말하겠느냐?'라고 했으
니, 증자가 안연을 대단히 존경했다는 것을 알 수 있다.

8-6

曾子曰: "可以託六尺之孤, 【注】孔曰: "'六尺之孤', 幼少之君." 可以
寄百里之命, 【注】孔曰: "攝君之政令." 臨大節而不可奪也, 【注】
"大節", 安國家, 定社稷. "奪"者, 不可傾奪. 君子人與! 君子人也."

증자가 말했다. "여섯 자[六尺]의 어린 임금을 맡길 만하고, 【주】
공안국이 말했다. "'육척지고(六尺之孤)'는 어린 임금이다." 백 리[제후국(諸侯
國)]의 정령(政令)을 부탁할 만하며, 【주】공안국이 말했다. "임금의 정령
을 대행함이다." 큰일에 임해서 그 절개를 빼앗을 수 없다면, 【주】 "큰
일[大節]"은 국가(國家)와 사직(社稷)을 안정시키는 일이다. "탈(奪)"이란 전복시키고
침탈할 수 없다는 말이다. 군자다운 사람이로다! 군자다운 사람이야."⁵⁵

---

55 유보남은 "君子人也"를 연문(衍文)으로 보았으므로, 유보남의 견해에 따라 해석했다. 자세
한 것은 아래 설명에 보인다.

正義曰: "託", 『玉篇』「人部」引作"侂". 『說文』"侂"‧"託"俱訓"寄", 而從
人從言, 各有一義, 今經傳皆通用"託"字. "六尺之孤", 以古六寸爲尺計之,
當今三尺六寸. 六尺是幼小, 故晏子長不滿六尺, 當時以爲身短, 而孟子‧
荀子咸言五尺爲童也. 稱"孤"者, 無父之辭. 鄭「注」云: "六尺之孤, 年十五
已下." 『周官』「鄕大夫之職」, "國中七尺以及六十, 野自六尺以及六十有
五, 皆征之." 賈「疏」引鄭此「注」申之云: "鄭言'已下'者, 正謂十四已下, 亦
可以寄託, 非謂六尺可通十四已下. 鄭必知六尺年十五者, 以其國中七尺
爲二十對六十, 野之六尺對六十五, 晚校五年, 明知六尺與七尺早校五年,
故以六尺爲十五也." 此「疏」說鄭義甚明憭. 「大司徒」「疏」引此「注」謂"年
十五", 脫"已下"二字, 當據「鄕大夫」「疏」補.

정의에서 말한다.

"탁(託)"은 『옥편(玉篇)』「인부(人部)」에 인용된 것에는 "탁(侂)"으로 되어
있다. 『설문해자』에 "탁(侂)"과 "탁(託)"은 모두 새김이 "맡기다[寄]"인데,
하나는 인(人)으로 구성되었고, 다른 하나는 언(言)으로 구성되어 각기
나름의 의미가 있지만 지금의 경전에서는 모두 "탁(託)" 자로 통용된다.

"여섯 자의 어린 임금[六尺之孤]"

옛날에는 여섯 치[寸]를 한 자[尺]로 계산했으니, 지금의 석 자 여섯 치
에 해당된다. 여섯 자는 어리고 작기 때문에 안자(晏子)는 신상이 여섯
자가 못 되었으므로 당시에는 단신[身短]이라고 여겼고,[56] 맹자(孟子)나 순

---

[56] 『사기』 권63, 「관안열전(管晏列傳)」: 안자(晏子)가 제(齊)나라의 재상으로 출타하려는데 그
마부의 아내가 문틈으로 남편을 살펴보고 있었다. 그녀의 남편은 재상의 마부로서 큰 차양
을 달고 네 마리의 말에 채찍질을 하며 아주 의기양양 득의만만했다. 일이 끝나 돌아오자 그
아내가 떠나겠다고 했다. 남편이 그 까닭을 묻자 아내는 "안자는 키가 여섯 자도 안 되는 몸
으로 제나라 재상이 되어 제후들 사이에 명성이 높습니다. 오늘 첩이 그 출타하는 모습을 보
니 생각이 깊고 늘 자신을 낮추고 있었습니다. 그런데 당신은 키가 여덟 자인데 남을 위해

자(荀子)도 모두 다섯 자를 동자(童子)라고 했다. "고(孤)"라고 일컫는 것은 아버지가 없다는 말이다. 정현의 「주」에는 "육척지고란 15세 이하라는 말이다."라고 했다. 『주관』「향대부지직(鄉大夫之職)」에 "나라 안에서는 일곱 자[七尺]에서부터 60세에 이르기까지, 교외[野]에서는 여섯 자에서부터 65세에 이르기까지 모두 세금을 징수한다."[57]라고 했는데, 가공언의 「소」에서는 정현의 이 「주」를 인용해서 의미를 확장시켜 "정현이 말한 '이하(已下)'란 바로 14세 이하도 의탁(倚託)할 만하다는 말이지 여섯 자가 14세 이하와 통할 수 있다는 말이 아니다. 정현이 분명 여섯 자가 나이 15세라는 것을 안 것은 나라 안에서는 일곱 자를 20세로 보아 60세와 대응해서 말하고, 교외의 여섯 자를 65세와 대응해서 말했는데, 늦은 나이를 5년씩 비교했으니, 여섯 자와 일곱 자는 이른 나이를 5년씩 비교했다는 것을 분명히 알았기 때문이다. 그러므로 여섯 자를 15세라고 한 것이다."라고 했다. 이 「소」에서 정현의 뜻을 설명한 것이 매우 분명하다. 「대사도(大司徒)」의 「소」에는 이 「주」를 인용하면서 "15세[年十五]"라고만 하고 "이하(已下)" 두 글자를 빠뜨렸으니, 당연히 「향대부(鄉大夫)」「소」를 근거로 보충해야 한다.

원문 『說文』, "寄, 託也." 此常訓. "百里"者, 『白虎通』「封公侯篇」, "諸侯封,

말을 몰면서도 스스로에 만족해하고 있더군요. 첩이 이 때문에 떠나길 바라는 것입니다." 그 뒤 마부가 겸손해지자, 안자가 이상해서 물었더니 마부가 사실대로 대답했다. 안자가 추천하여 대부가 되었다.[晏子爲齊相出, 其御之妻, 從門間而闚其夫. 其夫爲相御, 擁大蓋策駟馬, 意氣揚揚甚自得也. 旣而歸, 其妻請去. 夫問其故, 妻曰: "晏子長不滿六尺身, 相齊國名顯諸侯. 今者妾觀其出, 志念深矣, 常有以自下者. 今子長八尺, 乃爲人僕御, 然子之意, 自以爲足, 妾是以求去也." 其後夫自抑損, 晏子怪而問之, 御以實對, 晏子薦以爲大夫.]

57 『주례』「지관사도상(地官司徒上)·향대부(鄉大夫)」.

不過百里, 象雷震百里, 所潤雲雨同也." "不可奪"者, 『說文』, "奪, 手持隹
失之也. 敓, 强取也." 二字義微別, 今經傳"敓"皆作"奪". "君子"者, 卿·大
夫之稱. <u>曾子</u>言此人, 才德能稱其位, 故重言"君子"以美之. 『釋文』, "君子
也, 一本作君子人也." 是『釋文』原本無"人"字. <u>臧氏庸</u>『拜經日記』, "『義
疏』曰: '此是君子人與也!' 又引<u>繆協</u>曰: '非君子之人與君子者, 孰能要其
終而均其致乎?'" 蓋讀"君子人與君子也"七字爲句, 亦上有"人"字, 下無
"人"字, 今本下文亦衍.

역문 『설문해자』에 "기(寄)는 맡기다[託]이다."[58]라고 했는데, 이것이 일반적
인 새김이다. "백 리(百里)"란 『백호통의(白虎通義)』「봉공후(封公侯)」에
"제후의 봉토는 1백 리에 불과하니, 우레와 천둥이 백 리에 걸쳐 떨어질
때 비가 적셔 주는 면적과 같음을 상형한 것이다."[59]라고 했다. "빼앗을
수 없다[不可奪]"라는 것은, 『설문해자』에 "탈(奪)은 손안에 쥐고 있던 새
를 잃어버렸다는 뜻이다.[60] 탈(敓)은 강제로 빼앗음[强取]이다.[61]"라고 했
으니, 두 글자의 의미가 조금은 다르지만 지금의 경전에서는 "탈(敓)"을
모두 "탈(奪)"로 쓰고 있다.

"군자"란 경과 대부를 일컫는다. 증자가 말한 이런 사람들은 재주와

---

58 『설문해자』권7: 기(寄)는 맡기다[託]이다. 면(宀)으로 구성되었고 기(奇)가 발음을 나타낸
   다. 거(居)와 의(義)의 반절음이다.[寄, 託也. 從宀奇聲. 居義切.]

59 『백호통의(白虎通義)』권상, 「덕론상(德論上)·작(爵)」에는 "雲" 자가 없다. 『백호통의』를
   근거로 고치고 번역했다.

60 『설문해자』권4: 탈(奪)은 손안에 쥐고 있던 새를 잃어버렸다는 뜻이다. 우(又)로 구성되었
   고 순(雀)이 발음을 나타낸다. 도(徒)와 활(活)의 반절음이다.[奪, 手持隹失之也. 從又從雀.
   徒活切.]

61 『설문해자』권3: 탈(敓)은 강제로 빼앗음[彊取]이다. 『주서(周書)』에 "강탈하고 훔치고 속이
   고 죽였다[敓攘矯虔]"라고 했다. 복(攴)으로 구성되었고 태(兌)가 발음을 나타낸다. 도(徒)와
   활(活)의 반절음이다.[敓, 彊取也. 『周書』曰: "敓攘矯虔." 從攴兌聲. 徒活切.]

덕이 능히 그 지위에 걸맞기 때문에 거듭 "군자"라고 말하여 그들을 찬미한 것이다. 『경전석문』에 "'군자야(君子也)'는 어떤 판본에는 '군자인야(君子人也)'라고 되어 있다."라고 했는데, 이는 『경전석문』의 원본에는 "인(人)" 자가 없다는 것이다. 장용(臧庸)의 『배경일기(拜經日記)』에 『논어집해의소(論語集解義疏)』에 '이는 군자다운 사람이로다![此是君子人與也!]'⁶²라고 했고, 또 무협(繆協)이 '군자다운 사람과 군자가 아니라면 누가 그 종말을 살펴 그 완성을 고르게 할 수 있겠는가?'라고 한 것을 인용했다."라고 했는데, 아마도 "군자인여군자야(君子人與君子也)" 일곱 글자를 한 구두로 읽은 것으로, 역시 앞쪽에는 "인(人)" 자가 있지만 뒤에는 "인(人)" 자가 없으니, 지금 판본의 뒤에 있는 글자는 역시 연문(衍文)이다.

- 「注」, "攝君之政令."
- 正義曰: 『禮』「緇衣」, "「甫刑」曰: '苗民匪用命.'"「注」, "命謂政令也."「魯語」, "諸侯朝修天子之業命."「注」, "命, 令也." "攝", 猶兼也, 代也, 言君幼, 凡政令, 皆臣攝治之也. 或謂 "百里之命, 謂民命也."「書」「多方」, "大降爾四國民命."『禮』「中庸」「注」引『孝經』說, "命, 人所稟受度也." "六尺之孤"謂幼君, "百里之命"謂民命, 猶「秦誓」言 "子孫黎民"也. 此義亦通.
- 「주」의 "임금의 정령을 대행함이다."
- 정의에서 말한다.
  『예기』「치의」에 "「보형(甫刑)」⁶³에서 말했다. '묘민(苗民)이 선한 정령[命]을 쓰지 않는다.

---

62 『논어집해의소』 권4, 「논어술이제7(論語述而第七疏)」 황간의 「소」에 "나라의 중대한 일에 임해서 회피하지 않으면 이는 군자다운 사람일 것이다. 군자를 거듭 말한 것은 깊이 찬미한 것이다[臨大節不回, 此是君子人與也. 再言君子, 美之深也.]"라고 했다.

63 「보형(甫刑)」: 『서경(書經)』「여형(呂刑)」을 말한다. 여후(呂侯)가 천자의 사구(司寇)로서 목왕(穆王)의 명을 받아 형벌을 가르쳐 사방을 다스렸으므로 「여형」이라고 하는데, 후에 여후의 후손이 보후(甫侯)에 봉해졌기 때문에 「여형」을 「보형」이라고도 칭한다.

[匪用命.]"라고 했는데, 「주」에 "명(命)은 정령(政令)을 이른다."라고 했다. 『국어』「노어(魯語)」에 "제후는 아침에 천자의 업무 명령을 강구한다.[朝修天子之業命.]"라고 했는데, 「주」에 "명(命)은 명령[令]이다."라고 했다. "섭(攝)"은 겸함[兼]과 같고 대행[代]과 같으니, 임금이 어리면 모든 정령을 모두 신하가 대행해서 다스린다는 말이다. 더러는 "백 리(百里)의 명(命)이란 백성의 목숨[命]을 이른다."라고도 하는데, 『서경(書經)』「다방(多方)」에 "크게 죄를 강등하여 너희 사국의 백성들의 목숨을 살려 주었다."라고 했고, 『예기(禮記)』「중용(中庸)」의 「주」에서는 『효경』을 인용해서 "명(命)이란 사람이 부여받아 태어나는 것이다."라고 했다. "육척지고(六尺之孤)"는 어린 임금을 이르고, "백리지명(百里之命)"은 백성의 목숨을 이르니, 『서경』「주서(周書)·진서(秦誓)」에서 "나의 자손과 백성들[子孫黎民]"이라고 말한 것과 같다. 이 뜻도 역시 통한다.

- 「注」, "大節"至"傾奪".
- 正義曰: "大節"猶大事. 故「注」以國家·社稷言之, 明此"大節"所關在宗·社安危存亡也. 能安國家·社稷, 則不得以利害移·威武屈, 故知不可傾奪. 傾者, 覆也, 謂覆而取之也. 『呂氏春秋』「忠廉篇」言, "忠臣之事君, 苟便於主, 利於國, 無敢辭違殺身出生以殉之." 卽此「注」意.
○ 「주」의 "대절(大節)"부터 "경탈(傾奪)"까지.
○ 정의에서 말한다.

"대절(大節)"은 큰일[大事]과 같다. 그러므로 「주」에서 국가와 사직을 가지고 말함으로써 이 "큰일[大節]"이 관련된 바가 종묘와 사직의 안위와 존망에 있음을 분명히 한 것이다. 국가와 사직을 안정시킬 수 있으면 이로움과 해로움 때문에 옮기지 않고 위협과 무력 때문에 굴복당하지 않을 수 있으므로 전복시키거나 침탈할 수 없음을 알 수 있다. 경(傾)이란 전복[覆]이니, 전복시켜서 탈취한다는 말이다. 『여씨춘추(呂氏春秋)』「충렴(忠廉)」에 "충신은 임금을 섬김에 진실로 군주를 편안하게 하고 나라를 이롭게 하면, 자신의 몸을 죽이고 삶을 내놓아 목숨을 바치는 일도 감히 마다하지 않는다."라고 했는데, 바로 이 「주」의 뜻이다.

曾子曰: "士不可以不弘毅, 任重而道遠. 【注】包曰: "'弘', 大也.
'毅', 强而能斷也. 士弘毅, 然後能負重任, 致遠路." 仁以爲己任, 不亦重
乎? 死而後已, 不亦遠乎?" 【注】孔曰: "以仁爲己任, 重莫重焉; '死而
後已', 遠莫遠焉."

증자가 말했다. "선비는 뜻이 크고 의지가 굳세지 않으면 안 되
니, 임무가 무겁고 길이 멀기 때문이다. 【주】 포함이 말했다. "홍(弘)'은
큼[大]이다. '의(毅)'는 굳세어 결단(決斷)할 수 있다는 뜻이다. 선비는 뜻이 크고 의지
가 굳센 뒤에야 무거운 임무를 지고 먼 길에 도달할 수 있다." 인을 자기의 임무
로 삼으니 또한 막중하지 않은가? 죽은 뒤에야 끝나니 또한 멀지
않은가?" 【주】 공안국이 말했다. "인을 자신의 임무로 삼으니 막중하기가 그보다 그보다
더 무거운 것이 없고, 죽은 뒤에야 그만두게 되는 것이니 멀기가 그보다 더 먼 것이
없다."

원문 正義曰: 『白虎通』「爵篇」, "士者, 事也, 任事之稱也." 言士雖先未仕,
後或有爵位, 當任事也. 「祭義」鄭「注」, "任, 所擔持也." 「表記」云: "仁之
爲器重, 其爲道遠, 擧者莫能勝也, 行者莫能致也, 取數多者仁也, 夫勉於
仁者, 不亦難乎?" 「表記」之文, 與此章互證.

역문 정의에서 말한다.

『백호통의』「작(爵)」에 "사(士)란 일[事]이라는 뜻이니, 정사를 맡은 사
람에 대한 칭호이다."라고 했으니, 사가 비록 우선 아직은 벼슬하지 않
지만, 나중에 혹시라도 작위(爵位)가 있게 되면 당연히 정사를 맡는다는

말이다. 『예기』「제의(祭義)」의 정현의 「주」에 "임(任)은 맡아서 가지고 있는 것이다."라고 했고, 「표기」에 "인이라는 그릇은 무겁고 그 길은 멀어서, 들려는 자가 감당하지 못하고 가려는 자가 도달하지 못한다. 수 (數)를 취함이 많은 것이 인이니, 인을 힘써 행한다는 것이 또한 어렵지 않겠는가?"라고 했으니, 「표기」의 글과 이 장은 서로서로 증거가 된다.

원문 惟勉於仁, 故士貴弘毅也. 『三國志』「邴原傳」「注」引孔融曰: "仁爲己任, 授手援溺, 振民於難." 『後漢書』「荀爽傳」「論」, "誠仁爲己任, 期紓民於倉卒也." 是德被群生爲仁. 仁者, 性之德, 己所自有, 故當爲己任. 『中庸』云: "誠者, 非自誠己而已也, 所以成物也." 『孟子』述伊尹之言曰: "天之生斯民也, 以先知覺後知, 以先覺覺後覺. 予, 天民之先覺者也. 予將以斯道覺斯民也. 非予覺之而誰也?" 又述其意云: "思天下之民匹夫‧匹婦有不被堯‧舜之澤者, 若己推而內之溝中, 其自任以天下之重也." 故孟子稱爲聖之任, 又謂伊尹與伯夷‧柳下惠皆爲仁.

역문 오직 인을 힘써 행하기 때문에, 선비는 뜻이 크고 의지가 굳셈을 귀하게 여긴다. 『삼국지(三國志)』「병원전(邴原傳)」의 「주」에는 공융(孔融)[64]이 "인을 자기의 임무로 삼아 손을 뻗어 도탄에 빠진 백성들을 구제하였으

---

64 공융(孔融, 153~208): 공자의 20대손. 자는 문거(文擧)이다. 후한(後漢) 말기의 학자로 어려서부터 재능이 뛰어났고, 문필에도 능하였다. 헌제(獻帝) 때 북해(北海)의 재상이 되어 학교를 세웠으며, 동탁(董卓)의 횡포에 격분하여 산둥에서 황건적(黃巾賊) 평정에 힘썼으나 큰 성과를 얻지는 못하였다. 당시 세력을 확장하고 있던 조조(曹操)를 낱낱이 비판‧조소하다가 일족과 함께 처형되었다. 선비를 좋아하고 문장을 잘하여 왕찬(王粲)‧유정(劉楨)‧완우(阮瑀)‧진림(陳琳)‧응탕(應瑒)‧서간(徐幹) 등과 같이 건안칠자(建安七子)라 불렸다. 시문 『공북해집(孔北海集)』(10권)은 조비(曹丕)가 칭찬하였으며, 지금은 『문선』에 『천예형표(薦禰衡表)』 등이 수록되어 있다.

며, 환난에서 백성을 떨쳐 일어나게 하였다."라고 한 말을 인용했고, 『후한서』「순상전(荀爽傳)」의 「논」에서는 "진실로 인을 자기의 임무로 삼아 어찌할 수 없는 다급한 상황에서 백성을 구제할 것을 기약하였다."라고 했으니, 덕이 모든 생명을 덮어 주는 것이 인이 된다. 인이란 본성의 덕으로 자기에게 본래부터 있는 것이기 때문에 당연히 자기의 임무가 된다. 『중용』에 "성(誠)은 스스로 자신을 이룰 뿐만 아니라 남을 이루어 주는 것이다"[65]라고 했고, 『맹자』「만장상(萬章上)」에서는 이윤(伊尹)의 말을 전술하여 "하늘이 이 백성을 낼 때, 먼저 안 사람으로 하여금 늦게 아는 사람을 깨우쳐 주게 하고, 먼저 깨달은 자로 하여금 늦게 깨닫는 자를 깨우치게 하였으니, 나는 하늘이 낸 백성 중에 먼저 깨달은 사람이다. 그러므로 나는 장차 이 도를 가지고 이 백성을 깨우칠 것이다. 내가 깨우쳐 주지 않는다면 누가 하겠는가?"라고 했고, 또 그 뜻을 계승해서 "천하의 백성 중에 필부필부라도 요와 순의 혜택을 입지 못하는 자가 있으면, 마치 자기가 그들을 구덩이 가운데로 밀어 넣은 것처럼 여겼으니, 그는 천하의 중책을 자신의 임무로 삼았던 것이다."라고 했다. 그러므로 맹자는 이윤을 성인으로서 자임(自任)한 자라고 일컬은 것이며,[66] 또한 이윤과 백이·유하혜(柳下惠)가 모두 인을 행하였다고 평한 것이다.

원문 仁者, 天德. 故仁爲乾元. 『易』「傳」云: "天地之大德曰生." 德卽仁也. 『中庸』云: "天地之道, 可一言而盡也. 其爲物不貳, 則其生物不測." "不貳"者,

---

65 『중용』 제25장.

66 『맹자』「만장하(萬章下)」: 맹자(孟子)가 말했다. "백이(伯夷)는 성인 가운데 청렴한 분이고, 이윤(伊尹)은 성인 가운데 자임한 분이고, 유하혜는 성인 가운데 온화한 분이며, 공자는 세 분의 성스러움을 겸하여 상황에 맞게 행동하신 분이다."[孟子曰: "伯夷, 聖之淸者也; 伊尹, 聖之任者也; 柳下惠, 聖之和者也; 孔子, 聖之時者也."]

誠也. 天地之道, 皆是至誠, 故有不已之德. 人受天地之中以生, 當則天而
行, 故於仁亦當無一息之閒. 故曰"君子無終食之閒違仁".「表記」,「小雅」
曰:'高山仰止, 景行行止.' 子曰: '『詩』之好仁如此. 鄕道而行, 中道而廢,
忘身之老也, 不知年數之不足也, 俛焉日有所孶孶, 斃而後已.'""孶孶"者,
不倦之意, 是仁以爲己任者也. 年數有盡, 不能不斃. 斃者, 身之終也. 惟
斃而後已, 則未斃而先已, 非聖賢之所許矣. 孟子謂士志仁義, "大人之事
備." 此言"士弘毅", 亦是謂士之志, 任重故貴能弘, 道遠故貴能毅也.

역문 인이란 천덕(天德)이다. 그러므로 인은 건원(乾元)이 된다. 『주역』「계
사하(繫辭下)」에서 "천지의 큰 덕을 생(生)이라 한다."라고 했는데, 덕이
바로 인이다. 『중용』에서 "천지의 도는 한마디로 다할 수 있다. 그것의
물건 됨이 한결같아서 변하지 않는다. 그리하여 만물을 냄이 헤아릴 수
없는 것이다."[67]라고 했는데, "한결같아서 변하지 않음"은 성실함[誠]이
다. 천지의 도는 모두 지극히 성실하기 때문에 그치지 않는 덕이 있다.
사람은 천지의 중(中)을 받고 태어났으니, 마땅히 하늘을 본받아 행해야
하므로 인에 있어서도 역시 마땅히 한순간도 그침이 없어야 한다. 그러
므로 "군자는 한 끼의 식사를 마치는 사이에도 인을 떠남이 없어야 한
다."[68]라고 한 것이며, 『예기』「표기」에 "『시경』「소아(小雅)」의 '저 높은
산봉우리 우러러보며, 큰길을 향해 나아가노라.'라는 구절에 대해 공자
가 말했다. '『시경』에서 인을 좋아함이 이와 같다. 큰길을 향해 가다가
중도(中道)에서 쓰러질지라도, 몸이 늙었다는 것을 잊고, 살아갈 날이 부
족하다는 것도 모르면서 열심히 날마다 부지런히 해서 죽은 뒤에야 그
만둔다.'"라고 했는데, "자자(孶孶)"는 게으르지 않다는 뜻이니, 이것이

---

67 『중용』 제26장.
68 『논어』「이인(里仁)」.

인을 자기의 임무로 삼는다는 것이다. 살아갈 날은 다함이 있으니, 죽지 않을 수 없다. 죽음[斃]이란 몸을 마치는 것이다. 오직 죽은 뒤에야 그만 두는 것이니, 아직 죽지도 않았는데 먼저 그만두는 것은 성현이 허락하 지 않는 것이다. 맹자는 선비가 인의에 뜻을 두면 "대인으로서의 일이 갖추어진다."[69]라고 했는데, 이것은 "선비의 마음이 크고 뜻이 굳셈"을 말한 것으로 역시 선비의 뜻은 임무가 무겁기 때문에 크게 할 수 있음을 귀하게 여기고, 길이 멀기 때문에 굳세게 할 수 있음을 귀하게 여긴다는 말이다.

● 「注」, "弘, 大也. 毅, 强而能斷也."

● 正義曰:『爾雅』「釋詁」, "弘, 大也. 毅, 勝也."『說文』, "毅, 有決也."

○ 「주」의 "'홍(弘)'은 큼[大]이다. '의(毅)'는 굳세어 결단(決斷)할 수 있다는 뜻이다."

○ 정의에서 말한다.

『이아』「석고」에 "홍(弘)은 큼이다. 의(毅)는 이김[勝]이다."라고 했고,『설문해자』에는 "의 (毅)는 결단함이 있다[有決]는 뜻이다."[70]라고 했다.

---

69 『맹자』「진심상(盡心上)」: 선비는 어디에 거처해야 하는가? 인이 그곳이다. 선비는 어떤 길 을 가야 하는가? 의가 그곳이다. 인에 거처하고 의를 따르면 대인으로서의 일이 갖추어진 다."[居惡在? 仁是也; 路惡在? 義是也. 居仁由義, 大人之事備矣.]

70 『설문해자』권3: 의(毅)는 함부로 노여워한다[妄怒]는 뜻이다. 일설에는 "결단함이 있다[有 決]는 뜻이다."라고 한다. 수(殳)로 구성되었고 의(㐬)가 발음을 나타낸다. 어(魚)와 기(旣) 의 반절음이다.[毅, 妄怒也. 一曰"有決也." 從殳㐬聲. 魚旣切.]

子曰: "興於『詩』, 立於禮, 成於樂."【注】包曰: "'興', 起也. 言修身當先學『詩』. 禮者所以立身. 樂所以成性."

공자가 말했다. "『시경』에서 흥기하여, 예에서 확립하며, 음악에서 완성해야 한다."【주】 포함이 말했다. "흥(興)'은 일어난다[起]는 뜻이니, 수신(修身)하려면 마땅히 먼저 『시경』을 배워야 한다는 말이다. 예는 세상에 나아가 뜻을 펼칠 수 있는 인격과 지식을 갖추는[立身] 방법이다. 음악[樂]은 덕성을 완성하는 방법이다.

원문 正義曰: 『禮』「內則」云: "十年出就外傅, 朝夕學幼儀. 十有三年, 學樂, 誦『詩』舞「勺」, 成童舞「象」. 二十而冠, 始學禮, 舞「大夏」." 又「王制」言造士之敎云: "樂正崇四術, 立四敎, 順先王『詩』·『書』·禮·樂以造士, 春·秋敎以禮·樂; 冬·夏敎以『詩』·『書』." 竝自古相傳敎學之法. 夫子時, 世卿持祿, 人不由學進, 故學制盡失. 聖門弟子, 自遠至者, 多是未學. 夫子因略本古法敎之, 學『詩』之後卽學禮, 繼乃學樂. 蓋『詩』卽樂章, 而樂隨禮以行, 禮立而後樂可用也.

역문 정의에서 말한다. 『예기』「내칙(內則)」에 "열 살이 되면 바깥 스승에게 나아가 배우는데, 아침저녁으로 어린이의 예의를 배운다. 13세가 되면 음악을 배우고, 『시경』을 외며 「작(勺)」시의 가락에 맞춰 춤을 추고, 15세의 나이인 성동(成童)에는 「상(象)」시의 가락에 맞춰 춤을 추게 한다. 20세에 관례를 하고 비로소 예를 배우고 「대하(大夏)」시의 가락에 맞춰 춤을 추게 한다."라고 했고, 또 「왕제(王制)」에 조사(造士)의 가르침을 말하면서 "악정(樂正)[71]이 네 가지 도[四術][72]을 숭상하고, 네 가지 가르침[四敎][73]

을 세우며, 선왕의 『시경』·『서경』·예·악을 따라 선비를 기르는데, 봄과 가을에는 예·악을 가르치고, 겨울과 여름에는 『시경』·『서경』을 가르친다.”라고 했으니, 모두 옛날부터 서로 전해지는 교학(敎學)의 법도이다. 공자가 살았던 당시에 세경(世卿)[74]은 하는 일 없이 녹봉만 유지하고 인재도 학문에 따라 등용하지 않았기 때문에 학제(學制)가 다 잘못되었다. 성인 문하의 제자들 가운데 먼 곳에서 온 자들은 대부분이 아직 배우질 못했다. 공자는 이로 인해 대략이나마 옛 법도를 근거로 가르치되, 『시경』을 배운 뒤에 즉시 예를 배우게 하고, 이어서 바로 음악을 배우게 한 것이다. 『시경』은 곧 악장(樂章)인데, 음악은 예를 따라 연주가 진행되니, 예가 확립된 뒤에야 음악은 쓸 수가 있는 것이다.

원문 『大戴禮』「衛將軍文子篇」, “吾聞夫子之施敎也, 先以『詩』, 世道者孝弟, 說之以義而視諸體, 成之以文德, 蓋入室升堂七十有餘人.”體者, 禮也; 文德者, 樂也. 入室升堂, 則能興·能立·能成者也. 『大戴』所言, 正此文實義. 又「孔子世家」言 孔子以『詩』·『書』·禮·樂敎, 弟子蓋三千焉, 身通六藝者七十二人.”六藝, 兼『易』·『春秋』言之. 身通六藝, 則興於『詩』·立於禮·成於樂之實效也. 『易』與『春秋』, 夫子不以敎, 其敎惟以『詩』·『書』·禮·樂. 『論語』不及『書』者, 『書』言政事, 成德之後自學之也.

역문 『대대례』「위장군문자(衛將軍文子)」에 “내 들으니, 공자는 가르침을 베풂에 『시경』을 우선하였고, 대대로 말한 것은 효제(孝弟)이며, 의(義)로

써 설명하고, 몸[體]으로 보여 주며, 문덕(文德)으로써 완성시켰는데, 학문이 성인의 경지에 오르거나[入室] 높은 수준에 이른[升堂] 자들이 70여 인이라고 한다."라고 했는데, 몸[體]이란 예(禮)이고, 문덕(文德)이란 음악[樂]이다. 학문이 성인의 경지에 오르거나[入室] 높은 수준에 이르면[升堂] 일어날 수 있고, 확립할 수 있으며 완성할 수 있는 것이다. 『대대례』에서 말한 것이 바로 이 글의 실제 뜻이다. 또 「공자세가(孔子世家)」에 "공자는 『시경』과 『서경』, 예와 악으로 가르쳤는데, 제자가 대체로 3천 명이었고, 몸소 육예(六藝)에 통달한 자가 72인이었다."라고 했는데, 육예는 『주역』과 『춘추』를 겸해서 한 말이다. 몸소 육예에 통달했다는 것은 『시경』에서 흥기해서, 예에서 확립되고, 음악에서 완성한 실제의 효과이다. 『주역』과 『춘추(春秋)』는 공자가 가르치지 않았고, 오직 『시경』과 『서경』, 예와 음악만을 가르쳤다. 『논어』에서 『서경』을 언급하지 않은 것은 『서경』은 정사(政事)를 말한 것으로, 덕을 이룬 뒤에 스스로 배워야 하기 때문이다.

원문 程氏延祚『說』引李氏塨曰: "『詩』有六義, 本于性情, 陳述德義, 以美治而刺亂, 其用皆切於己. 說之, 故言之而長, 長言之不足, 至形於嗟歎舞蹈, 則振奮之心, 黽勉之行, 油然作矣, 『詩』之所以主於興也. 恭敬 · 辭讓, 禮之實也. 動容周旋, 禮之文也. 冠昏喪祭 · 射鄕相見, 禮之事也. 事有宜適, 物有節文, 學之而德性以定, 身世有準, 可執可行, 無所搖奪, 禮之所以主於立也. 論倫無患, 樂之情也; 欣喜歡愛; 樂之官也. 小大相承, 終始相生, 倡和淸濁, 迭相爲經. 學之則易 · 直 · 子 · 諒之心生, 易 · 直 · 子 · 諒之心生則樂, 樂則安, 安則久而無不化, 樂之所以主於成也."

역문 정연조(程延祚)[75]의 『설(說)』에 이공(李塨)[76]을 인용해서 "『시경』에는 육의(六義)가 있는데, 성정(性情)에 근본해서 덕의(德義)를 진술(陳述)하여 다스려짐을 찬미하고 혼란함을 풍자하였으니, 그 쓰임은 모두 자기에게 절실한 것이다. 기뻐하기 때문에 말하여 길게 읊조리고, 길게 말로 읊조려도 부족해서 감탄하고 손으로 춤추고 발로 구르는데, 나타남에 이르게 되면 떨쳐 일어나는 마음과 힘쓰고 노력하는 행실이 뭉게뭉게 일어나니, 『시경』이 흥기[興]를 주장하는 까닭인 것이다. 공경(恭敬)과 사양(辭讓)은 예의 실제 내용이다. 행동거지와 용모[動容], 주선(周旋)은 예의 문식[文]이다. 관혼상제(冠昏喪祭)와 향사(鄕射)와 향음(鄕飮)에서 서로 만나 보는 것은 예의 일이다. 일에는 마땅함과 적절함이 있고, 물(物)에는 절문(節文)이 있어서, 그것을 배워 덕성(德性)으로 정하며, 신세(身世)에 법도가 있어서 지킬 수 있고 행할 수 있어 동요되거나 침탈당함이 없으니, 예가 확립을 주장하는 까닭인 것이다. 윤리를 논함에 걱정이 없는 것은 음악의 실정이며, 흔쾌하고 기쁘며 즐겁고 사랑스러움은 음악의 기능이다. 크고 작은 것이 서로 잇달고, 처음과 끝이 서로를 낳으며, 맑

---

75 정연조(程延祚, 1691~1767): 청나라 강녕(江寧) 사람으로 원명(原名)은 묵(黙), 자는 계생(啓生), 호는 면장(綿莊)이다. 저서로 『역통(易通)』, 『단효구시설(彖爻求是說)』, 『상서통지(尙書通識)』, 『상서통의(尙書通議)』, 『청계시설(靑溪詩說)』, 『춘추지소록(春秋識小錄)』과 시·문집 등이 있다.

76 이공(李塨, 1659~1733): 청나라 직례(直隸) 여현(蠡縣, 하북성) 사람. 자는 강주(剛主)이고, 호는 서곡(恕谷)이다. 만년에 통주학정(通州學政)을 제수받았지만 병으로 사직했고, 습재학사(習齋學舍)에서 강학했다. 아버지 이명성(李明性)에게 가학을 전수받았고, 뒤에 안원(顔元)에게 배워 안리학파(顔李學派)를 형성했다. 항상 경사(京師)를 왕래하면서 만사동(萬斯同), 염약거(閻若璩), 호위(胡渭), 방포(方苞) 등 명사들과 교유했다. 이로 말미암아 안원의 학문이 널리 알려지게 되었다. 정주(程朱)의 이선기후설(理先氣後說)을 반대하여 기(氣) 밖에 따로 이(理)가 있는 것이 아니라는 주장을 펼쳤다. 경세치용을 제창하여 실용에 절실한 학문을 추구했다. 저서에 『대학변업(大學辨業)』과 『역시춘추사서전주(易詩春秋四書傳注)』, 『평서정(平書訂)』, 『소학계업(小學稽業)』, 『성경학규찬(聖經學規纂)』, 『서곡후집(恕谷後集)』 등이 있다.

은 소리 탁한 소리를 주창하고 호응하여 번갈아 가며 서로가 날줄이 된다. 음악을 배우면 평이하고 정직하며 자애롭고 성실한 마음이 생겨나고, 평이하고 정직하며 자애롭고 성실한 마음이 생겨나면 즐겁고, 즐거우면 편안하고, 편안하면 오래되어 교화되지 않음이 없으니, 음악이 완성을 주장하는 까닭인 것이다."라고 했다.

- 「注」, "言修"至"成性".
- 正義曰: 「注」以立於禮·成於樂皆是修身, 故言修身當先學『詩』. 下篇云: "『詩』可以興, 可以觀, 可以群, 可以怨. 邇之事父, 遠之事君." 『毛詩』「序」云: "故正得失, 動天地, 感鬼神, 莫近於『詩』. 先王以是經夫婦, 成孝敬, 厚人倫, 美敎化, 移風俗." 則學『詩』能修身也.

○ 「주」의 "언수(言修)"부터 "성성(成性)"까지.
○ 정의에서 말한다.

「주」에서는 예에서 섬[立於禮]과 음악에서 완성함[成於樂]을 모두 수신의 일로 보았기 때문에 몸을 수양하려면 마땅히 먼저 『시경』을 배워야 한다고 말한 것이다. 아래 「양화」에 "『시』는 일으킬 수 있고, 살필 수 있으며, 무리 지을 수 있고, 원망할 수 있으며, 가까이는 어버이를 섬길 수 있고, 멀게는 임금을 섬길 수 있다."라고 했고, 『모시』의 「서」에 "그러므로 잘잘못을 바로잡고, 천지를 움직이며, 귀신을 감동시키는 것은 『시경』보다 더 근사한 것이 없다. 선왕은 이것을 가지고 부부를 바로잡고, 효도와 공경을 이루며, 인륜을 돈후하게 하고, 교화를 아름답게 하며, 풍속을 바꾼다."라고 했으니, 『시경』을 배우는 것이 수신을 잘하는 것이다.

원문 『韓詩外傳』, "凡用心之術, 由禮則理達, 不由禮則悖亂. 飮食衣服, 動靜居處, 由禮則和節, 不由禮則墊陷生疾. 容貌態度, 進退趨步, 由禮則雅, 不由禮則夷固." 是學禮可以立身, 立身卽修身也.

역문 『한시외전』에 "무릇 마음을 쓰는 방법은 예를 따르면 사리에 통달하지만, 예를 따르지 않으면 사리에 어긋나고 어지러워진다. 음식(飮食)과 의복(衣服), 동정(動靜)과 거처(居處)가 예를 따르면 조화롭고 절도에 적중하지만, 예를 따르지 않으면 병통이 생기는 데 빠지게 된다. 용모와 태도, 나아감과 물러남, 달려감과 걸어감이 예를 따르면 단정하지만, 예를 말미암지 않으면 지나치게 고루해진다."라고 했는데, 예를 배우면 세상에 나아가 뜻을 펼칠 수 있는 인격과 지식을 갖출[立身] 수 있으니, 입신(立身)이 바로 수신이다.

원문 「樂記」云: "是故先王本之情性, 稽之度數, 制之禮義, 合生氣之和, 道五常之行, 使之陽而不散, 陰而不密, 剛氣不怒, 柔氣不懾, 四暢交於中而發作於外, 皆安其位而不相奪也. 然後立之學等, 廣其節奏, 省其文采, 以繩德厚, 律小大之稱, 比終始之序, 以象事行, 使親疎・貴賤・長幼・男女之理, 皆形於樂, 故曰'樂觀其深矣.'" 是樂以治性, 故能成性, 成性亦修身也. 皇本末句作"孔注".

역문 『예기』「악기(樂記)」에 "이러한 까닭에 선왕은 정(情)과 성(性)을 근본으로 오음(五音)과 십이율(十二律)의 도수(度數)를 상고해서 예의를 제정하여 생기(生氣)의 조화로움을 합하고, 오상(五常)의 행실을 이끌며, 양(陽)이면서도 흩어지지 않고 음(陰)이면서도 숨지 않도록 하고, 굳센 기는 성내지 않고 부드러운 기는 두려워하지 않게 하니, 이 네 가지가 안에서 번갈아 가며 창달하고, 밖으로 발하여 드러나서 모두가 그 자리를 편하게 여기어 서로 빼앗지 않게 되었다. 그런 뒤에 배움의 등급을 세워 절주(節奏)77를 넓히고, 그 문채(文采)를 살펴서 덕의 두터움을 바로 재고,

---

77 절주(節奏): 가락. 음의 장단(長短)이나 강약(强弱) 따위가 반복(反復)될 때의 그 규칙적(規

작고 큰 것의 균형을 바르게 하며, 끝남과 시작의 순서를 정하여 일과 행실을 본받게 해서, 친함과 소원함·귀함과 천함·어른과 어린이·남자와 여자의 도리가 모두 악에 나타나 보이도록 했다. 그러므로 '음악 속에서 그 심오한 의미를 발견할 수 있다'라고 한 것이다."라고 했으니, 음악으로 덕성을 다스리기 때문에 덕성을 이룰 수 있고, 덕성을 이루는 것 역시 수신인 것이다. 황간본의 끝 구절에는 "공안국의 주석[孔注]"이라고 되어 있다.

8-9

子曰: "民可使由之, 不可使知之." 【注】 "由", 用也, 可使用而不可使知者, 百姓能日用而不能知.

공자가 말했다. "민중으로 하여금 『시경』과 예와 음악을 따르게 할 수는 있지만 알게 할 수는 없다." 【주】 "유(由)"는 용(用)이니, 쓰게 할 수는 있으나 알게 할 수는 없는 것은, 백성들이 날마다 쓸 수는 있으나 알 수는 없기 때문이다.

원문 正義曰: 凌氏鳴喈『論語解義』以此章承上章 "『詩』"·"禮"·"樂"言, "謂『詩』·禮·樂可使民由之, 不可使知之." 其說是也. 愚謂上章是夫子教弟子之法, 此 "民" 亦指弟子.

역문 정의에서 말한다.

則的)인 음의 흐름.

능명개(凌鳴喈)의 『논어해의(論語解義)』에는 이 장을 앞장의 "『시경』"과 "예(禮)"와 "음악[樂]"에 이어서 말하길, "『시경』과 예와 음악은 민중으로 하여금 따르게 할 수는 있지만 알게 할 수는 없음을 이른다."라고 했는데, 그 말이 옳다. 내가 생각하기에 앞 장은 공자가 제자를 가르치는 방법이니, 이 장의 "민중"은 역시 제자를 가리킨다.

원문 「孔子世家」言, "孔子以『詩』·『書』·禮·樂教, 弟子蓋三千焉, 身通六藝者七十有二人." 身通六藝, 則能興·能立·能成者也. 其能興·能立·能成, 是由夫子教之. 故『大戴禮』言其事云"說之以義而視諸體"也. 此則可使知之者也. 自七十二人之外, 凡未能通六藝者, 夫子亦以『詩』·『書』·禮·樂教之, 則此所謂"可使由之, 不可使知之"之民也.

역문 「공자세가」에 "공자는 『시경』과 『서경』, 예·악으로 가르쳤는데, 제자가 대체로 3천 명이었고, 몸소 육예에 통달한 자가 72인이었다."라고 했는데, 몸소 육예에 통달했다는 것은 일어날 수 있고, 확립할 수 있으며 완성할 수 있다는 것이다. 일어날 수 있고, 확립할 수 있으며 완성할 수 있었던 것은 공자의 가르침을 따랐기 때문이다. 그러므로 『대대례』「위장군문자」에서는 이 일에 대해 "의(義)로써 설명하고 체행(體行)하는 데서 보여 준다."라고 했으니, 이것이 바로 알게 할 수 있다는 것이다. 72인 이외에 아직 육예에 통달하지 못한 모든 사람에게도 공자는 역시 『시경』과 『서경』, 예와 음악을 가지고 가르쳤으니, 이들이 이른바 "따르게 할 수는 있지만 알게 할 수는 없었던" 민중들이었던 것이다.

원문 謂之"民"者, 『荀子』「王制篇」, "雖王·公·士·大夫之子孫, 不能屬於禮義, 則歸之庶人." "庶人"卽"民"也是也. 鄭此「注」云: "民, 冥也, 其見人道遠. 由, 從也, 言王者設教, 務使人從之. 若皆知其本末, 則愚者或輕而

不行." 鄭君雖泛說人道, 其義亦未爲誤. 蓋『詩』·禮·樂, 皆不外言人道也. 『春秋繁露』「深察名號篇」, "民者, 瞑也." 民之號, 取之瞑也. "冥"·"瞑"皆無知之貌. 「注」先釋"民"爲"冥", 後言"愚者", 正以民卽愚者, 非泛言萬民也. "本末"猶終始·輕重, 若皆使民知之, 則愚者以己爲知道而輕視之, 將恐不能致思, 妄有解說, 或更爲訾議, 致侮聖言也.

역문 제자인데도 "민중[民]"이라고 한 것은 『순자』「왕제편(王制篇)」에 "비록 왕(王)이나 공(公), 사(士)나 대부(大夫)의 자손이라 할지라도 능히 예의에 합당하지 못하면 서인(庶人)으로 귀속시켜 버린다."라고 했는데, "서인"이 바로 "민중[民]"이니, 이 때문에 제자임에도 불구하고 "민중"이라고 한 것이다. 정현은 여기에 대한 「주」에서 "민(民)은 어두우니[冥], 그들이 인도(人道)를 본다는 것은 요원하다. 유(由)는 따른다[從]는 뜻이니, 왕자(王者)가 가르침을 베풀어 사람들로 하여금 따르게 함에 힘쓴다는 말이다. 만약 모두 그 본말(本末)을 안다면, 어리석은 자는 혹 가벼운 것으로 여겨 행하지 않을 것이다."라고 했는데, 정군이 비록 인도를 범범하게 설명하기는 했지만 그 뜻은 또한 잘못된 것이 아니다. 대체로 『시경』과 예와 음악은 모두 인도를 말하는 데서 벗어나지 않는다.

『춘추번로(春秋繁露)』「심찰명호(深察名號)」에 "민(民)이란 눈이 어둡다[瞑]는 뜻이다."라고 했으니, 민(民)이란 호칭은 눈이 어둡다[瞑]는 뜻을 취한 것이다. "명(冥)"과 "명(瞑)"은 모두 무지(無知)한 모양이다. 정현의 「주」에서 먼저 "민(民)"을 "어둡다[冥]"라고 해석하고, 뒤에 "어리석은 자[愚者]"를 말한 것은 바로 백성으로서 어리석은 자라는 말이지, 널리 모든 백성을 말한 것이 아니다. "본말(本末)"은 종시(終始)나 경중(輕重)과 같으니, 만약 모든 것을 백성들로 하여금 알게 하면, 어리석은 자는 자기가 도를 안다고 여겨 그것을 가볍게 보고는 어쩌면 생각을 치밀하게 하지 못하고 함부로 해설을 하거나 혹은 더욱 비난의 의론을 벌여 성인의 말을 업신여기는 지경에 이르게 될 것이다.

원문 『孟子』「盡心篇」, "孟子曰: '行之而不著焉, 習矣而不察焉, 終身由之而不知其道者, 衆也.'" 衆謂庸凡之衆, 卽此所謂民也. 『禮』「緇衣」云: "夫民閉於人而有鄙心." 「注」, "言民不通於人道而心鄙詐, 難卒告諭." 卽此章之義.

역문 『맹자』「진심상」에 "맹자가 말했다. '행하고 있으면서도 왜 그렇게 하는지 분명하게 알지 못하고, 습관적으로 익숙하게 하고 있으면서도 그것에 대해 자세히 살피지 않기 때문에 종신토록 행하면서도 그 도(道)를 알지 못하는 자는 민중[衆]이다.'"라고 했는데, 중(衆)이란 일반적이면서도 평범한 민중[衆]을 이르니, 바로 여기서의 이른바 민중[民]인 것이다. 『예기』「치의」에 "민중들은 사람의 도리를 닫아서 비루한 마음이 있다."라고 했는데, 「주」에 "민중은 사람의 도리에 통하지 않고 마음이 비루하고 거짓스러워 끝내 일러 주고 깨우쳐 주기 어렵다는 말이다."라고 했으니, 바로 이 장의 뜻이다.

원문 說者以民爲群下之通稱, '可使由不可使知', 乃先王教民之定法, 其說似是而非. 『韓詩外傳』, "『詩』曰: '俾民不迷.' 昔之君子, 道其百姓不使迷, 是以威厲而刑厝不用也. 故形其仁義, 謹其教道, 使民目晰焉而見之, 使民耳晰焉而聞之, 使民心晰焉而知之, 則道不迷而民志不惑矣. 『詩』曰'示我顯德行', 故道義不易, 民不由也; 禮樂不明, 民不見也. 『詩』曰'周道如砥, 其直如矢', 言其易也; '君子所履, 小人所視', 言其明也." 據『外傳』之文, 則先王教民, 非槪不使民知者. 故家立之塾, 黨立之庠, 其秀異者, 則別爲教之, 教之而可使知之也. 若其愚者, 但使由之, 俾就於範圍之中, 而不可使知其義, 故曰"君子議道自己, 而置法以民".

역문 말하기 좋아하는 자들은 민중을 하층 군중들에 대한 통칭으로 삼고 '따르게는 할 수 있지만 알게 할 수는 없다'라는 것이 곧 선왕이 민중을 교화하는 정해진 법도라고 하는데, 이 말이 옳은 것 같지만 아니다. 『한시외전』에 『시경』에 '민중들로 하여금 혼미(昏迷)하지 않게 해야 한다.'[78]라고 했는데, 옛날의 군자는 그 백성들을 인도하여 혼미하지 않게 하였으니 이런 까닭에 위엄 있고 엄격했지만 형벌을 폐지하고 쓰지 않았다. 따라서 인의(仁義)를 실천하고 가르침의 도리를 삼가서, 민중의 눈을 밝아지게 해서 보여 주고, 민중의 귀를 밝아지게 해서 들려주며, 민중의 마음을 밝아지게 알도록 해 주면 도가 혼미해지지 않아 민중의 뜻이 미혹되지 않을 것이다. 『시경』에 '나에게 밝은 덕행(德行)을 보여 주기 바란다.'[79]라고 했으니, 따라서 도의(道義)가 평이하지 않으면 백성들이 따르지 않고, 예악(禮樂)이 밝지 않으면 백성들이 보지 않는다. 『시경』에 '주나라 길은 숫돌처럼 평평하고 곧기가 화살 같도다.'[80]라고 하니, 이는 그 평이함을 말한 것이고, '군자가 밟는 바요, 소인이 보는 바로다.'[81]라고 하니, 이는 그 밝음을 말한 것이다."라고 했다. 『한시외전』의 글에 의거해 보면 선왕이 민중을 교화함에 개괄적으로 민중들로 하여금 알도록 하지 않은 것이 아니다. 그러므로 대부의 집마다 글방[塾]을 세우고, 고을마다 학교[庠]를 세워 남달리 빼이난 자는 별도로 가르쳤으니, 가르쳐서 알게 할 수가 있었던 것이다. 어리석은 자로 말할 것 같으면 단지 따르게 할 수만 있을 뿐, 범위(範圍) 가운데 나아가게 해서 그 뜻을 알게

---

78 『시경(時經)』「소아(小雅)·기부지십(祈父之什)·절남산(節南山)」.

79 『시경』「주송(周頌)·민여소자지십(閔予小子之什)·경지(敬之)」.

80 『시경』「소아·소민지십(小旻之什)·대동(大東)」.

81 『시경』「소아·소민지십·대동」.

할 수는 없기 때문에 "군자가 도를 의논할 때에는 자기의 입장에서 해야 하지만, 법을 적용할 때에는 백성의 처지를 고려해서 해야 하는 것이다."[82]라고 한 것이다.

- 「注」, "由用"至"能知".
- 正義曰: "由用", 見『詩』「君子陽陽」「傳」, 亦常訓也. 『易』「繫辭傳」, "仁者見之謂之仁, 知者見之謂之知, 百姓日用而不知, 故君子之道鮮矣." 惠氏棟『周易述』, "見仁見知, 賢和之過, 日用不知, 愚不肖之不及." 是言民不可知道也. 然雖不知而能日用, 則聖人鼓萬物之權, 故『易』「傳」又曰: "顯諸仁, 藏諸用."
- 「주」의 "유용(由用)"부터 "능지(能知)"까지.
- 정의에서 말한다.

  "유(由)는 용(用)이다."라는 말은 『시경』「국풍·왕(王)·군자양양(君子陽陽)」의 「전」에 보이는데, 역시 일반적인 해석이다. 『주역』「계사상(繫辭上)」에 "인자(仁者)는 이를 보고 인(仁)이라 이르고, 지자(智者)는 이를 보고 지(智)라 이르며, 백성들은 날마다 쓰면서도 알지 못한다. 그러므로 군자(君子)의 도(道)가 드문 것이다."라고 했는데, 혜동(惠棟)의 『주역술(周易述)』에 "인을 보고 지를 보는 것은 현자의 뛰어남이고, 날마다 쓰면서도 알지 못하는 것은 어리석고 불초한 자의 미치지 못함이다."라고 했는데, 이것이 민중들은 도를 알 수 없다는 말이다. 그러나 비록 알지 못하더라도 날마다 쓸 수만 있다면 성인은 만물의 권도를 고무시키기 때문에 『주역』「계사상」에서는 또 "도는 인을 실현하는 데서 드러나며 사용[用]하는 데 감추어져 있다."[83]라고 한 것이다.

---

82 『예기』「표기(表記)」.
83 『주역(周易)』「계사상(繫辭上)」: 음이 되었다가 양이 되었다가 하는 것을 도라고 한다. 도를 이어받아 그 작용을 계속하는 것이 선이고, 도를 이어받아 이룬 상태가 성이다. 어진 사람은 그것을 보고 어질다고 하고 지혜로운 사람은 그것을 보고 지혜롭다고 하는데, 일반 사람들은 매일매일 도를 쓰면서도 그것이 무엇인지 알지 못한다. 그러므로 군자의 도가 행해지는

子曰: "好勇疾貧, 亂也, 【注】包曰: "好勇之人, 而患疾已貧賤者, 必將爲亂." 人而不仁, 疾之已甚, 亂也." 【注】包曰: "疾惡太甚, 亦使其爲亂."

공자가 말했다. "용맹을 좋아하고 가난을 싫어하는 자는 난(亂)을 일으키고, 【주】 포함이 말했다. "용맹을 좋아하는 사람으로서 자기의 빈천(貧賤)을 근심하고 싫어하는 자는 반드시 장차 난을 일으키게 된다." 사람으로서 불인(不仁)함을 너무 지나치게 싫어하는 것도 난을 일으킨다." 【주】 포함이 말했다. "싫어하고 미워함이 지나치게 심한 것 또한 난을 일으키게 한다."

원문 正義曰: "好勇"者, 逞血氣之强, 又不知安於義命, 則放辟邪侈, 無不爲已, 故爲亂也. 不仁之人, 未有勢位以懲禁之, 而疾之已甚, 或爲所侮賊, 亦致亂也. 『大戴禮』 「曾子立事篇」, "君子惡人之不善, 而弗疾也." 卽此意.

역문 정의에서 말한다.

"용맹을 좋아함[好勇]"이란 혈기의 강함을 한껏 부리는 것이며, 또 의리와 천명을 편안히 여길 줄 모르는 것이니, 그렇게 되면 방탕하고 편벽되며 사악하고 사치스러운 행동을 하지 못하는 짓이 없기 때문에 난을 일으키게 되는 것이다. 불인한 사람은 권세나 지위를 가지고 징계하거나 금지함이 없이 너무 지나치게 싫어하면, 더러 업신여기거나 해침을

일이 드물다. 군자의 도는 인을 실현하는 데서 드러나고, 사용하는 데 감추어져 있어서, 만물을 고무시키지만 성인과 같은 걱정을 하지 않는다. 성대한 공덕과 위대한 업적이 지극하도다![一陰一陽之謂道. 繼之者善也; 成之者性也. 仁者見之謂之仁; 知者見之謂之知, 百姓日用而不知. 故君子之道鮮矣. 顯諸仁, 藏諸用, 鼓萬物而不與聖人同憂, 盛德大業至矣哉!]

당한다고 여겨 또한 난리를 일으키기도 한다. 『대대례』「증자입사」에 "군자는 남의 불선(不善)을 싫어하되[惡], 미워하지는 않는다[弗疾]."라고 했는데, 바로 이 뜻이다.

- 「注」, "疾惡太甚, 亦使其爲亂."
- 正義曰: 鄭「注」云: "不仁之人, 當以風化之. 若疾之甚, 是益使爲亂." 與包略同. 言此人作亂, 由疾之甚者使之然也.
- 「주」의 "미워하고 싫어함이 지나치게 심하면 이 또한 그로 하여금 난을 일으키게 한다."
- 정의에서 말한다.

  정현의 「주」에 "불인한 사람은 마땅히 풍속으로 교화시켜야 한다. 만약 지나치게 미워하면 이는 더욱 난리를 일으키게 한다."라고 했으니, 포함의 설명과 대략 같다. 이러한 사람이 난리를 일으키는 것은 심하게 미워함이 그렇게 되도록 하기 때문이라는 말이다.

8-11

子曰: "如有周公之才之美, 使驕且吝, 其餘不足觀也已矣."
【注】孔曰: "周公'者, 周公旦."

공자가 말했다. "만약 주공과 같은 훌륭한 재능을 지녔다 하더라도 가령 교만하고 인색하다면 그 나머지는 볼 것이 없다." 【주】공안국이 말했다. "주공'은 주공 단(旦)이다."

원문 正義曰:『說文』, "吝, 恨惜也."『玉篇』, "悋, 鄙也. 俗作恡." 此『釋文』
亦云: "吝, 本亦作悋." 從俗作也. "驕"是自矜其才, 吝是靳己所有, 不以告
人. 孟子謂"訑訑之聲音顏色, 拒人於千里之外", 是卽"驕"也; "中也棄不中,
才也棄不才, 則賢不肖之相去, 其間不能以寸". 是卽吝也.

역문 정의에서 말한다.

『설문해자』에 "인(吝)은 한스럽고 애석하다[恨惜]는 뜻이다."[84]라고 했
고, 『옥편』에 "인(悋)은 인색하다[鄙]는 뜻이다. 세속에서는 인(恡)이라고
쓴다."라고 했는데, 이 장의 『경전석문』 역시 "인(吝)은 판본에 따라 또
인(悋)으로도 되어 있다."라고 했으니, 세속에서 쓰는 글자를 따른 것이
다. "교(驕)"는 스스로 자기의 재능을 자랑함이고, "인(吝)"은 자기가 가지
고 있는 것을 인색하게 굴어 남에게 일러 주지 않음이다. 맹자가 "잘난
체하는 음성과 얼굴빛이 사람을 천 리 밖에서 막는다."[85]라고 했는데, 이
것이 바로 "교만함[驕]"이고, "중용의 도를 실천하는 자가 중용의 도를 실
천하지 못하는 자를 버리고, 재주 있는 자가 재주 없는 자를 버린다면,
현명한 자와 그렇지 못한 자의 차이가 한 치도 못 될 것이다."[86]라고 했
는데, 이것이 바로 "인색함[吝]"이다.

원문 『韓詩外傳』, "周公踐天子之位七年, 布衣之士, 所贄而師者十人, 所友
見者十二人, 窮巷白屋, 所先見者四十九人, 時進善百人, 敎士千人, 官朝

---

84 『설문해자』 권2: 인(吝)은 한스럽고 애석하다[恨惜]는 뜻이다. 구(口)로 구성되었고 문(文)
이 발음을 나타낸다. 『주역』에 "그렇게 해 나가면 한스럽고 애석함이 있다."라고 했다. 인
(㖁)은 인(吝)의 고문인데, 문(妏)으로 구성되었다. 낭(良)과 인(刃)의 반절음이다.[吝, 恨惜
也. 從口文聲.『易』曰: "以往吝." 㖁, 古文吝從妏. 良刃切.]

85 『맹자』「고자하(告子下)」.

86 『맹자』「이루하(離婁下)」.

者萬人. 當此之時, 誠使周公驕而且吝, 則天下賢士至者寡矣. 成王封伯禽
於魯, 周公誡之曰: ‘往矣, 子無以魯國驕士. 吾文王之子, 武王之弟, 成王
之叔父也, 又相天子, 吾於天下亦不輕矣. 然一沐三握髮, 一飯三吐哺, 猶
恐失天下之士. 吾聞德行寬裕, 守之以恭者榮; 土地廣大, 守之以儉者安;
祿位尊盛, 守之以卑者貴; 人衆兵强, 守之以畏者勝; 聰明睿智, 守之以愚
者善; 博聞强記, 守之以淺者智, 夫此六者, 皆謙德也.’” 是言周公之德, 以
驕吝爲戒也.

역문 『한시외전』에 “주공이 천자의 자리를 대신하는 7년 동안 포의(布衣)의
선비에게 폐백을 가지고 찾아가 스승으로 삼은 자가 10인이었고, 벗으
로 만나 본 자가 12인이었으며, 궁벽한 시골의 가난한 집에 먼저 찾아가
만나 본 자가 49인이었고, 때론 주공에게 착한 말을 드리는 자가 1백 명
이었고, 주공이 가르친 선비가 1천 명이나 되었으며, 조정에 벼슬하는
자만도 1만 명이었다. 이때를 당하여 만약 주공이 진실로 교만하고 또
인색하였다면 천하의 현명한 선비들이 찾아오는 자가 적었을 것이다.
성왕(成王)이 백금(伯禽)을 노나라에 봉하자, 주공이 그를 다음과 같이 경
계시켰다. ‘노나라에 가거든, 너는 노나라를 가지고 선비들에게 교만하
게 굴지 말라. 나는 문왕의 아들이고 무왕의 아우이며 성왕의 숙부이자
또 천자를 보좌하고 있으니, 나는 천하에서 또한 그 지위가 가볍지 않
다. 그렇지만 머리를 한번 감다가도 세 번씩이나 감던 머리카락을 거머
쥐고 나아가 현자를 맞이하였고, 밥을 한번 먹다가도 세 번씩이나 먹던
밥을 뱉고 나가서 선비를 만나면서도 오히려 천하의 선비를 놓칠까 염
려하였다. 내 들으니 덕행(德行)이 너그럽고 관대하면서도 공손함으로써
지키는 자는 영화롭고, 토지가 넓고 크더라도 검소함으로써 지키는 자
는 편안하며, 녹봉이 많고 지위가 높더라도 겸손함으로써 지키는 자는
존귀하고, 백성이 많고 병력이 강성하더라도 두려운 마음으로 지키는

자는 승리하며, 총명하고 슬기로우며 지혜가 있으면서도 어리석음으로써 지키는 자는 선하고, 널리 듣고 많이 기억하더라도 식견이 얕은 것처럼 지키는 자는 지혜로워진다고 하니, 이 여섯 가지는 모두 겸손한 덕이다."라고 했으니, 이는 주공의 덕을 말하여 교만함과 인색함을 경계로 삼은 것이다.

원문 惠氏棟『九經古義』,"『周書』「寤敬篇」, ‘不驕不恡, 時乃無敵.’ 此周公生平之學, 所以裕制作之原也. 夫子因反其語, 以誡後世之爲人臣者." 云"其餘"者, 言雖有餘才, 亦不足觀, 況驕恡者, 必無周公才也. 皇本"使"上有"設"字, "已"下有"矣"字.

역문 혜동의 『구경고의(九經古義)』에 "『주서(周書)』「오경편(寤敬篇)」에 ‘교만하지도 않고 인색하지도 않아 이에 대적할 자가 없다.’라고 했는데, 이것이 주공의 평생의 학문으로 제작의 근원을 넉넉하게 해 주는 까닭이다. 공자는 여기에 따라 그 말을 거꾸로 함으로써 후세에 신하가 된 자들을 경계시킨 것이다."라고 했다. "그 나머지[其餘]"라는 말은 비록 남은 재주가 있다 하더라도 또한 족히 볼 것이 못 되는데, 하물며 교만하고 인색한 자라면 반드시 주공과 같은 재주가 없을 것이라는 말이다. 황간본에는 "사(使)" 앞에 "설(設)" 자가 있고, "이(已)" 아래 "의(矣)" 자가 있다.

8-12

子曰: "三年學, 不至於穀, 不易得也." 【注】孔曰: "‘穀’, 善也. 言人三歲學, 不至於善, 不可得. 言必無也, 所以勸人學."

공자가 말했다. "3년을 배우고서 봉록에 뜻을 두지 않는 사람은

> 얻기가 쉽지 않다."【주】공안국이 말했다. "'곡(穀)'은 선(善)이다. 사람이 3년
> 동안 배우고서 선에 이르지 못하는 사람을 얻을 수 없다는 말이다. 반드시 그런 사람
> 이 없을 것이라는 말이니, 사람들에게 학문을 권면하기 위한 것이다."

원문 正義曰: 『釋文』引鄭「注」云: "穀, 祿也." "易", 鄭音以鼓反. 案, "穀"訓
"祿", 本『爾雅』「釋言」. 趙岐『孟子』「滕文公上」「注」, "穀, 所以爲祿也."
『隸釋』「漢孔彪碑」, "龍德而學, 不至於穀, 浮遊塵埃之外, 皭焉氾而不俗.
郡將嘉其所履, 前後聘召, 蓋不得已乃翻爾束帶." 亦解"穀"爲"祿", 與鄭義
合. 朱子『集注』從鄭氏, 又謂"至"宜當作"志". 案, 『荀子』「正論」, "其至意
至闇也." 又云: "是王者之至也." 楊倞「注」竝云: "至當爲志." 疑古"志"·
"至"二文通也.

역문 정의에서 말한다.

　『경전석문』에는 정현의 「주」를 인용해서 "곡(穀)은 봉록[祿]이다."라
고 했다. "이(易)"는 정현은 발음을 이(以)와 고(鼓)의 반절음이라고 했다.
살펴보니, "곡(穀)"의 뜻을 "봉록[祿]"이라고 새긴 것은 『이아』「석언」에
근거한 것이다. 조기의 『맹자』「등문공상(滕文公上)」「주」에 "곡(穀)은 봉
록[祿]으로 삼는 것이다."라고 했고, 『예석(隸釋)』「한공표비(漢孔彪碑)」에
"용의 덕을 지니고서 학문을 하였지만 봉록에 뜻을 두지 않았고, 세속의
티끌 밖에서 노닐어 환하니 넓어 속되지 않았다. 여러 장수는 그의 자취
를 가상히 여겨 앞뒤로 예를 갖추어 초빙하니, 마지못해 마음 돌려 관복
입고 띠를 둘렀다."라고 했으니, 역시 "곡(穀)"을 "봉록[祿]"으로 해석한
것으로 정현의 뜻과 부합된다. 주자(朱子)의 『논어집주(論語集注)』는 정
씨(鄭氏)를 따랐는데, 또 "지(至)"는 마땅히 "지(志)"가 되어야 한다고 했
다. 살펴보니, 『순자』의 「정론편」에 "그 뜻이 지극히 아둔했다.[其至意

至闇也.」라고 하고, 또 "이것이 왕자의 뜻이다.[是王者之至也.]"라고 했는데, 양경(楊倞)의 「주」에는 둘 다 "지(至)는 마땅히 지(志)가 되어야 한다."라고 했으니, 아마도 옛날에는 "지(志)"와 "지(至)" 두 글자가 통용된 듯하다.

원문 胡氏紹勳『拾義』云: "『周禮』「鄕大夫職」, '三年則大比, 考其德行道藝, 而興賢者·能者.' 又'使民興賢, 出使長之, 使民興能, 入使治之.'「州長職」, '三年大比, 則大考州里.'「遂大夫職」, '三歲大比, 則帥其吏而興甿.' 據此知古者賓興, 出使長, 入使治, 皆用爲鄕遂之吏, 可以得祿, 此三年定期也. 若有不願小成者, 則由司徒升國學.「王制」, '命鄕論秀士, 升之司徒, 曰選士; 司徒論選士之秀者, 而升之學, 曰俊士. 升於司徒者, 不征於鄕, 升於學者, 不征於司徒, 曰造士. 大樂正論造士之秀者, 以告於王, 而升諸司馬, 曰進士. 司馬辨論官材, 論進士之賢者, 以告於王, 而定其論. 論定, 然後官之; 任官, 然後爵之; 位定, 然後祿之.' 此爲王朝之官, 而當鄕遂大比, 志不及此. 蓋庶人仕進有二道, 可爲選士者, 司徒試用之; 可爲進士者, 司馬能定之. 司徒升之國學, 其選擧與國子同, 小成七年, 大成九年. 如「學記」'比年入學, 中年考校, 一年視離經辨志, 三年視敬業樂群, 五年視博習親師, 七年視論學取友, 謂之小成; 九年知類通達, 强立而不反, 謂之大成.' 若侯國取士, 亦三年一行.「射儀」, '諸侯歲獻貢士於天子.'「注」云: '三歲而貢士.' 據此知侯國亦三年一取士也. 後人躁於仕進, 志在干祿, 鮮有不安小成者, 故曰'不易得.'" 案, 胡說亦足補鄭義. 皇本"也"下有"已"字.

역문 호소훈(胡紹勳)의 『사서습의(四書拾義)』에 "『주례(周禮)』「향대부직(鄕大夫職)」에 '3년이 되면 대비(大比)[87]를 시행하여, 그들의 덕행과 도예(道藝)

---

87 대비(大比): 3년마다 한 번씩 보이는 식년시(式年試).

를 살펴 현자(賢者)와 능자(能者)를 등용한다.'라고 했고, 또 '백성들로 하여금 스스로 현명한 자를 천거해서 나아가 백성들의 관장이 되게 하고, 백성들로 하여금 스스로 능력 있는 자들을 천거해서 들어와 조정 내의 행정을 다스리게 한다.'라고 했으며, 「주장직(州長職)」에 '3년마다 대비를 하니, 주(州)와 이(里)를 크게 살핀다.'라고 했고, 「수대부직(遂大夫職)」에 '3년마다 크게 대비를 시행해서 관리를 거느려 백성들[町] 중에서 천거한다.'라고 했으니, 여기에 의거해 보면 옛날에는 선비를 빈객의 예로 우대하면서 천거해서 나아가 백성들의 관장이 되게 하고 들어와 조정 내의 행정을 다스리게 해서 모두 향(鄕)과 수(遂)의 벼슬아치로 삼아 봉록을 얻을 수 있게 했는데, 이것은 3년을 정해진 기간으로 했었다는 것을 알 수 있다. 만약 작은 성취를 바라지 않는 자가 있으면, 사도(司徒)를 통해 국학(國學)에 천거했다. 『예기』「왕제」에 '향에 명하여 빼어난 선비를 논해서 사도에게 천거하도록 하는데, 이렇게 천거된 자를 선사(選士)라 하고, 사도는 선사 중 빼어난 자를 논하여 학(學)에 추천하는데, 이를 준사(俊士)라 한다. 사도에게 추천된 자는 향의 요역(徭役)에 나아가지 않으며, 학에 추천된 자는 사도의 요역에 나아가지 않는데, 이를 조사(造士)라 한다. 대악정(大樂正)은 조사 중 빼어난 자를 논하여 왕에게 보고하고 사마(司馬)에게 추천하는데, 이를 진사(進士)라 한다. 사마는 관리가 될 만한 인재를 변론하는데, 진사 중에서 현명한 자를 논하여 왕에게 보고한 후 그 논의를 결정한다. 논의가 결정된 뒤에 관직을 정하고, 관직에 임명된 뒤에 작위를 내리며, 지위가 정해진 뒤에 봉록을 준다.'라고 했으니, 이것이 왕조(王朝)의 관리가 되는 것으로, 향과 수의 대비에 해당될 때는 뜻이 여기에 미치지 못한다.

대체로 서인으로서 벼슬에 나아갈 수 있는 길이 두 가지가 있으니, 선사가 될 수 있는 사람은 사도가 시험을 봐서 등용을 하고, 진사가 될 수 있는 사람은 사마가 결정할 수 있다. 사도가 국학에 천거하는 것은 그 추천과 천거가 국자(國子)와 같은데, 소성(小成)은 7년이 걸리고 대성(大成)은 9년이 걸리니, 『예기』「학기(學記)」에서 '매년 입학하면 한 해를 띄어서 상고하고 비교해서, 1년 차에는 경서(經書)의 구두(句讀)를 떼는 것과 뜻을 분별하는 것을 살펴보고, 3년 차에는 학업을 공경하는 것과 무리들과 어울리는 것을 살펴보며, 5년 차에는 널리 익히고 스승을 친애하는 것을 살펴보고, 7년 차에는 학문을 논하고 벗을 취하는 것을 살펴보니, 이것을 일러 소성이라 한다. 9년 차에는 유(類)를 알아 통달해서 확고하게 서서 스승의 도를 위반하지 않음을 살펴보니, 이것을 일러 대성이라 한다.'라고 한 것과 같다. 제후국에서 사(士)를 취하는 것과 같은 경우에도 역시 3년에 1회 시행한다. 『의례』「사의(射儀)」에 '제후들이 해마다 천자에게 현사(賢士)를 천거한다.[諸侯歲獻貢士於天子.]'라고 했는데, 「주」에 '3년[三歲]마다 현사를 천거한다.'라고 했으니, 여기에 의거해 보면 제후국 역시 3년에 1번 현사를 골라서 뽑았다는 것을 알 수 있다. 후세의 사람들은 벼슬에 나아가는 것을 조급하게 여기고, 뜻을 녹을 구하는 데 두어 소성을 편치 않게 여기는 자가 거의 없었기 때문에, '얻기가 쉽지 않다.'라고 한 것이다."라고 했다.

살펴보니, 호소훈의 말 역시 충분히 정현의 뜻을 보충할 만하다. 황간본에는 "야(也)" 아래 "이(已)" 자가 있다.

● 「注」, "穀', 善也."
● 正義曰: 『爾雅』「釋詁」文.
○ 「주」의 "곡'은 선이다."
○ 정의에서 말한다.

『이아』「석고」의 글이다.

8-13

子曰: "篤信好學, 守死善道. 危邦不入, 亂邦不居. 天下有道
則見, 無道則隱. 【注】 包曰: "言行當常然. '危邦不入', 始欲往; '亂邦不
居', 今欲去. '亂', 謂臣弑君, 子弑父. '危'者, 將亂之兆." 邦有道, 貧且賤
焉, 恥也; 邦無道, 富且貴焉, 恥也."

공자가 말했다. "도를 믿기를 돈독하게 하여 배우기를 좋아하고,
죽음으로써 지켜 도를 잘 실천해야 한다. 위태로운 나라에 들어
가지 않고, 어지러운 나라에 살지 않아야 한다. 천하에 도가 있으
면 자신을 드러내고, 도가 없으면 숨어야 한다. 【주】 포함이 말했다.
"행실이 당연히 항상 그러해야 함을 말한 것이다. '위태로운 나라에 들어가지 않는
것'은 처음에 가려고 했던 것이고, '어지러운 나라에 살지 않는 것'은 지금 떠나려고
하는 것이다. '난'은 신하가 임금을 시해하고 자식이 부모를 시해함을 이른다. '위태
로움[危]'은 장차 어지러워질 조짐이다." 나라에 도가 있을 때는 가난하고
천한 것이 부끄러운 일이며, 나라에 도가 없을 때는 부유하고 귀
한 것이 부끄러운 일이다."

원문 正義曰: "篤信"者, 『爾雅』「釋詁」, "篤, 固也." 「子張篇」, "信道不篤",
卽謂不固也. 篤信以好其學, 斯不惑於他端, 故夫子亦自言"信而好古"也,
好學所以求道. 皇「疏」云: "守死善道者, 寧爲善而死, 不爲惡而生." 案, 『孟

子』「盡心」云: "殀壽不貳, 修身以俟之, 所以立命也." 又云: "盡其道而死者, 正命也." 修身卽是盡道, 亦卽此所謂"善道". 君子日有孳孳, 斃而後已, 凡以求道之無歉於身, 無愧於心而已.

역문 정의에서 말한다.

"독신(篤信)"에 대해 『이아』「석고」에 "독(篤)은 견고함[固]이다."라고 했다. 「자장(子張)」에 "도를 믿음이 독실하지 않다[信道不篤]"라고 했는데, 바로 견고하지 못하다[不固]는 말이다. 신의를 돈독하게 해서 그 배우기를 좋아해야 다른 일에 미혹되지 않기 때문에 공자 역시 스스로 "옛것을 믿고 좋아한다[信而好古]"[88]라고 했으니, 배우기를 좋아함이 도를 구하는 방법이다. 황간의 「소」에 "수사선도(守死善道)란 차라리 선을 행하다가 죽더라도 악을 행하면서 살지는 않는다는 뜻이다."라고 했다. 살펴보니, 『맹자』「진심상」에 "요절하거나 장수하거나 하는 것에 의심하지 않고 몸을 닦고 천명(天命)을 기다리는 것이 천명을 확립하는 방법이다."라고 했고, 또 "그 도를 극진히 하고서 죽는 것이 바른 명[正命]이다."라고 했으니, 수신이 바로 도를 극진히 하는 것[盡道]이며, 또한 바로 여기서의 이른바 "도를 잘 실천함[善道]"이다. 군자는 날마다 힘쓰고 힘쓰다가 죽은 뒤에야 그만두니, 무릇 도를 추구함이 자신에게 부족함이 없기 때문에 미음에 부끄러움이 없을 따름이다.

원문 "不入"·"不居"云云, 皆言"善道"之事. 蓋危邦或入, 亂邦或居, 與夫隱見之不得其宜, 皆非所以守死, 非所以善道, 而其實亦由學之未至. 故學者, 所以安身正命者也. 『孟子』「盡心」云: "天下有道, 以道殉身, 天下無道,

---

88 『논어』「술이(述而)」.

以身殉道, 未聞以道殉乎人者也." 趙岐「注」, "天下有道, 得行王政, 道從身施功實也; 天下無道, 道不得行, 以身從道, 守道而隱, 不聞以正道從俗人也." 即此"有道則見, 無道則隱"之義. 前言"天下", 後言"邦", 互辭.

역문 "들어가지 않는다[不入]"·"살지 않는다[不居]"라고 운운한 것은 모두 "도를 잘 실천한" 일을 말한 것이다. 대체로 혹시라도 위태로운 나라에 들어가거나, 혹시라도 어지러운 나라에 사는 것과, 숨거나 드러냄에 있어 마땅함을 얻지 못하는 것은 모두 죽음으로써 지키는 방법이 아니며, 도를 잘 실천하는 방법이 아니니, 그 실상은 또한 배움이 아직 지극하지 못함으로 말미암은 것이다. 따라서 배우는 자들은 그 때문에 몸을 편히 하고 천명을 바르게 하는 것이다. 『맹자』「진심상」에 "천하에 도가 있을 때는 도로써 몸을 따르고, 천하에 도가 없을 때는 몸으로써 도를 따르니, 도로써 남을 따른다는 말은 듣지 못했다."라고 했는데, 조기의 「주」에 "천하에 도가 있으면 왕도정치를 행할 수 있기 때문에 도가 자신의 몸을 따라 공실(功實)을 베풀지만, 천하에 도가 없으면 도가 행해질 수 없기 때문에 자신의 몸을 가지고 도를 따르고 도를 지키고 숨는 것이니, 올바른 도를 가지고 속인을 따른다는 말은 듣지 못했다."라고 했으니, 바로 여기서 말한 "도가 있으면 드러내고, 도가 없으면 숨어야 한다"라는 뜻이다. 앞에서는 "천하(天下)"라고 말하고, 뒤에서는 "방(邦)"이라 말한 것은, 말을 서로 호응되게 한 것[互辭][89]이다.

원문 "邦有道", 是必賢者多在上位, 若己貧賤, 嫌於己之道未善, 故君子恥之. "邦無道", 是必在位無賢者, 或賢者不得施其用, 若己富貴, 嫌於以道殉人,

---

89 호사(互辭): 같은 의미의 다른 글자를 마주 대하게 사용해서 같은 글자가 중복되는 것을 피하는 것으로, 문장 속에서 흔히 보이는 일종의 수사법이다.

故君子恥之. "恥之"者, 恥其失隱見之正, 而不能善道也.

역문 "나라에 도가 있다"는 것은 반드시 현명한 자들이 높은 자리에 많이들 있다는 것인데, 그런데도 만약 자기가 가난하고 천하다면, 자기의 도가 아직 선하지 못함에 혐의가 있기 때문에 군자는 그것을 부끄러워한다. "나라에 도가 없으면" 반드시 지위에 있는 자들이 현명한 자가 없거나, 혹 현명한 자라 할지라도 자기의 능력을 펼칠 수 없는데, 그런데도 만약 자기는 부유하고 귀하다면 도를 가지고 남을 따르는 데에 혐의가 있기 때문에 군자는 그것을 부끄러워한다. "부끄러워한다"라는 것은 숨거나 드러냄의 올바름을 잃어 도를 잘 실천하지 못함을 부끄러워한다는 것이다.

원문 『中論』「爵祿篇」, "古之制爵祿也, 爵以居有德, 祿以養有功. 功大者祿厚, 德遠者爵尊. 功小者其祿薄, 德近者其爵卑. 是故觀其爵, 則別其人之德也. 見其祿, 則知其人之功也. 古之君子貴爵祿者此也. 孔子曰: '邦有道, 貧且賤焉, 恥也.' 文·武之敎衰, 黜陟之道廢, 諸侯僭恣, 大夫世位, 爵人不以德, 祿人不以功, 竊國而貴者有之, 竊地而富者有之, 姦邪得願, 仁賢失志, 於是則以富貴相詬病矣. 故孔子曰: '邦無道, 富且貴焉, 恥也.'"

역문 『중론』「작록편(爵祿篇)」에 "옛날에 작위와 봉록[爵祿]을 제정함에 작위로써 덕이 있는 사람을 지위에 거처하게 했고, 봉록으로써 공이 있는 사람을 봉양했다. 공이 큰 자는 봉록이 후하고 덕이 원대한 자는 작위가 높았으며, 공이 작은 자는 봉록이 박했고 덕이 천근한 자는 작위가 낮았다. 이런 까닭에 그 작위를 보면 그 사람의 덕을 구별할 수 있고, 그 봉록을 보면 그 사람의 공을 알 수 있었다. 옛날의 군자가 작위와 봉록을 귀하게 여긴 것은 이 때문이었다. 공자가 말했다. '나라에 도가 있을 때는 가난하고 천한 것이 부끄러운 일이다.' 문왕과 무왕의 교화가 쇠하자 물리치고 등용하는[黜陟] 도리가 무너지고, 제후는 참람하고 방자하며,

대부는 지위를 세습하여 덕으로써 사람들에게 작위를 주지 않고, 공으로써 사람들에게 녹봉을 주지 않아 나라를 도둑질했음에도 귀하게 된 자가 있게 되었으며, 토지를 도둑질했음에도 부유해진 자가 있게 되어 간악하고 사특한 자가 소원을 성취하고 인하고 현명한 자가 뜻을 잃게 되니, 이 때문에 부귀함을 서로 꾸짖고 비난하게 되었다. 그러므로 공자가 말했다. '나라에 도가 없을 때는 부유하고 귀한 것이 부끄러운 일이다.'"라고 했다.

- 「注」, "言行"至"之兆".
- 正義曰: "言行當常然"者, 謂不以世有道·無道異也. "'危邦不入', 始欲往"者, "入"謂入居其地, 皇「疏」以爲入仕, 殆非也. 危邦不入, 則亂邦益不可入. 故下篇子路述夫子言云"親於其身爲不善者, 君子不入也"是也. "'亂邦不居', 今欲去"者, 謂善止其地, 若曾子居武城之類. 『禮』「雜記」云: "內亂不與焉, 外患弗辟也."「注」, "謂卿·大夫也." 『春秋公羊傳』亦云: "君子辟內難, 而不辟外難." 然則亂邦雖己仕, 猶當去之, 況未仕乎? 『大戴禮』「盛德」云: "是故官屬不理, 分職不明, 法政不一, 百事失紀, 曰'亂'也. 地宜不殖, 財物不蓄, 萬民饑寒, 敎訓失道, 風俗淫僻, 百姓流亡, 人民散敗, 曰'危'也." 此「注」以亂爲"臣弑君·子弑父"者, 擧大亂言之. 『呂氏春秋』「明理篇」, "故至亂之化, 君臣相賊, 長少相殺, 弟兄相誣, 知交相倒, 夫妻相冒, 日以相危, 失人之紀, 心若禽獸, 長邪苟利, 不知義理." 皆言亂邦之事也.
○ 「주」의 "언행(言行)"부터 "지조(之兆)"까지.
○ 정의에서 말한다.
"행실이 당연히 항상 그러해야 함을 말한 것이다[言行當常然]"라는 것은 세상에 도가 있거나 도가 없다고 해서 달라지지 않아야 한다는 말이다.
"'위태로운 나라에 들어가지 않은 것'은 처음에 가려고 했던 것이다.['危邦不入', 始欲往.]"
"들어감[入]"은 그 땅에 들어가 거처함인데, 황간의 「소」에는 들어가 벼슬한다고 했으니, 아마도 아닌 듯싶다. 위태로운 나라에 들어가지 않아야 한다면 어지러운 나라에는 더욱 들어가서는 안 된다. 그러므로 아래 「양화」에서 자로가 공자의 말을 전술하면서 "직접 그 자신이 불선(不善)을 행하는 자에게 군자는 들어가지 않는다."라고 한 것이 바로 이 뜻이다.

"'어지러운 나라에 살지 않는 것'은 지금 떠나려고 하는 것이다.['亂邦不居', 今欲去.]"

그곳에 살기를 그만둔다는 말이니, 증자가 무성(武城)에 거처하던 때와 같은 종류이다.[90]
『예기』「잡기(雜記)」에 "내란에는 토벌할 힘이 없으면 간여하지 않고, 외환에는 피하지 않는다."라고 했는데, 「주」에 "경이나 대부를 두고 하는 말이다."라고 했다. 『춘추공양전(春秋公羊傳)』에도 "군자는 내란은 피하되, 외환을 피하지 않는다."라고 했으니, 그렇다면 어지러운 나라는 이미 벼슬하고 있었더라도 오히려 마땅히 떠나가야 하니, 하물며 벼슬하지 않음에 있어서이겠는가?『대대례』「성덕(盛德)」에 "그런 까닭에 관리가 다스려지지 않고 직책을 나눈 것이 분명하지 않으며 법과 정치가 한결같지 않아 모든 일이 기강을 잃음을 '어지러움[亂]'이라고 한다. 땅이 마땅하게 번식하지 않고, 재물이 풍성하지 않으며, 만민이 굶주리고 추위에

---

[90] 『맹자』「이루하」: 증자(曾子)가 무성에 거처할 때 월(越)나라의 침략이 있자, 어떤 사람이 말했다. "침략군이 쳐들어오는데, 왜 떠나가지 않으십니까?" 증자가 말했다. "내가 떠난 다음에 내 집에 사람을 살게 해서 섶이나 나무를 훼손함이 없도록 하라." 침략군이 물러가자 증자가 말했다. "나의 집 담장과 지붕을 수리하라. 내 곧 돌아갈 것이다." 침략군이 물러가고 증자가 돌아오자, 좌우의 문인(門人)들이 말했다. "무성의 대부(大夫)가 선생님을 대우하는 것이 이렇게 충성스럽고 또 공경스러웠는데, 침략군이 이르자 먼저 떠나가시어 백성들이 보고 따라하게 하시고, 침략군이 물러가자 돌아오셨으니, 이렇게 해서는 안 될 듯합니다." 심유행(沈猶行)이 말했다. "이는 자네들이 알 수 있는 것이 아닐세. 옛적에 부추(負芻)라는 자가 난을 일으켜 우리 심유씨(沈猶氏) 집안이 화를 당한 적이 있네. 그때 증자께서 우리 집에 계셨는데, 선생님을 따르는 자가 70명이었지만 한 사람도 그 나리를 겪은 자가 있지 않았네." 자사(子思)가 위(衛)나라에 있을 때 제나라의 침략이 있자, 어떤 사람이 말하였다. "침략군이 이르는데 어찌 떠나가지 않으십니까?" 자사가 말했다. "만일 내가 떠나가면 임금이 누구와 더불어 지키시겠는가?" 맹자가 말했다. "증자와 자사는 도가 같다. 그러나 증자는 스승이시며 부형(父兄)이셨고, 자사는 신하이시며 미천하셨으니, 증자와 자사께서 처지를 바꾸었다면 모두 그렇게 했을 것이다."[曾子居武城, 有越寇, 或曰: "寇至, 盍去諸?" 曰: "無寓人於我室, 毀傷其薪木." 寇退, 則曰: "修我牆屋. 我將反." 寇退, 曾子反, 左右曰: "待先生, 如此其忠且敬也, 寇至則先去, 以爲民望, 寇退則反, 殆於不可." 沈猶行曰: "是非汝所知也.昔沈猶, 有負芻之禍, 從先生者七十人, 未有與焉." 子思居於衛, 有齊寇 或曰: "寇至, 盍去諸?" 子思曰: "如伋去, 君誰與守?" 孟子曰: "曾子・子思同道.曾子, 師也, 父兄也; 子思, 臣也, 微也, 曾子・子思易地則皆然."]

떨고, 교훈이 도를 잃으며, 풍속이 음란하고 치우치고, 백성들이 흘러 다니다 없어지고 인민들이 흩어지는 것을 '위태로움[危]'이라고 한다."라고 했다. 여기의 「주」에서 난을 "신하가 임금을 시해하고 자식이 부모를 시해하는 것"이라고 한 것은 큰 어지러움[大亂]을 들어서 말한 것이다. 『여씨춘추』「명리(明理)」에 "그러므로 지극히 어지러운 교화는 임금과 신하가 서로를 해치고, 어른과 젊은이가 서로 죽이며, 아우와 형이 서로 속이고, 벗끼리 서로 맞대고 으르렁거리고, 남편과 아내가 서로 시샘하여 날이 갈수록 서로를 위태롭게 하며, 사람의 기강을 잃어, 마음이 마치 짐승과 같아져 사악함을 기르고 이익을 구차하게 추구해서 의리를 알지 못하게 한다."라고 했는데, 모두 어지러운 나라의 일을 말한 것이다.

8-14

子曰: "不在其位, 不謀其政." 【注】孔曰: "欲各專一於其職."

공자가 말했다. "그 지위에 있지 않으면 그 정치를 논의하지 않아야 한다." 【주】 공안국이 말했다. "각자가 자기의 직분(職分)에 전일하기를 바란 것이다."

원문 正義曰: "謀"謂爲之論議也. 下篇. "曾子曰: '君子思不出其位.'" 『孟子』「離婁」云: "位卑而言高, 罪也." 『禮』「中庸」云: "君子素其位而行, 不願乎其外." 又云: "在上位, 不陵下, 在下位, 不援上." 竝與此文義相發. 皇本 "政"下有"也"字.

역문 정의에서 말한다.

"모(謀)"는 논의(論議)한다는 말이다. 아래 「헌문(憲問)」에 "증자가 말했다. '군자는 생각이 그 지위를 벗어나지 않는다.'"라고 했고, 『맹자』「이루하(離婁下)」에 "지위가 낮으면서 높은 직책의 말을 하는 것은 죄이다."
라고 했으며, 『예기』「중용」에 "군자는 현재 자신이 있는 지위에 따라
행하고, 그 밖의 것을 원하지 않는다."라고 했고, 또 "윗자리에 있으면서
아랫사람을 업신여기지 않고 아랫자리에 있으면서 윗사람을 끌어내리
지 않는다."라고 했는데, 모두 이 글의 뜻과 서로 발명이 된다. 황간본에
는 "정(政)" 아래 "야(也)" 자가 있다.

8-15

子曰: "師摯之始,「關雎」之亂, 洋洋乎盈耳哉!"【注】鄭曰: "師
摯', 魯太師之名. '始', 猶首也. 周道衰微, 鄭·衛之音作, 正樂廢而失節. 魯太
師摯識「關雎」之聲, 而首理其亂, 洋洋盈耳, 聽而美之."

공자가 말했다. "태사(太師)인 지(摯)가 음악을 시작할 때와 「관
저(關雎)」로 합주(合奏)를 마칠 때의 음악 소리가 양양(洋洋)하게
귀에 가득하구나!"【주】정현이 말했다. "사지(師摯)'는 노나라 태사의 이름이
다. '시(始)'는 수(首)와 같다. 주나라의 도가 쇠미(衰微)해지자 정(鄭)나라와 위(衛)
나라의 음악이 나와서 정악(正樂)이 폐지되어 절주(節奏)를 잃었다. 노나라 태사인
지가 『시경』「관저」의 성조(聲調)를 기억하여 처음으로 그 어지러운 것을 정리하매
양양하게 귀에 가득하므로, 공자가 이를 듣고 찬미한 것이다."

원문 正義曰: 師摯, 疑卽子語魯太師之名. 先從叔丹徒君『駢枝』曰: "始者, 樂
之始; 亂者, 樂之終.「樂記」曰: '始奏以文, 復亂以武.' 又曰: '再始以著
往, 復亂以飭歸.' 皆以始·亂對擧, 其義可見. 凡樂之大節, 有歌有笙, 有
間有合, 是爲一成. 始於升歌; 終於合樂. 是故升歌謂之始; 合樂謂之亂. 『周

禮』「太師職」, '大祭祀, 帥瞽登歌.' 『儀禮』「燕」及「大射」皆太師升歌, 摯
爲太師, 是以云'師摯之始'也. 合樂, 「周南」「關雎」・「葛覃」・「卷耳」, 「召
南」「鵲巢」・「采蘩」・「采蘋」, 凡六篇. 而謂之'「關雎」之亂'者, 擧上以該
下, 猶之言「文王」之三', '「鹿鳴」之三'云爾. '升歌'言人, '合樂'言詩, 互相
備也. '洋洋盈耳', 總歎之也, 自始至終, 咸得其條理, 而後聲之美盛可見.
言始・亂, 則笙間在其中矣. 孔子反魯正樂, 其效如此."

역문 정의에서 말한다.

"사지"는 아마도 공자가 말을 건넸던 노나라 태사[91]의 이름인 듯싶다.
작고하신 종숙(從叔) 단도군(丹徒君)의 『논어변지(論語駢枝)』에 "시(始)란,
음악을 시작함이고, 난(亂)이란 음악을 마침이다. 예기』「악기」에 '문(文)
으로써 연주를 시작하고, 다시 무(武)로써 연주를 끝마친다.'라고 했고,
또 '다시 연주를 시작하여 나아감을 밝히고, 다시 연주를 끝마쳐서 그
물러남을 삼간다.'라고 했는데, 모두 시작[始]과 마침[亂]을 상대해서 들
었으니, 그 뜻을 알 수 있다. 음악의 큰 절주(節奏)는 노래도 있고 연주도
있으며[有歌有笙], 간주(間奏)도 있고 합주(合奏)도 있어서 이것이 한 악장
을 이룬다. 당상에 올라가 노래를 부르는 것으로 연주를 시작하고, 음악
을 합주하는 것으로 연주를 마친다. 그런 까닭에 당상에 올라가 노래하
는 것[升歌]을 시작함[始]이라 하고, 음악을 합주하는 것을 마침[亂]이라고
한다. 『주례』「태사직(太師職)」에 '대제사(大祭祀)를 봉행할 때에는 노래
부르는 맹인을 당 위로 인솔한다.'라고 했는데, 『의례』「연례(燕禮)」 및
「대사례(大射禮)」에 모두 태사가 당상에 올라가 노래를 하는데, 지가 태
사가 되기 때문에 '태사인 지가 음악을 시작할 때'라고 한 것이다. 합주

---

91 『논어』「팔일(八佾)」: 공자가 노나라 태사에게 음악에 대해 말했다. "음악은 알 수 있다."[子
語魯大師樂, 曰: "樂其可知也."]

하는 음악은 『시경』「주남(周南)」의 「관저」·「갈담(葛覃)」·「권이(卷耳)」
와 「소남(召南)」의 「작소(鵲巢)」·「채번(采蘩)」·「채빈(采蘋)」으로 모두 6편
인데, '「관저」로 합주를 마친다'라고 한 것은 앞의 것을 들어서 말하면
서 뒤의 것을 갖춘 것이니, '「문왕(文王)」지삼(「文王」之三)'[92]이라든가,
'「녹명(鹿鳴)」지삼(「鹿鳴」之三)'[93]이라고 하는 것과 같다. '당상에 올라가
노래를 부름[升歌]'은 사람을 말한 것이고, '음악을 합주함[合樂]'은 시(詩)
를 말한 것이니, 서로 갖추는 것이다. '양양하게 귀에 가득하다'라는 것
은 전체적으로 감탄한 것이니, 시작부터 마칠 때까지 모두가 그 조리(條
理)를 얻은 뒤에 아름답고 성대함을 알 수 있다. 시작함[始]과 마침[亂]을
말했으니, 악기 연주[笙]와 간주[間]는 그 가운데 있는 것이다. 공자가 노
나라로 돌아와 음악[樂]을 바르게 하매 그 효과가 이와 같았던 것이다."
라고 했다.

원문 謹案, 凌氏廷堪『禮經釋例』·程氏廷祚『論語說』竝略同. 終爲"亂"者, 『爾
雅』「釋詁」, "亂, 治也." 『說文』, "亂, 治也. 從乙. 乙, 治之也. 從𤔔." 又
"𤔔, 治也. 幺子相亂, 受治之也. 讀若亂, 一曰理也." 凡樂之終, 咸就條理,
故曰"亂".

역문 삼가 살펴보니, 능정감(凌廷堪)의 『예경석례(禮經釋例)』와 정정조(程廷
祚)[94]의 『논어설(論語說)』도 모두 대략 같다. 마침[終]을 "난(亂)"이라고 했

---

92 「문왕(文王)」지삼(「文王」之三): 『시경』「대아(大雅)」 수편(首篇)의 「문왕」·「대명(大明)」·
「면(綿)」 세 편을 이른다.

93 「녹명(鹿鳴)」지삼(「鹿鳴」之三): 『시경』「소아(小雅)」 수편의 「녹명」·「사모(四牡)」·「황
황자화(皇皇者華)」 세 편을 이른다.

94 정정조(程廷祚, 1691~1767): 청나라 강소(江蘇) 상원(上元) 사람. 초명은 묵(默) 또는 석개
(石開)이고, 자는 계생(啓生)이며, 호는 면장(綿莊)이고, 만호(晩號)는 청계거사(靑溪居士)

는데, 『이아』「석고」에 "난(亂)은 다스린다[治]는 뜻이다."라고 했다. 『설문해자』에 "난(亂)은 다스린다[治]는 뜻이다. 을(乙)로 구성되었다. 을(乙)은 다스린다[治]는 뜻이다. 난(𤔔)으로 구성되었다."[95]라고 했고, 또 "난(𤔔)은 다스린다[治]는 뜻이다. 어린아이가 서로 어지럽다가 다스려진다는 뜻이다. 난(亂)과 같은 음으로 읽는다. 일설에는 조리[理]라고 한다."[96]라고 했다. 무릇 음악을 마칠 때는 모두 조리를 이루기 때문에 "난(亂)"이라고 한다.

● 「注」, "師摯"至"美之".

● 正義曰: 下篇"大師摯適齊", 鄭以爲平王時人, 意此"師摯"卽其人也. 夫子時, 樂部有其遺聲,

이다. 제생(諸生)이 된 뒤 여러 차례 과거에 낙방하자 은거하여 학문에 전념했다. 이공(李塨)에게 수학하여 안원(顔元)의 사상을 계승했다. 안원의 『사존편(四存編)』을 읽고 그 학문에 탄복하여 이때부터 안원의 학설로 정주학(程朱學)의 부족한 부분을 보충했다. 많은 책을 읽어 박식했는데, 대개 실용을 중시했다. 황종희(黃宗羲)와 고염무(顧炎武)의 사상을 참조하여, 성명(性命)을 공담(空談)하는 송명이학(宋明理學)에 반대하고 실용지학(實用之學)을 제창했다. 경전 연구에 있어서는 한유(漢儒)와 송유(宋儒)의 폐단을 모두 비판하고 장점만을 따르려 했다. 또한 『위고문상서(僞古文尙書)』를 위작으로 보고 모기령(毛奇齡)의 설을 배척했으며, 『주역』에 있어서는 상수학(象數學)을 반대하고 의리학을 위주로 했다. 저서에 『역통(易通)』과 『대역택언(大易擇言)』, 『역설변정(易說辨正)』, 『상효구시설(象爻求是說)』, 『만서정의(晩書訂疑)』, 『상서통의(尙書通義)』, 『노시설(魯詩說)』, 『청계시설(靑溪詩說)』, 『논어설(論語說)』, 『주례설(周禮說)』, 『춘추식소록(春秋識小錄)』 등이 있다.

95 『설문해자』 권14: 난(亂)은 다스린다[治]는 뜻이다. 을(乙)로 구성되었다. 을(乙)은 다스린다[治]는 뜻이다. 난(𤔔)으로 구성되었다. 낭(郞)과 단(段)의 반절음이다.[亂, 治也. 從乙, 乙, 治之也; 從𤔔. 郞段切.]

96 『설문해자』 권4: 난(𤔔)은 다스린다[治]는 뜻이다. 어린아이가 서로 어지럽다가 다스려진다는 뜻이다. 난(亂)과 같은 음으로 읽는다. 일설에는 다스린다[理]는 뜻이라고 한다. 난(𤔲)은 난(𤔔)의 고문이다. 낭(郞)과 단(段)의 반절음이다.[𤔔, 治也. 幺子相亂, 爻治之也. 讀若亂同. 一曰理也. 𤔲, 古文𤔔. 郞段切.]

故因本而稱之. 『爾雅』「釋詁」, "首, 始也." 故"始"有"首"訓. 鄭·衛, 二國名, 其後俗皆淫佚,
音不由正, 故夫子言"鄭聲淫". 『禮』「樂記」言桑間 濮上之音爲亡國之音, 桑間 濮上, 皆衛土.
他國亦習其音, 故正樂皆廢而失節也.

○ 「주」의 "사지(師摯)"부터 "미지(美之)"까지.

○ 정의에서 말한다.

아래 「미자」의 "태사인 지는 제(齊)나라로 갔다."라고 한 것에 대해 정현은 평왕(平王) 때의

사람이라고 했는데, 아마도 여기서 말한 "사지(師摯)"가 바로 그 사람이라고 생각한 듯싶다.

공자 당시에 악부(樂部)에 그 남아 있는 소리가 있었기 때문에 근본을 따라 그렇게 일컬은

것이다. 『이아』「석고」에 "수(首)는 시작함[始]이다."라고 했으니, 따라서 "시(始)"에는 "첫머

리[首]"라는 뜻풀이가 있는 것이다. 정(鄭)과 위(衛)는 두 나라의 국명인데, 그들 후세의 풍속

이 모두 음란하고 방탕해 음악이 올바름을 따르지 않았기 때문에 공자가 "정나라의 음악은

음란하다"[97]라고 한 것이다. 『예기』「악기」에 복수(濮水) 가에 있는 상간(桑間)의 음악은 나

라를 망하게 하는 음악이라고 했는데,[98] 상간이나 복수 개[濮上]는 모두 위나라의 영토이다.

다른 나라들 역시 그 음악을 익혔기 때문에 정악이 모두 폐지되고 절주를 잃은 것이다.

원문 據「注」義, 則"師摯之始「關雎」之亂", 八字爲一句, 言正聲旣失, 師摯獨
能識之, 而首理其亂. 此"亂"卽『說文』"𤲃"字, 云: "煩也, 從攴從𤰇, 𤰇亦
聲." 然則鄭以此文作"𤲃", 今作"亂"爲叚借矣.

역문 「주」의 뜻에 의거해 보면 "사지지시 「관저」지란(師摯之始「關雎」之亂)"
8자를 1구로 삼은 것으로, 올바른 성조를 이미 잃었고 오직 태사인 지만
이 그것을 기억해서 처음으로 그 어지러운 것을 정리할 수 있었다는 말

---

97 『논어』「위령공(衛靈公)」.

98 상간복상지음(桑間濮上之音): 상간은 남녀가 밀회하는 장소로, 상간은 위나라의 지명인데,
복수 가에 있었다 한다.

이다. 이때의 "난(亂)"은 바로 『설문해자』의 "난(𢿣)" 자로, "번잡하다[煩]는 뜻이다. 복(攴)으로 구성되었고 난(𤔔)으로 구성되었다. 난(𤔔)이 또한 발음을 나타낸다."[99]라고 했으니, 그렇다면 정현은 이 글자를 "난(𢿣)"으로 본 것이고, 지금 "난(亂)"으로 쓴 것은 가차(假借)한 것이다.

원문 云"首理", 則他詩亦依次理之可知, 今知鄭義不然者.「關雎」諸詩, 列於鄉樂, 夫子言"觀於鄉而知王道之易易", 明其時鄉樂尙未失正, 不得有鄭·衛亂之. 故知鄭義有未合也.

역문 "처음으로 정리했다[首理]"라고 했다면 다른 시 역시 차례로 정리했음을 알 수 있으니, 이제 정현의 뜻이 옳지 않다는 것을 알 수 있다.「관저」등 여러 시는 향악(鄉樂)에 나열되어 있고, 공자는 "향음주례(鄉飮酒禮)를 보고 왕도가 매우 간이(簡易)함을 알았다."[100]라고 했으니, 분명 그 당시 향악은 오히려 아직 올바름을 잃지 않았으므로 정나라나 위나라가 그것을 어지럽힐 수 없었다. 따라서 정현의 뜻이 합당하지 않은 점이 있음을 아는 것이다.

원문 "洋洋盈耳, 聽而美之."者, 言聽而知其美也. 『漢書』「延篤傳」「注」, "洋洋, 美也."

역문 "양양하게 귀에 가득하므로, 공자가 이를 듣고 찬미한 것이다."라는

---

99 『설문해자』권3: 난(𢿣)은 번잡하다[煩]는 뜻이다. 복(攴)으로 구성되었고 난(𤔔)으로 구성되었으며, 난(𤔔)이 또한 발음을 나타낸다. 낭(郎)과 단(段)의 반절음이다.[𢿣, 煩也. 從攴從𤔔, 𤔔亦聲. 郎段切.]

100 『예기』「향음주의(鄉飮酒義)」. 『예기주소(禮記注疏)』정현의「주」에, "이이(易易)란 교화(教化)의 근본은, 어진 이를 존중하고 나이 많은 이를 존숭하는 것뿐임을 이른 것이다.[易易, 謂教化之本, 尊賢尙齒而已.]"라고 했다.

것은, 듣고서 그것이 아름답다는 것을 알았다는 말이다. 『전한서』「연독전(延篤傳)」의 「주」에 "양양(洋洋)은 아름답다[美]는 뜻이다."라고 했다.

8-16

子曰: "狂而不直, 侗而不愿, 【注】 孔曰: "'狂'者進取, 宜直, '侗', 未成器之人, 宜謹愿." 悾悾而不信, 【注】 包曰: "'悾悾', 愨也, 宜可信." 吾不知之矣." 【注】 孔曰: "言皆與常度反, 我不知之."

공자가 말했다. "뜻이 크기만 하고 정직하지 않으며, 어리석고 무지하기만 하고 성실하지 않으며, 【주】 공안국이 말했다. "뜻이 큰 사람[狂]은 진취적이므로 마땅히 정직해야 하고, '어리석고 무지한 사람[侗]'은 아직 그릇을 이루지 못한 사람이니 마땅히 삼가고 성실해야 한다." 성실하기만 하고 신실하지 않으면, 【주】 포함이 말했다. "'공공(悾悾)'은 성실함[愨]이니, 마땅히 믿을 만하다." 나는 그런 사람에 대해서는 알지 못하겠다." 【주】 공안국이 말했다. "모두 상도(常度)와 반대이니, 내가 어찌해야 할지 모르겠다는 말이다."

원문 正義曰: 鄭「注」云: "愿, 善也." 『廣雅』「釋詁」同. 凡人愨謹, 則爲善也. 此章示人當守忠信, 雖生質未美, 亦當存誠以進於善, 不得作僞以自欺也.

역문 정의에서 말한다.

정현의 「주」에 "원(愿)은 선(善)이다."라고 했고, 『광아』「석고」에도 같다. 무릇 사람이 성실하고 삼가면 선을 행하게 된다. 이 장은 사람들에게 마땅히 충(忠)과 신(信)을 지켜서 비록 타고난 자질은 훌륭하지 못하더라도 또한 성실함을 보존해서 선을 진작시키고 거짓을 행하여 스스로를 속여서는 안 됨을 보여 준 것이다.

- 「注」, "'侗', 未成器之人, 宜謹愿."
- 正義曰: 『書』「顧命」"在後之侗", 某氏「傳」, "在文王後之侗稚", 焦氏循『補疏』以爲"僮"字之叚借. 『莊子』「山木篇」"侗乎其無識." 『釋文』, "侗, 無知貌." 「庚桑楚篇」"能侗然乎?". 『釋文』, 『三蒼』云: '慤直貌.'" "慤"卽"愨"省. 『廣雅』「釋言」, "愿, 愨也." "愨" · "謹"義近. "未成器"者, 言其人蒙稚, 未能成器用也.
- 「주」의 "'어리석고 무지한 사람'은 아직 그릇을 이루지 못한 사람이니 마땅히 삼가고 성실해야 한다."
- 정의에서 말한다.

  『서경』「고명(顧命)」에 "뒤의 어리석음 나에게 있어서는[在後之侗]"이라고 했는데, 모씨(某氏)의 「전」에는 "문왕의 뒤에 있는 무지한 어린이[侗稚]"[101]라고 했고, 초순(焦循)의 『논어보소(論語補疏)』에는 "동(僮)" 자의 가차라고 했다. 『장자(莊子)』「산목(山木)」에 "멍하게 아는 것이 없는 듯[侗乎其無識]"이라고 했는데, 『경전석문』에, "동(侗)은 무지(無知)한 모양이다."[102]라고 했고, 「경상초(庚桑楚)」에 "멍한 모습으로 찾아올 줄 아는가[能侗然乎?]"라고 했다.

  『경전석문』에 "『삼창(三蒼)』에 '각(慤)은 곧은[直] 모양이다.'라고 했다."라고 했으니, "각(慤)"은 바로 "각(愨)" 자의 생략형이다. 『광아』「석언」에 "원(愿)은 성실함[愨]이다."라고 했으니 "각(愨)"과 "근(謹)"은 뜻이 가깝다. "미성기(未成器)"란 그 사람이 어려서 아직 그릇을 이루어 쓸 수 없다는 말이다.

- 「注」, "'悾悾', 愨也, 宜可信."

---

[101] 『상서주소(尙書注疏)』 권17, 「주서(周書) · 고명(顧命)」의 「주」에 "문왕과 무왕의 뒤에 있는 무지한 어린이[在文 · 武後之侗稚]"라고 했다.

[102] 『경전석문(經典釋文)』 권27, 「장자음의중(莊子音義中) · 산목제20(山木第二十)」.

● 正義曰: 鄭「注」云: "悾悾, 誠慤也." 與包義同. 『後漢書』「劉瑜傳」, "臣悾悾推情", 李賢「注」, "悾悾, 誠慤之貌." 『廣雅』「釋訓」, "悾悾, 誠也." 『呂氏春秋』「下賢篇」, "空空乎其不爲巧故也." 高誘「注」, "空空, 慤也; 巧故, 僞詐." "空空"與"悾悾"同.

○ 「주」의 "'공공(悾悾)'은 성실함[慤]이니, 마땅히 믿을 만하다."

○ 정의에서 말한다.

정현의 「주」에 "공공(悾悾)은 성실함[誠慤]이다."라고 했으니, 포함의 뜻과 같다. 『후한서』 「유유전(劉瑜傳)」에 "신이 정성스럽고 성실하게 마음을 미루어[臣悾悾推情]"라고 했는데, 이현(李賢)의 「주」에 "공공(悾悾)은 정성스럽고 성실한[誠慤] 모양이다."라고 했다. 『광아』「석훈(釋訓)」에 "공공(悾悾)은 성실함[誠]이다."라고 했다. 『여씨춘추』「하현(下賢)」에 "성실하여[空空乎] 거짓과 속임수를 부리지 않는다."라고 했는데, 고유(高誘)의 「주」에 "공공(空空)은 성실함[慤]이고, 교고(巧故)는 거짓과 속임수[僞詐]이다."라고 했으니, "공공(空空)"과 "공공(悾悾)"은 같은 뜻이다.

● 「注」, "言皆與常度反, 我不知之."

● 正義曰: 狂者當直, 侗者當愿, 悾悾者當信, 此常度也. 今皆與常度反, 故不能知之. 『荀子』「不苟篇」, "君子, 愚則端慤而法; 小人, 愚則毒賊而亂." 又云: "端慤生通; 詐僞生塞; 誠信生神; 誇誕生惑." 此夫子於失常度之人, 不能知之也. 『詩』云: "爲鬼爲蜮, 則不可得."

○ 「주」의 "모두 상도와 반대이니, 내가 어찌해야 할지 모르겠다는 말이다."

○ 정의에서 말한다.

뜻이 큰 사람[狂者]은 마땅히 정직해야 하고, 어리석고 무지한 사람[侗者]은 마땅히 성실해야 하며 성실한 사람은 마땅히 믿을 만하니, 이것은 상도이다. 지금은 모두가 상도와 반대로 하기 때문에 이것을 알지 못한다. 『순자』「불구편(不苟篇)」에 "군자는 어리석으면 단정함과 성실함을 다해 법을 지키고, 소인은 어리석으면 독을 끼치고 남을 해쳐 혼란을 일으킨다."라고 하고, 또 "단정함과 성실함은 통달함을 낳고, 속임과 거짓은 막힘을 낳으며, 성실함과 진실함은 신령스러움을 낳고, 자랑과 허탄함은 의혹을 낳는다."라고 했으니, 이 때문에 공자는 상도를 잃은 사람에 대해 알 수가 없었던 것이다. 『시경』에 "귀신이 되고 물여우가 되면 볼 수가 없다."[103]라고 했다.

8-17

子曰: "學如不及, 猶恐失之." 【注】學自外入, 至熟乃可長久. 如不及, 猶恐失之.

공자가 말했다. "배움은 미치지 못할 듯이 해서, 오히려 잃을까 두려워해야 한다." 【주】 배움은 밖에서 들어오는 것이니 완숙(完熟)한 경지에 이르러야 오래도록 할 수 있다. 그러므로 미치지 못할 듯이 해서 오히려 잃을까 두려워해야 한다.

원문 正義曰: "如不及"者, 方學而如不及學也. "猶恐失"者, 旣學有得於己, 恐復失之也. 如不及, 故日知所亡; 恐失, 故月無忘其所能.

역문 정의에서 말한다.

"미치지 못할 듯이 한다[如不及]"라는 것은 바야흐로 배우면서도 마치 배움에 미치지 못할 듯이 한다는 말이다. "오히려 잃을까 두려워한다[猶恐失]"라는 것은 이미 배워서 자기에게 터득함이 있는데도 다시 그것을 잃을까 두려워한다는 말이다. 미치지 못할 듯이 하기 때문에 "날마다 자기에게 없는 것을 알고"[104] 잃을까 두려워하기 때문에, "달마다 자기가 할 수 있는 것을 잊지 않는다."[105]

---

103 『시경』「소아 · 소민지십 · 하인사(何人斯)」.

104 『논어』「자장」.

105 『논어』「자장」.

- 「注」, "學自"至"失之".
- 正義曰: 皇「疏」云: "繆協稱中正曰: '學自外來, 非夫內足, 恒不懈惰, 乃得其用.' '如不及'者, 已及也; '猶恐失'者, 未失也, 言能恐失之, 則不失. 如不及, 則能及也."
- ○「주」의 "학자(學自)"부터 "실지(失之)"까지.
- ○ 정의에서 말한다.

  황간의 「소」에, "무협(繆協)이 중정(中正)을 일컬어 '배움은 밖으로부터 오는 것이지, 안에서 채워지는 것이 아니니, 항상 게으르지 않아야 그 유용함을 얻을 수 있다.'라고 했으니, '미치지 못할 듯이 한다'라는 것은 이미 미쳤다는 것이고, '오히려 잃을까 두려워한다'라는 것은 아직 잃지 않았다는 것이니, 잃을까 두려워할 수 있으면 잃지 않으며, 미치지 못할 듯이 하면 미칠 수 있다는 말이다."라고 했다.

8-18

子曰: "巍巍乎. 舜·禹之有天下也, 而不與焉!"【注】美舜·禹也. 言己不與求天下而得之. 巍巍, 高大之稱.

공자가 말했다. "우뚝하도다. 순과 우가 천하를 소유하시고서도 간여하지 않으심이여!"【주】순과 우를 찬미(讚美)한 것이다. 자기는 천하를 구하여 얻는 일에 간여하지 않았다는 말이다. 외외(巍巍)는 높고 큼[高大]을 일컫는다.

원문 正義曰: 毛氏奇齡『稽求篇』云: "『漢書』「王莽傳」, '太后詔曰: "選忠賢, 立四輔, 群下勸職. 孔子曰: '舜·禹之有天下也, 而不與焉.'"' 故王充『論衡』云: '舜承安繼治, 任賢使能, 恭己無爲而天下治. 故孔子曰: "巍巍乎, 舜·

禹之有天下也, 而不與焉!'" 晉 劉寔『崇讓論』云: '舜·禹有天下不與, 謂
賢人讓于朝, 小人不爭于野, 以賢才化無事, 至道興矣. 已仰其成, 何與之
有?' 此直指任賢使能, 爲無爲而治之本." 案, 毛說是也.

역문 정의에서 말한다.

　　모기령(毛奇齡)의 『논어계구편(論語稽求篇)』에 "『전한서』「왕망전(王莽
傳)」에 '태후(太后)의 조서에 "충신과 현명한 인재를 선발하고 사보(四
輔)[106]를 세워 많은 신하에게 직책에 힘쓰도록 권면할 것이다. 공자가 말
했다. '순과 우는 천하를 소유하고도 간여하지 않았다.'"라고 했다. 그러
므로 왕충(王充)의 『논형(論衡)』에 '순은 안정되고 잘 다스려진 나라를 이
어받아 현명한 자를 임용하고 능력 있는 자를 부리고, 자신을 공손히 하
고 인위적인 작위가 없게 하매 천하가 잘 다스려졌다. 그러므로 공자가
말했다. "우뚝하도다. 순과 우가 천하를 소유하시고서도 간여하지 않으
심이여!"라고 했다. 진(晉)나라 유식(劉寔)[107]의 『숭양론(崇讓論)』에 '순과

---

106 사보(四輔): 고대에 천자를 보필하던 관명(官名). 이에 대한 설은 다양하다. 『서경』「우서(虞
　　書)·익직(益稷)」에 "내가 도리에 위배됨을 네가 보필할 것이니, 너는 대면해서는 따르고 물
　　러가서는 뒷말을 하지 말아서 네 사린(四隣)의 직책을 공경하라.[予違汝弼, 汝無面從, 退有
　　後言, 欽四隣.]"라고 보이며, 「주서·낙고(洛誥)」에 "그 뒤를 개척하여 크게 해서 우리 사
　　(士)·사(師)와 백공(百工)들로 하여금 보게 해서 문왕·무왕께서 하늘로부터 받으신 백성
　　을 크게 보호하여 다스려 사보가 될지어다.[迪將其後, 監我士師工, 誕保文 武受民, 亂爲四
　　輔.]"라고 보인다. '사보'에 대한 구체적인 설명이 처음으로 보이는 것은 『상서대전(尙書大
　　傳)』에 기록된 '의(疑), 승(丞), 보(輔), 필(弼)'과 가의(賈誼)의 『신서(新書)』에 기록된 '도
　　(道), 필(弼), 보(輔), 승(丞)'인데, 이는 모두 진(秦)·한(漢)시대 사람들이 의탁한 데에서 나
　　온 것이다. 왕망(王莽)은 사보를 설치하여서 삼공(三公)에 짝하게 하고, 또 그 아들을 위하
　　여 사의(師疑), 부승(傅丞), 아보(阿輔), 보필(保拂)의 관직을 설치하였으며, 명 태조(明太
　　祖) 역시 춘관, 하관, 추관, 동관을 설치하고 이를 사보라 불렀다.

107 유식(劉寔, 220~310): 자(字)는 자진(子眞)이며 고당(高唐: 지금의 산동성 고당) 사람. 서한
　　(西漢) 제북왕(濟北王) 유발(劉勃)의 12세손이다. 삼국시대 때 조(曹)나라와 위(魏)나라 및

우가 천하를 소유하고서도 간여하지 않았다는 것은 현인(賢人)은 조정에서 겸양하고 소인(小人)이 재야에서 다투지 않아, 현명한 재능으로 무사(無事)함을 교화하여 지극한 도가 일어났다는 말이다. 이미 그 성공을 우러러보는데, 무슨 간여할 것이 있겠는가?'라고 했는데, 이는 곧장 현명한 사람을 임명하고 능력 있는 자를 부렸음을 가리키는 것으로, 무위이치(無爲而治)의 근본이 된다."라고 했다. 살펴보니, 모기령의 설이 옳다.

원문 『孟子』「滕文公篇」, "堯以不得舜爲己憂, 舜以不得禹·皐陶爲己憂." 又云: "爲天下得人者謂之仁, 是故以天下與人易, 爲天下得人難. 孔子曰: '大哉. 堯之爲君! 惟天爲大, 惟堯則之. 蕩蕩乎, 民無能名焉, 君哉舜也! 巍巍乎. 有天下而不與焉!' 堯·舜之治天下, 豈無所用其心哉? 亦不用於耕耳." 孟子引此兩節, 皆以證堯·舜得人. 故又言"堯·舜豈無所用其心?" 明用心於得人也. 然則以"不與"爲任賢使能, 乃此文正詁. 必言"有天下"者, 舜·禹以受禪有天下, 復任人治之, 而己無所與, 故舜復禪禹, 禹復禪益也. 趙岐注『孟子』云: "德盛而魏魏乎有天下之位, 雖貴盛不能與益. 舜巍巍之德, 言德之大, 大於天子位也." 趙以"與"爲加多之義, 殊爲迂曲.

역문 『맹자』「등문공상」에 "요는 순을 얻지 못함을 자신의 근심으로 삼았고, 순은 우와 고요(皐陶)를 얻지 못함을 사신의 근심으로 삼았다."라고 했고, 또 "천하를 위해 인재(人才)를 얻는 것을 '인(仁)'이라 하니, 이런 까닭에 천하를 남에게 주기는 쉽고, 천하를 위해 인재를 얻기는 어렵다. 공자가 말하기를 '위대하도다. 요의 임금 노릇 하심이여! 오직 하늘이 위대한데, 오직 요만이 하늘을 본받으셨다. 그 덕이 넓고도 넓어서 백성

서진(西晉)의 관원을 지냈다. 춘추삼전(春秋三傳)에 정통했고 저서에 『춘추조례(春秋條例)』가 있다.

들이 무어라 형용할 수가 없도다. 임금답도다, 순임금이시여! 우뚝하도다. 천하를 소유하시고서도 간여하지 않으셨도다!'라고 하셨으니, 요와 순이 천하를 다스리심에 어찌 그 마음을 씀이 없었겠는가마는, 또한 농사짓는 데는 쓰지 않았을 뿐이다."라고 했다. 맹자는 이 두 문장을 인용해서 모두 요와 순이 인재를 얻었음을 증명했다. 그러므로 또 "요와 순이 어찌 그 마음을 씀이 없었겠는가?"라고 함으로써 인재를 얻는 데 마음을 썼음을 분명히 한 것이다. 그렇다면 "간여하지 않음[不與]"을 현명한 사람을 임명하고 능력 있는 자를 부린 것으로 보는 것이 결국은 이 문장의 올바른 고증이다. 굳이 "천하를 소유했다[有天下]"라고 말한 것은 순과 우가 천하를 선양받아 소유하고 다시 남에게 맡겨 다스리게 해서 자기들은 간여한 바가 없었기 때문이니, 순은 다시 우에게 선양하고 우는 다시 익(益)에게 선양했던 것이다. 조기는 『맹자』를 주석하면서 "덕이 성대하면서도 우뚝하게 천하를 소유한 지위이니, 비록 귀하고 성대하지만 더 많이 보탤 수는 없었다. 순의 우뚝한 덕이란 덕의 큼이 천자의 지위보다 크다는 말이다."라고 했는데, 조기가 "여(與)"를 더 많다는 뜻으로 여긴 것은 특히나 왜곡되었다.

- 「注」, "美舜"至"之稱".
- 正義曰: 魏篡漢得國, 託於舜·禹之受禪, 故平叔等解此文, 以"不與"爲"不與求"也. 『魏志』 「明帝紀」「注」引「獻帝傳」云: "仲尼盛稱堯·舜巍巍蕩蕩之功者, 以爲禪代乃大聖之懿事也." 又「文帝紀」「注」引『魏氏春秋』云: "帝升壇禮畢, 顧謂群臣曰: '舜·禹之事, 吾知之矣.'" 當時援舜·禹以文其奸逆, 大約皆以爲不求得之矣. "巍巍"爲"高大"者, 『方言』, "巍, 高也." 『說文』同.
- ○「주」의 "미순(美舜)"부터 "지칭(之稱)"까지.
- ○ 정의에서 말한다.

위(魏)나라가 한(漢)나라를 찬탈하고 나라를 얻은 것을 요와 우가 선양받은 것에 갖다 붙이기 때문에 평숙(平叔)[108] 등은 이 문장을 해석하면서 "불여(不與)"를 "구하는 데 간여하지 않음[不與求]"으로 본 것이다. 『위지(魏志)』「명제기(明帝紀)」의 「주」에 「헌제전(獻帝傳)」을 인용하면서 "중니(仲尼)가 요와 순의 우뚝하고 넓은 공을 성대하게 칭송한 까닭은 제왕의 지위를 선양하여 교체함[禪代]이 바로 위대한 성인의 아름다운 일이라고 여겼기 때문이다."라고 하고, 또 「문제기(文帝紀)」의 「주」에 『위씨춘추(魏氏春秋)』를 인용해서 "위 문제(文帝)가 제단에 올라가 예를 마친 다음 여러 신하를 돌아다보고 말했다. '순과 우의 일을 내가 알고 있다.'"라고 했는데, 당시에 순과 우가 선양한 사실을 끌어다가 그들의 간악한 역적질을 꾸며 댄 것으로 대체로 모두 얻기를 구하지 않은 것으로 만든 것이다. "외외(巍巍)"를 "높고 크다[高大]"라고 했는데, 『방언(方言)』에 "외(巍)는 높다[高]는 뜻이다."라고 했고, 『설문해자』에도 같다.[109]

8-19

子曰: "大哉. 堯之爲君也! 巍巍乎. 唯天爲大, 唯堯則之! 【注】孔曰: "'則', 法也, 美堯能法天而行化." 蕩蕩乎. 民無能名焉! 【注】包曰: "'蕩蕩', 廣遠之稱, 言其布德廣遠, 民無能識其名焉." 巍巍乎. 其有成功也! 【注】功成化隆, 高大巍巍. 煥乎. 其有文章!" 【注】"煥", 明也, 其立文垂制又著明.

공자가 말했다. "위대하도다. 요의 임금 노릇 하심이여! 우뚝하도

108 평숙(平叔): 하안(何晏)의 자(字)이다.
109 『설문해자』 권9: 외(巍)는 높다[高]는 뜻이다. 외(嵬)로 구성되었고 위(委)가 발음을 나타낸다. 우(牛)와 위(威)의 반절음이다.[巍, 高也. 從嵬委聲. 牛威切.]

다. 오직 하늘만이 위대한데, 오직 요만이 하늘을 본받으셨다!
【주】 공안국이 말했다. "'칙(則)'은 본받는다[法]는 뜻이니, 요가 능히 하늘을 본받아 교화를 편 것을 찬미한 것이다." 넓고도 넓도다. 백성들이 무어라 형용하지 못하는구나! 【주】 포함이 말했다. "'탕탕(蕩蕩)'은 넓고 원대함[廣遠]을 일컬으니, 덕을 펼침이 넓고 원대해서 백성들이 그 이름을 알 수 없다는 말이다." 우뚝하도다. 그 공을 이룸이 있음이여! 【주】 공적(功績)이 이루어지고 교화가 융성함이 높고 크며 우뚝하다는 말이다. 찬란하도다. 그 문장이 있음이여!"【주】 "환(煥)"은 밝다[明]는 뜻이니, 요가 문(文: 법)을 세우고 제도(制度)를 남긴 것이 더욱 밝게 드러났다는 말이다.

원문 正義曰: 人受天地之中以生, 賦氣成形, 故言人之性必本乎天. 本乎天卽當法天, 故自天子至於庶人, 凡同在覆載之內者, 崇效天, 卑法地, 未有能違天而能成德布治者也. 人皆承天而君爲天之元子, 故名曰天子.『白虎通』「爵篇」, "王者, 父天母地, 爲天之子也."是也.

역문 정의에서 말한다.

사람이 천지의 중(中)을 받아 태어남에 기(氣)를 부여받아 형체를 이루었기 때문에 사람의 성(性)은 반드시 하늘에 근본한다고 하는 것이다. 하늘에 근본한 것은 곧 당연히 하늘을 본받으므로 천자로부터 서인에 이르기까지 똑같이 천지 안에 있는 모든 것은 높게는 하늘을 본받고 낮게는 땅을 본받으니, 하늘에서 벗어나 덕을 이루고 다스림을 펼 수 있는 것은 없다. 사람들은 모두 하늘을 받들어 임금을 하늘의 원자(元子)로 삼기 때문에 명명하여 천자(天子)라 부른다. 『백호통의』「작」에 "제왕은 하늘을 아버지로 하고 땅을 어머니로 하니, 하늘의 아들이라 한다."라고 한 것이 바로 이 뜻이다.

『易』「繫辭傳」言, "包羲氏王天下, 仰則觀象於天, 俯則觀法於地." 又言, "黃帝·堯·舜垂衣裳而天下治, 蓋取諸「乾」·「坤」." 然則古聖所以成德布治, 皆不外則天而行之. 顧自堯·舜以前, 書缺有間. 又舜是堯擧, 德無以易, 故夫子此言止稱堯也. 當堯之時, 洪水泛濫, 災患未息, 故擧舜敷治之. 舜又使益·使禹諸人, 乃成盛治, 故『孟子』引此章, 爲得人之證. 蓋任賢致治, 亦則天之事.

역문 『주역』「계사하」에, "포희씨(包羲氏)가 천하의 왕 노릇 할 때, 우러러 하늘에서 상(象)을 관찰하고 굽어 땅에서 법(法)을 관찰했다."라고 하고, 또 "황제(黃帝)와 요·순이 의상(衣裳)을 늘어뜨리고 편히 앉아 있었는데도 천하가 잘 다스려졌으니, 이는 「건괘(乾卦)」와 「곤괘(坤卦)」에서 상과 법을 취했기 때문이다."라고 했다. 그렇다면 옛 성인이 덕을 이루고 다스림을 편 것은 모두 하늘을 본받아 행한 것에서 벗어나지 않는다. 요·순으로부터 그 이전을 살펴보면 기록이 누락되어 차이가 있다. 또 순은 요가 등용했고, 덕은 바뀐 것이 없었기 때문에 공자가 여기에서 한 말이 다만 요만을 칭송함에 그친 것이다. 요임금 때를 당하여 홍수가 범람하고 재앙과 환란이 그치지 않았기 때문에 순을 등용해서 다스림을 펼치도록 한 것이다. 순 또한 사람들에게 익을 시키고 우를 부려 이에 성대한 다스림을 이루었기 때문에 『맹자』에서 이 장을 인용해서 인재를 얻은 증거로 삼은 것이다. 대체로 현자를 임용해서 치세(治世)를 이룩하는 것도 하늘을 본받는 일이다.

원문 『春秋繁露』「立元神」云: "天積衆精以自剛, 聖人積衆賢以自强. 天所以剛者, 非一精之力, 聖人所以强者, 非一賢之德也." 是其義也. 堯則天, 其德難名, 所可名者, 惟成功·文章, 故皆言"有"以著之.

역문 『춘추번로』「입원신(立元神)」에 "하늘은 많은 정기를 응축시켜 스스로를 군세게 하고, 성인은 많은 현인을 모아서 스스로를 강하게 한다. 하늘이 군센 까닭은 하나의 정기의 힘 때문만은 아니며, 성인이 강한 까닭은 한 사람의 현인의 덕 때문만은 아니다."라고 했는데, 이것이 그 뜻이다. 요임금은 하늘을 본받아서 그 덕을 형용하기 어렵고, 형용할 수 있는 것은 오직 이룩한 공적과 문장뿐이기 때문에 모두 "있음이여"라고 말함으로써 드러낸 것이다.

● 「注」, "'則', 法也, 美堯能法天而行化."

● 正義曰: "'則法', 『爾雅』「釋詁」文. 『說文』, "'則', 等畫物也." 等者, 齊等; 畫者, 界也. 皆所以爲法也. 『書』「堯典」云: "乃命羲·和, 欽若昊天, 曆象日月星辰, 敬授人時." 欽, 敬也; 若, 順也; 曆, 數也; 象, 法也, 言順天以法之也. 下文"分命"·"申命", 皆言敬授之事, 故能"定時成歲, 允釐百工, 庶績咸熙". 其後年耆禪舜曰: "天之曆數在爾躬." "在"者, 察也, 言當察身以事天也, 皆堯法天之驗也.

○ 「주」의 "'칙(則)'은 본받는다[法]는 뜻이니, 요가 능히 하늘을 본받아 교화를 편 것을 찬미한 것이다."

○ 정의에서 말한다.
　"칙(則)은 본받는다[法]는 뜻이다"라는 것은 『이아』「석고」의 글이다. 『설문해자』에 "칙(則)은 동등하게 사물의 경계를 긋는다[等畫物]는 뜻이다."[110]라고 했는데, 등(等)이란, 동등함[齊等]이고, 획(畫)은 경계[界]이니, 모두 본보기[法]가 되는 것이다. 『서경』「요전(堯典)」에 "이에 희씨(羲氏)와 화씨(和氏)에게 명하여 호천(昊天)을 공경히 따라서 해와 달과 성신(星辰)

---

110 『설문해자』 권4: 칙(𠟭)은 동등하게 사물의 경계를 긋는다[等畫物]는 뜻이다. 도(刀)로 구성되었고 패(貝)로 구성되었다. 패(貝)는 옛날의 물품과 재화이다. 칙(剔)은 칙(則)의 고문(古文)이다. 칙(𠟝) 역시 칙(則)의 고문이다. 칙(𤔲)은 칙(則)의 주문(籒文)인데 정(鼎)으로 구성되었다. 자(子)와 덕(德)의 반절음이다.[𠟭, 等畫物也. 從刀從貝. 貝, 古之物貨也. 剔, 古文則. 𠟝, 亦古文則. 𤔲 籒文則從鼎. 子德切.]

을 역상(曆象)[111]하여 백성의 농사철[人時]을 공경히 알려 주게 하였다.[乃命羲·和, 欽若昊天, 歷象日月星辰, 敬授人[112]時.]라고 했는데, 흠(欽)은 공경[敬]이고, 약(若)은 따름[順]이며, 역(曆)은 수(數)이고, 상(象)은 법(法)이니, 하늘을 따라서 본받는다는 말이다. 아래 문장의 "나누어 명함[分命]"[113]과 "거듭 명함[申命]"[114]도 모두 공경히 알려 주는 일을 말한 것이므로 "사시(四時)를 정하여 해를 이루어 진실로 백공(百工: 백관)을 다스려서 모든 공적이 다 넓혀질"[115] 수 있었던 것이다. 그 뒤에 늙게 되자 순에게 선양하며 "하늘의 역수(曆數)가 네 몸에 달려 있대[在爾躬]."라고 했는데, "달려 있대[在]"라는 것은 살피래[察]는 뜻으로, 마땅히 몸을 살펴 하늘을 섬겨야 한다는 말이니, 모두 요임금이 하늘을 본받았다는 증거이다.

- 「注」, "蕩蕩"至"名焉".
- 正義曰: "巍巍"言高, "蕩蕩"言廣遠, 明其德上下四方無所不被也. "民無能識其名"者, 名者, 德之名, 民無能識其德, 故無能識其名也. 皇「疏」云: "夫名所名者, 生於善有所章, 而惠有所存, 善惡相須, 而名分形焉. 若夫大愛無私, 惠將安在, 至美無偏, 名將何生? 故則天成化, 道同自然, 不私其子而君其臣, 凶者自罰, 善者自功. 功成而不立其譽, 罰加而不任其刑, 百姓日用而不知所以然, 夫又何可名也?"

○ 「주」의 "탕탕(蕩蕩)"부터 "명언(名焉)"까지.

○ 정의에서 말한다.

"외외(巍巍)"는 높대[高]는 말이고, "탕탕(蕩蕩)"은 넓고 원대하대[廣遠]는 말이니, 그 덕이 상하사방(上下四方)으로 입혀지지 않는 곳이 없음을 밝힌 것이다.

"백성들이 그 이름을 알 수 없다.[民無能識其名.]"

---

111 역상(曆象): 책력으로 기록하고 관상(觀象)하는 기구로 관찰함.
112 『논어정의』에는 "民"으로 되어 있으나, 『서경』을 근거로 "人"으로 고쳤다.
113 『서경』「우서·요전(堯典)」: 희중(羲仲)에게 나누어 명하여 우이(嵎夷)에 머물게 하였다.[分命羲仲, 宅嵎夷.]
114 『서경』「우서·요전」: 거듭 희숙(羲叔)에게 명하여 남교(南交)에 머물게 하였다.[申命羲叔, 宅南交.]
115 『서경』「우서·요전」.

이름[名]이란 덕의 이름이니, 백성들은 그 덕을 알 수 없기 때문에 그 이름을 알 수 없다. 황간의 「소」에 "무어라 불리는 이름은 선이 드러남이 있고, 은혜가 보존됨이 있으며, 선악(善惡)이 상대적으로 대립하면서 명칭이 구분되어 드러나는 데서 생겨난다. 예를 들어 사사로움이 없는 위대한 사랑으로 말할 것 같으면 은혜는 장차 어디에 있겠으며, 지극한 아름다움으로 말할 것 같으면 이름이 장차 어떻게 생겨나겠는가? 그러므로 하늘을 본받아 교화를 이루면 도(道)가 자연(自然)과 하나가 되니, 그 자식을 사사로이 사랑하지 않고 그 신하를 임금처럼 섬기고, 흉한 자는 스스로 벌하고 선한 자는 스스로 공을 세우되 공이 이루어져도 그 명예를 추켜세우지 않고 벌을 가하더라도 그 형벌을 제멋대로 하지 않아서, 백성들이 날마다 사용하면서도 그 까닭을 알지 못하니, 또한 어찌 무어라 이름을 붙일 수 있겠는가?"라고 했다.

- 「注」, "功成化隆, 高大巍巍."
- 正義曰:『孟子』「公孫丑」「疏」引此「注」作「孔」「注」云". 『說文』, "功, 以勞定國也." 此功爲治業, 功成而民化乃隆也.
- 「주」의 "공적이 이루어지고 교화가 융성함이 높고 크며 우뚝하다."
- 정의에서 말한다.

  『맹자』「공손추하(公孫丑下)」[116]의 「소」에는 이 「주」를 인용하면서 "공안국의 주에 이르길[孔注云]"[117]이라고 되어 있다. 『설문해자』에 "공(功)은 힘써 나라를 안정시킨다는 뜻이다."[118]라고 했는데, 여기서의 공은 정치 업적이 되니, 공이 이루어지매 백성들의 교화가 융성해졌다는 말이다.

---

116 『논어정의』에는 "滕文公"으로 되어 있으나, 『맹자주소(孟子注疏)』를 살펴보면 『맹자주소』권3하, 「공손추장구하(公孫丑章句下)」의 「소」에 보인다. 『맹자주소』를 근거로 원문을 "公孫丑"로 바꾸고, "「공손추하」로 해석했다.

117 『논어정의』에는 "孔曰"로 되어 있으나, 『맹자주소』권3하, 「공손추장구하」에 "孔注云"으로 되어 있다. 『맹자주소』를 근거로 원문을 "孔注云"으로 고치고, 고친 것에 따라 해석했다.

118 『설문해자』권13: 공(功)은 힘써 나라를 안정시킨다는 뜻이다. 역(力)으로 구성되었고 공(工)으로 구성되었는데, 공(工)은 또 발음을 나타내기도 한다. 고(古)와 홍(紅)의 반절음이다.[功, 以勞定國也. 從力從工, 工亦聲. 古紅切.]

- 「注」, "'煥', 明也, 其立文垂制又著明."

- 正義曰: "煥"與"奐"同. 『詩』「卷阿」, "伴奐爾遊矣." 毛「傳」, "伴奐, 廣大有文章也." 廣大釋 "伴", 文章釋"奐", 故煥得爲明. "其立文垂制又著明"者, 上世人質, 歷聖治之, 漸知禮義, 至 堯·舜而後, 文治以盛. 又載籍尙存, 故『尙書』獨載堯以來, 自授時外, 若親睦·平章, 作「大 章」之樂. 又『大戴禮』「五帝德」言堯事云: "黃黼黻衣, 丹車白馬, 伯夷主禮, 龍·夔敎舞." 皆 是立文垂制之略, 可考見也.

○ 「주」의 "환(煥)'은 밝다[明]는 뜻이니, 요가 문(법)을 세우고 제도를 남긴 것이 더욱 밝게 드러 났다는 말이다."

○ 정의에서 말한다.

"환(煥)"은 "환(奐)"과 같다. 『시경』「권아(卷阿)」에 "넓고 크며 문채가 있구나. 그대의 노님 이여.[伴奐爾遊矣.]"[119]라고 했는데, 모형의 「전」에 "반환(伴奐)은 넓고 크며 문채[文章]가 있다는 뜻이다."라고 했다. "반(伴)"을 광대(廣大)함으로 해석하고, "환(奐)"을 문채남[文章] 으로 해석하기 때문에 환(煥)이 밝다[明]는 뜻이 될 수 있다.

"요가 문(법)을 세우고 제도를 남긴 것이 더욱 밝게 드러났다[其立文垂制又著明]"

상고시대 사람들의 자질이 낱낱이 성인의 다스림을 거쳐 점차 예의를 알아 요임금과 순임금 때에 이른 뒤로는 문치(文治)로써 융성하게 되었다. 또 전적에 기록된 것들[載籍]이 아직은 남아 있었기 때문에 『상서(尙書)』에 유독 요를 기재한 이래, 백성들에게 책력을 만들어 주어 농사철을 알게 하는 것[授時] 이외에, 친목(親睦)이나 평장(平章)[120] 같은 「대장(大章)」[121]의 음악이 만들어졌다. 또 『대대례』「오제덕(五帝德)」에 요임금의 일을 말하면서 "황색 보불(黼

---

119 『시경집전(詩經集傳)』 주희(朱熹)의 「주」에는 "伴奐"을 "한가하다는 뜻이다.[閑暇之意.]"라 고 해서 "伴奐爾游矣"를 "한가히 그대가 노닌다"라고 해석했다.

120 친목(親睦)이나 평장(平章): 구족(九族)의 화목과 고르고 밝게 다스림을 의미한다. 『서경』 「우서·요전」에 "능히 큰 덕을 밝혀 구족을 친하게 하시니, 구족이 이미 화목해지고, 백성을 고르고 밝게 다스리니 백성이 덕을 밝히며, 만방(萬邦)을 합하여 고르게 하시니, 여민(黎民) 들이 아! 변하여 이에 화(和)하였다.[克明俊德, 以親九族, 九族, 旣睦, 平章百姓, 百姓, 昭明, 協和萬邦, 黎民, 於變時雍.]"라고 했다.

121 「대장(大章)」: 악곡 이름으로 요임금의 음악이다. 『예기』「악기(樂記)」에 "대장은 문명(文 明)을 널리 확산시켰다.[「大章」, 章之也.]"라고 하였다.

轂)을 입고, 붉은 수레에 흰 말을 탔으며, 백이가 예를 주관하였고, 용(龍)과 기(夔)가 춤을 가르쳤다."라고 했는데, 모두 문(법)을 세우고 제도를 남긴 대략을 참고해 볼 수 있다.

8-20

舜有臣五人而天下治. 【注】孔曰: "禹・稷・契・皐陶・伯益." 武王曰: "予有亂臣十人."【注】馬曰: "亂, 治也, 治官者十人, 謂周公旦・召公奭・太公望・畢公・榮公・太顚・閎夭・散宜生・南宮适, 其一人謂文母."

순은 신하 다섯 사람이 있었는데, 천하가 다스려졌다. 【주】 공안국이 말했다. "우・직(稷)・설(契)・고요・백익(伯益)이다." 무왕이 말했다. "우리 주나라에는 다스리는 신하 열 사람이 있다." 【주】 마융이 말했다. "난(亂)은 다스림[治]이니, 정사를 다스리는 자 열 사람은 주공 단・소공 석(召公奭)・태공망(太公望)・필공(畢公)・영공(榮公)・태전(太顚)・굉요(閎夭)・산의생(散宜生)・남궁괄(南宮适) 등 아홉 사람을 이르고, 나머지 한 사람은 문모[文母: 문왕의 비(妃)]를 이른다."

원문 正義曰: 李氏光地『榕村語錄』, "'舜有臣'二句, 亦是夫子語, 如「微子篇」'逸民'節亦然." 案, 武王語, 乃伐殷誓衆之辭. "予"者, 予周也. 『左』「昭」二十四年「傳」, "萇弘引「泰誓」曰: '紂有億兆夷人, 亦有離德. 余有亂十人, 同心同德.'"「成」二年「傳」, "「泰誓」所謂'商兆民離, 周十人同'者, 衆也." 又「襄」二十八年「傳」, "叔孫穆子曰: '武王有亂十人.'" 亦本「泰誓」. 故東晉「太誓」采此文入之. 諸文與『論語』古本無'臣'字. 故「論語釋文」云: "'予

有亂十人', 本或作'亂臣十人', 非." 皇本雖有"臣"字, 然「疏」云: "亂, 理也. 我有共理天下者, 有十人也." 則本無"臣"字. 『唐石經』於『尙書』·『論語』及『左傳』凡四見, 皆無"臣"字. 後人於『尙書』·『論語』及『左』「昭」二十四年, 皆旁添"人"字, 其「襄」二十八年仍無"臣"字, 可證也. 據石經, 是東晉古文亦無"臣"字. 惠氏棟『九經古義』謂『論語』"臣"字, 乃後人據晉「泰誓」以益之, 誤.

역문 정의에서 말한다.

이광지(李光地)의 『용촌어록(榕村語錄)』에 "'순유신(舜有臣)' 두 구절은 역시 공자의 말이니, 「미자」의 '일민(逸民)'절도 역시 마찬가지다."라고 했다. 살펴보니, 무왕의 말은 바로 은나라를 정벌하고 민중들에게 맹세한 말이다. "여(予)"는 우리 주나라[予周]라는 뜻이다. 『춘추좌씨전』「소공(昭公)」 24년「전」에 "장홍(萇弘)[122]이 「태서(泰誓)[123]」를 인용해서 '주(紂)에게는 억조(億兆)의 인민[夷人]이 있으나 덕이 같지 않고, 우리 주나라에는 다스리는 신하 열 사람이 있으나 마음이 같고 덕이 같다.'[124]라고 했다."라

---

[122] 장홍(萇弘, ?~기원전 492): 춘추시대 주나라 경왕(景王)과 경왕(敬王) 때 사람. 대부(大夫)를 지냈다. 장굉(萇宏)으로도 불리며, 자가 숙(叔)이라 장숙(萇叔)으로도 불린다. 공자가 일찍이 그에게 악(樂)을 배웠다. 경왕 28년 진(晉)나라의 대부 범길역(范吉射)과 중행인(中行寅)이 난을 일으켰는데, 함께 일을 도모했다. 신나라 사람이 이 일로 주나라 왕실을 문책하자 촉(蜀) 땅에서 주나라 사람들에게 살해되었다. 또는 주 영왕(周靈王) 때 사람으로, 천문에 밝았고 귀신에 관한 일을 잘 알았다고 한다. 일설에 따르면 그가 죽은 뒤 피가 흘러 돌 또는 벽옥(碧玉)으로 변했는데, 시신은 보이지 않았다고 한다.

[123] 『논어정의』에는 "太誓"로 되어 있으나, 『서경』「주서·태서(泰誓)」를 근거로 고쳤다. 아래도 같다.

[124] 『서경』「주서·태서중(泰誓中)」에 "수(受)는 억조의 평범한 사람을 가지고 있으나 마음이 같지 않고 덕이 이반되지만, 우리 주나라에는 다스리는 신하 10인이 있는데 마음이 같고 덕이 같으니, 수가 비록 지극히 친한 친척들이 있으나 우리 주나라의 인인(仁人)만 못하다.[受有億兆夷人, 離心離德, 予有亂臣十人, 同心同德, 雖有周親, 不如仁人.]"라고 했다.

고 하였고, 「성공(成公)」 2년의 「전」에 "「태서」의 이른바 '상(商)나라는 모든 민중이 각각 다른 마음이었지만, 주나라는 열 사람이 한마음이었다.'라는 말은 주나라가 민중으로 인해 일어난 것을 말한 것이다."라고 했다. 또 「양공(襄公)」 28년의 「전」에 "숙손목자(叔孫穆子)[125]가 말했다. '무왕에게는 다스리는 신하 열 사람이 있다.'"라고 했는데, 역시 「태서」에 근거한 것이다. 그러므로 동진(東晉) 때의 「태서」에 이 글을 채록해서 넣었던 것이다. 그런데 「태서」를 인용한 여러 글과 『논어』 고본에는 '신(臣)' 자가 없다. 그러므로 『경전석문』 「논어석문(論語釋文)」에 "'여유난십인(予有亂十人)'은, 판본에 따라 더러 '난신십인(亂臣十人)'으로 되어 있는데, 잘못이다."라고 했다. 황간본에는 비록 "신(臣)" 자가 있지만, 그러나 「소」에 "난(亂)은 다스린다[理]는 뜻이니, 나에게는 함께 천하를 다스리는 자가 열 사람이 있다는 말이다."[126]라고 했으니, 그렇다면 원본에는 "신(臣)" 자가 없다는 것이다. 『당석경(唐石經)』에는 『상서』·『논어』

---

125 숙손목자(叔孫穆子, ?~기원전 538): 춘추시대 노나라 사람으로 숙손표(叔孫豹)이다. 목숙(穆叔)이라고도 한다. 숙손교(叔孫僑)의 동생으로, 대부를 지냈다. 숙손교가 노 성공(魯成公)의 어머니 목강(穆姜)과 사통하자, 이것이 장차 화를 불러올 줄 알고 제나라로 달아났다. 노 성공 말년 숙손교 역시 제나라로 도망쳐 왔다. 그는 부름에 응해 노나라로 돌아가 양공(襄公)을 섬기면서 국정에 참여했다. 양공 11년 계무자(季武子)가 삼군(三軍)을 만들어 공실(公室)을 셋으로 나눠 각각 하나씩 소유하게 했다. 삼가(三家)가 자신들의 사병(私兵)을 없애자 숙손씨가 사병을 거두어 가신(家臣, 노예)으로 만들었다. 24년 진(晉)나라에 사신으로 갔는데, 범선자(范宣子)가 그에게 "죽어서도 썩지 않는 것[死而不朽]"이 무엇이냐고 묻자 "가장 높은 것은 입덕(立德)이고, 다음은 입공(立功)이며, 마지막은 입언(立言)"이라고 대답했다. 제나라로 달아났을 때 외처(外妻)가 아들 수우(豎牛)를 낳았는데, 국씨(國氏)에게 시집을 가 아들 맹병(孟丙)과 중임(仲壬)을 낳았다. 나중에 수우를 총애하니 맹병과 중임은 수우에게 살해당했다. 자신 또한 수우에게 갇혀 사흘 뒤에 굶어 죽었다.

126 『논어집해의소』 권4, 「논어태백제8」 황간의 「소」. 『논어정의』에는 "有十人"이 "共十人"으로 되어 있다. 『논어집해의소』를 근거로 수정했다.

및 『춘추좌씨전』에 나온 내용이 무릇 네 번 보이는데 모두 "신(臣)" 자가 없다. 후대의 사람들은 『상서』와 『논어』 및 『춘추좌씨전』 「소공」 24년에 대해 모두 "인(人)" 자를 더 끼워 넣었으나, 「양공」 28년에는 여전히 "신(臣)" 자가 없으니, 증거로 삼을 만하다. 석경(石經)에 의거해 보면 동진의 고문(古文) 역시 "신(臣)" 자가 없다. 혜동의 『구경고의』에는 『논어』의 "신(臣)" 자는 결국 후대의 사람들이 진의 「태서」를 근거로 보탠 글자이므로 잘못이라고 했다.

- 「注」, "禹·稷·契·皐陶·伯益."
- 正義曰: 稷卽后稷, 名棄, 當時以官稱之曰稷也. 「舜典」言舜命禹宅百揆, 棄爲稷, 契爲司徒, 皐陶作士, 益爲虞, 此五人才最盛也.
- 「주」의 "우·직·설·고요·백익이다."
- 정의에서 말한다.

  직(稷)은 바로 후직(后稷)으로, 이름은 기(棄)인데, 당시에는 관직으로 칭하였으므로 직(稷)이라고 한 것이다. 「순전(舜典)」에 순이 우를 임명해서 백규(百揆)에 앉히고, 기를 후직으로 삼았으며, 설을 사도로 삼고, 고요를 사(士)로 삼고, 익을 우(虞)로 삼았다고 했는데, 이 다섯 사람의 재능이 가장 왕성하였다.

- 「注」, "亂治"至"文母".
- 正義曰: 鄭「注」云: "亂, 治也, 武王言'我有治政事者十人', 十人謂文母·周公·召公·太公·畢公·榮公·太顚·閎夭·散宜生·南宮适也." 與馬「注」同, 當是『古論』家舊義. 云 "治官者", 『禮』「樂記」"樂之官也." 「注」, "官, 猶事也." 又"天地官矣"「注」同. 治事, 卽鄭「注」所言"治政事"也. 『書』「君奭」云: "惟文王尙克修和我有夏, 亦惟有若虢叔, 有若閎夭, 有若散宜生, 有若泰顚, 有若南宮适." 「晉語」重之以周·召·畢·榮諸人, 惟虢叔不在十亂之數. 陶潛『群輔錄』十亂有毛公, 無榮公, 不知其說何本.

o 「주」의 "난치(亂治)"부터 "문모(文母)"까지.

o 정의에서 말한다.

정현의 「주」에 "난(亂)은 다스린다[治]는 뜻이니, 무왕이 '나에게는 정사를 다스리는 자가 열 사람이 있다'라고 말한 것으로, 열 사람은 문모 · 주공 · 소공(召公) · 태공(太公) · 필공 · 영 공 · 태전 · 굉요 · 산의생 · 남궁괄을 이른다."라고 했는데, 마융의 「주」와 같으니, 당연히 『고논어』학파의 구의(舊義)이다.

"정사를 다스리는 자[治官者]"

『예기』「악기」에 "음악의 일이다[樂之官也]."[127]라고 했는데, 「주」에 "관(官)은 일[事]과 같 다."라고 했다. 또 "천지의 일이다[天地官矣]."[128]라고 한 곳의 「주」에도 같다. 일을 다스림은 바로 정현의 「주」에서 말한 "정사를 다스림[治政事]"이다. 『서경』「군석(君奭)」에 "문왕이 우 리가 소유한 중국(中國)을 거의 닦고 화하게 할 수 있었던 것은 또한 괵숙(虢叔)과 굉요와 산 의생과 태전과 남궁괄 같은 사람이 있었기 때문이다."라고 했고, 「진어(晉語)」에서는 게다 가 주공 · 소공 · 필공 · 영공 등의 사람을 보태었는데, 오직 괵숙만이 10란(十亂)의 숫자에 들지 못했다. 도잠(陶潛)[129]의 『군보록(群輔錄)』의 10란 중에는 모공(毛公)이 있고, 영공이

---

127 『예기』「악기」: 아송(雅頌)의 가사가 논할 만하고 율려(律呂)의 음이 질서가 있어서 환해(患 害)가 없는 것은 음악의 실정이고, 기뻐하고 즐거워하고 사랑함은 음악의 일이다. 중정(中 正)하고 간사함이 없는[無邪] 것은 예의 본질이고 장경(莊敬)하고 공순(恭順)함은 예의 제재 이다. 예악을 금석(金石)에 베풀고 성음(聲音)에 전파하여 종묘와 사직에 사용하고 산천의 귀신을 섬기는 것으로 말하면 이것은 백성들과 함께하는 것이다.[論倫無患, 樂之情也; 欣喜 歡愛, 樂之官也. 中正無邪, 禮之質也; 莊敬恭順, 禮之制也. 若夫禮樂之施於金石, 越於聲音, 用於宗廟社稷, 事乎山川鬼神, 則此所與民同也.]

128 『예기』「악기」: 성인이 음악을 만들어 하늘에 응하고, 예를 제정해서 땅에 짝지으니, 예악을 분명하게 갖추는 것은 천지의 일이다.[聖人作樂以應天, 制禮以配地, 禮樂明備, 天地官矣.]

129 도잠(陶潛, 365~427): 동진(東晉) 여강(廬江) 심양(尋陽) 사람. 자는 연명(淵明) 또는 원량 (元亮)이고, 문 앞에 버드나무 다섯 그루를 심은 뒤 오류선생(五柳先生)이라 자호했다. 일설 에는 이름이 연명(淵明)이고, 자가 원량이라고도 한다. 도간(陶侃)의 증손이다. 팽택현령(彭 澤縣令) 때 오두미(五斗米) 때문에 허리를 굽히는 일을 견뎌 내지 못하면서 항상 전원생활 에 대한 사모의 정을 달래지 못하다가 안제(安帝) 의희(義熙) 2년(406) 41살 때 누이의 죽음 을 구실 삼아 팽택현령을 사임한 뒤 다시는 관계(官界)에 나가지 않았다. 이때 쓴 글이 「귀

없는데, 그 설은 무엇을 근거로 한 것인지 모르겠다.

원문 "其一人謂文母"者, 據下文言"婦人"知之也. "文母"卽大姒, 文王妃也. 周之王業, 始於內治, 故「二南」之詩, 多言后妃德化. 『毛詩』「卷耳」「序」云: "后妃輔佐君子, 求賢審官, 知臣下之勤勞, 內有進賢之志, 而無險詖私謁之心, 朝夕思念, 至於憂勤也." 「兔罝」「序」云"「關雎」之化行, 則莫不好德, 賢人衆多也." 皆言文母佐周之治效也. 後人疑文母不當在十亂, 而以武王妃邑姜當之. 『北史』「齊后妃傳」論, "神武肇興齊業, 武明追蹤周亂." 武明卽神武妻婁氏, 似以十亂有邑姜. 隋・唐人已爲此說, 亦不知何所受也.

역문 "나머지 한 사람은 문모를 이른다[其一人謂文母]"

아래 문장에서 "부인(婦人)"이라고 말한 것에 의거하면 알 수 있다. 문모는 바로 태사(大姒)로, 문왕의 비이다. 주나라의 왕업은 내치(內治)에서 시작되었기 때문에 「이남(二南)」의 시에 후비(后妃)의 덕화를 말한 것이 많다. 『모시』「권이(卷耳)」의 「서」에 "후비가 군자(君子: 남편)를 보좌하여 현자를 찾고 관직을 살펴 신하들의 수고로움을 알아, 안으로는 현자를 등용하려는 뜻이 있고, 험하고 편벽되며 사사로이 청탁하려는 마음이

거래사(歸去來辭)」다. 의희 말에 저작좌랑(著作佐郎)으로 불렸지만 나가지 않았다. 스스로 증조가 진(晉)나라 때의 재보(宰輔)였으면서 후대에 몸을 굽힌 것을 부끄럽게 여겨 남조 송나라에 들어서서 다시는 벼슬에 나가지 않았다. 지은 문장에는 모두 연월(年月)을 달았는데, 의희 이전에는 진나라 연호를 썼다가 남조 송나라 이후에는 갑자(甲子)만 달았다. 직접 농사를 지어 자급했고, 술을 좋아했으며, 시문을 잘 지었다. 시풍(詩風)은 후대의 많은 시인에게 영향을 끼쳐 문학사상 큰 업적을 남겼다. 시 외에『오류선생전(五柳先生傳)』과『도화원기(桃花源記)』등 산문에도 뛰어났고, 지괴소설집(志怪小說集)『수신후기(搜神後記)』의 작자로도 알려져 있다. 사시(私諡)는 정절(靖節)이다. 저서에『도연명집(陶淵明集)』이 있다.

없어, 아침저녁으로 생각하고 염려해서 근심하고 수고로움에 이르렀다."라고 했고,「토저(兎罝)」의 「서」에 "「관저(關雎)」의 교화(敎化)가 행해지면 덕을 좋아하지 않는 이가 없어 현인이 많은 것이다."라고 했는데, 모두 문모가 주나라의 정치를 보좌한 효과를 말한 것이다. 후세의 사람들은 문모가 10란에 포함되는 것이 부당하다고 의심해서 무왕의 비인 읍강(邑姜)을 해당시킨다. 『북사(北史)』「제후비전(齊后妃傳)」의 「논」에 "신무(神武)가 제(齊)나라의 왕업을 처음으로 일으킴에 무명(武明)이 주나라의 10란을 추종(追蹤)하였다."라고 했는데, 무명은 바로 신무의 아내인 누씨(婁氏)로, 10란 가운데 읍강이 있다고 여기는 것과 같다. 수(隋)나라와 당(唐)나라시대의 사람들은 이미 이러한 이야기를 했는데, 역시 어디에서 받아들인 설인지 모르겠다.

孔子曰: "才難, 不其然乎? 唐·虞之際, 於斯爲盛, 有婦人焉, 九人而已. 【注】孔曰: "唐者, 堯號; 虞者, 舜號. '際'者, 堯·舜交會之間. '斯', 此也. 言堯·舜交會之間, 比於周, 周最盛, 多賢才, 然尚有一婦人, 其餘九人而已, 人才難得, 豈不然乎?"

공자가 말했다. "재능을 갖춘 인재를 얻기 어렵다고들 하는데, 그렇지 아니한가? 당(唐)과 우(虞) 이래로 주나라에 이르러 성하였으나, 그중에 부인이 한 사람 있었기 때문에, (남자는) 아홉 사람일 뿐이다. 【주】 공안국이 말했다. "당(唐)은 요의 국호(國號)이고, 우(虞)는 순의 국호이다. '제(際)'는 요와 순이 교체하던 사이이다. '사(斯)'는 여기(此: 주나라)이다. 요와 순이 교체하던 사이로부터 주나라에 이르기까지 주나라가 가장 융성해서 현명한 인재가 많았으나, 그래도 오히려 부인 한 사람이 있었고, 그 나머지는 아홉 사

람일 뿐이니, 인재를 얻기 어렵다는 것이 어찌 옳지 않겠느냐는 말이다."

원문 正義曰: "才難"者, 古語. 『廣雅』「釋詁」, "才, 道也." 古之所謂才, 皆言人有德能治事者也. 『易傳』以人與天·地爲三才, 『左傳』以八元·八愷爲才子, 卽禹·皐陶·伯益諸人. 又以渾敦·窮奇·檮杌·饕餮爲不才子. 人之賢否, 以才不才別之. 又周公自稱"多才", 夫子亦言"周公之才之美", 然則才是聖賢之極能. 故『孟子』言"爲不善, 非才之罪", 明才無不善也. 才是極難, 當堯·舜時, 比戶可封, 不乏有德之士, 而此稱才者五人. 及周之盛, 亦但九人, 是其爲才難可驗也. 後之論者, 離德而言才, 固非. 卽以有德爲有才, 亦非也.

역문 정의에서 말한다.

"재능을 갖춘 인재를 얻기가 어렵다[才難]"라는 것은 옛날부터 있었던 말이다. 『광아』「석고」에 "재(才)는 도(道)이다."라고 했다. 옛날의 이른 바 재능을 갖춘 인재[才]란 모두 덕이 있으면서 다스리는 일에 능한 사람을 말한다. 『역전(易傳)』에서는 사람과 하늘과 땅을 삼재(三才)라고 하고, 『춘추좌씨전』에서는 팔원(八元)과 팔개(八愷)[130]를 재능이 있는 아들[才子]이라고 했으니, 바로 우·고요·백익 등과 같은 사람이다. 또 혼돈(渾敦)·궁기(窮奇)·도올(檮杌)·도철(饕餮)을 부재자(不才子)[131]라고 했다.

---

130 팔원팔개(八元八愷): 팔원(八元)은 여덟 사람의 선(善)한 자인데, 고신씨(高辛氏)의 재능이 있는 아들[才子]로서 백분(伯奮)·중감(仲堪)·숙헌(叔獻)·계중(季仲)·백호(伯虎)·중웅(仲熊)·숙표(叔豹)·계리(季貍)이며, 팔개(八愷)는 여덟 사람의 화락(和樂)한 자인데, 고양씨(高陽氏)의 재능이 있는 아들로서 창서(蒼舒)·퇴고(隤鼓)·도연(檮戭)·대림(大臨)·방강(尨降)·정견(庭堅)·중용(仲容)·숙달(叔達)이다. 『춘추좌씨전』「문공(文公)」18년에 보인다.

사람의 현명함과 현명하지 못함은 재능을 갖추었는지 재능을 갖추지 못하였는지를 가지고 구별한다. 주공은 스스로를 일컬어 "재능이 많다"[132]라고 했고, 공자 역시 "주공의 훌륭한 재능"이라고 했으니, 그렇다면 재능은 성현의 극치의 능력이다. 그러므로 『맹자』에 "불선을 행하는 것은 재능의 잘못[罪]이 아니다."[133]라고 해서 재능에 불선함이 없음을 분명히 했다. 재능을 갖춘 인재를 얻는다는 것은 지극히 어려우니, 요임금과 순임금 때에는 집마다 다 봉해도 될 정도로,[134] 덕 있는 선비가 부족하지 않았는데도, 여기에서 일컬은 재능을 갖춘 자는 다섯 사람[135]이었던 것이다. 그리고, 주나라처럼 성대했던 시대에 미쳐서도 다만 아홉 사람뿐이었으니, 이에 재능을 갖춘 인재를 얻기 어려움을 증명할 수 있게 되는 것이다. 후대의 논자들은 덕을 떼놓고 재능을 말하는데 참으로 잘못이다. 그렇다고 덕이 있다고 해서 재능이 있다고 여기는 것도 역시 잘못이다.

원문 "唐・虞之際"者, 際猶下也, 後也. 『淮南子』「主術訓」, "湯旱, 以身禱於桑林之際." 『太平御覽』「皇王部」七・「禮儀部」八引作"桑林之下". 又『潛夫論』「遏利篇」, "信立於千載之上, 而名傳乎百世之際." 是際有下・後之義. 夫子此言唐・虞之下, 至周乃爲盛也. 王氏引之『經義述聞』訓"於"爲

---

131 『춘추좌씨전』「문공」 18년에 보인다.

132 『서경』「주서・금등(金縢)」: 나는 아버지에게 어질고 순하며 재능이 많아 귀신을 섬길 수 있으나 원손(元孫)은 나처럼 재능이 많지 못하여 귀신을 잘 섬기지 못할 것입니다.[予仁若考, 能多材多藝, 能事鬼神, 乃元孫, 不若旦, 多材多藝, 不能事鬼.]

133 『맹자』「고자상(告子上)」.

134 『전한서(前漢書)』권99, 「왕망전(王莽傳)」에 "요임금과 순임금 시대는 집마다 다 봉해도 되었다.[堯・舜之世, 比屋可封.]"라고 했다.

135 우・직・설・고요・백익.

"與", 引『孟子』"麒麟之於走獸"云云爲證, 謂"唐·虞之際於其爲盛"八字爲一句, 此說亦通.

역문 "당·우지제(唐·虞之際)"

제(際)는 하(下)와 같고 후(後)와 같다. 『회남자(淮南子)』「주술훈(主術訓)」에 "탕(湯)이 가뭄이 들자 몸소 상림 아래[桑林之際]에서 기도했다."[136]라고 했는데, 『태평어람(太平御覽)』「황왕부(皇王部)」7과 「예의부(禮儀部)」8에는 이를 인용하면서 "상림지하(桑林之下)"라고 했다. 또 『잠부론(潛夫論)』「알리(遏利)」에 "천년 전에 신의를 세우매 백세 뒤[百世之際]까지 명성이 전해진다."라고 했으니, 이 제(際)에는 아래[下]나 뒤[後]의 뜻이 있으니, 공자가 여기서 한 말은 당·우 이래로 주나라에 이르러 융성해졌다는 뜻이다. 왕인지(王引之)의 『경의술문(經義述聞)』에는 "어(於)"를 "여(與)"의 뜻으로 해석했는데, 『맹자』「공손추상」의 "기린이 달리는 짐승과[麒麟之於走獸]"[137]라고 운운한 것을 인용해서 증거로 삼고, "당우지제어기위성(唐虞之際於其爲盛)" 8자가 1구절이 된다고 했는데, 이 말도 통한다.

원문 "婦人"者, 『說文』, "婦, 服也. 從女持帚灑埽也." 婦人, 據馬·鄭義卽文母. 『螺江日記續編』載餘姚 邵在陬說, 衛氏古文"婦人"作"殷人", 韓退之指爲膠鬲. 翟氏灝『考異』辨之云: "『晉書』「衛恒傳」但言其祖敬侯寫邯鄲淳所傳之『古文尙書』, 淳不能別, 竝不言有『論語』古文, 而韓·李『筆解』, 亦絶無殷人·膠鬲之說. 近任氏啓運『四書約旨』謂『漢石經』作殷人, 以今

---

[136] 『논어정의』에는 「수무훈(脩務訓)」이라고 되어 있는데, 「수무훈」에는 "몸소 상산의 숲에서 기도했다.[以身禱於桑山之林]"라고 되어 있고, "身禱於桑林之際"는 「주술훈(主術訓)」에 보인다.

[137] 주희의 『논어집주(論語集注)』에 따르면 "달리는 짐승 중에 기린"이라고 해석한다.

所傳石經, 惟前四篇與後四篇略有其文,「泰伯篇」久已無存, 任氏何從見之?" 此均知其妄也.

역문 "부인(婦人)"

『설문해자』에 "부(婦)는 복종한다[服]는 뜻이다. 여자가 비를 들고 물 뿌리고 청소하는 모습으로 구성되었다."[138]라고 했다. 부인은 마음과 정현의 뜻에 의거하면 바로 문모이다. 『나강일기속편(蠡江日記續編)』[139]에는 절강성(浙江省) 여요현(餘姚縣)의 소재추(邵在陬)의 이야기를 기재했고, 위씨(衛氏)[140]의 고문(古文)에는 "부인(婦人)"이 "은인(殷人)"으로 되어 있으며, 한퇴지(韓退之)는 교격(膠鬲)[141]이라고 지목했다. 적호(翟灝)의 『사서고이(四書考異)』에서는 이것을 분별하면서 "『진서』「위항전(衛恒傳)」에는 단지 그의 선조인 경후(敬侯)가 한단순(邯鄲淳)[142]이 전한 『고문상서』를 베낀 것만 말했을 뿐이니, 한단순은 분별하지 못했고, 아울러 『논어』고

---

138 『설문해자』 권12: 부(婦)는 복종한다[服]는 뜻이다. 여자가 비를 들고 물 뿌리고 청소하는 모습으로 구성되었다. 방(房)과 구(九)의 반절음이다.[婦, 服也. 從女持帚灑掃也. 房九切.]

139 청나라 절강 소산(蕭山) 사람인 장문풍(張文藟)의 저서.

140 『논어정의』 전체에 걸쳐 참고로 인용된 "위씨(衛氏)"는 서진(西晉)의 하동(河東) 안읍(安邑) 사람인 위관(衛瓘, 220~291)이 유일하고, 그의 저서 가운데 『논어주(論語注)』 8권이 있으니, 아마도 위씨는 위관인 듯하다.

141 교격(膠鬲): 은말(殷末)·주초(周初) 때의 현인. 은나라 말기에 세상이 어지러워지자, 은둔하여 장사를 하며 생활을 하다가, 뒤에 주 문왕의 신하로 등용되었다. 『사기』「관안열전」과 『맹자』「고자하」에 보인다.

142 한단순(邯鄲淳, 132~220?): 삼국시대 위(魏)나라 영천[潁川, 지금의 하남성(河南省) 우현(禹縣)] 사람. 일명 축(竺)이고, 자는 자숙(子叔) 또는 자례(子禮)이다. 저서에 『고소화집(古笑話集)』과 『소림(笑林)』 3권, 『예경(藝經)』 등이 있는데, 기재된 내용이 대부분 우스갯소리로 중국 고대 최초의 소화(笑話) 전문서다. 서예로도 명성이 있어 옛 서체(書體)에 대한 지식이 풍부했다. 전서(篆書)가 특히 뛰어났고, 예서(隸書)는 양곡(梁鵠)에 버금간다고 평가되었다.

문이 있음을 말하지 않았으며, 한유(韓愈)와 이고(李翺)의 『논어필해(論語筆解)』에도 역시 절대로 은인이나 교격에 대한 이야기가 없다. 근래에 임계운(任啓運)[143]의 『사서약지(四書約旨)』에 『한석경(漢石經)』에는 은인으로 되어 있다고 했는데, 지금 전해지는 석경에는 오직 앞의 4편과 뒤의 4편만 대략 그 글이 남아 있을 뿐이고, 『논어』 「태백(泰伯)」은 오래전부터 이미 보존된 것이 없는데, 임씨는 어디에서 그것을 본 것인가?"라고 했으니, 여기에서 똑같이 그 설이 잘못된 것임을 알 수 있다.

- 「注」, "唐者, 堯號. 虞者, 舜號."

- 正義曰:『白虎通』「號篇」, "或曰: 唐・虞者, 號也. 唐, 蕩蕩也, 蕩蕩者, 道德至大之貌也; 虞者, 樂也, 言天下有道, 人皆樂也.'" 此「注」以唐爲堯號, 虞爲舜號, 義當如此. 『論衡』「正說篇」, "唐・虞・夏・殷・周者, 土地之名. 堯以唐侯嗣位, 舜從虞地得達, 皆本所興昌之地, 重本不忘始, 故以爲號, 若人之有姓矣." 又云: "說『尙書』者, 唐・虞・夏・殷・周, 功德之名, 盛隆之意也, 其立義美也, 然而違其正實, 失其初意. 唐・虞・夏・殷・周, 猶秦之爲秦, 漢之爲漢. 秦起於秦, 漢興於漢中, 故曰猶秦・漢." 案, 『論衡』是也. 鄭『詩譜』云: "唐者, 帝堯舊都之地." 今曰太原 晉陽是. 又「堯典」"嬪于虞", 皇甫謐云: "堯妻舜, 封之於虞." 卽今山西 蒲州府 虞鄕縣是. 唐・虞皆地名.

○ 「주」의 "딩은 요의 국호이고, 우는 순의 국호이다."

---

143 임계운(任啓運, 1670~1744): 청나라 강소 의흥(宜興) 사람. 자는 익성(翼聖)이고, 호는 거처 근처에 옛 조대가 있어 조대선생(釣臺先生)이라 했다. 54살 때 거인이 되고, 옹정(雍正) 11년(1733) 진사가 되어 편수(編修)에 올랐다. 삼례관(三禮館) 부총재(副總裁)와 종인부(宗人府) 부승(府丞) 등을 지냈다. 삼례(三禮)에 밝았으며, 특히 『의례』에 정밀했다. 학문은 주희를 종주로 삼았는데, 예경(禮經)만은 주희의 전(傳)이 없다고 하여 『사헌나궤사례(肆獻祼饋食禮)』를 지었다. 그 밖의 저서에 『주역세심(周易洗心)』과 『사서약지(四書約旨)』, 『효경장구(孝經章句)』, 『예기장구(禮記章句)』, 『경전통찬(經傳通纂)』, 『맹자시사고(孟子時事考)』, 『궁실고(宮室考)』, 『죽서기년고(竹書紀年考)』, 『일서보(逸書補)』 등이 있다.

○ 정의에서 말한다.

『백호통의』「호(號)」에 "혹자가 말했다. '당·우는 국호[號]이다. 당(唐)은 탕탕(蕩蕩)이니, 탕탕이란 도와 덕이 지극히 큰 모양이고, 우(虞)는 즐겁다(樂)는 뜻이니, 천하에 도가 있어 사람들이 모두 즐겁다는 뜻이다.'"라고 했는데, 여기의 「주」에서는 당을 요의 국호라 하고 우를 순의 국호라 했으니 뜻은 마땅히 이와 같은 것이다. 『논형』「정설편(正說篇)」에 "당(唐)·우(虞)·하(夏)·은(殷)·주(周)는 지명(地名)이다. 요는 당 지방의 제후로서 천자의 자리를 이었고, 순은 우 지방을 따라 현달했으니 모두 흥성한 지역을 근본으로 삼은 것인데, 근본을 중시해 처음을 잊지 않으려 했기 때문에 국호로 삼은 것이니, 마치 사람에게 성(姓)이 있는 것과 같다."라고 했고, 또 "『상서』를 해설하는 자는 당·우·하·은·주는 공덕을 나타내는 명칭이며 흥성하고 융성하다는 뜻이라고 해설하는데, 그 해설하는 뜻은 아름답지만 그 올바른 실제의 의미와는 어긋나니 최초의 함의를 놓치고 있다. 당·우·하·은·주를 국호로 삼은 사실은 마치 진(秦)나라가 진(秦)을 국호로 삼고 한(漢)나라가 한(漢)을 국호로 삼은 것과 같다. 진나라는 진 땅에서 흥기했고 한나라는 한중에서 흥기했다. 그런 까닭에 오히려 '진·한'이라고 불린다."라고 했다. 살펴보니, 『논형』이 옳다. 정현의 『시보(詩譜)』에 "당은 제요(帝堯)가 옛날에 도읍했던 땅이다."라고 했는데, 지금 태원(太原)의 진양(晉陽)이라고 하는 곳이 이곳이다. 또 「요전」에 "우씨(虞氏) 집에서 부도(婦道)를 행하게 했다(嬪於虞]"라고 했는데, 황보밀(皇甫謐)[144]이 "요가 순을 사위로 삼고 우 땅에 봉해 주었다."라고 했으니, 바로 지금의 산서성(山西省) 포주부(蒲州府)의 우향현(虞鄉縣)이 이곳이다. 당과 우는 모두 지명이다.

---

144 황보밀(皇甫謐, 215~282): 서진 안정(安定) 조나(朝那) 사람. 자는 사안(士安)이고, 어릴 때 이름은 정(靜)이며, 자호는 현안선생(玄晏先生)이다. 황보숭(皇甫嵩)의 증손이다. 20살 무렵부터 부지런히 공부해 게으르지 않았다. 집이 가난해 직접 농사를 지었는데, 책을 읽으면서 밭갈이를 해 수많은 서적을 통독했다. 나중에 질병에 걸렸으면서도 손에서 책을 놓지 않고 저술에 전심하면서 밥 먹는 것도 잊어버려 사람들이 서음(書淫)이라 했다. 자신의 병을 고치려고 의학서를 읽어 가장 오랜 침구 관련서인 『침구갑을경(鍼灸甲乙經)』을 편찬했다. 역사에도 조예가 깊어 『제왕세기(帝王世紀)』와 『연력(年歷)』, 『고사전(高士傳)』, 『일사전(逸士傳)』, 『열녀전(列女傳)』, 『현안춘추(玄晏春秋)』 등을 지었다.

三分天下有其二, 以服事殷. 周之德, 其可謂至德也已矣."

【注】包曰: "殷紂淫亂, 文王爲西伯而有聖德, 天下歸周者三分有二, 而猶以服事殷, 故謂之'至德'."

천하를 셋으로 나누어 그중 2/3를 소유하고도 은나라에 복종하여 섬겼으니, 주나라의 덕은 지극한 덕이라고 말할 수 있다."

【주】 포함이 말했다. "은나라 주왕(紂王)은 음란하였으나, 문왕은 서백이 되어 성스러운 덕이 있으므로, 천하에서 주나라에게 귀의한 자가 2/3가 되는데도, 오히려 은나라에 복종하여 섬겼기 때문에 '지극한 덕'이라고 말한 것이다."

원문 正義曰: 周得群才, 故能三分有二, 其時實有得天下之勢, 而猶以服事殷, 與泰伯之以天下讓無以異, 故夫子均歎爲至德也. 「表記」云: "子曰: '下之事上也, 雖有庇民之大德, 不敢有君民之心, 仁之厚也.'" 又下言舜·禹·文王·周公之事云: "有君民之大德, 有事君之小心." 故此極美文王有至德也. 然不曰"文王之德"而曰"周"者, 明服事這誠, 武王與文王同, 故統言周也. 『釋文』, "參, 七南反. 本又作三." 皇「疏」本亦作'參'. 『後漢書』「伏湛傳」述此語, 『文選』「典引」「注」引此文竝作"參", 則舊本皆爲"參"字. 又"周之德", 皇本無"之"字.

역문 정의에서 말한다.

주나라는 많은 인재를 얻었기 때문에 천하를 셋으로 나누어 그중 2/3를 소유할 수 있었으니, 당시 실제로는 천하를 소유할 수 있는 세력을 가지고 있었지만 오히려 은나라에 복종하여 섬겼는데, 태백이 천하를 사양한 것과 다를 것이 없었기 때문에 공자가 똑같이 지극한 덕이라고 찬탄한 것이다. 『예기』「표기」에 "공자가 말했다. '아랫사람이 윗사람을 섬길 때 비록 백성을 보살피는 큰 덕이 있더라도 감히 남의 임금이 될 마음을 품지 않았으니, 인이 두터운 것이다.'"라고 했다. 또 그 아래에 순임금·우왕·문왕·주공의 일을 말하면서 "백성의 군주가 될 수 있는 큰 덕을 가지고 있으면서도 임금을 섬기는 조심하는 마음이 있었다."라고 했으니, 따라서 이것은 문왕이 지극한 덕을 가지고 있음을 극단적으로 찬미한 것이다. 그러나 "문왕의 덕"이라고 하지 않고 "주나라"라고 한 것은, 복종해서 섬기는 이 정성스러움이 무왕과 문왕이 같았음을 분명히 한 것이기 때문에 통틀어서 주나라라고 한 것이다. 『경전석문』에 "삼(參)은 칠(七)과 남(南)의 반절음이다. 판본에 따라서는 또 삼(三)으로 되어 있다."라고 했다. 황간의 「소」본에도 '삼(參)'으로 되어 있다. 『후한서』「복담전(伏湛傳)」에 이 말을 기술해 놓았고, 『문선』「전인(典引)」의 「주」에도 이 문장을 인용했는데, 모두 "삼(參)"으로 되어 있으니, 그렇다면 옛 판본에는 모두 "삼(參)" 자로 되어 있었던 것이다. 또 "주나라의 덕[周之德]"에서, 황간본에는 "지(之)" 자가 없다.

- 「注」, "<u>殷紂</u>"至"至德".
- 正義曰: <u>紂</u>淫亂事, 詳『<u>史記</u>』「<u>殷本紀</u>」. <u>文王</u>爲<u>西伯</u>者, 『書』「<u>西伯戡黎</u>」<u>鄭</u>「注」"<u>文王</u>爲<u>雍州</u>之伯, 南兼<u>梁</u>·<u>荊</u>, 在西, 故曰<u>西伯</u>"是也. <u>包</u>必先言"<u>文王</u>爲<u>西伯</u>", 繼言"三分有二"者, 明三分有二在爲<u>西伯</u>後也. 『<u>左</u>』「<u>襄</u>」四年「傳」, "<u>文王</u>帥<u>殷</u>之叛國以事<u>紂</u>". 『<u>周書</u>』「<u>程典解</u>」, "維三月旣生魄, <u>文王</u>合六州之衆, 奉勤于<u>商</u>." 六州者, <u>鄭</u>『<u>詩譜</u>』謂<u>雍</u>·<u>梁</u>·<u>荊</u>·<u>豫</u>·<u>徐</u>·<u>揚</u>. <u>孔</u>「疏」申之, 以其餘<u>冀</u>·<u>靑</u>·<u>兗</u>屬<u>紂</u>, 此依九州約略分之, 九州而有六州, 是天下三分有其二也.
- 「주」의 "은주(殷紂)"부터 "지덕(至德)"까지.
- 정의에서 말한다.
  주(紂)의 음란한 일은 『사기』「은본기(殷本紀)」에 자세하다. 문왕이 서백이 된 것에 대해 『서경』「서백감려(西伯戡黎)」 정현의 「주」에 "문왕이 옹주(雍州)의 백(伯)이 되어 남쪽으로

양주(梁州)와 형주(荊州)를 겸병하고 서쪽에 있었기 때문에 서백이라고 했다."라고 했는데,
옳다. 포함이 굳이 "문왕이 서백이 되었음"을 먼저 말하고 이어서 "2/3가 된다"라고 한 것은,
천하의 2/3를 차지한 일이 서백이 된 뒤에 있었음을 밝힌 것이다. 『춘추좌씨전』「양공」 4년
의 「전」에 "문왕이 은 왕조를 배반한 나라들을 거느리고서 주왕을 섬겼다."라고 했다. 『일주
서(逸周書)』「정전해(程典解)」에 "3월 16일에 문왕이 6주(六州)의 민중을 모아 상을 부지런
히 받들었다."라고 했는데, 6주에 대해서는 정현의 『시보』에 옹주·양주(梁州)·형주·예주
(豫州)·서주(徐州)·양주(揚州)라고 했다. 공영달(孔穎達)의 「소」에서는 거듭해서 나머지
기주(冀州)·청주(靑州)·연주(兗州)는 주에게 귀속시켰는데, 이는 9주(九州)에 의거해서
간략하게 나눈 것으로, 9주 중에서 6주를 소유했으니, 이것이 천하를 셋으로 나누어 그중
2/3를 차지한 것이다.

원문 『毛詩』「四牡」「傳」, "<u>文王率諸侯撫叛國, 而朝聘乎紂.</u>" <u>姚氏配中</u>『周易
學』云: "三分有二以服事<u>殷</u>, 卽欲<u>殷</u>有以撫之. 此<u>文王</u>之憂患所以獨深也."
案, <u>文</u>之服事, 非畏<u>殷</u>也. 亦非曰"吾姑柔之, 俟其惡盈而取之"也. 惟是冀
<u>紂</u>之悔悟, 俾無墜厥命已爾. 終<u>文</u>之世, 暨乎<u>武王</u>, 而<u>紂</u>淫亂日益甚, 是終
自絶於天, 不至滅亡不止也. 是故<u>文</u>之終服事也, 至德也; <u>武</u>之不終服事
也, <u>紂</u>爲之也, 亦無損於至德也.

역문 『모시』「사모(四牡)」의 「전」에 "문왕이 제후들을 이끌고 배반한 나라
들을 어루만지면서 주에게 조빙(朝聘)[145]했다."라고 했다. 요배중(姚配中)

---

145 조빙(朝聘): 옛날에 제후가 친히 가거나 혹은 사신을 파견하여 천자를 알현하는 것을 말한
다. 춘추(春秋)시대에는 정권이 패주(霸主)에게 있었으므로 제후가 패주를 알현하였다. 『예
기』「왕제(王制)」에 "제후가 천자를 매년 한 번씩 소빙(小聘)을 하고, 3년마다 대빙(大聘)을
하고, 5년마다 한 번씩 조회에 나가 알현한다.[諸侯之於天子也, 比年一小聘, 三年一大聘, 五
年一朝.]"라고 했는데, 정현의 「주」에 "소빙은 대부(大夫)를 사절로 보내고, 대빙은 경(卿)을
사절로 보내고, 조회에 나가 알현할 때에는 군주가 직접 간다.[小聘使大夫, 大聘使卿, 朝則

의 『주역학(周易學)』에 "천하를 셋으로 나누어 그중 2/3를 소유하고서도 은나라에 복종해서 섬긴 것은 바로 은나라 백성들을 어루만져 주고 싶었기 때문이었다. 이것이 문왕의 우환이 유독 깊었던 까닭이다."라고 했다. 살펴보니, 문왕이 은나라에 복종해서 섬긴 것은 은나라를 두려워해서가 아니었다. 또한 "내가 우선은 부드럽게 대해 주면서 그의 악이 가득 차기를 기다렸다가 취했다"라는 말도 아니다. 오로지 주가 뉘우치고 깨달아 천명을 실추함이 없도록 하기를 바란 것일 뿐이다. 문왕의 시대가 끝나고 무왕의 시대에 이르자 주의 음란함이 날로 더욱 심해졌고, 결국에는 스스로 천명을 끊어 버려 멸망에 이르지 않고는 그치지 않을 지경이었다. 이런 까닭에 문왕이 끝내 복종해서 섬긴 것은 지극한 덕이지만, 무왕이 끝내 복종해서 섬기지 않은 것도 주가 스스로 초래한 일이니 역시 지극한 덕에 있어서는 하자가 없다.

8-21

子曰: "禹, 吾無間然矣. 【注】 孔曰: "孔子推禹功德之盛美, 言己不能復間厠其間." 菲飮食而致孝乎鬼神, 【注】 馬曰: "'菲', 薄也. 致孝鬼神, 祭祀豐潔." 惡衣服, 而致美乎黻冕, 【注】 孔曰: "損其常服, 以盛祭服."

공자가 말했다. "우임금은 내가 비난할 데가 없다. 【주】 공안국이 말했다. "공자가 성대하고 아름다운 우임금의 공덕을 추앙하면서 자기는 다시 그 사이에 끼어들 수 없음을 말한 것이다." 음식은 간소하게 드시면서도 귀신(鬼神)에게는 효(孝)를 다하였고, 【주】 마융이 말했다. "'비(菲)'는 간소함[薄]이

君自行.]"라고 했다.

다. 귀신에게 효를 다했다는 것은 제사에 올리는 음식을 풍성하고 정결하게 차렸다는 말이다." 의복은 허름하게 입으면서도 폐슬(蔽膝)과 면류관에는 아름다움을 다하였으며, 【주】 공안국이 말했다. "자신의 평상복에 드는 비용을 줄여서 제복(祭服)을 성대(盛大)하게 만든 것이다."

원문 正義曰: 『後漢』「殤帝紀」引此文, <u>李賢</u>「注」, "間, 非也." 『孟子』「離婁篇」, "政不足間也." 亦訓非. <u>王氏引之</u>『經傳釋詞』, "然, 猶焉也. 「檀弓」曰: '<u>穆公</u>召<u>縣子</u>而問然.' <u>鄭</u>「注」 '然之言焉也.' 『論語』'<u>禹</u>吾無間然矣', '若<u>由</u>也不得其死然', '然'字竝與'焉'同義."

역문 정의에서 말한다.

　『후한서』「상제기(殤帝紀)」에 이 문장을 인용했는데, 이현의 「주」에 "간(間)은 비난[非]이다."라고 했고 『맹자』「이루상(離婁上)」에 "군주의 잘못된 정책을 일일이 비난할 수 없다.[政不足間也.]"라고 했는데, 역시 간(間)을 비난[非]으로 새겼다. 왕인지의 『경전석사(經傳釋詞)』에 "연(然)은 언(焉)과 같다. 『예기』「단궁하」에 '목공(穆公)이 현자를 불러 물었다[穆公召縣子而問然]'라고 했는데, 정현의 「주」에 '연(然)은 언(焉)이다.'라고 했으니, 『논어』의 '우임금은 내가 비난할 데가 없다.[禹吾無間然矣.]'라고 한 것이나, '유(由)로 말할 것 같으면 제대로 된 죽음을 얻지 못하겠구나.[若由也, 不得其死然.]'[146]라고 한 것의 '연(然)' 자는 모두 '언(焉)'과 같은 뜻으로 쓰였다."라고 했다.

원문 <u>鄭</u>「注」云: "黻, 祭服之衣, 冕, 其冠也." <u>宋氏翔鳳</u>『發微』云: "『說文』,

---

[146] 『논어』「선진(先進)」.

'市, 韠也. 上古衣蔽前而已, 市以象之. 天子朱市, 諸侯赤市, 大夫蔥衡. 從巿, 象連帶之形. 韍, 篆文市, 從韋從犮.'『說文』又曰: '韍, 黑與靑相次文. 從黹, 犮聲.' 按, 蔽膝之市, 當以"巿"爲本字, 蓋古文如此. 篆文改爲韍, 經典又假韍爲之, 又假爲芾, 又假爲紱. 故「明堂位」'有虞氏服韍', 鄭「注」云'韍或作韨.'『論語』稱'韍冕', 此假韍爲韠, 當訓爲蔽膝.『易』「乾鑿度」「注」云: '古者田漁而食, 因衣其皮, 先知蔽前, 後知蔽後. 後王易之以布帛, 而猶存其蔽前者, 重古道, 不忘本也. 是蔽前爲衣之最先者, 故祭禮重之.『詩』"赤芾在股", 「箋」云"芾, 大古蔽膝之象也. 冕服謂之芾, 其他服謂之韠, 以韋爲之. 其制: 上廣一尺, 下廣二尺, 長三尺. 其頸五寸, 肩革帶博二寸." 據「箋」意, 知芾專繫冕服言之, 故亦言韍冕. 宣十六年『左傳』'以黻冕命士會', 當是希冕而赤韍蔥衡.「明堂位」, '有虞氏服韍, 夏后氏山, 殷火, 周龍章.'「注」云'韍, 祭服之韠也. 舜始作之, 以尊祭服, 禹·湯至周, 增以畫畫文, 後王彌飾也.' 按, '彌飾'卽'致美'之意. 舜作韍以尊祭服, 故祭服宜稱韍冕.『白虎通』「紱冕篇」曰: '紱者, 蔽也, 行以蔽前者爾. 有事, 因以別尊卑, 彰有德也. 天子朱紱, 諸侯赤紱.' 又云: '天子·大夫赤紱蔥衡, 士韎韐. 赤者, 盛色也. 是以聖人法之, 用爲紱服, 爲百王不易. 紱以韋爲之者, 反古不忘本也. 上廣一尺, 下廣二尺, 法天一地二也. 長三尺, 法天地人也.'「士冠禮」, '陳服于房中, 爵弁韎韐, 皮弁素韠, 玄端爵韠.' 言冠弁者, 必言韠, 是知韍與冕俱重也. 至十二章之黻, 罕與冕竝擧.『左傳』'衮·冕·黻·珽', 亦以'冕'與'黻'連言. 下又云'火·龍·黼·黻', 則言裳之一章. 至鄭注『論語』云: '韍, 祭服之衣, 冕, 其冠也.' 正以韍爲衣蔽前之制, 又唯祭服名韍, 故以爲祭服之衣也." 按: 宋說是也.

역문 정현의 「주」에 "불(韍)은 제복의 상의(上衣)이고, 면(冕)은 그 관[冠]이다."라고 했다. 송상봉(宋翔鳳)의 『논어발미(論語發微)』에 『설문해자』에 '불(巿)은 앞가리개[韠]이다. 상고시대의 옷은 앞만 가렸을 뿐이므로 불

(市)로써 그것을 상형했다. 천자는 주불(朱市)로 가렸고, 제후는 적불(赤市)로 가렸으며, 대부는 총형(蔥衡)으로 가렸다. 건(巾)으로 구성되었고 이어서 허리띠로 맨 모양을 형상했다. 불(韍)은 불(市)의 전문(篆文)인데, 위(韋)로 구성되었고 발(犮)로 구성되었다.'[147]라고 했다. 『설문해자』에 또 '불(黻)은 검은색과 푸른색으로 서로 번갈아 가며 무늬를 낸 것이다. 치(黹)로 구성되었고, 발(犮)이 발음을 나타낸다.'[148]라고 했다. 살펴보니, 폐슬인 불(市)은 마땅히 "불(市)"을 본자(本字)로 삼아야 하니, 대체로 고문(古文)은 이와 같다. 전서체[篆文]로는 고쳐서 불(韍)로 쓰는데, 경전에서는 또 불(黻) 자를 가차해서 쓰기도 하고 또 불(芾) 자를 가차하기도 하며, 또 불(紼) 자를 가차해서 쓰기도 한다. 그러므로 『예기』「명당위」에 '유우씨(有虞氏)는 가죽으로 만든 폐슬[韍]을 착용했다.'라고 했는데, 정현의 「주」에 '불(韍)은 간혹 불(黻)로 쓰기도 한다.'라고 했다. 『논어』에 '폐슬과 면류관[黻冕]'을 일컬었는데, 이는 불(黻) 자를 가차해서 불(韍)의 뜻으로 쓴 것이니, 마땅히 폐슬로 새겨야 한다. 『주역』「건착도(乾鑿度)」의 「주」에 '옛날에는 사냥을 하거나 물고기를 잡아서 먹고, 인하여 그 가죽으로 옷을 만들어 입었는데, 먼저는 앞을 가릴 줄 알았고 나중에 뒤를

---

147 『설문해자』권7: 불(市)은 앞사리개[韠]이다. 상고시대의 옷은 앞만 가렸을 뿐이므로 불(市)로써 그것을 상형했다. 천자는 주불(朱市)로 가렸고, 제후는 적불(赤市)로 가렸으며, 대부는 총형(蔥衡)으로 가렸다. 건(巾)으로 구성되었고 이어서 허리띠로 맨 모양을 형상했다. 모든 불(市)부에 속하는 한자는 다 불(市)의 뜻을 따른다. 불(韍)은 불(市)의 전문(篆文)인데, 위(韋)로 구성되었고 발(犮)로 구성되었다. 분(分)과 물(勿)의 반절음이다.[市, 韠也. 上古衣蔽前而已, 市以象之. 天子朱市, 諸矦赤市, 大夫蔥衡. 從巾, 象連帶之形. 凡市之屬皆從市. 韍, 篆文市, 從韋從犮. 分勿切.]

148 『설문해자』권7: 불(黻)은 검은색과 푸른색으로 서로 번갈아 가며 무늬를 낸 것이다. 치(黹)로 구성되었고, 발(犮)이 발음을 나타낸다. 분(分)과 물(勿)의 반절음이다.[黻, 黑與靑相次文. 從黹犮聲. 分勿.]

가릴 줄 알았다. 후대의 왕이 이것을 베나 비단[布帛]으로 바꾸었지만 그 래도 앞을 가리던 것이 남아 있었으니, 옛 도를 중시해서 근본을 잊지 않은 것이다. 이처럼 앞가리개가 최초로 옷을 만든 것이기 때문에 제례 에서는 이것을 중시한 것이다. 『시경』에 "붉은 폐슬이 다리에 있다[赤芾 在股]"[149]라고 했는데, 정현의 「전」에 "불(芾)은 태고의 폐슬을 형상한 것 이다. 면복(冕服)을 불(芾)이라 하고, 그 외의 옷을 필(韠)이라 하는데 무 두질한 가죽으로 만든다. 제도는 다음과 같다. 위의 너비는 한 자, 아래 너비는 두 자이며, 길이는 석 자이다. 그 목은 다섯 치, 어깨 가죽띠의 너비는 두 치이다."라고 했다. 「전」의 뜻에 의거해 보면, 불(芾)은 오로 지 면복에 연계시켜 말했기 때문에 역시 폐슬과 면류관을 말한 것임을 알 수 있다. 선공(宣公) 16년 『춘추좌씨전』에 '불면(韍冕)을 내리어 사회 (士會)에게 명하였다.'라고 했는데, 당연히 희면(希冕)[150]을 착용하고 적불 (赤韍)로 가리고 청색 형[蔥衡][151]을 찬 것이다.[152] 「명당위」에 '유우씨는 가 죽으로 만든 폐슬을 찼고, 하후씨는 여기에 산을 그렸으며, 은나라는 불 을 더 그렸고, 주나라는 또 용을 더 그려서 문장으로 삼았다.'라고 했는

---

149 『시경』「소아 · 상호지십(桑扈之什) · 채숙(采菽)」.

150 희면(希冕): 희의(希衣)의 면류관이란 뜻으로 고대에 임금이 사직(社稷)이나 오사(五祀)에 제사 지낼 때 희의에 맞추어 쓰던 예관이다.

151 총형(蔥衡): 푸른 패옥의 일종. 총형(蔥珩)으로 쓰기도 한다. 『시경』「소아 · 동궁지십(彤弓 之什) · 채기(采芑)」에 "천자께서 주신 옷 입고 붉은 폐슬 반짝이며 푸른 구슬 짤랑거린다. [朱芾斯皇, 有瑲蔥珩, 服其命服.]"라는 구절이 보인다.

152 『예기』「옥조」에 "일명은 적황색 불(韍)로 가리고 검은색 형(珩)을 차며, 재명은 적색 불(韍) 로 가리고 검은색 형(珩)을 차며, 삼명은 적색 불(韍)로 가리고 청색 형(珩)을 찬다.[一命縕 韍幽衡, 再命赤韍幽衡, 三命赤韍蔥衡.]"라고 했는데, 정현의 「주」에 "이는 현면복(玄冕服) 및 작변복(爵弁服)의 필(韠)이니, 제복(祭服)을 높여서 그 이름을 달리하였을 뿐이다.[此玄 冕 · 爵弁服之韠, 尊祭服異其名耳.]"라고 했다.

데, 「주」에 '불(韍)은 제복의 폐슬[韠]이다. 순임금이 처음으로 만들어 제복을 존중했고, 우임금과 탕왕 및 주나라에 이르기까지 그림 문양을 보태었으며, 후대의 왕이 두루 장식을 더하였다.'라고 했다. 살펴보니, '두루 장식을 더했다'라는 것이 바로 '아름다움을 다했다'라는 뜻이다. 순임금이 폐슬[韍]을 만들어 제복을 높였기 때문에 제복은 마땅히 불면이라 일컫는다. 『백호통의』「불면(韍冕)」에 '불(韍)이란 가린다[蔽]는 뜻이니, 길을 다니면서 앞을 가리는 것일 뿐이다. 일이 있을 때는 이에 따라 존비를 구별하고 덕이 있는 사람을 표창(表彰)하는 것이다. 천자는 주불로 가리고, 제후는 적불로 가린다.'라고 했다. 또 '천자와 대부는 적불로 가리고 청색 형(珩)을 차며[蔥衡], 사(士)는 적황색의 폐슬[韎韐]을 한다. 붉은색[赤]은 성대한 색이다. 그런 까닭에 성인이 이를 본받아 불복(韍服)을 만들매 백왕이 바꾸지 않았다. 불(韍)을 가죽으로 만드는 까닭은, 옛 도를 반복함으로써 근본을 잊지 않기 위함이다. 위의 너비가 한 자이고, 아래 너비가 두 자인 것은 하늘이 1이고 땅이 2[153]임을 본받은 것이고, 길이가 석 자인 것은 천지인(天地人)을 본받은 것이다.'라고 했다. 『의례』「사관례」에 '방에 의복을 진열하되 작변복(爵弁服)에는 적황색의 폐슬[韎韐]을 하고, 피변복(皮弁服)에는 흰색의 폐슬[素韠]을 하며, 현단복(玄端服)에는 검붉은색의 폐슬[爵韠]을 한다.'리고 했는데, 관(冠)과 변(弁)을 말할 경우 반드시 폐슬[韠]을 언급하니, 이에 폐슬[韍]과 면류관[冕]이 모두 중한 것임을 알 수 있다. 12장(章)[154]의 불(黻)에 이르기까지는 면류관[冕]과

---

153 『주역』「계사상」: 천(天)이 1이고 지(地)가 2이며, 천이 3이고 지가 4이며, 천이 5이고 지가 6이며, 천이 7이고 지가 8이며, 천이 9이고 지가 10이니, 천의 수(數)가 다섯이고 지의 수가 다섯인데, 다섯의 자리가 서로 맞으며 각기 합함이 있으니, 천의 수가 25이고 지의 수가 30이다.[天一地二, 天三地四, 天五地六, 天七地八, 天九地十, 天數五, 地數五, 五位相得, 而各有合, 天數二十有五, 地數三十.]

나란히 거론한 것이 거의 없다. 『춘추좌씨전』의 '곤룡포[袞]'와 면류관[冕]과 폐슬[韍]과 옥홀[珽]도 '면(冕)'과 '불(韍)'을 이어서 언급했고,[155] 아래에서도 또 '화(火)·용(龍)·보(黼)·불(黻)'[156]이라고 한 것은 상(裳)을 언급한 문장이다.[157] 심지어 정현은 『논어』를 주석하면서 '불(黻)은 제복의 상의이고, 면(冕)은 그 관[冠]이다.'라고 했으니, 바로 불(黻)을 옷으로 앞을 가리는 제도로 여긴 것이고, 또 오직 제복만을 불(黻)이라 명명했기 때문에 제복의 상의라고 여긴 것이다."라고 했다. 살펴보니, 송상봉의 설명이 옳다.

원문 『列子』「楊朱篇」, "禹卑宮室, 美紱冕." 紱與韍當是一字. 『易』「困」九二"朱紱方來", 鄭「注」, "天子制用朱紱." 是紱卽韍無疑也. 『周官』, "弁師掌王之五冕", 五冕者: 袞冕·鷩冕·毳冕·絺冕·玄冕也. "諸侯及孤·卿·大夫之冕, 各以其等爲之, 而掌其禁令", 則大夫以上, 冠通得稱冕. 故『說文』云: "冕, 大夫以上冠也. 從冃, 免聲." 冃象其上覆, "免"與"俛"同. 『管子』「小問」言禾云: "及其成也, 由由乎茲免." 謂禾至成熟下垂, 滋益俛也. 此免爲俛之義. 范寧『穀梁傳解』云: "冕謂以木爲幹, 衣之以布, 上玄下纁, 垂旒者也." 『白虎通』「紼冕篇」, "前俛而後仰, 故謂之冕也." 大·小夏侯

---

154 21(二十一)의 오기인 듯싶다.

155 『춘추좌씨전』「환공(桓公)」 2년. 『춘추좌씨전』에는 "黻"로 되어 있다.

156 『춘추좌씨전』「환공」 2년.

157 『춘추좌씨전』「환공」 2년의 「주」에 "화(火)는 곤의(袞衣)에 불을 그린 것이고, 용(龍)은 용을 그린 것이다. 백색과 흑색의 실을 사용해 자수한 것을 보(黼)라 하는데 모양이 도끼와 같고, 흑색과 청색의 실을 사용해 자수한 것을 불(黻)이라 하는데 모양이 두 개의 '기(己)' 자가 서로 등지고 있는 것 같다.[火, 畵火也; 龍, 畵龍也. 白與黑 謂之黼 形若斧 黑與青 謂之黻 兩己相戾.]"라고 했다.

說前垂四寸, 後垂三寸, 則前低於後一寸也. 『周官』「弁師」「疏」以爲前低
一寸餘, 蓋約略言之, 未細核耳. 叔孫通『漢禮器制度』云: "冕制皆長尺六
寸, 廣八寸, 天子以下皆同." 應劭『漢官儀』云: "廣七寸, 長八寸". 董巴『輿
服志』云: "廣七寸, 長尺二寸." 言人人殊, 不知竟孰是也.

역문 『열자(列子)』「양주(楊朱)」에 "우임금은 궁실(宮室)은 낮게 하면서도 폐
슬과 면류관은 아름답게 했다.[美紱冕.]"라고 했으니, 불(紱)과 불(韍)은 당
연히 같은 글자이다. 『주역』「곤괘」구이(九二)에 "붉은 폐슬이 바야흐로
올 것이다[朱紱方來]"라고 했는데, 정현의 「주」에 "천자의 제도는 붉은 폐
슬[朱紱]을 착용한다."라고 했으니, 불(紱)이 곧 불(韍)이라는 것은 의심할
것이 없다. 『주관』에 "변사(弁師)는 왕의 다섯 가지 면류관[五冕]을 관장
한다."[158]라고 했는데, 다섯 가지 면류관이란, 곤면(袞冕)·별면(鷩冕)·취
면(毳冕)·희면(稀冕)·현면(玄冕)이다. "제후 및 고(孤)와 경과 대부의 면
류관은 각각 그 등급에 따라 만드는데, 그 금지된 사항을 관장한다."[159]
라고 했으니, 그렇다면 대부 이상의 관은 면류관[冕]이라고 통칭할 수 있
다. 그러므로 『설문해자』에 "면(冕)은 대부 이상의 관이다. 모(冃)로 구
성되었고 면(免)이 발음을 나타낸다."[160]라고 했는데, 모(冃)는 그 윗부분
을 형상한 것이고, "면(免)"은 "고개를 숙인다[俛]"라는 뜻과 같다. 『관자
(管子)』「소문(小問)」[161]에 벼에 대해서 말하면서 "그 성숙함에 이르면 기

---

158 『주례』「하관사마하(夏官司馬下)·변사(弁師)」.

159 『주례』「하관사마하·변사」.

160 『설문해자』권7: 면(冕)은 대부 이상의 관이다. 옥장식과 귀막이 솜을 깊게 늘어뜨린다. 모
(冃)로 구성되었고 면(免)이 발음을 나타낸다. 옛날 황제씨가 처음 면류관을 만들었다. 면
(絻)은 면(冕)의 혹체자인데 사(糸)로 구성되었다. 망(亡)과 변(弁)의 반절음이다.[冕, 大夫
以上冠也. 邃延·垂瑬·紞纊. 從冃免聲. 古者黃帝初作冕. 絻, 冕或從糸. 亡弁切.]

161 「소문(小問)」: 『논어정의』에는 「소칭(小稱)」으로 되어 있으나, 『관자(管子)』「소문」에 있는

꺼이 고개를 숙입니다[玆免]"라고 했는데, 벼가 성숙함에 이르면 아래로 드리워져 더욱더 고개를 숙인다는 말이다. 여기의 면(免) 자는 고개를 숙인다[俛]는 뜻과 같다. 범녕의 『곡량전해(穀梁傳解)』에 "면(冕)은 나무로 뼈대를 만들고 베를 입혀서 위는 검게 하고 아래는 분홍색으로 해서 주옥을 꿴 술을 드리운 것이다."라고 했다. 『백호통의』「불면」에 "앞쪽은 숙여져 있고 뒤쪽은 치켜들고 있기 때문에 그것을 면(冕)이라고 하는 것이다."라고 했다. 대하후(大夏侯)[162]와 소하후(小夏侯)[163]의 말에 따르면 앞

내용이므로『관자』를 근거로 고쳤다.

162 대하후(大夏侯): 한나라 때『금문상서(今文尙書)』를 전공한 하후승(夏侯勝, 기원전 152~기원전 61)의 별칭. 하후승은 전한 동평(東平) 사람으로 자는 장공(長公)이고, 하후시창(夏侯始昌)의 족자(族子)다. 하후시창에게『상서(尙書)』와『홍범오행전(洪範五行傳)』을 배웠고, 또 예관(倪寬)의 제자인 간경(簡卿)과 구양씨(歐陽氏)에게도 배웠다. 소제(昭帝) 때 박사(博士)를 거쳐 광록대부(光祿大夫)를 지냈다. 음양재이(陰陽災異)로 시정(時政)의 득실을 추론했다. 선제(宣帝)가 즉위하자 장신소부(長信少府)로 옮겼다. 선제가 무제(武帝)를 높이는 것을 비난했는데, 무제는 전쟁에서는 비록 공이 있지만 많은 사졸이 죽거나 부상당했고, 천하의 재화를 소모시켰으니 묘악(廟樂)을 세우는 것은 옳지 않다고 주장했다. 승상장사(丞相長史) 황패(黃霸)가 그 말을 따랐다. 마침내 황패와 함께 투옥되었다. 옥중에서 황패가 그에게 배웠다. 나중에 사면을 받은 뒤 간대부급사중(諫大夫給事中)이 되었다가 장신소부로 복직하고 태자태부(太子太傅)로 옮겼다. 금문상서대하후학(今文尙書大夏侯學)의 개창자로, '대하후'로 일컬어졌다. 『노논어(魯論語)』와『춘추곡량전』에 뛰어났다. 선제에게『춘추곡량전』의 부흥을 진언했는데, 황제의 명으로『상서설(尙書說)』과『논어설(論語說)』을 편찬했다. 제자로 하후건, 황패, 소망지(蕭望之), 공패(孔霸) 등이 있다. 저서에『전한서』「예문지(藝文志)」에 보이는『상서대소하후장구(尙書大小夏侯章句)』와『상서대소하후해고(尙書大小夏侯解故)』,『논어노하후설(論語魯夏侯說)』이 있었지만 지금은 전하지 않는다. 그 밖의 저서에『옥함산방집일서』에 수록된『상서대하후장구(尙書大夏侯章句)』와『황청경해속편(皇淸經解續編)』에 수록된『상서구양하후유설고(尙書歐陽夏侯遺說考)』가 있다.

163 소하후(小夏侯): 하후승의 조카 하후건(夏侯建)의 별칭. 하후건은 전한 동평 사람으로 성은 하후(夏侯)씨고, 이름은 건(建)이며, 자는 장경(長卿)이다. 선제 때 의랑박사(議郞博士)가 되고, 태자소부(太子少傅)에 이르렀다. 금문상서소하후학(今文尙書小夏侯學)의 개창자로,

쪽은 네 치를 드리우고 뒤쪽은 세 치를 드리운다고 하니, 그렇다면 앞쪽이 뒤쪽보다 한 치가 낮다. 『주관』「변사(弁師)」의 「소」에는 앞쪽이 한 치 남짓이 낮다고 했으니, 대체로 간략하게 말한 것으로 자세하게 연구하지 않았을 뿐이다. 숙손통(叔孫通)[164]의 『한예기제도(漢禮器制度)』에 "면류관의 제도는 모두 길이가 한 자 여섯 치이고, 너비가 여덟 치이니, 천자 이하 모두가 같다."라고 했다. 응소(應劭)의 『한관의(漢官儀)』에는 "너비가 일곱 치, 길이가 여덟 치"라고 했고, 동파(董巴)[165]의 『대한여복지(大漢興服志)』에는 "너비가 일곱 치, 길이가 한 자 두 치"라고 했는데, 말이 사람마다 다르니 결국에는 누구의 말이 옳은지 모르겠다.

원문 「王制」, "有虞氏皇而祭, 夏后氏收而祭, 殷人冔而祭, 周人冕而祭." 「注」云: "皇, 冕屬也." 鄭君以皇爲冕, 則冔·收亦是冕. 『毛詩』「文王」「傳」,

---

'소하후'로 불린다. 하후승과 구양고(歐陽高)를 사사하여 『상서』를 배웠다. 감로(甘露) 3년(기원전 51) 석거각회의(石渠閣會議)에서 그의 상서학(尙書學)을 학관(學官)에 세우기로 했다. 또한 석거각회의에 참가하여 경전을 토론했다. 장구(章句)를 중시해서 하후승에게 장구소유(章句小儒)란 비난을 들었다. 그 역시 하후승의 학문이 소략하다고 평가했다. 이 때문에 『상서』에 대소하후(大小夏侯)의 학문이 나뉘게 되었다. 이름난 재전제자(再傳弟子)로 정관중(鄭寬中)과 장무고(張無故), 이심(李尋), 진공(秦恭), 사창(假倉) 등이 있다.

164 숙손통(叔孫通, ?~기원전 194?): 전한 때 노(魯)나라 설(薛) 땅 사람. 처음에는 진(秦)나라 2세황제(二世皇帝)를 섬겨 박사를 지내다가 위태로움을 알고는 고향에 돌아와 항량(項梁)과 항우(項羽)를 섬겼다. 나중에 다시 유방(劉邦)을 따라 박사가 되고, 직사군(稷嗣君)으로 불렸다. 유방이 천하를 차지한 뒤에 '수성(守成)은 선비와 해야 할 것'이라고 말하고는, 노나라의 제생(諸生)들을 불러 나라의 예법을 다시 만들 것을 설득하여 한나라의 예악과 조의(朝儀)를 새롭게 제정했다. 혜제(惠帝) 때 다시 태상(太常)으로 불려 종묘의법(宗廟儀法)을 제정했다.

165 동파(董巴, ?~?): 삼국시대 위나라의 관리. 급사중박사(給事中博士)와 기도위(騎都尉)를 역임했다. 일찍이 신비(辛毗) 등의 사람과 함께 위나라가 한나라를 대신해야 한다고 진언하여 권하기도 했다. 저서에 『대한여복지(大漢興服志)』 1권이 있다.

"冔, 殷冕也. 夏后氏曰收, 周曰冕."『世本』云: "胡曹作冕",「注」, "胡曹, 黃帝臣." 則自古冠通名冕, 至夏又別稱收, 此文云"黻冕"者, 從舊名之爾. 『說文』, "冠, 絭也. 所以絭髮, 弁冕之總名也." 是冠爲首服之大名, 冕亦是 冠, 故「注」云"冕, 其冠也." 其字承上句"祭服"言之, 明黻是祭服之衣, 冕 是祭服之冠也.『周官』「司服」云: "王之吉服, 祀昊天上帝則服大裘而冕. 祀五帝亦如之. 享先王則袞冕, 享先公・饗・射則鷩冕, 祀四望・山川則毳 冕, 祭社稷・五祀則希冕, 祭群小祀則玄冕." 是冕皆祭服. 禹時雖未備有 裳制, 要冕爲祭服所用矣.「弁師」云: "掌王之五冕, 皆玄冕朱裏. 延紐五 采, 繅十有二就, 皆五采玉十有二. 玉笄朱紘." 此周人之制, 當亦依仿古禮 爲之. 禹之"致美", 指此類也.

역문 『예기』「왕제」에 "유우씨는 황관(皇冠)을 쓰고 제사 지냈고[皇而祭], 하 후씨는 수관(收冠)을 쓰고 제사 지냈으며, 은인은 후관(冔冠)을 쓰고 제사 지냈고, 주인은 면관(冕冠)을 쓰고 제사 지냈다."라고 했는데, 「주」에 "황(皇)은 면류관의 등속이다."라고 했다. 정군이 황관을 면류관이라고 했다면 후관과 수관도 역시 면류관이다. 『모시』「문왕(文王)」의 「전」에 "후(冔)는 은나라의 면류관이다. 하후씨는 수관이라 했고, 주나라에서는 면관이라고 했다."라고 했다. 『세본(世本)』에 "호조(胡曹)가 면관을 만들 었다."라고 했는데, 「주」에 "호조는 황제(黃帝)의 신하이다."라고 했으 니, 그렇다면 예로부터 관은 통틀어 면관이라고 명명하다가, 하나라 때 이르러 또 별도로 수관이라고 일컬었던 것이니, 이 문장에서 "불면(黻 冕)"이라고 한 것은 옛 명칭을 따른 것일 뿐이다. 『설문해자』에 "관(冠) 은 권(絭)이다. 터럭을 묶는 것이니, 변면(弁冕)의 총명(總名)이다."[166]라고

---

166 『설문해자』 권7: 관(冠)은 권(絭)이다. 터럭을 묶는 것이니, 변면(弁冕)의 총명(總名)이다. 경(冂)으로 구성되었고 원(元)으로 구성되었으며, 원(元)이 또 발음을 나타내기도 한다. 관

했으니, 이 관(冠)은 머리에 씌우는 것의 큰 이름이고, 면(冕) 역시 관(冠)이므로, 「주」에서 "면은 그 관이다."라고 한 것이다. 그 글자는 앞 구절의 "제복"을 이어서 말한 것으로 불은 제복의 상의이며 면은 제복의 관임을 밝힌 것이다. 『주례』 「춘관종백상(春官宗伯上)·사복(司服)」에 "왕의 길복은, 호천(昊天)의 상제에게 제사할 때에는 큰 갖옷[大裘]을 입고 면류관을 쓰고, 오제(五帝)에게 제사할 때에도 이와 같이 한다. 선왕에게 제사할 때에는 곤면을 착용하고 선공(先公)에게 제사하거나 연회를 베풀어 빈객을 접대하거나 활쏘기를 할 때는 별면을 착용한다. 사망(四望)[167]이나 산천을 바라보고 제사할 때에는 취면을 착용하고, 사직이나 오사(五祀)에 제사할 때에는 희면(希冕)을 착용하고, 여러 작은 제사에는 현면을 착용한다."라고 했으니, 이때의 면은 모두 제복이다. 우임금 때는 비록 많은 제도가 아직 갖추어지지는 않았지만 면을 구해서 제복으로 착용했을 것이다. 「변사」에 "왕의 다섯 가지 면류관[五冕]을 관장하는데, 모두 현면으로 속이 붉다. 덮개[延]에 줄을 꿰어 매는 작은 코[紐]가 있어 그 코에 5가지 색으로 12줄 끈을 만들고, 줄마다 5가지 채색의 12개의 옥을 드리운다. 옥비녀에 관끈은 붉은 끈으로 한다."[168]라고 했는데, 이는 주인의 제도이니, 또한 당연히 옛날의 제도[古禮]를 근거하고 본받아 만든 것이다. 우가 "아름다움을 다했다"라는 것은 이러한 종류를 가리키는 것이다.

(冠)에는 법제(法制)가 있으니, 촌(寸)으로도 구성되었다. 고(古)와 환(丸)의 반절음이다. 〔冠, 絭也. 所以絭髮, 弁冕之總名也. 從冖從元, 元亦聲. 冠有法制, 從寸. 古丸切.〕

167 사망(四望): 해[日]·달[月]·별[星]·바다[海].
168 『주례』「하관사마하·변사」.

- 「注」, "菲, 薄也. 致孝鬼神, 祭祀豊潔."
- 正義曰: "菲"訓"薄", 相承云然. 『史記』「夏本紀」述此文, 卽作"薄"字. "豊潔"者, 言粢盛犧牲皆豊潔也.
- 「주」의 "비[菲]는 간소함[薄]이다. 귀신에게 효를 다했다는 것은 제사에 올리는 음식을 풍성하고 정결하게 차렸다는 말이다."
- 정의에서 말한다.

  "비(菲)"의 뜻을 "간소함[薄]"으로 새긴 것은 서로 이어서 그렇게 말한 것이다. 『사기』「하본기(夏本紀)」에 이 문장을 기술한 것에는 바로 "박(薄)" 자로 되어 있다. "풍성하고 정결하다[豊潔]"라는 것은 제사에 올릴 음식[粢盛]과 희생이 모두 풍성하고 정결하다는 말이다.

卑宮室而盡力乎溝洫. 禹, 吾無間然矣." 【注】包曰: "方里爲井. 井間有溝, 溝廣深四尺. 十里爲成, 成間有洫, 洫廣深八尺."

궁실(宮室)은 낮게 하면서도 치수(治水) 사업에는 힘을 다하였으니, 우임금은 내가 비난할 데가 없다." 【주】 포함이 말했다. "사방 1리(里)가 1정(井)이다. 정과 정 사이에 구(溝)가 있는데, 구의 너비와 깊이가 각각 넉 자[尺]씩이다. 사방 10리가 성(成)이 되고 성과 성 사이에 혁(洫)이 있는데, 혁의 너비와 깊이는 각각 여덟 자씩이다."

원문 正義曰: 『爾雅』「釋宮」云: "宮謂之室, 室謂之宮." 郭「注」, "皆所以通古今之異語, 明同實而兩名." 「考工記·匠人」「注」云: "明堂者, 明政敎之堂. 周堂高九尺, 殷三尺, 則夏一尺矣. 相參之數, 禹卑宮室, 謂此一尺之堂與!" 此鄭擧明堂以說禹卑宮室之制, 其他廟寢亦皆卑可知矣.

역문 정의에서 말한다.

『이아』「석궁(釋宮)」에 "궁(宮)을 실(室)이라 하고, 실(室)을 궁(宮)이라 한다."라고 했는데, 곽박(郭璞)의 「주」에 "모두 고금(古今)에 통하는 다른 말[異語]이기 때문에, 실제는 같은데 이름이 두 가지임을 밝힌 것이다."라고 했다. 『주례』「동관고공기하(冬官考工記下)·장인(匠人)」의 「주」에 "명당(明堂)이란 정교(政敎)를 밝히는 당이다. 주나라 시대 당의 높이는 9자였고, 은나라 때는 3자였으며, 하나라 때는 1자였다. 서로의 높이의 수를 참고해 보면 우가 궁실을 낮게 했다는 것은 이 1자 높이의 당을 말하는 것일 것이다!"라고 했는데, 여기에서 정현은 명당을 거론하면서 우가 궁실 높이의 제도를 낮추었다고 했으니, 그 외의 묘침(廟寢) 역시 낮추었음을 알 수 있다.

원문 李氏光地『論語劄記』, "'致孝鬼神', 與'菲飮食'相對, '致美黻冕', 與'惡衣服'相對, '盡力溝洫', 亦是與'卑宮室'相對. 當洪水未平, 下巢上窟, 民不得平土而居之. 禹決九川, 距四海, 乃復濬畎澮, 距川, 然後四隩旣宅, 民得安居, 是則卑宮室而盡力乎溝洫者. 居無求安, 而奠萬姓之居是急也."

역문 이광지의 『논어맹자차기(論語孟子劄記)』에 "'귀신에게 효를 다함[致孝鬼神]'과 '음식을 간소하게 함[菲飮食]'이 서로 대(對)가 되고, '폐슬과 면류관에 아름다움을 다함'과 '의복을 허름하게 함[惡衣服]'이 서로 대가 되며, '치수 사업에 힘을 다함[盡力溝洫]' 역시 '궁실을 낮게 함[卑宮室]'과 서로 대가 된다. 홍수가 아직 평정되지 못한 때를 당하여 저지대에 사는 사람들은 나무 위에 둥지를 만들었고, 고지대에 사는 사람들은 굴을 파고 살아 백성들이 평지(平地)에서 살 수가 없었다. 우가 구천(九川)[169]을 터서 사방

---

169 구천(九川): 구주(九州)의 냇물.

의 바다로 흘러 들어가게 하고, 이에 다시 견(畎)과 회(澮)¹⁷⁰를 깊이 파서 내[川]로 흘러 들어가게 한 뒤에야 사해(四海)의 물가가 이윽고 집을 지어 살 수 있게 되었으며, 백성들이 편안하게 거처할 수 있게 되었으니, 이것이 바로 궁실은 낮게 하면서도 치수 사업에 힘을 다하였다는 것이다. 거처함에 편안함을 구함이 없이 백성의 거처를 정하는 것이 급선무였던 것이다."라고 했다.

원문 案, 『史記』「夏本紀」, "卑宮室, 致費于溝洫." 此當出『古論』. 『詩❖❖』 "築城伊淢", 毛「傳」, "淢, 城溝也." 『釋文』引『韓詩』作"洫", "洫"正字, "淢"叚借字. 「夏紀」"溝淢"亦用叚字. 『說文』, "淢, 疾流也." 別一義.

역문 살펴보니, 『사기』「하본기」에 "궁실을 낮게 하면서도 치수 사업[溝淢]에는 비용을 다 들였다."라고 했는데, 이는 당연히 『고논어』에서 나온 것이다. 『시경』「대아(大雅)·문왕지십(文王之十)·문왕유성(文王有聲)」에 "성을 쌓되 도랑은 그대로 따른다[築城伊淢]"라고 했는데, 모형의 「전」에 "역(淢)은 성(城)의 도랑이다."라고 했다. 『경전석문』에는 『한시(韓詩)』를 인용해서 "혁(洫)"으로 썼으니, "혁(洫)"이 정자이고, "역(淢)"은 가차자(叚借字)이다. 『사기』「하본기」의 "구역(溝淢)"도 가차자를 쓴 것이다. 『설문해자』에 "역(淢)은 빠르게 흐른다[疾流]는 뜻이다."¹⁷¹라고 했으니, 일반적인 의미와는 다르다.

---

170 견회(畎澮): 전답의 수리(水利) 제도를 가리킨다. 견·회·구·혁(畎澮溝洫)이라고 하는데, 모두 밭 사이의 물길, 즉 봇도랑을 가리키는 글자이지만, 그 제도는 견이 너비 1자 깊이 1자이고, 회가 너비 8자 깊이 2길[仞]이고, 구가 너비 4자 깊이 4자이고, 혁이 너비 8자 깊이 8자이다.

171 『설문해자』 권11: 역(淢)은 빨리 흐른다[疾流]는 뜻이다. 수(水)로 구성되었고 혹(或)이 발음을 나타낸다. 자(子)와 핍(逼)의 반절음이다.[淢, 疾流也. 從水或聲. 子逼切.]

- 「注」, "方里"至"八尺".
- 正義曰:『孟子』「滕文公上」, "方里而井, 井九百畝." 是方里爲井也. 「冬官」, "匠人爲溝洫, 耜
廣五寸, 二耜爲耦. 一耦之伐, 廣尺‧深尺謂之畎. 田首倍之, 廣二尺‧深二尺謂之遂. 九夫
爲井, 井間廣四尺‧深四尺謂之溝, 方十里爲成, 成間廣八尺‧深八尺謂之洫. 方百里爲同,
同間廣二尋‧深二仞謂之澮. 專達於川, 各載其名." 是畎‧遂‧溝‧洫‧澮, 皆所以行水,
『論語』擧"溝洫"以賅其餘耳.
- 「주」의 "방리(方里)"부터 "팔척(八尺)"까지.
- 정의에서 말한다.
『맹자』「등문공상」에 "사방 1리의 토지가 1정이니 1정은 9백 묘이다."라고 했으니, 이것이
사방 1리가 1정이 된다는 것이다. 『주례』「동관고공기하」에 "장인(匠人)은 구혁(溝洫)을 만
드는데, 보습[耜]의 너비는 5치이고, 보습 둘이 한 짝이 된다. 한 쟁기로 땅을 갈아서 너비
1자, 깊이 1자인 것을 견(畎)이라 한다. 밭머리를 배가 되게 해서 너비 2자, 깊이 2자인 것을
수(遂)라 하였다. 9부(夫)가 1정이 되는데, 정과 정 사이에 너비 4자, 깊이 4자로 한 것을 구
라 이르고, 사방 10리가 성(成)이 되며, 성과 성 사이에 너비 8자, 깊이 8자로 한 것을 혁이라
이른다. 사방 100리가 1동(同)이 되는데. 동과 동 사이에 너비 2심(尋), 깊이 2길[仞]로 한 것
을 회라 이른다. 모두 내[川]로 통하는데 각각 그 명칭을 달았다."라고 했는데, 여기의 견‧
수‧구‧혁‧회는 모두 물을 통행시키기 위한 도랑이니, 『논어』에서는 "구혁"을 거론해서
그 나머지를 아우른 것일 뿐이다.

원문 包言溝洫廣深之制, 卽本「匠人」. 鄭注「匠人」云: "此畿內采地之制, 井
者, 方一里, 九夫所治之田也. 三夫爲屋, 一井之中, 三屋九夫, 三三相具,
以出賦稅, 共治溝也. 方十里爲成, 成中容一甸, 甸方八里, 出賦稅, 緣邊
一里治洫." 是言溝洫之制, 不知包氏說同否也. 又「地官‧遂人」云: "夫間
有遂, 遂上有徑; 十夫有溝, 溝上有畛; 百夫有洫, 洫上有塗; 千夫有澮, 澮
上有道; 萬夫有川, 川上有路. 以達於畿." 與「匠人」文異. 鄭氏以爲鄕‧遂

公邑之制, 與「匠人」爲采地制不同也. 後人說此文, 於經注未能博通, 故益多轇轕.

역문 포함이 말한 구혁의 너비와 깊이의 제도는 바로『주례』「동관고공기하·장인」에 근거한 것이다. 정현은「장인」을 주석하면서 "이것은 기내(畿內) 채지(采地)의 제도인데, 정이란 사방 1리이고, 9부(九夫)가 경작하는 밭이다. 3부가 1옥(屋)이 되고, 1정 안에는 3옥 9부가 있으니, 3옥마다 3부씩 서로 짝을 지어 함께 부세를 내고, 함께 구를 정리한다. 사방 10리가 1성이 되는데 성 안에 1전(甸)을 포용하고 1전 안에 사방 8리만 전세를 내고, 바깥 둘레 1리는 혁을 정리한다."라고 했는데, 이는 구혁의 제도를 말한 것으로, 포함의 말과 같은지는 알 수 없다. 또『주례』「지관사도하(地官司徒下)·수인(遂人)」에 "부와 부 사이에 수를 두고 수의 가에는 경(徑)을 두며, 10부마다 구를 두고 구의 가에는 진(畛)을 두며, 1백 부마다 혁을 두고 혁의 가에는 도(涂)를 두며, 1천 부마다 회를 두고 회의 가에는 도(道)를 두며, 1만 부마다 내[川]를 두고 냇가에는 길[路]을 놓아 기내로 통하게 한다."라고 했는데,「장인」의 글과는 다르다. 정씨는 향(鄕)·수(遂)를 공읍(公邑)의 제도로 여긴 것이니,「장인」에서 채지의 제도라고 한 것과는 같지 않다. 후대의 사람들은 이 문장을 이야기할 때, 경전의 주석에 대해 널리 이해하지 못하기 때문에 더욱더 시끄럽고 소란스럽다.

원문 近歙儒程氏瑤田著『溝洫小記』以「遂人」·「匠人」制同文異, 不取鄭氏. 今略著其『遂人匠人溝洫異同考』於此, "「遂人職」云云, 鄭氏「注」'以南畝圖之, 則遂縱溝橫, 洫縱澮橫, 九澮而川周其外焉.' 案, 畝, 長畝也. 一夫之田, 析之百口, 以爲百畝. 南畝者, 自北視之, 其畝橫陳於南也. 南畝, 故畎橫, 畎流於遂, 故遂縱. 遂在兩夫之間, 故謂之'夫間'. 夫間, 東西之間也.

其南北之間, 則溝橫連十夫, 故曰'十夫有溝'. 不可謂二十夫之間, 故變間
言夫也. 溝經十夫, 流入於洫, 洫之長如溝, 縱承十溝, 十溝之水皆入焉,
故曰'百夫有洫'也. 洫之水入澮, 澮長十倍於洫, 而橫承十洫之分布千夫中
者, 故曰'千夫有澮'也. 澮十之橫貫萬夫之中, 十澮之水, 竝入於川, 故曰
'萬夫有川', 澮橫, 川自縱也. <u>鄭氏</u>謂'九澮而川周其外', 恐不然矣. '川上有
路, 以達於畿.' 安得有縱路, 復有橫路耶? 其橫者, 則二萬夫間之道也. 澮
但言九, 亦考之不察矣.

역문 근래 흡현(歙縣)[172]의 유학자 정요전(程瑤田)이 지은 『구혁소기(溝洫小記)』
에는 『주례』 「수인」과 「장인」의 글을 제도는 같고 표현이 다른 것으로
보아 정현의 설을 취하지 않았다. 지금 여기에서 대략 그의 『수인장인
구혁이동고(遂人匠人溝洫異同考)』를 적어 보면 "「수인직(遂人職)」에 운운
했는데, 정씨의 「주」에 '남묘(南畝)로써 본다면 수는 세로가, 구는 가로
가 되며, 혁은 세로, 회는 가로가 되는데, 9회 밖에 내[川]가 둘러 있다.'
라고 했다. 살펴보니, 묘(畝)는 긴 사래[長畝]이다. 1부의 밭을 1백 구(百
口)로 나누어 1백 묘(百畝)로 만든다. 남묘란 북쪽에서 보면 그 사래[畝]가
남쪽으로 가로로 펼쳐져 있는 것이다. 남묘이므로 견이 가로이고, 견은
수로 흐르기 때문에 수는 세로이다. 수는 두 부 사이에 있기 때문에 '부
와 부 사이[夫間]'라고 한 것이다. 부와 부 사이는 동서(東西)의 사이이나.
그 남북(南北)의 사이는 구가 가로로 10부에 이어져 있기 때문에 '10부마
다 구를 둔다'라고 한 것이다. 20부의 사이라고 할 수 없기 때문에 간(間)
자를 바꿔서 부라고 말한 것이다. 구는 10부를 지나 혁으로 흘러 들어가
니, 혁의 길이는 구와 같고, 세로로 10구와 연결되어 10구의 물이 모두
그리로 들어가기 때문에 '1백 부마다 혁을 둔다'라고 한 것이다. 혁의 물

---

172 흡현(歙縣): 중국 안휘성(安徽省) 황산(黃山) 있는 현(縣).

은 회로 들어가는데, 회의 길이는 혁의 10배이고, 가로로 1천 부에 분포된 10혁과 연결되므로 '1천 부마다 회를 둔다'라고 한 것이다. 10회가 가로로 1만 부의 가운데를 관통하고, 10회의 물이 모두 내[川]로 들어가기 때문에 '1만 부마다 내를 둔다'라고 한 것이니, 회가 가로라면 천은 저절로 세로가 된다. 정씨는 '9회 밖에 내가 둘러 있다.'라고 했는데, 아무래도 옳지 않은 듯싶다. '냇가에는 길[路]을 놓아 기내로 통하게 한다.'라고 했는데, 어떻게 길을 세로로 놓고 다시 가로로 놓을 수 있겠는가? 가로로 놓은 길은 2만 부 사이의 도(道)이다. 회에 대해서 단지 9만 언급한 것도 조사하기를 자세히 하지 않은 것이다.

원문 「匠人」'廣尺·深尺謂之𤰕'云云, 案, 𤰕在一夫百畝中, 物其土宜而爲之. 南畝𤰕橫, 順其畝之首尾以行水入於遂, 故遂在田首. 井田, 夫三爲屋, 三夫田首同枕一遂, 遂在屋間, 非夫間也. 謂之屋者, 三夫相連綿如屋然, 但疆之以夫而已. 不若「遂人」夫爲一遂, 以受𤰕水, 此所以別夫間而言'田首'也. 而鄭氏猶以'遂者夫間小溝'釋之, 遂非不在夫間, 而「記」變其文者, 蓋自有義, 不宜襲用「遂人」之文矣. 遂流井外, 溝橫承之, 井中無溝, 溝當兩井之間, 故以'井間'命之. 其長連十井, 不嫌'井間'之稱, 溷十井之縱者, 其縱亦遂之在屋間而受𤰕水者也. 溝十之含百井爲一成, 十溝之水咸入於洫, 洫縱當兩成之間, 故曰'成間有洫'也. 洫之長連十成, 亦不嫌'成間'之稱, 溷十成之橫者, 其橫亦溝之在井間而受遂水者也. 洫十之含萬井爲一同, 十洫之水咸入於澮, 澮當兩同之間, 故曰'同間有澮'也. 澮達於川, 川在山間, 命之曰'兩山之間', 以例'澮在同間'·'洫在成間'·'溝在井間', 其事相同, 厥名斯稱矣.

역문 「장인」에서 '너비 한 자·깊이 한 자인 것을 견(𤰕)이라 한다'라고 운운한 것.

살펴보니, 견은 1부 1백 묘 안에 있는데, 그 토양에 적당한 것으로 만든다. 남묘는 견이 가로이니, 그 사래[畝]의 머리와 꼬리를 따라 물을 흐르게 해서 수로 유입하게 하니, 따라서 수는 밭머리에 있다. 정전(井田)에서는 3부를 1옥으로 하는데, 3부의 밭머리는 똑같이 1수를 베고 있으니, 수는 옥과 옥 사이에 있는 것이지, 부와 부 사이에 있는 것이 아니다. 옥이라고 이르는 까닭은 3부가 서로 이어져 있는 것이 마치 지붕과 같기 때문이니, 다만 부를 구별해서 밭두둑의 경계를 삼을 뿐이다. 「수인」에서 부를 1수로 삼아 견의 물을 받아들이는 것과는 같지 않으니, 이는 부와 부 사이를 구별하기 위해서 '밭머리'라고 말한 것이다. 그런데 정씨는 오히려 '수는 부와 부 사이의 작은 도랑[溝]'이라고 해석했는데, 수가 부와 부 사이에 있지 않은 것은 아니지만, 「기」에서 그 글자를 바꾼 것은 아마도 나름대로 자기의 생각이 있어서 「수인」의 글자를 그대로 눌러 쓰는 것이 마땅치 않았기 때문이었을 것이다. 수는 정 밖으로 흐르고 구가 가로로 이어져 정 안에는 구가 없으니, 구는 마땅히 두 정의 사이에 있기 때문에 '정과 정 사이[井間]'라고 명명한 것이다. 그 길이는 10정에 이어지니 '정과 정 사이'라고 일컫기에 거리낄 것이 없고, 10정을 모아서 세로로 한 것은 그 세로가 또한 옥과 옥 사이에 있는 수이고, 견의 물을 받아들이는 것이다. 1백 정을 포함하는 10구가 1성이 되는데, 10구의 물은 모두 혁으로 들어가고, 혁의 세로가 두 성의 사이에 해당되기 때문에, '성과 성 사이에 혁이 있다'라고 한 것이다. 혁의 길이는 10성에 이어지니 '성과 성 사이[成間]'라고 일컫기에 거리낄 것이 없고, 10성을 모아서 가로로 한 것은 그 가로가 또한 정과 정 사이에 있는 구이고, 수의 물을 받아들이는 것이다. 1만 정을 포함하는 10혁이 1동이 되는데, 10혁의 물은 모두 회로 들어가고, 회는 두 동의 사이에 해당되기 때문에 '동과 동 사이에 회가 있다'라고 한 것이다. 회는 내로 통하고 내는 산과 산 사이에 있기 때문에 명명하기를 '두 산의 사이'라고 하여, 으레 '회는 동과 동 사이에 있다'·'혁은 성과 성 사이에 있다'·'구는 정과 정 사이에 있다'라는 표현에 적용시켰으니, 그 일이 서로 같아서 그러한 명명을 이에 일컬은 것이다.

원문 又案,「匠人」·「遂人」兩篇文義, 皆互相足者也. '夫間有遂', 見遂在兩夫之間, 兼辭也. '十夫有溝, 百夫有洫, 千夫有澮, 萬夫有川', 但就小水入大水言之, 偏辭也. 若以偏辭言遂, 則曰'一夫有遂'矣; 以兼辭言溝·洫·澮·川, 則必曰'二十夫之間, 二百夫之間, 二千夫之間, 二萬夫之間'矣. '田首謂之遂', 偏辭也, '井間謂之溝, 成間謂之洫, 同間謂之澮', 兼辭也. 若以兼辭言遂, 則曰'屋間謂之遂'矣; 以偏辭言溝·洫·澮, 則遂在田首, 溝在井首, 洫在成首, 澮在同首, 當云'井間謂之溝, 成首謂之洫, 同首謂之澮'矣. 惟澮所專達之川, 則必曰'兩山之間', 難擧偏辭, 故溯洄相從, 澮·洫·溝亦皆以'間'言, 此古人造言之法, 出於自然, 治古文者可求而得之也."

역문 또 살펴보니, 「장인」과 「수인」 두 편의 글 뜻은 모두 서로를 충족시켜 주는 것이다. '부와 부 사이에 수를 둔다'라는 말은 수가 두 부 사이에 있음을 나타내는 겸사(兼辭)이다. '10부마다 구를 두고, 1백 부마다 혁을 두며, 1천 부마다 회를 두고 1만 부마다 내를 둔다'라는 말은 단지 작은 물이 큰 물로 들어가는 측면만 말한 편사(偏辭)이다. 만약 편사로 수를 말했다면, '1부마다 수를 둔다'라고 했을 것이고 겸사로 구와 혁과 회와 내를 말했다면, 반드시 '20부 사이, 2백 부 사이, 2천 부 사이, 2만 부 사이'라고 했을 것이다. '밭머리를 수라 한다'라는 말은 편사이고 '정과 정 사이를 구라 하고, 성과 성 사이를 혁이라 하며, 동과 동 사이를 회라 한다'라는 말은 겸사이다. 만약 겸사로 수를 말했다면 '옥과 옥 사이를 수라 한다'라고 했을 것이고, 편사로 구와 혁과 회를 말했다면 수는 밭머리에 있고, 구는 정의 머리에 있으며, 혁은 성의 머리에 있고, 회는 동의 머리에 있으므로 당연히 '정과 정 사이를 구라 하고 성의 머리를 혁이라 하며 동의 머리를 회라 한다'라고 했을 것이다. 오직 회가 통하는 내[川]는 반드시 '두 산의 사이'라고 했는데, 편사를 들기 어려우므로 물결이 거슬러 흐르며 서로 따르면 회와 혁과 구도 모두 '사이[間]'라고 말했으니, 이는 옛사람들이 말을 만들어 내는 방법인데 자연스럽게 나온 것으로 고문(古文)을 전공하는 자라면 연구해서 알아낼 수 있는 것이다."라고 했다.

논어정의 권10

論語正義卷十

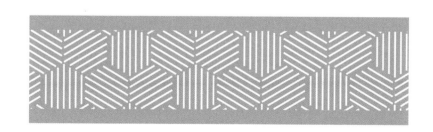

子罕第九(자한 제9)

○●○

集解(집해)

○●○

凡三十一章(모두 31장이다)

원문 正義曰: 『釋文』於下更云: "皇三十章." 謂合"不忮不求"與上"衣敝縕袍"爲一章也. 說本<u>孔氏廣森</u>『經學巵言』.

역문 정의에서 말한다.

　『경전석문(經典釋文)』에는 "모두 31장이다[凡三十一章]"라고 하고 그 아래 다시 "황간(皇侃)본에는 30장이다."라고 했으니, "해치지 않고 탐하지 않음[不忮不求]"을 앞의 "해진 솜옷을 입다[衣敝縕袍]"와 합해서 1장으로 했다는 말이다. 이에 대한 설명은 공광삼(孔廣森)의 『경학치언(經學巵言)』을 근거로 한다.

9-1

子罕言利與命與仁.【注】"罕"者, 希也; "利"者, 義之和也; "命"者, 天之命也; "仁"者, 行之盛也. 寡能及之, 故希言也.

> 공자(孔子)는 이(利)와 명(命)과 인(仁)을 드물게 말하였다. 【주】 "한 (罕)"은 드묾[希]이다. "이(利)"는 의(義)의 조화로움[和]이고, "명(命)"은 하늘의 명 (命)이며, "인(仁)"은 행실이 성대함[盛]이다. 사람 중에는 여기에 미칠 수 있는 자가 적었기 때문에 드물게 말한 것이다.

- 「注」, "罕者"至"言也".

- 正義曰: 『爾雅』「釋詁」云: "希, 罕也." 『毛詩』「太叔于田」「傳」云: "罕, 希也." 轉相訓. 『左』 「襄」九年「傳」, "穆姜曰: '利, 義之和也. 利物足以和義.'" 『易』「文言傳」同. 此相傳古訓, 故 此「注」本之. "利物"者, 物猶事也, 若『左』「文」七年「傳」郤缺釋「夏書」三事有"利用"也. 穆姜 言"作而害身, 不可謂利." 而『易』「象」以"元亨利貞"爲四德. 其見之「彖辭」·「象辭」, 如云"利 見大人", "利建侯", "利用侵伐"·"利用行師征邑國", "利用爲依遷國", "利用賓于王", "孚乃利 用禴", "利用享祀", "利用祭祀", "利用刑人", "利用獄", "利涉大川", "利有攸往", "利西南", "利 執言", "利用爲大作", "利出否", "無不利", 皆言"利"也; 如云"不利爲寇", "不利涉大川", "不利 有攸往", "不利東北", "不利賓", "不利卽戎", "無攸利", 皆言"不利"也. 利與不利, 古人皆質言 之. 人未有知其不利而爲之, 則亦豈有知其利而避之弗爲哉? 利所以爲義之和者, 和猶言調 適也. "義以方外", 若但言義不言利, 則方外而不能和, 故利爲義之和.

○ 「주」의 "한자(罕者)"부터 "언야(言也)"까지.

○ 정의에서 말한다.

『이아(爾雅)』「석고(釋詁)」에 "희(希)는 드묾[罕]이다."라고 했고, 『모시(毛詩)』「태숙우전 (太叔于田)」의 「전」에 "한(罕)은 드묾[希]이다."라고 했으니 서로 간에 돌려 가며 뜻을 새긴 것이다. 『춘추좌씨전(春秋左氏傳)』「양공(襄公)」 9년의 「전」에 "목강(穆姜)이 말했다. '이 (利)는 의(義)의 조화로움[和]이다. 사물을 이롭게 하면 충분히 의를 조화롭게 할 수 있다.'" 라고 했다. 『주역(周易)』「건괘(乾卦)」의 「문언(文言)」에도 같다. 이것은 고훈(古訓)을 서로 전한 것이기 때문에 여기의 「주」에서 근거로 삼은 것이다. "사물을 이롭게 함[利物]"에서, 물 (物)은 사(事)와 같으니, 『춘추좌씨전』「문공(文公)」 7년의 「전」에 극결(郤缺)이 「하서(夏

書」의 삼사(三事)를 해석하는데 "이용(利用)"이 있는 것과 같다.[1] 목강이 "난을 일으켜 자신을 해쳤으니 '이(利)'라고 할 수 없다."[2]라고 했는데, 『주역』「건·단(彖)」에서는 "원형이정(元亨利貞)"을 사덕(四德)으로 삼았다. 「단사(彖辭)」나 「상사(象辭)」에 보면 "대인을 만나봄이 이롭다[利見大人]", "군주[侯]를 세움이 이롭다[利建侯]", "쳐들어가 정벌함이 이롭다[利用侵伐]", "군대를 출동하여 읍국(邑國)을 정벌함이 이롭다[利用行師征邑國]", "의지하며 국도(國都)를 옮김이 이롭다[利用爲依遷國]", "왕(王)에게 손님이 됨이 이롭다[利用賓于王]", "정성이 있어야 약(禴)을 씀이 이롭다[孚乃利用禴]", "향사(享祀)에 씀이 이롭다[利用享祀]", "제사(祭祀)에 씀이 이롭다[利用祭祀]", "사람을 형벌함에 씀이 이롭다[利用刑人]", "옥사에 사용함이 이롭다[利用獄]", "큰물을 건너는 것이 이롭다[利涉大川]", "갈 곳이 있어야 이롭다[利有攸往]", "서남쪽으로 가면 이롭다[利西南]", "대의명분을 내세워 토벌함이 이롭다[利執言]", "일을 크게 일으키는 것이 이롭다[利用爲大作]", "나쁜 것을 꺼냄이 이롭다[利出否]", "이롭지 않음이 없다[無不利]"라고 한 것과 같은 것은 모두 "이(利)"를 말한 것이고, "침략하는 것은 이롭지 않다[不利爲寇]", "큰물을 건너는 것이 이롭지 않다[不利涉大川]", "갈 곳이 있음이 이롭지 않다[不利有攸往]", "동북쪽으로 가면 이롭지 않다[不利東北]", "손님에게 미침은 이롭지 않다[不利賓]", "병란(兵亂)에 나아감은 이롭지 않다[不利卽戎]", "이로울 바가 없다[無攸利]"라고 한 것과 같은 것은 모두 "불리(不利)"를 말한 것이다. 이(利)와 불리(不利)는 옛사람들이 있는 그대로 딱 잘라서 하던 말이다. 사람은 그 불리함을 알면서도 행하는 경우는 없으니, 그렇다면 또한 어찌 그것이 이롭다는 것을 알면서도 피하고 행하지 않는 경우가

---

1 『춘추좌씨전(春秋左氏傳)』「문공(文公)」 7년: 진(晉)나라 극결(郤缺)이 조 선자(趙宣子)에게 말하였다. "… 「하서(夏書)」에 '선행(善行)이 있는 자는 상(賞)을 주어 경계하고, 죄(罪)가 있는 자는 형벌로 다스리며, 구가(九歌)로 권면하여 구공(九功)을 무너뜨리지 않도록 하라.'라고 하였습니다. 구공의 덕이 모두 노래로 부를 만한 것을 '구가'라고 하고, 육부(六府)·삼사(三事)를 '구공'이라 하고, 수(水)·화(火)·금(金)·목(木)·토(土)·곡(穀)을 '육부'라 하고, 정덕(正德)·이용(利用)·후생(厚生)을 '삼사'라 하고, 육부·삼사를 사의(事宜)에 맞게 행하는 것을 덕(德)과 예(禮)라고 합니다."[晉郤缺言於趙宣子曰: … 「夏書」曰: 戒之用休, 董之用威, 勸之以九歌, 勿使壞, 九功之德皆可歌也, 謂之九歌; 六府三事, 謂之九功; 水火金木土穀, 謂之六府; 正德利用厚生, 謂之三事; 義而行之, 謂之德禮.]
2 『춘추좌씨전』「양공(襄公)」 9년.

있겠는가? 이는 의의 조화로움[和]이 되는 것이니, 화(和)는 조적(調適)이라는 말과 같다. "의로써 외면을 방정하게 한다"³라고 해서 만약 다만 의만 말하고 이를 말하지 않으면, 외면을 방정하게 하더라도 조화를 이루지 못하기 때문에 이가 의의 조화로움이 되는 것이다.

원문 「周語」曰: "言義必及利." 韋昭曰: "能利人物, 然後爲義." 此卽"利物足以和義"之誼, 此卽"利"字最初之誼. 君子明於義·利, 當趨而趨, 當避而避. 其趨者, 利也, 卽義也: 其避者, 不利也, 卽不義也. 然而急君父之難, 赴蹈水火而不顧其身, 雖有似於不利而亦趨之, 則以合乎義, 卽爲利也; 視不義之富貴如浮雲, 祿之以天下弗顧也, 繫馬千駟弗視也, 雖有似於利而亦避之, 則以不合乎義, 卽爲不利也. 若小人則反是. 故其所謂利, 或君子所視爲不利; 而其所視爲不利, 或君子所視爲義, 所視爲利也. 君子知利不外義, 故喩於義; 小人知利不知義, 故喩於利.

역문 『국어(國語)』「주어(周語)」에 "의를 말하면 반드시 남을 이롭게 하는 데 미친다."라고 했는데, 위소(韋昭)의 「주」에 "남을 이롭게 해 줄 수 있고 나서야 의가 된다."라고 했으니, 이것이 바로 "남을 이롭게 함이 의에 화합하게 된다[利物足以和義]"⁴라는 의의이며, 이것이 바로 "이" 자의 최초의 의의이다. 군자는 의와 이에 분명하니, 마땅히 좇아야 할 것은 좇고 마땅히 피해야 할 것은 피한다. 그 좇아야 할 것이란 이이니 바로 의이고, 그 피해야 할 것이란 불리이니 바로 불의(不義)인 것이다. 그러나 임금과 부모의 어려움을 급히 구원하기 위해 물불을 가리지 않고 딛고 달려가 제 몸을 돌보지 않으니, 비록 불리한 것 같지만 그래도 달려가는 것은

3　『주역(周易)』「곤(坤)·문언(文言)」.
4　『주역』「건(乾)·문언」.

의에 부합하면 곧 이가 되기 때문이다. 의롭지 못한 부귀를 보기를 뜬구름처럼 여기고, 천하를 녹봉으로 주어도 돌아보지 않으며, 4천 필의 말을 매어 놓는다 하더라도 거들떠보지 않으니, 비록 이로운 것 같지만 그래도 피하는 것은 의에 부합하지 않으면 곧 불리함이 되기 때문이다. 소인과 같은 경우에는 이와 반대로 한다. 따라서 이른바 이라고 하는 것은 혹 군자가 보기에는 불리함이 되기도 하고, 소인이 보기에는 불리함이 되는 것이 혹 군자가 보기에는 의가 되고 보기에 따라 이가 되기도 한다. 군자는 이를 알고 의를 도외시하지 않기 때문에 의에서 밝게 깨닫고, 소인은 이는 알지만 의를 알지 못하기 때문에 이에서 밝게 깨닫는 것이다.

원문 時至春秋, 君子道微, 故夫子罕言利, 則以其理精微, 人或誤習其說, 而惟知有利, 不復知有義矣. 至戰國, 而孟子且辭而辟之, 豈特如夫子之罕言利哉? 此解經說文字所當知世變也. 利・命・仁三者, 皆子所罕言, 而言仁稍多, 言命次之, 言利最少. 故以"利"承"罕言"之文, 而於"命"・於"仁"則以兩"與"字次第之.

역문 춘추(春秋)시대에 이르러 군자의 도가 쇠미해졌기 때문에 공자가 이를 드물게 말하였으니, 그 이치가 정미한데도 사람 중에는 더러 그 말을 그릇되게 배우고는 오직 이가 있음을 알 뿐, 다시는 의가 있음을 알지 못했기 때문이다. 전국(戰國)시대에 이르러 맹자(孟子)도 이를 사양하고 물리쳤으니, 어찌 단지 공자가 이를 드물게 말한 것과 같을 뿐만이겠는가? 이에 경전을 이해하고 문자를 설명함에 있어 마땅히 세상의 변화를 알아야 하는 것이다. 이・명・인 세 가지는 모두 공자가 드물게 말한 것이긴 하지만 인을 말한 것이 조금 많고, 천명을 말한 것이 그다음이며, 이를 말한 것이 가장 적다. 그러므로 "이" 자를 "한언(罕言)"이라는 글자에 이어서 썼고, "명"에 대해서와 "인"에 대해서는 두 개의 "여(與)"자를 가지고 순서대로 기록한 것이다.

원문 皇「疏」云: "命, 天命, 窮通夭壽之目也." 是命爲祿命. 『書』「召誥」云: "今天命吉凶, 命歷年?" 下篇"子夏曰: '死生有命, 富貴在天.'" "有命"·"在天", 互文見義. 『史記』「外戚世家」, "孔子罕稱命者, 難言之也. 非通幽明之變, 烏足識乎性命哉?" 正以命爲祿命也.

역문 황간의 「소」에 "명(命)은 천명(天命)이니 곤궁과 영달, 요절과 장수의 명목이다."라고 했으니, 이 명(命)은 녹명(祿命)[5]이 된다. 『서경(書經)』「소고(召誥)」에 "이제 하늘은 길흉(吉凶)을 명할 것인가? 역년(歷年)을 명할 것인가?"라고 했고, 아래 「안연(顔淵)」에 "자하(子夏)가 말했다 '죽고 사는 것은 명에 달려 있고, 부유함과 귀함은 하늘에 달려 있다.'"라고 했는데, "명에 달려 있다[有命]"와 "하늘에 달려 있다[在天]"라는 표현은 호문(互文)으로 뜻을 나타낸 것이다. 『사기(史記)』「외척세가(外戚世家)」에 "공자가 명을 드물게 일컬은 것은 말하기 어려웠기 때문이다. 유명(幽明)의 변화에 통달하지 않으면 어찌 족히 성명(性命)을 알 수 있겠는가?"라고 한 것은 바로 명을 녹명으로 본 것이다.

원문 阮氏元『論語論仁篇』, "孔子言仁者詳矣, 曷爲曰'罕言'也? 所謂罕言者, 孔子每謙不敢自居於仁, 亦不輕以仁許人也." 今案, 夫子晚始得『易』, 『易』多言"利", 而贊『易』又多言"命", 中人以下, 不可語上, 故弟子於『易』獨無問答之辭. 今『論語』夫子言"仁"甚多, 則又群弟子記載之力, 凡言"仁"皆詳

---

5 녹명(祿命): 사람이 본래 타고난 길흉화복의 운명.

書之, 故未覺其罕言爾.

역문 완원(阮元)의 『논어논인편(論語論仁篇)』에 "공자가 인을 말한 것이 자세한데 어째서 '드물게 말했다'라고 한 것일까? 이른바 드물게 말했다는 것은 공자는 언제나 겸손해서 감히 인을 자처하지 않았고 또 경솔하게 남을 인하다고 인정하지도 않았다는 말이다."라고 했다. 이제 살펴보니, 공자는 만년에 비로소 『주역』을 터득했는데, 『주역』에는 "이"를 언급한 것이 많고, 『주역』을 찬하면서 또 "명"을 언급한 것이 많지만 중간 수준 이하인 사람에게는 지극히 지혜로운 자[上知]의 학문을 말해 줄 수 없었기 때문에 제자들이 『주역』에 대해서만큼은 유독 묻고 답한 말이 없다. 이제 『논어』에 공자가 "인"을 언급한 것이 매우 많은 것은 또한 많은 제자가 기록하는 데 힘썼기 때문이니, 무릇 "인"에 대해서 언급한 것은 모두 자세하게 기록했기 때문에 드물게 말씀하셨다는 것을 깨닫지 못한 것일 뿐이다.

9-2

達巷黨人曰: "大哉孔子! 博學而無所成名." 【注】 鄭曰: "達巷者, 黨名也. 五百家爲黨. 此黨之人, 美孔子博學道藝, 不成一名而已." 子聞之, 謂門弟子曰: "吾何執? 執御乎? 執射乎? 吾執御矣." 【注】 鄭曰: "聞人美之, 承之以謙. '吾執御', 欲名六藝之卑也."

달항(達巷) 고을 사람이 말했다. "위대하구나. 공자여! 널리 배웠으나 명성을 이룬 것이 없구나." 【주】 정현(鄭玄)이 말했다. "달항은 고을 이름이다. 5백 가(家)가 당(黨)이 된다. 달항 고을 사람이 공자가 도예(道藝)를 널리 배웠으나 한 가지 도예로 명성을 이루었을 뿐만이 아님을 찬미한 것이다." 공자가

이 말을 듣고 문하의 제자들에게 말했다. "내가 무엇을 잡겠는가? 수레 모는 일을 잡겠는가? 아니면 활 쏘는 일을 잡겠는가? 나는 수레 모는 일을 잡겠다."【주】정현이 말했다. "남이 자신을 찬미하는 말을 듣고 겸손하게 받아들인 것이다. '나는 수레 모는 일을 잡겠다'라고 한 것은 육예(六藝) 중에 비천한 것으로 이름을 이루고자 한 것이다."

원문 正義曰: 『史記』「孔子世家」作"達巷黨人童子", 此安國故以黨人爲童子也. 『漢書』「董仲舒傳」「對策」曰: "臣聞'良玉不瑑', 資質潤美, 不待刻瑑, 此亡異於達巷黨人不學而自知者也."「注」, "孟康曰: '人, 項橐也.'" 又皇甫謐『高士傳』, "達巷黨人, 姓項, 名橐." 竝本『古論』. 『國策』「秦策」·『淮南子』「修務訓」·『論衡』「實知篇」皆言項橐七歲爲孔子師, 然則仲舒所云"不學而自知"者, 正以童子未學而卽知學之要也. 夫子本無常師, 聞此童子之言而啇所執, 故後人遂儕之於師列耳.

역문 정의에서 말한다.

『사기』「공자세가(孔子世家)」에는 "달항 고을의 어린아이[達巷黨人童子]"라고 되어 있는데, 이는 공안국(孔安國)이 의도적으로 고을 사람을 어린아이로 삼은 것이다. 『전한서(前漢書)』「동중서전(董仲舒傳)」의 「대책(對策)」에 "신이 들으니, '좋은 옥은 문양을 조각하여 아로새기지 않는다'하니, 자질이 윤택하고 아름다워 조각하고 아로새길 필요가 없다는 말로, 이는 달항 고을의 사람이 배우지 않고서도 저절로 공자를 알아본 것과 다를 것이 없습니다."라고 했는데, 「주」에 "맹강(孟康)[6]이 말하길, '달

---

6 맹강(孟康, ?~?): 삼국시대 위(魏)나라 사람으로 자는 공휴(公休)이다. 맹자(孟子)의 17대손이다. 안평(安平) 사람으로 황초(黃初) 연간에 문덕황후(文德皇后)의 외속 관계에 해당해 9족

항 고을 사람[人]이란 항탁(項橐)이다.'라고 했다."라고 했다. 또 황보밀(皇甫謐)의 『고사전(高士傳)』에 "달항 고을 사람은 성이 항(項)이고 이름은 탁(橐)이다."라고 했는데, 모두 『고논어(古論語)』에 근거한 말이다. 『국책(國策)』「진책(秦策)」과 『회남자(淮南子)』「수무훈(修務訓)」과 『논형(論衡)』「실지편(實知篇)」에는 모두 항탁이 7살 때 공자의 스승이 되었다고 했는데, 그렇다면 동중서가 말한 "배우지 않고서도 저절로 알아보았다"라는 것은, 바로 어린아이[童子]가 배우지 않았지만 곧바로 학문의 요점을 알았다는 것이다. 공자는 본래 일정한 스승이 없었으므로 이 어린아이의 말을 듣고서도 상(商)을 잡을 것으로 삼았기 때문에[7] 후대의 사람들이 마침내 스승의 반열과 동일시한 것일 뿐이다.

원문 焦氏循『補疏』, "孔子以民無能名, 贊堯之則天, 故門人援達巷黨人之言, 以明孔子與堯同. '大哉孔子!', 即'大哉堯之爲君!'; '博學無所成名', 即'蕩蕩乎民無能名'也." 案, 博學無所成名, 惟聖人能然. 若常人雖亦博學, 而

으로 관직을 받았으며, 옮겨서 산기시랑이 되었다. 이때 산기시랑은 뛰어난 재능을 가진 자들만 선발되었기에 맹강은 후궁의 연줄로 임명된 것이라 당시의 사람들이 그를 경시해 아구(阿九)라 불렀으며, 맹강은 재능과 영민함이 없어서 두루 서전을 읽었다. 하지만 문장이 뛰어나고 요점을 잘 짚어서 사람들은 그를 존경하게 되었으며, 위의 제왕(齊王) 정시(正始) 연간에 홍농태수(弘農太守) 겸 전농교위(典農校尉)가 되었다. 맹강은 관직에 오르면 자신을 깨끗이 하고 직무에 임해 선행을 평가했으며, 선행을 할 수 없는 사람을 불쌍히 여겨 소송 사건을 줄이고 백성들의 이익을 주도록 했다. 252년에 대장군(大将軍) 사마사(司马师)가 집권하면서 조정의 회의에 참여했고 가평(嘉平) 연간 말에 발해태수가 되었다가 중앙으로 가 중서령을 지내다가 중서감이 되었다. 주요 저서로는 『한서음의(漢書音義)』와 『노자주(老子注)』가 있다.

7 『논어(論語)』「위령공(衛靈公)」에서 안연(顔淵)이 나라 다스리는 법에 대해 물었을 때 "은(殷)나라의 수레를 타라[乘殷之輅]"라고 한 말을 근거로, "수레 모는 일을 잡겠다"라고 한 것을 "상을 잡을 것으로 삼았다"라고 본 듯하다.

總有所專主, 故執一藝以成名, 乃中人爲學之正法. 『大戴禮記』「曾子立事」

云: "君子博學而孱守之." 又云: "博學而無方, 好多而無定者, 君子弗與

也." 又云: "君子博學而算焉." 算, 選也, 卽此所云"執"也.

역문 초순(焦循)의 『논어보소(論語補疏)』에 "공자가 백성들이 무어라 형용할
수 없다는 말로 요(堯)임금이 하늘을 본받았음을 찬미했기 때문에 문인
들도 달항 고을 사람의 말을 가져다 공자가 요임금과 동등함을 밝힌 것
이다. '위대하구나. 공자여!'는 바로 '위대하도다. 요의 임금 노릇 하심이
여!'[8]와 같고, '널리 배웠으나 명성을 이룬 것이 없구나.'는 바로 '넓고도
넓도다. 백성들이 무어라 형용하지 못하는구나!'[9]와 같다."라고 했다. 살
펴보니, 널리 배웠으나 명성을 이룸이 없는 것은 오직 성인이라야 그렇
게 할 수 있다. 평범한 사람과 같은 경우에는 비록 널리 배웠다 하더라
도 모두 오로지 주장하는 바가 있기 때문에 한 가지 재주를 잡고서 명성
을 이루니, 이것이 바로 중간 수준 정도 되는 사람들이 학문을 하는 정
법(正法)이다. 『대대례(大戴禮)』「증자입사(曾子立事)」에 "군자는 널리 배
우되 작게 지킨다."라고 했고, 또 "널리 배우되 일정한 방향이 없고, 많
이 아는 것을 좋아하되 정해진 견해가 없는 자와 군자는 함께하지 않는
다."라고 했으며, 또 "군자는 널리 배우되 가려서[算] 배워야 한다."라고
했는데, 산(算)은 가린다[選]는 뜻이니, 바로 여기에서 말하는 "잡는다[執]"
라는 뜻이다.

원문 『禮』「內則」言年十三學射·御, 二十博學, 三十博學無方, 是射御久爲

夫子所學. 此時聞黨人譽己, 恐門弟子惑於美譽, 專騖爲博學而終無所成

8　『논어』「태백(泰伯)」.

9　『논어』「태백」.

能, 故就己所學射御二者求之, 祇當執御, 以示爲學當施博而守約也.

역문 『예기(禮記)』「내칙(內則)」에 13세에 활쏘기와 수레 몰기를 배우고, 20세에 널리 배우며, 30세에 널리 배워서 일정한 방소가 없다고 했으니, 이 활쏘기와 수레 몰기는 오랫동안 공자가 배우던 것이었다. 당시에 고을 사람이 자기를 칭찬함을 듣고 문하의 제자들이 훌륭한 칭찬에 미혹되어 오로지 널리 배우는 데에만 힘써서 결국엔 능력을 이룸이 없게 될까 걱정했기 때문에, 자기가 배운 활쏘기와 수레 몰기 두 가지를 가지고 구제하면서 단지 마땅히 수레 몰기를 잡겠다고 하여 배울 때에는 마땅히 베풂이 넓고 지킴이 요약되어야 함을 보여 준 것이다.

- 「注」, "達巷"至"而已".
- 正義曰: 『一統志』, "達巷在滋陽縣西北五里, 相傳卽達巷黨人所居." 滋陽, 今屬兗州府, 此出方志附會, 未敢信也. 『禮記』「曾子問」, "子曰: '昔者吾從老聃助葬於巷黨.'" 其地當在王畿. 翟氏灝 『考異』疑卽此巷黨, 亦未必然. "不成一名"者, 言非一技之可名也. 皇 『疏』云: "孔子廣學, 道藝周徧, 不可一一而稱, 故云'無所成名'也."
- ○ 「주」의 "달항(達巷)"부터 "이이(而已)"까지.
- ○ 정의에서 말한다.

  『대청일통지(大淸一統志)』에 "달항은 자양현(滋陽縣) 서북쪽 5리 되는 곳에 있는데, 「현지(縣志)」에 서로 전해지는 곳이 바로 달항 고을 사람들이 사는 곳이다."[10]라고 했는데, 자양현은 지금은 연주부(兗州府)에 속하니, 이는 지방지(地方志)에 나온 것을 견강부회한 것이어서 감히 믿을 수가 없다. 『예기』「증자문(曾子問)」에 "공자가 말했다. '옛날에 내가 노담(老聃)을 따라서 항당(巷黨)에서 장례를 도왔다.'"라고 했으니, 그 지역은 당연히 경기 지역[王畿]에

---

10 『대청일통지(大淸一統志)』권130, 「연주부2(兗州府二)」. 『대청일통지』에는 "在滋陽縣西北五里, 「縣志」相傳, 卽達巷黨人所居."라고 되어 있으므로, "「현지(縣志)」"를 보충해서 해석했다.

있다. 적호(翟灝)의 『사서고이(四書考異)』에서는 이 항당도 꼭 맞지는 않는다고 여겼다. "불성일명(不成一名)"이란, 형언할 수 있는 것이 한 가지 기예(技藝)뿐만이 아니라는 말이다. 황간의 「소」에 "공자는 널리 배워, 도예가 두루두루 미쳐 일일이 일컬을 수 없기 때문에 '명성을 이룬 것이 없다'라고 한 것이다."라고 했다.

- 「注」, "聞人"至"卑也".
- 正義曰: 夫子謙言但當執一藝以成名, 不敢當黨人之譽己也. 御爲六藝之卑, 故「曲禮」·「少儀」皆言"問大夫之子, 長曰'能御矣', 幼曰'未能御也.'" 子長以能御許之, 又不及他藝, 是御於六藝爲卑.
- ○「주」의 "문인(聞人)"부터 "비야(卑也)"까지.
- ○ 정의에서 말한다.

공자는 다만 마땅히 하나의 도예를 잡아 명성을 이루어야 함을 겸손하게 말한 것일 뿐, 고을 사람이 자기를 칭찬하는 것을 감히 받아들이지 않았다는 말이다. 수레 모는 일[御]은 육예 중에 비천한 일이므로 『예기』 「곡례하(曲禮下)」와 「소의(少儀)」에 모두 "다른 나라 사람이 대부(大夫)의 신하에게 대부의 자식 나이를 물으면, 장성했으면 '수레 모는 일을 할 수 있습니다.'라고 하고, 어리면 '수레 모는 일을 할 수 없습니다.'라고 한다."라고 했다. 자식이 장성한 것을 수레 모는 일을 할 수 있는 것으로 인정하고 또 다른 예(藝)를 언급하지 않았으니, 이에 수레 모는 일이 육예 중에 비천한 일이 되는 것이다.

9-3

子曰: "麻冕, 禮也, 今也純, 儉. 吾從衆. 【注】孔曰: "'冕', 緇布冠也. 古者績麻三十升布以爲之. '純', 絲也. 絲易成, 故從儉."

공자가 말했다. "베로 만든 면류관이 예에 맞지만 지금은 명주실로 만드니, 검소하다. 나는 대중을 따르겠다. 【주】 공안국이 말했다. "'면류관[冕]'은 검은 베로 만든 관[緇布冠]이다. 옛날에는 30새[升]의 삼베를 짜서 면류관을 만들었다. '순(純)'은 누이지 않은 명주실[絲]이니, 명주실로 30새의 삼베를 짜기는 쉽기 때문에 검소함을 따른 것이다."

원문 正義曰: "麻"者, 枲麻, 績其皮以爲布, 而冕用之, 故曰"麻冕". 『白虎通』「紼冕篇」, "麻冕者何? 周宗廟之冠也. 『禮』曰'周冕而祭', 又曰'殷冔夏收而祭', 此三代宗廟之冠也." 冕所以用麻爲之者, 女工之始, 示不忘本也. 『左』「桓」二年「疏」, "『論語』'麻冕', 蓋以木爲幹, 而用布衣之, 上玄下朱, 取天地之色." 又云: "冕以木爲爲幹, 以玄布衣其上, 謂之綖." 此冕用麻之制也.

역문 정의에서 말한다.

"마(麻)"는 시마(枲麻)이니, 그 껍질을 짜서 삼베를 만들어 면류관을 만드는 데 사용하기 때문에 "마면(麻冕)"이라고 한 것이다. 『백호통의(白虎通義)』「불면(紼冕)」에 "마면이란 무엇인가? 주(周)나라 종묘(宗廟)에서 사용하는 관(冠)이다. 『예기』에 '주인(周人)은 면류관을 쓰고 제사 지냈다'라고 하고, 또 '은인(殷人)은 후관(冔冠)을, 하후씨(夏后氏)는 수관(收冠)을 쓰고 제사 지냈다.'[11]라고 했으니, 이것이 3대의 종묘에서 쓰는 관이다."라고 했다. 면류관을 삼베[麻]로 만드는 까닭은 여자들이 일을 시작할 때 근본을 잊지 않음을 보이기 위한 것이다. 『춘추좌씨전』「환공(桓公)」 2년의 「소」에 "『논어(論語)』의 '베로 만든 면류관[麻冕]'은 나무로 뼈대를 만들고 베를 입혀서 위는 검게 하고 아래는 붉게 해서 천지의 색을 취한 것이다."라고 했고, 또 "면류관은 나무로 뼈대를 만들어 그 위에 검은 베

---

11 『예기(禮記)』「왕제(王制)」.

를 입힌 것을 연(緣)이라 한다."라고 했으니, 이것이 면류관에 삼베를 쓰는 제도이다.

원문 鄭此「注」云: "績麻三十升以爲冕." "純"當爲"緇", 黑繒也. 三十升者, 鄭注「喪服」云: "'八十縷爲升', 升字當爲登, 登, 成也. 今之禮皆以登爲升, 俗誤已行久矣. 然則此云"三十升", 亦是依俗爲文. 一升八十縷, 三十升是二千四百縷, 鄭依漢制, 推古布幅廣, 二尺二寸, 以二尺二寸布廣之度, 容二千四百縷, 是細密難成, 故不如用緇帛之儉也. 蔡邕『獨斷』謂"用三十六升布"則太密, 非所容矣.

역문 정현은 여기의「주」에서 "삼베 30새를 짜서 면류관을 만든다."라고 했다. "순(純)"은 마땅히 "치(緇)"가 되어야 하니, 검은색 비단[黑繒]이다. 30새[三十升]에 대해, 정현은『의례(儀禮)』「상복(喪服)」을 주석하면서 "'80올[縷]이 1새[升]가 된다'라고 하는데, 승(升) 자는 마땅히 등(登)이 되어야 하니, 등(登)은 성(成)의 뜻이다. 지금의 예(禮)에서는 모두 등(登)을 승(升)의 뜻으로 삼으니, 속설(俗說)의 잘못이 이미 행해진 지 오래되었다. 그렇다면 여기에서 "30새"라고 한 것도 속설에 의거한 글이다. 1새가 80올이면 30새는 2,400올인데, 정현이 의거한 한나라 시대의 제도로 옛날 베의 폭 너비를 미루어 보면 2자 2치이니, 2자 2치 되는 너비의 베의 척도로 2,400올을 용납하면 세밀함을 이루기 어렵기 때문에 검은색 비단의 검소함을 사용하는 것만 못하다. 채옹(蔡邕)의『독단(獨斷)』에 "36새의 베를 사용한다"라고 했는데, 이렇게 하면 지나치게 빽빽해서 용납될 수 없다.

원문 『釋文』, "純, 順倫反, 絲也. 鄭作側其反." 側其之音爲"緇", 其實鄭依古字作紂, 紂篆與"純"相似, 故致誤.『禮』「玉藻」"純組綬",「注」, "純當爲緇,

古文緇字, 或作糸旁才.”『周官』「媒氏」“純帛”, 「注」, “純實緇字也, 古緇以才爲聲.” 此鄭破“純”爲“緇”之例.

역문 『경전석문』에 “순(純)은 순(順)과 윤(倫)의 반절음이니, 누이지 않은 명주실[絲]이다. 정현은 측(側)과 기(其)[12]의 반절음이라고 했다.”라고 하였다. 측(側)과 기(其)의 반절음은 “치(緇)”가 되는데, 사실 정현은 옛 글자에 근거해서 치(紂)라고 썼으니, 치(紂)의 전서체가 “순(純)”과 서로 비슷하기 때문에 잘못 쓴 것이다. 『예기』「옥조(玉藻)」에 “순조(純組)의 인끈을 늘어뜨린다[純組綏]”라고 했는데, 「주」에 “순(純)은 마땅히 치(緇)가 되어야 하니, 고문(古文)의 치(緇) 자는 더러 사(糸) 변에 재(才) 방을 붙인 글자로 되어 있기도 하다.”라고 했다. 『주관(周官)』「매씨(媒氏)」에 “순백(純帛)”이라고 한 곳의 「주」에 “순(純)은 실제로 치(緇) 자이니, 고문(古文)의 치(緇)는 재(才)가 발음을 나타낸다.”라고 했는데, 이것이 정현이 “순(純)”을 파자(破字)해서 “치(緇)”로 만든 예(例)이다.

원문 「玉藻」孔「疏」云: “鄭讀純爲緇, 其例有異, 若經文絲帛分明, 而色不見者, 以黑色解之, 卽讀爲緇. 如『論語』云‘今也純’, 稱古用麻, 今用純, 則絲可知也. 以色不見, 故讀純爲緇. 若色見而絲不見, 則不破純字, 以義爲絲. 「昏禮」‘女次純衣’, 「注」云: ‘純衣, 絲衣.’ 如此之類是也.” 賈公彦『周官』「媒氏」・『儀禮』「士冠禮」「疏」言鄭破讀之例, 與孔同. 而云: “據布爲色者, 則爲緇字; 據帛爲色者, 則爲紂字.” 與孔「疏」異, 似非鄭君之旨.

역문 『예기』「옥조」 공영달(孔穎達)의 「소」에 “정현이 순을 치의 뜻으로 읽은 것은 그 예가 다르니, 경전의 글처럼 명주실이나 비단[絲帛]이 분명하

지만 그 색이 드러나 보이지 않는 경우에는 검은색으로 이해하고 바로 순을 치의 뜻으로 읽은 것이다. 예컨대, 『논어』에서 '금야순(今也純)'이라고 한 것과 같은 것은, 옛날에는 삼베[麻]를 사용하던 것을 지금은 순을 사용한다는 말이니, 그렇다면 이는 순이 누이지 않은 명주실[絲]임을 알 수 있다. 색이 드러나 보이지 않기 때문에 순을 치의 뜻으로 읽은 것이다. 만약 색은 드러나 보이지만 생사임이 드러나 보이지 않을 경우에는 순 자를 파자해서 생사의 뜻으로 삼지 않았다. 『의례』「사혼례(士昏禮)」에 '여자는 자(次)로 머리를 꾸미고 순의(純衣)를 입는다.'라고 한 곳의 「주」에 '순의(純衣)는 누이지 않은 명주실로 짠 옷[絲衣]이다.'라고 했는데, 이와 같은 부류가 그것이다."라고 했다. 가공언(賈公彦)의 『주관』「매씨」와 『의례』「사관례(士冠禮)」의 「소」에도 정현이 파독(破讀)한 예를 언급했는데, 공영달과 같다. 하지만 "베[布]를 근거로 색(色)이 드러나 보인 것이라고 여긴다면 치(緇) 자로 읽어야 하고, 비단[帛]을 근거로 색이 드러나 보인 것이라고 여긴다면 치(紂) 자로 읽어야 한다."라고 한 것은 공영달의 「소」와는 다르니, 정군(鄭君)의 취지와는 다른 것 같다.

원문 案, 『說文』, "緇, 帛黑色也." 緇本謂黑帛, 其後布之黑色者, 亦得名之. "緇"・"紂"爲古今字, 鄭此「注」訓黑繒, 而破讀止云"純當爲緇", 是緇可爲帛色, 而賈以緇但爲布色, 非矣. 緣鄭之意, 實以"純"字與"紂"相似, 故讀從之. 但"紂"爲古文, 人不經見, 故先讀從今字而爲"緇"也. 且言"緇"則爲"紂"已明.「祭統」"純服"・「昏禮」及「士冠禮」"純衣"「注」以"絲衣"解之, 雖不破字, 亦是讀"紂", 以與他處注文可互見也. 宋氏翔鳳『發微』謂"鄭讀緇卽緇布冠", 然鄭以緇爲黑繒, 竝無"緇布冠"之文. 且以"緇布冠"代"麻冕", 而冕直廢棄不同, 豈可通乎? 不知宋君何以如此說.

역문 살펴보니 『설문해자(說文解字)』에 "치(緇)는 검은색 비단이다."[13]라고 했다. 치(緇)는 본래 검은색 비단인데, 그 후로는 검은색 베[布]도 그렇게 명명할 수 있다. "치(緇)"와 · "치(紂)"는 고금자(古今字)[14]의 관계인데, 정현은 여기의 「주」에서 뜻을 검은색 비단으로 새기고 파독해서 단지 "순(純)은 마땅히 치(緇)가 되어야 한다"라고만 했는데, 치(緇)는 비단[帛]의 색이 될 수 있는데도 가공언은 치(緇)를 다만 베[布]의 색으로만 여겼으니, 잘못이다. 정현의 뜻에 따르면 사실 "순(純)" 자와 "치(紂)" 자는 서로 같기 때문에 그렇게 읽은 것이다. 다만 "치(紂)"는 고문(古文)이기 때문에 사람들이 본 경험이 없으므로 우선은 지금의 글자를 따라 읽으면서 "치(緇)"의 뜻으로 삼은 것이다. 또 "치(緇)"라고 했다면 "치(紂)"가 된다는 것은 이미 분명하다. 『예기』「제통(祭統)」의 "치복(純服)"과 『의례』「사혼례」 및 「사관례」의 "치의(純衣)"에 대한 「주」에서 "사의(絲衣)"라고 해석했으니, 비록 파자하지 않더라도 역시 "치(紂)"라고 읽음으로써 다른 곳의 주석의 글과 서로 번갈아 가며 표현할 수 있다.

송상봉(宋翔鳳)의 『논어발미(論語發微)』에 "정현은 치(緇)라고 읽었으니 바로 치포관(緇布冠)이다."라고 했는데, 하지만 정현이 치(緇)를 검은색 비단[黑繒]이라고 한 것에는 모두 "치포관"이라는 글자는 없다. 또 "치포관"으로 "베로 만든 관[麻冕]"을 대신했다고 해서 면류관을 곧장 폐기하는 것과는 같지 않으니, 어찌 통할 수 있겠는가? 송군(宋君)이 어째서 이

---

13 『설문해자(說文解字)』권13: 치(緇)는 검은색 비단이다. 사(糸)로 구성되었고 치(甾)가 발음을 나타낸다. 측(側)과 지(持)의 반절음이다.[緇, 帛黑色. 從糸甾聲. 側持切.]
14 고금자(古今字): 훈고학(訓詁學) 용어. 광의의 고금자는 하나의 뜻을 두고 시간적으로 선후 관계가 있이 만들어진 형체가 다른 글자. 구별자(區別字)라고도 한다. 협의의 고금자는 어떤 한자의 여러 의항(蟻項)을 구별하기 위해 형체상 고자(古字)와 관계있는 새로운 글자를 만들어 냈을 때 생기게 되는데, 그 결과 그 원래의 글자와 새로운 글자는 고금자의 관계에 있게 된다.

런 말을 했는지 알 수가 없다.

- 「注」, "孔曰"至"從儉".
- 正義曰: 『後漢』「陳元傳」「注」引此「注」作"何晏". 「士冠禮」「記」曰: "始冠, 緇布之冠也. 太古冠布, 齊則緇之." 「注」, "重古始冠, 冠其齊冠." 『詩』「都人士」云: "臺笠緇撮." 毛「傳」, "緇撮, 緇布冠." 鄭「箋」, "都人之士以臺皮爲笠, 緇布爲冠, 古明王之時, 儉且節也." 則"緇布冠"是冠之儉者, 今易之以純, 純是黑繒, 斷無儉於緇布冠之理. 且冕與緇布冠, 『禮經』所載, 判然各別, 而提而一之, 可知作僞者之陋矣. 純爲絲者, 『說文』, "純, 絲也. 從系, 屯聲.『論語』曰: '今也純, 儉.'" 此許解『論語』用本字, 不煩破讀作"緇", 似爲僞孔所本.

- o 「주」의 "공왈(孔曰)"부터 "종검(從儉)"까지.
- o 정의에서 말한다.

  『후한서(後漢書)』「진원전(陳元傳)」의 「주」에 이 「주」를 인용하면서 "하안(何晏)"이라고 했다. 『의례』「사관례」의 「기」에 "처음으로 씌우는 관[始冠]은 치포관이다. 태고 시대에는 관을 베로 만들었는데 재계하게 되면 검은색으로 물들여 관을 만들었다."라고 했는데, 「주」에 "옛것을 중시해서 처음으로 관을 씌우는데, 관은 재계할 때의 관을 씌운다."라고 했다. 『시경(詩經)』「도인사(都人士)」에 "띠로 만든 갓에 치포관[緇撮]을 썼다."라고 했는데, 모형(毛亨)의 「전」에 "치촬(緇撮)은 치포관이다."라고 했고, 정현의 「전(箋)」에, "왕도의 인사가 부수(夫須)풀 껍질로 삿갓을 만들고 치포(緇布)로 관을 만드니, 옛날 밝은 왕의 시대에는 검소하고 또한 절제하였다."라고 했으니, "치포관"은 관 중에 검소한 것인데 지금 그것을 순(純)으로 바꾸었다면, 순은 검은색 비단이므로 결코 치포관보다 검소할 리가 없다. 또 『예경(禮經)』에 기록되어 있는 면류관과 치포관은 판연하게 각각이 구별되는데, 뒤섞어서 같은 것으로 본다면 거짓을 꾸미는 자의 비루함을 알 수 있다.

  순(純)을 누이지 않은 명주실[絲]이라고 한 것.

  『설문해자』에 "순(純)은 누이지 않은 명주실[絲]이다. 계(系)로 구성되었고 둔(屯)이 발음을 나타낸다. 『논어』에서 말했다. '지금은 명주실로 만드니 검소하다.'"[15]라고 했다. 이는 허신(許慎)이 『논어』를 해석하면서 본래의 글자를 사용한 것으로 '치(緇)'로 파독하는 것을 번거롭게 여기지 않은 것인데, 위공(僞孔)이 이것을 근거로 삼은 것 같다.

拜下, 禮也, 今拜乎上, 泰也. 雖違衆, 吾從下."【注】王曰: "臣之
於君行禮者, 下拜然後升成禮. 時臣驕泰, 故於上拜. 今從下, 禮之恭也."

당(堂) 아래에서 절하는 것이 예인데, 지금은 위에서 절하니, 교
만하다. 나는 비록 대중과 어긋난다고 하더라도 당 아래에서 절
하는 예를 따르겠다."【주】왕숙(王肅)이 말했다. "신하로서 임금에게 예를
행하는 자는 당 아래에서 절을 한 뒤에 당 위로 올라가서 절하는 예를 마치는 것이
다. 당시 신하들은 교만하고 방자하였으므로 당 위에서 절을 하였다. 지금 당 아래에
서 절하는 예를 따르겠다는 것은 예를 공손히 하겠다는 뜻이다."

원문 正義曰: "拜下"者, 謂於堂下拜也. <u>凌氏廷堪</u>『禮經釋例』, "凡臣與君行
禮, 皆堂下再拜稽首, 異國之君亦如之. 廷堪案, 臣與君行禮, 如燕禮·大
射主人獻公, 主人自酢於公, 獻畢, 二人媵爵于公, 皆于阼階下, 北面再拜
稽首, 立. 司正安賓, 司正升酌散, 亦降階再拜稽首, 此士·大夫於諸侯也.
覲禮郊勞行享, 侯氏皆降階再拜稽首, 此諸侯於天子也. 士相見禮始見于
君, 士·大夫則奠摯, 再拜稽首. 燕禮·大射命賓, 賓再拜稽首, 許諾. 聘禮
命使者, 使者再拜稽首, 辭. 使者反命, 賓介皆再拜稽首. 覲禮賜侯氏舍,

---

15 『설문해자』권13: 순(絑)은 누이지 않은 명주실[絲]이다. 계(系)로 구성되었고 둔(屯)이 발음
을 나타낸다. 『논어』에서 말했다. '지금은 명주실로 만드니 검소하다.' 상(常)과 윤(倫)의 반
절음이다.[絑, 絲也. 從系, 屯聲. 『論語』曰: '今也純, 儉.' 常倫切.]

侯氏再拜稽首, 亦皆拜於庭者, 是臣與君行禮, 皆堂下再拜稽首也. 士相見
禮若他邦之人, 則使擯者還其摯, 賓再拜稽首, 受. 聘禮賓覿, 先請以臣禮
見, 入門右, 北面奠幣, 再拜稽首. 介覿及士介覿, 亦皆入門右, 奠幣, 再拜
稽首. 介送幣于中庭, 再拜稽首. 禮畢, 主國之君勞賓介, 賓介皆再拜稽首.
歸饔餼, 士介則北面再拜稽首. 拜饔餼, 皆再拜稽首. 「聘禮」「記」若私獻,
賓再拜稽首. 公食大夫禮大夫納賓, 賓入門左, 公再拜, 賓辟, 再拜稽首.
侑賓後, 賓入門左, 沒霤, 北面再拜稽首. 明日, 賓拜賜拜食與侑幣, 皆再
拜稽首. 此皆與異國之君行禮也. 聘禮主君使卿郊勞, 賓北面再拜稽首. 使
卿致館, 賓再拜稽首. 公食大夫禮使大夫戒賓, 賓再拜稽首. 此皆與異國之
使者行禮, 而尊其君命, 故亦再拜稽首也."

역문 정의에서 말한다.

"배하(拜下)"란 당 아래에서 절한다는 말이다. 능정감(凌廷堪)의 『예경
석례(禮經釋例)』에 "무릇 신하와 임금이 예를 행할 때, 모두 당 아래에서
재배하고 머리를 조아리니, 다른 나라의 임금에게도 역시 이같이 한다.
내[능정감]가 살펴보니, 신하와 임금이 예를 행할 때 조정에서 군신(君臣)
상하 간의 친목을 도모하기 위하여 베푸는 연회[燕禮]나 나라에서 제사
할 일이 있을 때 임금이 군신(群臣)을 모아 육예의 하나인 활쏘기를 시험
하여 제사에 참석할 자를 뽑는 의례[大射禮]와 같은 경우 주인이 공(公)에
게 잔을 올리거나 주인이 공에게서 받은 잔에 스스로 잔을 따라서 헌수
(獻酬)를 마치면 두 사람이 공에게 잉작(媵爵)[16]하고, 모두 동쪽 계단 아래

---

16 잉작(媵爵): 먼저 술 한 잔을 마시고 다시 두 잔의 술을 따르게 함을 이른다. 『의례(儀禮)』「연
례(燕禮)」에 "소신(小臣)은 동쪽 계단 아래에서 잉작하는 사람을 누구로 할 것인지 공에게
청하여 묻는다. 공은 우두머리에게 시키도록 명한다. 소신은 공의 명에 따라 하대부(下大
夫) 가운데 2명을 시켜 술잔을 들어서 올리게 한다. 잉작하는 2명의 하대부는 동쪽 계단 아
래에서 모두 북쪽을 향해 재배하고 머리를 조아린다. 공은 답배로 재배한다. 잉작하는 2명

에서 북쪽을 향해 재배하고 머리를 조아렸다가 일어난다. 사정(司正)이 공을 편히 대접하거나 사정이 올라가 산(散)[17]에서 술을 뜰 때도 섬돌로 내려와 재배하고 머리를 조아리는데, 이는 제후(諸侯)에 대한 사(士)와 대부의 예이다. 제후가 임금을 뵙는 예[覲禮]의 경우에는 교외까지 나아가 영접[郊勞]하면서 향례(享禮)를 행할 때 후씨(侯氏)는 모두 섬돌로 내려와 머리를 바닥에 대고 재배하는데, 이는 천자(天子)에 대한 제후의 예이다. 사가 직위(職位)로써 서로 교유하는 처음에 폐백을 받들고 서로 상면(相面)하는 예[士相見禮]에서 처음 임금을 알현할 때, 사와 대부는 임금에게 폐백을 올리고 머리를 바닥에 대고 재배한다. 연례(燕禮)와 대사례(大射禮)를 행할 때 공이 아무개를 빈(賓)으로 삼으라고 명하면 빈으로 정해진 자는 머리를 바닥에 대고서 재배하고 허락한다. 제후가 대부를 보내어 이웃 나라를 빙문(聘問)하는 예[聘禮]에서는 사자(使者)를 임명하면, 사자는 머리를 바닥에 대고서 재배하고 민첩하지 못하다고 사양한다. 사자가 본국으로 돌아와 임금에게 보고할 때, 빈과 개(介)[18]는 모두 재배하고서 머리를 조아린다. 근례(覲禮)를 행할 때 제후[侯氏]에게 머무를 관사를 하사하면 제후는 재배하고 머리를 조아리는데, 역시 모두 뜰에서 절

의 하대부는 물받이 항아리[洗]의 남쪽에서 서쪽을 향해 서는데, 북쪽을 윗자리로 삼는다. 잉작하는 2명의 하대부는 순서대로 물받이 항아리 앞으로 나아가 손을 씻고 술잔[角觶]을 씻은 뒤 신하의 술동이에서 술을 떠서 술잔을 따르는데, 당 위 서쪽 기둥[西楹]의 북쪽에서 서로 교차하여 만난다. 잉작이 끝나면 2명의 하대부는 당에서 내려와 동쪽 계단 아래에서 모두 술잔을 내려놓고 머리를 조아리면서 공에게 배례를 한 뒤 술잔을 잡고 일어난다. 공은 답배로 재배한다.[小臣自阼階下請媵爵者, 公命長. 小臣作下大夫二人媵爵. 媵爵者阼階下皆北面, 再拜稽首. 公答再拜. 媵爵者立于洗南, 西面, 北上. 序進, 盥, 洗角觶, 升自西階, 序進, 酌散, 交于楹北. 降, 阼階下, 皆奠觶, 再拜稽首, 執觶興. 公答再拜.]"라고 했다.

17 산(散): 옻칠만 하고 장식을 하지 않은 5되[升]들이 술통의 이름.
18 개(介): 빈객이 예를 행하는 것을 보좌하는 사람이다.

하는 것은 신하와 임금이 행하는 예로서 모두 당 아래에서 재배하고 머리를 조아리는 것이다. 사상견례(土相見禮)에서 만약 다른 나라의 사람이 찾아와 임금을 만나 볼 때 사신을 맞이하는 자를 시켜 그 예물을 돌려주게 하면 빈은 재배하고 머리를 조아리고 받는다. 빙례(聘禮)를 행할 때 빈이 찾아뵈려 할 때는 먼저 신하의 예를 갖추어 뵐 것을 청하고 문의 오른쪽으로 들어가 북쪽을 향하여 폐백을 올리고 재배하고 머리를 조아린다. 개가 찾아뵈려 하거나 사개(土介)가 찾아뵈려 할 때도 모두 문 오른쪽으로 들어가 폐백을 올리고 재배하고 머리를 조아린다. 개가 뜰 가운데서 폐백을 보낼 때도 재배하고 머리를 조아린다. 예를 마치고 주인국의 임금이 빈과 개를 위로하면 빈과 개는 모두 재배하고 머리를 조아린다. 임금이 옹희(饔餼)[19]를 보내오면, 사와 개는 북쪽을 향해서 재배하고 머리를 조아린다. 옹희에 절할 때도 모두 재배하고 머리를 조아린다. 『의례』「빙례(聘禮)」의 「기」에 따르면 만약 사사로이 선물을 드리고자 하면 빈은 재배하고 머리를 조아린다. 주국(主國)의 임금이 소빙대부(小聘大夫)들에게 향응(饗應)하는 예[公食大夫禮]에서 대부가 빈을 안내해서 안으로 들어오게 하면 빈은 문의 왼쪽으로 들어오고, 공이 재배하면 빈은 몸을 피했다가 재배하고 머리를 조아린다. 빈에게 권한 뒤에 빈이 문의 왼쪽으로 들어와 낙숫물 떨어지는 곳[沒霤] 북쪽을 향해 재배하고 머리를 조아린다. 다음 날 빈이 전날 공이 하사한 것에 감사의 절을 하고 사례(食禮)에서 폐백을 준 것에 대해 절하면 모두 재배하고 머리를 조아린다. 이는 모두 다른 나라 임금과 예를 행하는 것이다. 빙례를 행할 때 주인 국가의 임금이 경(卿)에게 들에 나아가 빈을 위로하게 하면, 빈은

재배하고 머리를 조아린다. 공사대부례(公食大夫禮)를 행할 때 대부에게 빈을 청하게 하면[戒賓][20] 빈은 재배하고 머리를 조아린다. 이는 모두 다른 나라의 사자와 행하는 예인데, 그 임금의 명을 높이기 때문에 역시 재배하고 머리를 조아린다."라고 했다.[21]

원문 又云:"凡君待以客禮, 下拜則辭之, 然後升成拜. 廷堪案, 臣與君行禮, 皆拜於堂下, 不辭, 不升成拜, 此全乎爲臣者也. 若君以客禮待之, 如燕禮·大射公擧滕爵爲賓擧旅行酬, 賓降西階下再拜稽首. 公命小臣辭, 賓升成拜.「注」, '升成拜, 復再拜稽首也. 先時君辭之, 於禮若未成然.'又賓滕觚于公, 公爲士擧旅行酬. 賓降洗, 升, 酌膳, 降拜. 小臣辭, 賓升成拜, 受酬者亦然.「覲禮」執圭行覲, '侯氏坐取圭, 升, 致命, 王受之玉, 侯氏降階, 東·北面再拜稽首. 擯者延之曰"升", 升成拜.'覲畢請罪, '王勞之, 再拜稽首. 擯者延曰"升", 升成拜. 王賜侯氏車服, 侯氏降兩階之間, 北面再拜稽首, 升成拜.'「注」, '太史辭之降也.'此皆先拜於堂下, 君使人辭之, 復拜於堂上者也. 又如燕禮·大射, 公擧滕爵爲賓擧旅行酬, 公立卒觶, 賓下拜, 小臣辭, 賓升, 再拜稽首,「注」, '不言成拜者, 爲拜故下, 實未拜也, 下不輒拜, 禮殺也.'又'賓升, 酌膳觶, 下拜. 小臣辭, 賓升, 再拜稽首.'「注」, '下拜, 下亦未拜. 凡下未拜有二: 或禮殺, 或君親辭. 君親辭, 則聞命卽升, 升乃拜, 是以不言成拜.'「燕禮」, '賓滕觚于公, 酌散, 下拜. 公降一等, 小臣辭, 賓升, 再拜稽首.'「大射」, '數獲後, 飮不勝者, 若飮公, 則侍射者降拜. 公降一等, 小臣正辭, 賓升, 再拜稽首.'此皆降而未拜, 君辭之, 卽升堂

---

20 계빈(戒賓): 의식을 진행할 때 의식을 주관하여 달라고 주인이 빈(賓)에게 고하는 일.

21 이상의 내용은 모두 『의례』「연례」·「대사의(大射儀)」·「근례(覲禮)」·「사상견례(士相見禮)」·「빙례(聘禮)」에 보인다.

再拜稽首, 故不云‘升成拜’也. 「士相見禮」若君賜之爵, 則下席再拜稽首, 受爵, 但降席, 不云降階者, 指無算爵而言. 「燕禮」·「大射」, ‘無算爵命所賜, 所賜者興受爵, 降席下奠爵, 再拜稽首.’ 「疏」云‘旅酬以前受公爵, 皆降拜, 升成拜. 至此不復降拜者, 禮殺故也.’ 燕禮·大射媵觚于公, 大射飮公, 凡卒爵, 皆于階上再拜稽首者, 蓋前酌散之時, 已降階拜, 因君辭而升堂甫拜, 故卒爵不復再降, 亦殺其禮也. 唯「燕禮」·「大射」將終之時, ‘公有命徹冪, 則卿·大夫皆降, 西階下北面東上, 再拜稽首. 公命小臣辭, 公答再拜, 大夫皆辟’, 此則君雖辭之, 亦不復升拜. 「注」謂‘小臣辭, 不升成拜, 明將醉正臣禮.’也. 凡此瑣節雖不同, 皆君以客禮待之, 故拜於堂上也. 又案, 以客禮待異國之臣亦然. 「公食大夫禮」, ‘賓升, 公當楣再拜, 賓降西階東, 北面答拜. 擯者辭, 賓栗階升, 不拜. 命之成拜, 階上北面再拜稽首.’ 此先降階拜, 異國之君, 使人辭之, 然後升成拜也. 「聘禮」主君禮賓, ‘受幣降拜, 公辭, 升, 再拜稽首’. 私覿, 賓授幣, ‘降拜東, 拜送, 君降一等辭, 栗階升, 公西鄕, 賓階上再拜稽首’. 公食大夫禮賓祭正饌, 賓祭加饌, 公以束帛侑賓, 賓皆降拜. 公辭, 賓升再拜稽首. 此降階未拜, 異國之君親辭之, 卽升拜也. 聘禮禮賓, 公壹拜送, 凡賓不降階上答再拜稽首. 又賓不降壹拜受醴. 「公食大夫禮」賓卒食, ‘揖讓如初, 升, 賓再拜稽首’. 此皆拜於堂上, 禮殺故也. 又歸饔餼, ‘大夫東面致命, 賓降, 階西再拜稽首. 大夫辭, 升成拜’. 上介如賓禮. 聘賓同卿, ‘賓東面致命, 大夫降, 階西再拜稽首. 賓辭, 升成拜’. 此使者奉其君命, 以客禮待異國之臣, 故降拜, 升成拜, 亦如見其君也. 至于「公食大夫禮」卒食後, ‘賓降, 階東面再拜稽首, 公降, 再拜’. 「注」, ‘答之也. 不辭之, 使升堂, 明禮有終.’ 則賓降拜, 公亦降拜, 唯稽首與再拜不同, 蓋待異國之臣, 其禮有加焉爾.”

역문 또 “무릇 임금이 빈객의 예로 대우해서 내려와 절하면 사양한 뒤에 올라가서 절하는 예를 마치는 것이다. 내[능정감]가 살펴보니, 신하와 임금이 예를 행할 때, 모두 당 아래에서 절을 하는데 임금이 사양하지 않으면 당에 올라가 절하는 예를 마치는 것이 아니니, 이는 온전히 신하를 위한 예이다. 만약 임금이 빈객의 예로 대하면 연례나 대사례 같은 경우 공이 잔을 들어서 보내어 빈을 위해 술잔[旅]을 들어 차례로 술을 권하면[行酬], 빈은 서쪽 섬돌 아래로 내려와 재배하고 머리를 조아린다. 공이 소신에게 명하여 사양하게 하면 빈은 당으로 올라가 절하는 예를 마친다. 『의례』「연례(燕禮)」의 「주」에 '절하는 예를 마친다[升成拜]는 것은 다시 재배하고 머리를 조아린다는 말이다. 먼저 임금이 사양하는 것이 절하는 예가 이루어지지 않은 것 같기 때문이다.'[22]라고 했다. 또 빈이 당에서 내려와 고[觚]에 술을 따라 공에게 올리면, 공이 사를 위해 술잔을 들어 차례로 술을 권한다. 빈이 당에서 내려와 술잔을 씻어 당으로 올라 맛좋은 술을 따르고 내려와 절한다. 소신이 사양하면 빈이 당으로 올라가 절하는 예를 마치고 잔을 받는 자도 마찬가지다. 『의례』「근례(覲禮)」에 홀[圭]을 잡고 천자를 알현하는 예를 행할 때, '제후[侯氏]는 앉아서 홀을 취하여 당으로 올라가 자신이 온 까닭을 아뢰면 천자는 제후의 홀을 받고, 제후는 섬돌로 내려와 동쪽에 서서 북쪽을 향하여 재배하고 머리를 조아린다. 안내하는 자[擯者]가 그에게 나아가 "당 위로 오르십시오"라고 하면 당에 올라가 절하는 예를 마친다.'라고 했고, 근례를 마치면 죄를 청하는데, '왕이 위로하면 재배하고 머리를 조아린다. 안내하는 자[擯者]가 그에게 나아가 "당 위로 오르십시오"라고 하면 당에 올라가 절하는 예를 마친다. 왕이 제후에게 수레와 의복을 하사하면 제후는 두 섬돌 사이로 내려와 북쪽을 향해 재배하고 머리를 조아리고, 당에 올라가

---

22 『의례주소(儀禮注疏)』 권6, 「연례(燕禮)」 정현의 「주」.

절하는 예를 마친다.'라고 했는데, 「근례」의 「주」에 '태사(太史)가 사양하고 내려오게 하는 것이다.'라고 했으니, 이는 모두 먼저 당 아래에서 절하고, 임금이 사람을 시켜 사양하면 다시 당 위에 올라서 절하는 것이다. 또 연례나 대사례 같은 경우, '공이 잔을 들어서 보내어 빈을 위해 술잔[旅]을 들어 차례로 술을 권할 때, 공이 서서 술잔의 술을 다 마시면 빈은 당에서 내려와 절하고, 소신이 사양의 인사를 하면 빈이 당으로 올라와 재배하고 머리를 조아린다'라고 했는데, 『의례』「연례」와 「대사의(大射儀)」의 「주」에 '절하는 예를 마친다[成拜]고 하지 않은 것은, 절을 하기 위해 내려갔으나 실제로는 절하지 않았기 때문이니, 내려가서 문득 절하지 않는 것은 예를 감쇄하는 것이다.'[23]라고 했다. 또, '빈이 당으로 올라 좋은 술을 술잔[觶]에 따르고 당에서 내려와 절한다. 소신이 사양의 인사를 하면 빈은 당에 올라 재배하고 머리를 조아린다.'라고 했는데, 「주」에 '내려가 절한다[下拜]는 것은, 내려갔으되 역시 절은 하지 않은 것이다. 무릇 내려가서 절하지 않는 경우가 두 번이 있으니, 혹은 예를 감쇄하거나, 혹은 임금이 친히 사양하는 경우이다. 임금이 친히 사양할 경우, 명을 들으면 즉시 당 위로 올라가는데, 올라가서 이에 절하기 때문에 절하는 예를 마친다고 하지 않는 것이다.'[24]라고 했다. 「연례」에 '빈이 공에게 술잔[觚]을 보내고, 산에서 술을 떠내고는 당 아래로 내려와 절을 한다. 공이 한 계단 내려와 소신이 사양의 인사를 하면 빈이 당 위로 올라가 재배하고 머리를 조아린다.'라고 했고, 「대사의」에 '화살의 수를 계산한 뒤에 이기지 못한 자에게 술을 마시게 하는데, 만약 공이 벌주를 마시게 되면, 공을 모시고 함께 활을 쏜 자가 당에서 내려와 절

---

23 『의례주소』 권6, 「연례」와 권7, 「대사의(大射儀)」 정현의 「주」.
24 『의례주소』 권6, 「연례」 정현의 「주」.

을 한다. 공이 한 계단 내려와 소신정(小臣正)[25]이 사양의 인사말을 전하면 빈이 당 위로 올라가 재배하고 머리를 조아린다.'라고 했는데, 이는 모두 당에서 내려오기만 하고 절하지 않은 것으로, 임금이 사양하면 즉시 당으로 올라가 재배하고 머리를 조아리기 때문에 '올라가 절하는 예를 마친다'라고 말하지 않은 것이다. 「사상견례(士相見禮)」에 만약 임금이 술잔[爵]에 술을 따라 하사하면 자리에서 내려와 재배하고 머리를 조아리고서 술잔을 받는다고 했는데, 다만 자리에서 내려올 뿐 계단을 내려온다고 말하지 않은 것은 무산작(無算爵)[26]을 가리켜서 한 말이다. 「연례」와 「대사의」에 '술잔을 세지 않고 마음껏 마실 때, 공이 술잔을 하사할 사람을 명하면, 하사받는 사람은 일어나 잔을 받고 자리 아래로 내려와 술잔을 내려놓고 재배하고 머리를 조아린다.'라고 했는데, 「소」에 '여수(旅酬)[27] 이전에 공의 술잔을 받으면 모두 내려와 절하고, 올라가 절하는 예를 마친다. 이에 이르러 다시 내려가 절하지 않는 것은 예가 감쇄되었기 때문이다.'[28]라고 했다. 연례와 대사(大射)에서 공에게 술잔[觚]을 보내거나 대사에서 공에게 술을 마시게 할 때, 공이 술잔의 술을 다 마시면 모두 섬돌 위에서 재배하고 머리를 조아리는 것은 대체로 앞서 산에서 술을 뜰 때 이미 섬돌에서 내려와 절하고, 임금이 사양함으로 인해 당에 올라가 크게 절하기 때문에 술잔의 술을 다 마시면 다시 내려가지 않는 것이니, 역시 그 예를 감쇄한 것이다. 오직 「연례」와 「대사의」

---

25 소신정(小臣正): 소신 중 우두머리를 보좌하는 사람.

26 무산작(無算爵): 술잔의 수를 세지 않고 마음껏 마심.

27 여수(旅酬): 제사에서 음복을 한 뒤 모든 이가 자기 어른에게 잔을 올려 마시도록 하는 의식으로, 친밀하고 높은 사람으로부터 소원하고 낮은 사람까지 모두가 신(神)이 준 것을 받고 제각기 정례(情禮)를 펴기 위한 것이라 한다.

28 『의례주소』권6, 「연례」가공언(賈公彦)의 「소」.

에 장차 마치려고 할 때 '공이 덮개보를 철거하라고 명령하면 경과 대부는 모두 당에서 내려와 서쪽 섬돌 아래에서 북면하여 동쪽을 상적으로 삼아서 재배하고 머리를 조아린다. 공이 소신에게 사양하는 인사를 하도록 명하고 공은 답하여 재배하고 대부들은 모두 피한다.'라고 했으니, 이것은 임금이 비록 사양하더라도 또한 다시 당에 올라 절하지 않는 것이다. 「주」에 '소신이 사양하는 인사를 하면 당에 올라 절하는 예를 마치지 않는 것은 장차 취하더라도 신하의 예를 바르게 함을 밝힌 것이다.'[29]라고 했다. 대부분의 이 잗다란 예절들이 비록 같지는 않지만 모두 임금이 손님의 예로써 대우하는 것이기 때문에 당상에서 절하는 것이다. 또 살펴보니 손님의 예로써 다른 나라의 신하를 대우하는 것도 역시 마찬가지다. 「공사대부례(公食大夫禮)」에 '빈이 당 위에 오르면 공은 당 위의 상인방(上引枋)을 마주하고 서서 재배한다. 빈은 서쪽 섬돌의 동쪽으로 내려와 북쪽을 향해 답배한다. 안내하는 자가 사양의 인사를 하면 빈은 계단을 건너뛰어 빠르게 섬돌에 오르는데 절은 하지 않는다. 절하는 예를 마치라고 명하면 섬돌 위에서 북쪽을 향해 재배하고 머리를 조아린다.'라고 했는데, 이는 공이 먼저 섬돌에서 내려와 절하면 다른 나라의 임금이 사람을 시켜 사양하는 인사를 하도록 한 뒤에 절하는 예를 마치는 것이다. 「빙례」에 주인 나라의 임금이 손님을 예우할 때, '폐백을 받고 내려와 절하는데, 공이 사양하는 인사를 하면 당 위에 올라 재배하고 머리를 조아린다.'라고 하였고, 사사로이 만나 보고 빈이 폐백을 드릴 때는 '섬돌 동쪽으로 내려와 절하고 보내면, 임금이 한 계단 내려와 사양하는 인사를 하고 계단을 건너뛰어 빠르게 섬돌에 올라 공이 서

---

29 『의례주소』 권7, 「대사의」 정현의 「주」.

향을 하고 있으면 빈이 섬돌 위에서 재배하고 머리를 조아린다.'라고 하였다. 공사대부례를 행할 때 빈이 정찬(正饌)에 제사하거나 빈이 가찬(加饌)에 제사할 때, 공이 속백(束帛)[30]을 빈에게 권하면 빈은 모두 당에서 내려와 절한다. 공이 사양하는 인사를 하면 빈이 당에 올라 재배하고 머리를 조아린다. 이는 섬돌에서 내려와 절하지 않다가, 다른 나라의 임금이 친히 사양하는 인사를 하면 바로 당에 올라 절한다는 것이다. 빙례에서 손님을 예우할 때, 공이 일배(壹拜)하고 보내면 무릇 빈은 당에서 내려오지 않고 섬돌 위에서 답하여 재배하고 머리를 조아린다. 또 빈이 당에서 내려오지 않고 일배를 하고는 단술을 받는다. 「공사대부례」에 손님이 메기장밥과 찰기장밥을 다 먹으면 '처음이랑 똑같이 읍양(揖讓)하고 당에 오르고, 빈은 재배하고 머리를 조아린다.'라고 했는데, 이것은 모두 당 위에서 절하는 것인데, 예가 감쇄된 것이다. 또 옹희를 보내오면, '대부는 동쪽을 향해 명을 전하고[致命], 빈은 당에서 내려와 섬돌 서쪽에서 재배하고 머리를 조아린다. 대부는 사양하는 인사를 전하고 당에 올라가 절하는 예를 마친다.'라고 했다. 상개(上介)는 빈의 예와 같고. 사신[聘賓]은 경과 같으니, '빈이 동쪽을 향해 명을 전하면 대부는 당에서 내려와 섬돌 서쪽에서 재배하고 머리를 조아린다. 빈이 사양하는 인사를 하면 당에 올라 절하는 예를 마친다.'라고 했는데, 이는 사자(使者)가 그 임

---

30 속백(束帛): 묶어서 한 묶음으로 만든 5필(匹)의 비단을 이른다. 옛날에 빙문(聘問)이나 궤증(饋贈)에 사용한 예물(禮物)이다. 『주례(周禮)』「대종백(大宗伯)」에 "소사(少師), 소부(少傅), 소보(少保)는 피백(皮帛)을 손에 든다."라고 하였는데, 한(漢)나라 정현의 「주」에 "피백(皮帛)이란 것은 비단을 묶은 다음에 가죽으로 싼 것이다.[皮帛者, 束帛而表以皮爲之飾.]"라고 하였다. 가공언의 「소」에 "속(束)이라는 것은 10단(端)이다. 매단(每端)의 길이가 1길[丈] 8자[尺]인데, 모두 두 끝을 합하여 말면 총 5필이 되기 때문에 속백이라고 한다.[束者, 十端, 每端丈八尺, 皆兩端, 合卷總爲五匹, 故云束帛也.]"라고 했다.

금의 명을 받들어 손님의 예로써 다른 나라의 신하를 대접하기 때문에 당에서 내려와 절하고 당으로 올라가 절하는 예를 마치는 것이니, 역시 자기의 임금을 보는 것과 똑같이 하는 것이다. 「공사대부례」에 메기장밥과 쌀기장밥을 다 먹고 나면 '빈은 당에서 내려와 동쪽을 향해 재배하고 머리를 조아리고, 공도 당에서 내려와 재배한다.'라고 했는데, 「주」에 '답배이다. 사양하는 인사를 하지 않고 당 위로 올라가게 하니, 예가 끝났음을 밝힌 것이다.'[31]라고 했으니, 빈이 당에서 내려와 절하매 공도 역시 당에서 내려와 절하니 오직 머리를 조아리는 것과 재배하는 것만 다를 뿐이고, 대체로 다른 나라 신하를 대접할 때는 그 예에 보탬이 있을 뿐이다."라고 했다.

원문 案, 凌說甚核. 當夫子時, 君弱臣强, 凡應於堂下拜者, 不復循臣禮之正, 而皆拜乎堂上, 故孔子非之. 鄭此「注」云: "禮, 臣之於君, 酬酢受爵, 當拜於堂下, 時臣驕泰, 故拜於堂上." 「注」所云"禮, 指「燕禮」, 擧一以例其餘耳. 臣酌酒獻君曰酢, 君酌酒答臣曰酬." 「燕禮」所云公擧媵爵, 爲賓擧旅行酬, 又賓媵觚于公, 公爲士擧旅行酬, 卽其禮也. 酬酢授爵, 當拜於堂下, 及君辭, 復升成拜. 當時則於授爵之際, 已拜於堂上, 無復下拜, 及君辭, 復升, 成拜之禮, 故爲驕泰也. 『周官』「大祝」, "九拜: 一曰稽首." 賈「疏」, "稽首, 臣拜君法." "稽"與"䭫"同. 『說文』「手部」, "𢷎, 頭至地也." 頭至地卽䭫首, 拜中之一. 許意據『周官』先言"稽首", 故擧一以該之. 今隸變作拜.

역문 살펴보니, 능정감의 설명이 매우 정밀하다. 공자 당시에는 임금의 권력이 약해지고 신하의 권력이 강해져서 무릇 응당 당 아래서 절해야 되는 자들이 다시는 신하의 바른 예를 따르지 않고 모두 당 위에서 절했기

---

31 『의례주소』 권9, 「공사대부례(公食大夫禮)」 정현의 「주」.

때문에 공자가 이를 비난한 것이다. 정현은 여기의 「주」에서 "예(禮)에 신하는 임금에 대해 술잔을 올리고 받거나 관작을 받을 때 마땅히 당 아래서 절해야 하는데, 당시에 신하들이 교만하고 방자하였으므로 당 위에서 절을 하였다."라고 했는데, 「주」에서 말한 "예"는 「연례」를 가리키는 것으로, 하나를 예로 들어 그 나머지에 적용시킨 것일 뿐이다. 신하가 술을 따라 임금에게 바치는 것을 작(酢)이라 하고, 임금이 술을 따라 신하에게 답배하는 것을 수(酬)라 한다. 「연례」에서 말한 공이 잔을 들어서 보내어 빈을 위해 술잔(旅)을 들어 차례로 술을 권하고[行酬], 또 빈이 고에 술을 따라 공에게 올리면, 공이 사를 위해 술잔을 들어 차례로 술을 권하는 것이 바로 그 예이다. 술잔을 권하고 받거나 관작을 내릴 때는 마땅히 당 아래서 절하고, 임금이 사양하는 인사를 함에 미쳐 다시 당에 올라 절하는 예를 마치는 것이다. 당시에는 관작을 받을 때 이미 당 위에서 절하고, 다시 당 아래에 내려와 절하거나, 임금이 사양하는 인사를 함에 미쳐 다시 당 위에 올라가 절하는 예를 마치는 예가 없었기 때문에, 교만함과 방자함이 되는 것이다. 『주관』「대축(大祝)」에 "9배(九拜)는 첫 번째가 머리를 조아림[稽首]이다."라고 했는데, 가공언의 「소」에 "머리를 조아리는 것[稽首]은 신하가 임금에게 절하는 법이다."[32]라고 했다. "계(稽)"는 "계(䭫)"와 같다. 『설문해자』「수부(手部)」에 "배(撀)는 머리를 땅에 댄다는 뜻이다."[33]라고 했는데, 머리를 땅에 대는 것이 바로 머리를 조아리는 것[稽首]으로, 절하는 예법 중 하나이다. 허신의 생각은

---

32 『주례주소(周禮注疏)』권25, 「춘관종백하(春官宗伯下)·대축(大祝)」가공언의 「소」.

33 『설문해자』권12: 배(撀)는 머리를 땅에 댄다는 뜻이다. 수(手)와·홀(䰇)로 구성되었다. 홀(䰇)은 발음이 홀(忽)이다. 배(拜)는 양웅(楊雄)이 말하길 "배(拜)는 두 손을 아래로 내리는 것이다."라고 했다. 배(䭫)는 배(拜)의 고문이다. 박(博)과 괴(怪)의 반절음이다.[撀, 首至地也. 從手·䰇. 䰇音忽. 拜, 楊雄說, "拜從兩手下." 䭫, 古文拜. 博怪切.]

『주관』에서 먼저 말한 "머리를 조아림[稽首]"을 근거로 했기 때문에 하나를 들어서 그 뜻을 아우른 것이다. 지금의 예서체에서는 바뀌어 배(拜)로 되어 있다.

- 「注」, "臣之於君行禮者, 下拜然後升成禮."
- 正義曰: "升"字從皇本補, 邢「疏」申「注」亦有"升"字. "下拜"者, 臣禮之正, 其下拜, 而君待以客禮, 辭, 復升成拜. 或下未拜, 君辭, 乃升拜, 皆禮之殺, 非謂凡行禮, 下拜者必升成拜也. 「注」說未晰.
- ○ 「주」의 "신하로서 임금에게 예를 행하는 자는 당 아래에서 절을 한 뒤에 위로 올라가서 절하는 예를 마치는 것이다.[升成禮.]"
- ○ 정의에서 말한다.
  "승(升)" 자는 황간본을 따라서 보충한 것인데, 형병(邢昺)의 「소」에 되풀이해서 쓴 「주」에도 역시 "승" 자가 있다. "당 아래에서 절하는 것"이 신하의 올바른 예이므로 당 아래에서 절하는데, 임금이 손님의 예로써 대우하면 사양하고 다시 당 위에 올라가 절하는 예를 마치는 것이다. 혹 당 아래서 아직 절을 마치지 않았는데 임금이 사양하는 바람에 결국 당 위에 올라가 절하는 것은 모두 예를 감쇄한 것이니, 무릇 예를 행할 때 당 아래서 절한 사람이 반드시 당 위로 올라가서 절하는 예를 마쳐야 한다는 말은 아니다. 「주」의 설명은 분명하지 않다.

9-4

子絶四: 母意, 【注】 以道爲度, 故不任意. 母必, 【注】 用之則行, 舍之則藏, 故無專必. 母固, 【注】 無可無不可, 故無固行. 母我. 【注】 述古而不自作, 處群萃而不自異, 唯道是從, 故不有其身.

공자는 네 가지 일을 끊었다. 억측함이 없었으며,【주】도(道)를 법도로 삼았기 때문에 마음대로 생각하지 않은 것이다. 꼭 하고자 함이 없었으며,【주】등용해 주면 나아가 도를 행하고, 버려두면 감추어 두었기 때문에 오로지 기필함이 없었던 것이다. 고집함이 없었으며,【주】가(可)함도 없고 불가(不可)함도 없었기 때문에 고집해서 행함이 없었던 것이다. '나'라는 것을 내세움이 없었다.【주】옛것을 계승하여 따를 뿐 스스로 창작하지 않으며, 군중과 함께 어울리고 스스로 특이하게 행동하지 않으며 오직 도만을 따랐기 때문에 자신을 내세우지 않았던 것이다.

원문 正義曰:『說文』, "絕, 斷絲也."『釋名』「釋言語」, "絕, 截也, 如割截也." 言子有絕去四事, 與人異也.『公羊』「昭」十二年「疏」, "子絕四者, 備於鄭「注」." 今此「注」已佚. "毋"者, 禁止之辭, 毋卽絕也.

역문 정의에서 말한다.

『설문해자』에 "절(絕)은 실을 끊는다[斷絲]는 뜻이다."[34]라고 했고,『석명(釋名)』「석언어(釋言語)」에 "절(絕)은 자른다[截]는·뜻이니, 쪼개고 자르는 것[割截]과 같다."라고 했으니, 공자가 네 가지 일을 끊어 버린 것이 남과는 다른 점이 있음을 말한 것이다.『춘추공양전(春秋公羊傳)』「소공(昭公)」12년의「소」에 "공자가 끊어 버린 네 가지는 정현의「주」에 갖추어져 있다."라고 했는데, 지금 이「주」는 이미 없어졌다. "무(毋)"는 금지사

---

34 『설문해자』권13: 절(絕)은 실을 끊는다[斷絲]는 뜻이다. 사(糸)로 구성되었고 도(刀)로 구성되었으며 절(卪)로 구성되었다. 절(𢇍)은 절(絕)의 고문이다. 몸체가 연결되지 않게 실을 두 가닥으로 자른 것을 상형했다. 정(情)과 설(雪)의 반절음이다.[絕, 斷絲也. 從糸從刀從卪. 𢇍, 古文絕. 象不連體, 絕二絲. 情雪切.]

이니, 무(毋)가 바로 끊어 버렸다는 것이다.

원문 『說文』云: "意, 志也. 從心音, 察言而知意也." 段氏玉裁「注」, "意之訓爲測度. 如『論語』'毋意', '不億不信', '億則屢中', 其字俗作億." 王氏引之『經義述聞』, "「少儀」, '毋測未至', 「注」曰: '測, 意度也.' '毋意'卽毋測未至也." 案, 段·王說同. 『公羊傳』, "伯于陽者何? 公子陽生也. 子曰: '我乃知之矣.' 在側者曰: '子苟知之, 何以不革?' 曰: '如爾所不知何?'" 何休「注」, "此夫子欲爲後人法, 不欲令人妄億錯." 下引此文云云, 卽是以"意"爲"億度"也. 『釋文』, "意如字, 或於力反, 非." 於力之意, 亦是讀億, 陸不當以爲"非"也.

역문 『설문해자』에 "의(意)는 뜻[志]이다. 심(心)과 음(音)으로 구성되었다. 말을 살펴 뜻을 안다는 뜻이다."[35]라고 했는데, 단옥재(段玉裁)의 「주」에 "의(意)의 뜻은 억측해서 헤아림[測度]이다. 『논어』에서 '억측함이 없다[毋意]', '믿을 수 없는 사람이라고 억측하지 않아야 한다[不億不信]',[36] '억측하면 자주 적중했다[億則屢中]'[37]라고 한 것과 같으니, 이 글자는 속자(俗字)로는 억(億)으로 쓴다."라고 했다. 왕인지(王引之)의 『경의술문(經義述聞)』에 "『예기』「소의」에 '아직 이르지 않은 일을 미리 억측함이 없어야 한다[毋測未至]'라고 했는데, 「주」에 '측(測)은 미리 억측해서 헤아린다[意度]는 뜻이다.'라고 했으니, '무의(毋意)'는 바로 아직 이르지 않은 일을 미리 억측함이 없다는 뜻이다."라고 했다. 살펴보니, 단옥재와 왕인지의

---

35 『설문해자』 권10: 의(意)는 뜻[志]이다. 마음을 따라 말을 살펴 뜻을 안다는 뜻이다. 심(心)으로 구성되었고 음(音)으로 구성되었다. 어(於)와 기(記)의 반절음이다.[意, 志也. 從心察言而知意也. 從心從音. 於記切.]

36 『논어』「헌문(憲問)」.

37 『논어』「선진(先進)」.

말이 같다. 『춘추공양전』에 "백우양(伯于陽)이란 어떤 사람인가? 공자(公子) 양생(陽生)³⁸이다. 공자가 '나는 곧 그 일을 안다.'라고 하자 곁에 있던 자가 말했다. '그대가 진실로 그 일을 알았다면 어째서 고치지 않았는가?' 공자가 말했다. '그대가 알지 못하는 것은 어째서인가?'"라고 했는데, 하휴(何休)의 「주」에 "이는 공자가 후대 사람들의 법이 되기를 바란 것이지, 사람들에게 함부로 억측하게 하고자 한 것이 아니다."³⁹라고 하면서 그 아래 이 글을 인용해서 운운했으니, 이것은 바로 "의(意)"를 "억측해서 헤아림[億度]"으로 본 것이다. 『경전석문』에 "의(意)는 글자의 본뜻대로 해석해야 하니, 간혹 어(於)와 역(力)의 반절음이라고 하는데, 틀렸다."라고 했는데, 어(於)와 역(力)의 반절음이라면 역시 억(億)의 뜻으로 읽는다는 것이니, 육덕명(陸德明)이 "틀렸다"라고 한 것은 온당치 않다.

원문 莊氏存與『說』, "智毋意, 先覺也; 義毋必, 義之與比也; 禮毋固, 時中也; 仁毋我, 與人爲善也. 善則稱親, 讓善於天也." 又云: "以億逆爲意而去之, 是也; 以擬議爲意而去之, 非也. 以適莫爲必而去之, 是也; 以果斷爲必而去之, 非也. 以窮固爲固而去之, 是也; 以貞固爲固而去之, 非也. 以足己爲我而去之, 是也; 以修己爲我而去之, 非也."

역문 장존여(莊存與)⁴⁰의 『사서설(四書說)』에 "지혜[智]에 대해서는 억측함이

---

38 양생(陽生, ?~?): 춘추시대 제나라 경공(景公)의 아들 도공(悼公)이다. 이름이 양생이고, 도(悼)는 시호이다.

39 『춘추공양전주소(春秋公羊傳注疏)』 권22, 「소공(昭公)」 12년, 하휴(何休)의 「주」.

40 장존여(莊存與, 1719~1788): 청나라 강소(江蘇) 무진(武進) 사람. 자는 방경(方耕), 호는 양념(養恬)이다. 일찍이 호북(湖北)과 직례(直隸), 산동(山東), 하남(河南) 등지의 학정(學政)을 맡았다. 금문경학(今文經學) 상주학파(常州學派)의 개창자로, 학문은 조카 장술조(莊述

없었기 때문에 먼저 깨달은 것이고, 의(義)에 대해서는 꼭 하고자 하는 것이 없었기 때문에 의가 있는 사람과 함께 친하게 지낸 것이며, 예(禮)에 대해서는 고집함이 없었기 때문에 때에 적중[時中]한 것이고, 인에 대해서는 '나'라는 것을 내세움이 없었기 때문에 남과 함께 선(善)을 행한 것이다. 잘한 일[善]은 어버이의 공으로 돌리는 것이므로 잘한 일은 하늘에 양보하는 것이다.⁴¹"라고 했다. 또 "억측해서 미리 헤아리는 것을 의(意)로 여겨 버리는 것은 옳지만, 헤아리고 의논하는 것을 의(意)라고 여겨 버리는 것은 잘못이다. 오로지 주장하거나 그렇게 하지 아니함[適莫⁴²을 기필할 것으로 여겨 버리는 것은 옳지만, 과단(果斷)함을 기필할 것으로 여겨 버리는 것은 잘못이다. 궁고(窮固)함을 고집으로 여겨 버리는 것은 옳지만, 정고(貞固)함을 고집으로 여겨 버리는 것은 잘못이다. 자기를 완벽하다고 여기는 것[足己]을 나라는 것을 내세움으로 여겨 버리는 것은 옳지만, 자기를 수양하는 것[修己]을 나라는 것을 내세우는 것이라고 여겨 버리는 것은 잘못이다."라고 했다.

祖), 외손자 유봉록(劉逢祿)과 송상봉(宋翔鳳)에 의해 계승 발전되었고, 공자진(龔自珍), 위원(魏源)에게도 많은 영향을 끼쳤다. 『춘추(春秋)』에 뛰어나 『춘추정사(春秋正辭)』를 저술했는데, 이는 동중서(董仲舒), 하휴의 공양학(公羊學)에 의거하여 『춘추』의 미언대의(微言大義)를 밝힌 것이다. 그 밖의 저서에 『전전론(彖傳論)』과 『역설(易說)』, 『상서기견(尙書旣見)』, 『상서설(尙書說)』, 『모시설(毛詩說)』, 『주관기(周官記)』, 『주관설(周官說)』, 『악설(樂說)』, 『사서설(四書說)』, 『미경재유서(味經齋遺書)』 등이 있다.

41 『예기(禮記)』「방기(坊記)」에 "잘한 일은 임금의 공으로 돌리고 허물은 자기의 잘못으로 돌리면 백성들이 충성하고, 잘한 일은 부모의 공으로 돌리고 허물은 자기의 잘못으로 돌리면 백성들이 효도한다.[善則稱君, 過則稱己, 則民作忠. 善則稱親, 過則稱己, 則民作孝.]"라고 했다.

42 『논어』「이인(里仁)」의 "無適也, 無莫也"의 "적(適)"과 "막(莫)"을 유보남은 "원수"와 "흠모함"으로 보았는데, 여기서는 주희(朱熹)가 『논어집주(論語集註)』에서 "적(適)은 오로지 주장함[專主]이다.[適, 專主也.]"라고 한 것과 "막(莫)은 즐겨 하지 않음[不肯]이다.[莫, 不肯也.]"라고 한 해석을 따른 듯하다.

子畏於匡, 【注】 包曰: "匡人誤圍夫子, 以爲陽虎. 陽虎曾暴於匡, 夫子弟子顏剋, 時又與虎俱行. 後剋爲夫子御, 至於匡, 匡人相與共識剋, 又夫子容貌與虎相似, 故匡人以兵圍之." 曰: "文王旣沒, 文不在茲乎? 【注】 孔曰: "'茲', 此也. 言文王雖已死, 其文見在此. 此自謂其身." 天之將喪斯文也, 後死者不得與於斯文也. 【注】 孔曰: "文王旣沒, 故孔子自謂後死. 言 '天將喪此文者, 本不當使我知之, 今使我知之, 未欲喪也.'" 天之未喪斯文也, 匡人其如予何?" 【注】 馬曰: "'其如予何'者, 猶言奈何我也. 天之未喪此文, 則我當傳之, 匡人欲奈我何? 言其不能違天以害己也."

공자가 광읍(匡邑)에서 두려워하는 마음을 품고 있었을 때, 【주】 포함(包咸)이 말했다. "광읍의 사람들이 잘못 알고 공자를 포위하고는 양호(陽虎)라고 생각했다. 양호가 일찍이 광읍에서 포악한 짓을 한 적이 있었는데, 공자의 제자 안극(顏剋)이 그때 또 양호와 함께 갔었다. 그 뒤에 안극이 공자를 위해 말을 몰고서 광읍에 이르자, 광읍의 사람들이 서로서로 안극을 알아보았고, 또 공자의 용모가 양호와 서로 비슷했기 때문에 광읍의 사람들이 무기를 가지고 그들을 포위한 것이다." 다음과 같이 말했다. "문왕(文王)이 이미 돌아가셨으니, 도[文]가 나에게 있지 않겠는가? 【주】 공안국이 말했다. "'자(茲)'는 여기[此]이다. '비록 문왕은 이미 죽었으나, 그의 도가 드러남은 여기에 달려 있다'라는 말이다. 여기[此]는 공자가 자신을 이른 것이다." 하늘이 장차 이 도를 없애려 하셨다면 뒤에 죽을 사람인 내가 이 도에 참여하지 못했을 것이다. 【주】 공안국이 말했다. "문왕이 이미 죽었으므로 공자가 스스로를 일컬어 '뒤에 죽는다[後死]'라고 말한 것이다. '하늘이 장차 이 도를 없애려 했다면 본래는 당연히 나로 하여금 이 도를 알지 못하게 했을 것인데, 지금 나로 하여금 그 도를 알게 하였으니, 아직

은 없애려 하지 않은 것이다.'라는 말이다." 하늘이 이 도를 없애려 하지 않으신다면, 광읍 사람들이 나를 어떻게 하겠는가?" 【주】 마융(馬融)이 말했다. "'기여여하(其如予何)'는 '나를 어찌하겠는가[奈我何]'라는 말과 같다. 하늘이 아직 이 도를 없애려 하지 않는다면 내가 당연히 그 도를 전할 것인데, 광읍의 사람들이 나를 어찌하겠는가? 그들이 하늘의 뜻을 어기고 자기를 해치지 못할 것이라는 말이다."

원문 正義曰: 『說文』云: "畏, 惡也." 『廣雅』 「釋詁」, "畏, 懼也, 恐也." 夫子見圍於匡, 有畏懼之意, 猶『孟子』言"有戒心"也. 人若因畏而死, 亦稱畏, 『禮』 「檀弓」 "死而不弔者三: 畏, 厭, 溺"是也. 『史記』 「孔子世家」, "或譖孔子於衛靈公, 孔子去衛, 將適陳, 過匡云云. 五日, 顔淵後, 子曰云云. 匡人拘孔子益急, 弟子懼. 孔子曰: '文王旣沒', 云云." 是孔子此語, 爲解慰弟子之辭.

역문 정의에서 말한다.

『설문해자』에 "외(畏)는 두렵다[惡]는 뜻이다."[43]라고 했고, 『광아(廣雅)』 「석고(釋詁)」에 "외(畏)는 두렵다[懼]는 뜻이며, 무섭다[恐]는 뜻이다."라고 했다. 공자가 광읍에서 포위를 당해 두려워하는 마음을 품고 있었던 것은 『맹자(孟子)』에서 "경계하는 마음을 품고 있었다"[44]라고 한 말과 같

---

43 『설문해자』 권9: 외(畏)는 두렵다[惡]는 뜻이다. 불(由)과 호(虎)의 생략형으로 구성되었다. 귀신 머리에 범 발톱을 하고 있으니, 두려워할 만하다. 외(㉥)는 외(畏)의 고문인데 생략형이다. 어(於)와 위(胃)의 반절음이다.[畏, 惡也. 從由・虎省. 鬼頭而虎爪, 可畏也. ㉥, 古文省. 於胃切.]

44 『맹자(孟子)』 「공손추하(公孫丑下)」: 설나라에 있을 때 내가 경계하는 마음을 품고 있었다. [當在薛也, 予有戒心.]

다. 사람이 만약 두려움으로 인해 죽게 되면 역시 외(畏)라고 칭하니,『예기』「단궁상(檀弓上)」에서 "죽어도 조문을 하지 않는 것에 세 가지가 있으니, 겁이 나서 설명도 못 하고 죽은 외사(畏死)한 경우와 압사(壓死)한 경우와 익사(溺死)한 경우이다."라고 한 것이 이것이다.『사기』「공자세가」에 "누군가 공자를 위 영공(衛靈公)에게 헐뜯자, 공자는 위(衛)나라를 떠나 진(陳)나라로 가려고 광읍을 지나게 되었다. 운운. 닷새 동안 포위당해 있었는데, 안연(顔淵)이 나중에 오자 공자가 말했다. 운운. 광읍의 사람들이 공자를 더욱 압박하자 제자들이 두려워했다. 공자가 말했다. '문왕이 이미 돌아가셨으니' 운운."이라고 했으니, 공자의 이 말은 제자들의 두려움을 풀어 주고 위로하기 위한 말이다.

원문 江氏永『先聖圖譜』載此事於魯定十三年, 時孔子年五十六也. "玆"者, 有所指之辭. 下兩言"斯文", 斯・玆同義. 文・武之道, 皆存方策, 夫子周遊, 以所得典籍自隨, 故此指而言之. "文在玆", 卽道在玆. 故孟子以孔子爲聞而知之也. 天將喪斯文, 文當湮沒, 必不令夫子得之. "後死者", 夫子自謂後文王死也. 後死者旣與於斯文, 是天未欲喪斯文可知. 天未欲喪斯文, 匡人必不能違天害己, 致使斯文遭毀失也.

역문 강영(江永)의『선성도보(先聖圖譜)』에는 이 일을 노(魯)나라 정공(定公) 13년에 기록하고 있는데, 당시 공자의 나이 56세였다. "자(玆)"는 가리키는 바가 있는 말이다. 아래에서 두 번 "사문(斯文)"이라고 했는데, 사(斯)와 자(玆)는 뜻이 같다. 문왕과 무왕(武王)의 도가 모두 방책(方策)에 보존되어 있고, 공자는 천하를 주유하면서도 얻은 전적을 스스로 계승했기 때문에 이것을 가리켜서 한 말이다. "문재자(文在玆)"는 바로 도가 여기에 있다는 말이다. 그러므로 맹자는 공자를 들어서 알았다고 여긴 것이다.[45] 하늘이 장차 이 도[文]를 없애려 했다면 도가 당연히 막히고 사라져 반드시 공자로 하여금 그것을 얻게 하지 않았을 것이다. "뒤에 죽는 사람[後死者]"은 공자가 스스로 문왕보다 뒤에 죽게 되었음을 말한 것이다. 뒤에 죽는 사람으로서 이미 이 도에 참여하고 있으니, 이에 하늘이 아직은 이 도를 없애려 하지 않는다는 것을 알 수 있다. 하늘이 아직 이 도를 없애려 하지 않으니, 광읍의 사람들도 반드시 하늘의 뜻을 어기고 자기를 해쳐서 이 도를 훼손되거나 잃어버림을 당하게 하지 못할 것이라는 말이다.

- 「注」, "匡人"至"圍之".

- 正義曰: 匡邑見『左氏傳』, 凡有數處. 『左』「僖」十五年, "諸侯盟于牡丘, 遂次于匡." 杜「注」, "匡在陳留 長垣縣西南." 此匡爲衛邑也. 「文」元年, "衛 孔達侵鄭, 取綿 · 訾及匡." 杜「注」, "匡在潁川 新汲縣東北." 此匡爲鄭邑, 衛取之也. 又十一年, "叔孫彭生會晉 郤缺于承筐." 杜「注」, "宋地, 在陳留 襄邑縣西." 此匡爲宋邑也. "子畏於匡"之匡, 舊說不一.

○ 「주」의 "광인(匡人)"부터 "위지(圍之)"까지.

○ 정의에서 말한다.

광읍은 『춘추좌씨전』에 보이는데, 다 해서 여러 곳이 있다. 『춘추좌씨전』「희공(僖公)」 15년에 "제후들이 목구(牡丘)에서 맹약을 맺고서 마침내 광(匡) 땅에 주둔했다."라고 했는데, 두예(杜預)의 「주」에 "광(匡)은 진류(陳留)의 장원현(長垣縣) 서남쪽에 있다."라고 했으니, 이 광 땅은 위나라의 읍(邑)이다. 「문공」 원년에 "위나라에서 공달(孔達)을 보내어 정(鄭)나라를 침공하고 면(綿)과 자(訾) 및 광(匡) 땅을 탈취했다."라고 했는데, 두예의 「주」에 "광(匡)은 영천(潁川)의 신급현(新汲縣) 동북쪽에 있다."라고 했으니, 이 광 땅은 정나라의 읍이었

---

45 『맹자』「진심하(盡心下)」: 문왕(文王)으로부터 공자(孔子)에 이르기까지가 5백여 년이니, 태공망(太公望)과 산의생(散宜生)은 문왕의 도를 직접 보고서 알았고, 공자는 들어서 알았다.[由文王至於孔子, 五百有餘歲, 若太公望 · 散宜生, 則見而知之, 若孔子, 則聞而知之.]

는데 위나라가 탈취한 것이다. 또 11년에 "숙손 팽생(叔孫彭生)[46]이 진(晉)나라 극결(郤缺)과 승광(承筐)에서 회합하였다."라고 했는데, 두예의 「주」에 "송(宋)나라 땅으로 진유(陳留) 양읍현(襄邑縣) 서쪽에 있다."라고 했으니, 이 광 땅은 송나라의 읍이 된다. "공자가 광읍에서 두려워하는 마음을 품고 있을 때[子畏於匡]"라고 할 때의 광(匡) 땅은 구설(舊說)이 일치하지 않는다.

원문 『莊子』「秋水篇」, "孔子遊於匡, 宋人圍之." 『釋文』引司馬彪曰: "宋當作衛, 匡, 衛邑也." 案, 『莊子』以匡爲宋邑, 宋人卽匡人, 不必改宋作衛. 『說苑』「雜言篇」言, "孔子之宋匡, 簡子將殺陽虎, 孔子似之, 因圍孔子." 亦以匡爲宋邑. 『史記』「世家」言, "匡人圍孔子, 孔子使從者爲甯武子臣於衛, 然後得去." 則以匡爲衛邑. 『寰宇記』謂長垣西十里有匡邑城, 又襄邑西三十里有古匡城, 皆爲子畏於匡地. 蓋兩說竝存. 閻氏若璩『釋地』· 顧氏棟高『春秋大事表』專主長垣, 然以陽虎暴匡之事, 求之衛 · 宋, 皆無可考.

역문 『장자(莊子)』「추수(秋水)」에 "공자가 광이라는 땅을 여행할 때 송나라 사람들이 그를 포위했다."라고 했는데, 『경전석문』에 사마표(司馬彪)를 인용해서 "송은 마땅히 위가 되어야 하니, 광 땅은 위나라 읍이기 때문이다."[47]라고 했다. 살펴보니, 『장자』에서는 광 땅을 송나라의 읍으로 보고 있으니, 송나라 사람은 곧 광읍의 사람이므로, 굳이 송을 위로 고칠 필요는 없다. 『설원(說苑)』「잡언(雜言)」에 "공자가 송나라의 광읍을 지나고 있을 때, 간자(簡子)가 장차 양호를 죽이려 했는데, 공자의 모습이 양호와 닮았기 때문에 그로 인해 공자를 포위했다."라고 했으니, 역

---

46 숙손 팽생(叔孫彭生, ?~?): 『춘추』경문(經文)에는 "叔彭生"이라고 되어 있는데, 두예의 「주」에 "팽생(彭生)은 숙중 혜백(叔仲惠伯)이다.[彭生, 叔仲惠伯.]"라고 했다.

47 『경전석문』권27, 「장자음의중(莊子音義中)·추수(秋水)」.

시 광 땅을 송나라의 읍으로 본 것이다. 『사기』「공자세가」에서는 "광읍의 사람들이 공자를 포위하자 공자가 따르던 사람들로 하여금 위나라에서 영무자(甯武子)의 신하가 되게 한 다음에야 떠날 수 있었다."라고 했으니, 광 땅을 위나라의 읍으로 본 것이다. 『태평환우기(太平寰宇記)』에는 장원(長垣) 서쪽 10리 되는 곳에 광읍성(匡邑城)이 있고, 또 양읍(襄邑) 서쪽 30리 되는 곳에 옛 광성(匡城)이 있다고 하면서 모두 공자가 광읍에서 두려워하는 마음을 품고 있었던 곳으로 보았다. 염약거(閻若璩)의 『사서석지(四書釋地)』와 고동고(顧棟高)의 『춘추대사표(春秋大事表)』에서는 오로지 장원이라고 주장하는데, 하지만 양호가 광읍에서 포악한 짓을 한 일을 위나라와 송나라에서 찾아보니, 두 나라 모두 살펴볼 만한 것이 없다.

원문 毛氏奇齡『四書賸言』, "案, 『春秋傳』公侵鄭取匡在定公六年, 是時季氏雖在軍, 不得專制. 凡過衛不假道, 反穿城而躪其地, 其令皆出自陽虎. 是虎實帥師, 當侵鄭時, 匡本鄭鄙邑, 必欲爲晉伐取以釋憾, 而匡城適缺, 虎與僕顔剋就其穿垣而入之. 「世家」, '顔剋曰: "昔吾入此, 由彼缺也."' 『琴操』, '孔子到匡郭外, 顔剋擧策指匡穿垣曰: "往與陽貨正從此入".' 此卽圍師入城之事." 案, 毛說甚近理.

역문 모기령(毛奇齡)의 『사서승언(四書賸言)』에 "살펴보니, 『춘추좌씨전』에 노나라 정공이 정나라를 침공해서 광 땅을 탈취한 일은 정공 6년에 있었던 일이니, 이때는 계씨(季氏)가 비록 군중(軍中)에 있었다 하더라도 모든 일을 자기 멋대로 처리할 수는 없었다. 무릇 위나라를 지나가면서 길을 빌리지 못해서 성벽을 뚫고서 그 땅을 유린하였는데, 그 명령은 모두 양호에게서 나온 것이다. 따라서 양호가 실제로 군사를 거느린 것은 정나라를 침공하던 때에 해당되고, 광 땅은 본래 정나라의 비읍(鄙邑)이었으므로, 반드시 진(晉)나라를 위해 정나라를 정벌해서 광 땅을 탈취해서 원한을 풀려고 했던 것인데, 광성이 마침 무너지는 바람에 양호가 마부인 안극과 함께 그 뚫린 담장을 통해 광성으로 들어갔다. 「공자세가」에 '안극이 말했다. "옛날에 제가 이곳에 왔을 때는 저 구멍으로 들어왔습니다."'라고 하였고, 『금조(琴操)』[48]에 '공자가 광 땅의 성곽 밖에 도착하자 안극이 말채찍을 들어 광성의 뚫어진 담을 가리키면서 말했네. "지난날 양화(陽貨)와 함께 바로 이곳으로 들어갔다."'라고 했는데, 이것이 바로 군대를 포위하고 성으로 들어갔던 일이다."라고 했다. 살펴보니, 모기령의 말이 매우 이치에 가깝다.

원문 此匡在文元年已爲衛所取, 而不能得其田, 故文八年, 晉侯使解揚歸匡·戚之田于衛, 其後復屬鄭. 至定六年, 乃爲魯所取, 然恐魯終不能有, 則仍屬鄭耳. 杜謂匡在新汲東北, 而『一統志』云匡城在扶溝縣西, 扶溝與新汲壤正相接, 實一地矣.

역문 이 광읍은 문공 원년에 이미 위나라에게 빼앗겨 그 전지를 얻을 수 없었기 때문에 문공 8년에 진후(晉侯)가 해양(解揚)을 보내어 광과 척(戚) 두 곳의 땅을 위나라에 돌려주었으나, 그 후에 다시 정나라에 속하게 되었다. 정공 6년에 이르러 노나라에 의해 탈취되었으나 아무래도 노나라에서 끝까지 소유할 수 없을 것 같아 그대로 정나라에 복속시켜 둔 것일 뿐이다. 두예는 광읍이 신급현(新汲縣) 동북쪽에 있다고 했고, 『대청일통지』에는 광성이 부구현(扶溝縣) 서쪽에 있다[49]고 했는데, 부구현과 신

---

48 『금조(琴操)』: 책 이름. 2권으로 한의 채옹(蔡邕)이 찬하였다. 시가(詩歌) 5, 곡(曲) 12, 조(操) 9, 잡가(雜歌) 21장이 수록되어 있다.

49 『대청일통지』 권170, 「진주부(陳州府)」에 따르면 "광성은 부구현 북쪽에 있다.匡城, 在扶

급현의 땅은 바로 서로 인접해 있으므로 실제로는 같은 지역이다.

원문 『莊子』言, "宋人圍孔子數匝, 而絃歌不輟. 幾何, 將甲者進曰: '以爲陽虎也, 故圍之, 今非也. 請辭退.'" 『韓詩外傳』, "簡子將殺陽虎, 孔子似之, 帶甲以圍孔子舍. 子路慍怒, 奮戟將下, 孔子止之曰: '由, 何仁義之寡裕也! 夫『詩』·『書』之不習, 禮樂之不講, 是丘之罪也. 吾非陽虎, 而以我爲陽虎, 則非丘之罪也, 命也. 子歌, 我和若.' 子路歌, 孔子和之, 三終而圍解." 此是當日實事, 蓋感之以絃歌, 不待自辨, 而匡人已知其非陽虎矣.

역문 『장자』「추수」에, "송나라 사람들이 공자를 겹겹으로 포위하였는데도 공자는 거문고를 타고 노래를 부르면서 전혀 그치려 하지 않았다. 잠시 후[50] 무장 병사들의 지휘자가 찾아와 사과하며 말했다. '당신을 양호로 생각하여 그 까닭에 포위하였습니다만 이제 그렇지 않다는 것을 알았습니다. 용서를 빌며 이만 물러가겠습니다.'"라고 했고, 『한시외전(韓詩外傳)』에 "간자가 마침 양호를 죽이려고 했었는데 공자가 양호와 닮아 군대를 보내어 공자가 머물러 있는 집을 포위해 버렸다. 이에 자로(子路)가 화를 내며 창을 들고 나가서 맞서려고 하자 공자가 이를 말리며 말했다. '유(由)야! 어찌 인의(仁義)가 그리도 모자라느냐? 무릇 『시경』과 『서경』을 익히지 못함과 예악(禮樂)을 강(講)하지 못함, 이것이 나의 죄라면 죄이다. 그러나 내가 양호가 아닌데 나를 양호라고 생각하는 것은 나의 죄가 아니라 천명(天命)이다. 너는 노래를 부르거라. 내가 화답하겠다.' 자로가 노래를 부르자 공자가 이에 화답했고, 세 곡이 끝나자 포위가 풀렸다."라고 했는데, 이는 당시에 실제 있었던 일로, 거문고를 타고 노래를

溝縣北.」'라고 되어 있다.

50 『장자(莊子)』「추수(秋水)」에는 "얼마 있지 않아[無幾何]"로 되어 있다.

불러 감화시키자 스스로 변론할 필요도 없이 광읍의 사람들이 이미 그가 양호가 아님을 알았던 것이다.

원문 「世家」謂夫子使從者臣於衛武子, 然後得去, 此傳聞之誤. 衛氏當獻公世已滅, 而武子仕文·成之世, 豈得與孔子時相值? 「世家」此文, 毫不足據. 『索隱』又謂孔子再阨匡人, 或設辭以解圍, 或彈琴而釋難, 分一事爲二, 尤屬臆說. 顔剋, 「世家」作"顔刻", 「弟子列傳」無剋·刻名, 但有顔高字子驕. 惠氏棟『九經古義』疑"高"卽"剋". 王氏引之『春秋名字解詁』, "高乃亭之譌, 亭·刻同聲, 古字通用." 其說竝是.

역문 「공자세가」에 공자가 따르던 사람들로 하여금 위나라에서 영무자의 신하가 되게 한 다음에야 떠날 수 있었다고 했는데, 이는 잘못 전해 들은 것이다. 영씨(衛氏)는 헌공(獻公)시대에 이미 멸문되었고, 무자(武子)는 문공(文公)과 성공(成公)시대에 벼슬했으니, 어떻게 공자 당시에 서로 만나 볼 수 있었겠는가? 「공자세가」의 이 글은 털끝만큼도 의거하기에 부족하다. 『사기색은(史記索隱)』에는 또 공자가 광읍의 사람들에게 두 번 곤액을 당했는데, 혹은 변명을 하고서 포위를 풀기도 하고 혹은 거문고를 타서 환난에서 풀려났다고 하여 한 가지 사건을 두 가지 사건으로 만들었으니, 더욱 억설에 속한다. 안극(顔剋)은 「공자세가」에 "안각(顔刻)"으로 되어 있으나, 「중니제자열전(仲尼弟子列傳)」에는 극(剋)이나 각(刻)이라는 이름은 없고, 다만 안고(顔高)라는 자가 있는데, 자가 자교(子驕)이다. 혜동(惠棟)의 『구경고의(九經古義)』에서는 "안고(顔高)"가 바로 "안극(顔剋)"일 것이라고 여긴다. 왕인지의 『춘추명자해고(春秋名字解詁)』에 "고(高)는 정(亭) 자가 잘못된 것이니, 정(亭)과 각(刻)은 발음이 같기 때문에 옛 글자에서는 통용되었다."라고 했는데, 그 말이 모두 옳다.

大宰問於子貢曰: "夫子聖者與? 何其多能也?"【注】孔曰: "大宰', 大夫官名, 或吳或宋, 未可分也. 疑孔子多能於小藝." 子貢曰: "固天縱之將聖, 又多能也."【注】孔曰: "言天固縱大聖之德, 又使多能也." 子聞之, 曰: "大宰知我乎! 吾少也賤, 故多能鄙事. 君子多乎哉? 不多也."【注】包曰: "我少小貧賤, 常自執事, 故多能爲鄙人之事. 君子固不當多也."

태재(大宰)가 자공(子貢)에게 물었다. "공자는 성자이신가? 어찌 그렇게 할 수 있는 것이 많으신가?"【주】공안국이 말했다. "'태재'는 대부의 관명(官名)인데, 오(吳)나라 사람인지 송나라 사람인지 분명치 않다. 공자가 자잘한 기예에 재능이 많다고 생각한 것이다." 자공이 말했다. "진실로 하늘이 풀어놓으신 위대한 성인이시고, 또한 할 수 있는 것도 많으십니다."【주】공안국이 말했다. "진실로 하늘이 위대한 성인의 덕을 풀어놓아 주었고, 또 할 수 있는 것이 많게 했다는 말이다." 공자가 이 말을 듣고 말하였다. "태재가 나를 아는구나! 나는 젊었을 때 미천했기 때문에 비천한 일을 할 수 있는 것이 많다. 군자는 할 수 있는 것이 많은가? 많지 않다."【주】포함이 말했다. "나는 젊었을 때 보잘것없고 빈천해서 항상 일을 직접 처리해야 했기 때문에 비천한 사람들의 일을 하는데, 할 수 있는 것이 많다. 군자는 진실로 할 수 있는 것이 많아야 하는 것은 아니다."

원문 正義曰: 鄭「注」云: "大宰是吳大宰嚭." 僞孔兼存吳·宋. 方氏觀旭『偶記』, "鄭以爲吳大宰, 蓋以夫子雖兩居宋, 但一則年十九娶于亓官氏之女, 時子貢猶未生, 一則年五十六去衛後, 過曹適宋, 於時有桓魋拔樹之難, 宜

無冢卿向子貢私論夫子之聖; 惟吳大宰則『左氏傳』「哀」七年, 公會吳于鄫
時與子貢語, 十二年公會吳于橐皋時與子貢語, 其秋'公會衛侯·宋 皇瑗于
鄖'時, 又與子貢語, 故定爲吳大宰.『史記』「孔子世家」吳客聞夫子'防風氏
骨節專車', 及'僬僥氏三尺'之語, 於是曰: '善哉聖人!' 是前此固有以夫子
之多能爲聖者, 亦吳人也."

역문 정의에서 말한다.

정현의 「주」에 "태재는 오나라 태재인 비(嚭)이다."라고 했는데, 위공
의 「주」에는 오나라와 송나라가 둘 다 있다. 방관욱(方觀旭)의 『논어우
기(論語偶記)』에 "정현이 오나라 태재라고 한 것은, 아마도 공자가 비록
두 번 송나라에 거처했지만, 그러나 한 번은 19세 때 기관씨(亓官氏)의
딸에게 장가들었던 때로, 당시에는 자공이 아직 태어나지 않았을 때이
고, 또 한 번은 56세 때 위나라를 떠난 뒤 조(曹)나라를 지나 송나라로
갔던 때로, 당시에는 송나라의 사마(司馬)인 환퇴(桓魋)가 공자를 죽이려
고 나무를 뽑는 환난이 있었을 때이니, 마땅히 총경(冢卿)이 자공을 향해
사사로이 공자의 성스러움을 논했을 리 없었을 것이고, 오직 오나라의 태
재는 『춘추좌씨전』「애공(哀公)」 7년에 애공(哀公)이 증(鄫)에서 오인(吳
人)과 회합(會合)할 때 자공과 함께 이야기를 나누었고, 12년에 애공이
오자(吳子)와 탁고(橐皋)에서 회합할 때 자공과 함께 이야기를 나누었으
며, 그해 가을 애공이 위후(衛侯)와 송나라 황원(皇瑗)과 운(鄖)에서 회합
할 때 또 자공과 더불어 이야기를 나누었기 때문에 오나라 태재라고 단
정 지은 것일 것이다. 『사기』「공자세가」에 오나라의 사신이 공자에게
서 '방풍씨(防風氏)의 해골이 수레에 가득 찼다'라는 말과 '초요씨(僬僥氏)
는 키가 석 자이다'라는 말을 듣고, 그리고 이에 '훌륭하십니다, 성인이
시어!'[51]라고 했는데, 이는 이전에는 진실로 공자가 할 수 있는 것이 많다
는 것을 가지고 성인이라고 여기는 경우가 있었다는 것이니, 역시 오나

라 사람답다."라고 했다.

원문 案, 『說苑』「善說篇」, "子貢見大宰嚭, 大宰嚭問曰: '孔子何如?' 對曰: '臣不足以知之.' 大宰嚭曰: '子不知, 何以事之?' 對曰: '唯不知, 故事之. 夫子其猶大山林也, 百姓足其材焉.' 大宰曰: '子增夫子乎?' 對曰: '夫子不可增也. 夫賜其猶一累壤, 以增大山, 不益其高, 且爲不知.'" 此子貢與大宰嚭論述聖德之證, 而大宰之爲吳大宰嚭益信. "縱"者, 朱子『集注』云: "肆也, 言不爲限量也."

역문 살펴보니, 『설원』「선설(善說)」에 "자공이 태재인 비를 만났는데, 태재인 비가 자공에게 물었다. '공자는 어떤 인물입니까?' 자공이 대답했다. '신은 족히 다 알지는 못합니다.' 태재 비가 말했다. '그대는 알지도 못하면서 어째서 그를 모시는 것입니까?' 자공이 대답했다. '오직 모르기 때문에 섬기는 것입니다. 선생님은 큰 산림(山林)과 같아서 백성마다 필요한 재목을 거기에서 충분히 얻을 수 있습니다.' 태재가 말했다. '그대는 스승을 부풀려 말하는 것입니까?' 자공이 대답했다. '선생님은 부풀릴 수가 없습니다. 저는 한 삼태기의 흙과 같으니, 한 삼태기의 흙을 큰 산

---

51 『사기(史記)』「공자세가(孔子世家)」: 오(吳)가 월(越)을 공격하여 회계(會稽)를 허물었는데 수레에 꽉 찰 정도로 큰 해골을 얻었다. 오왕이 사신을 보내 중니(仲尼)에게 "어떤 사람의 해골이 가장 큽니까?"라고 물었다. 중니가 "우(禹)가 회계산(會稽山)에 신들을 불렀을 때 방풍씨가 늦게 와서 우가 그를 죽이고 조리를 돌렸는데 그 해골이 수레에 가득 찼다고 하니 그것이 가장 크지요."라고 했다. … 사신이 "그들의 키는 얼마나 컸습니까?"라고 하자 중니는 "초요씨가 석 자로 가장 작았습니다. 큰 사람도 열 배를 넘지 않았는데 그게 가장 컸습니다."라고 했다. 이에 오의 사신이 "훌륭하십니다, 성인이시여!"라고 했다.[吳伐越, 墮會稽, 得骨節專車. 吳使使問仲尼, "骨何者最大?" 仲尼曰: "禹致群神於會稽山, 防風氏後至, 禹殺而戮之, 其節專車, 此爲大矣." … 客曰: "人長幾何?" 仲尼曰: "僬僥氏三尺, 短之至也. 長者不過十之, 數之極也." 於是吳客曰: "善哉聖人!"]

에 더해 봤자 그 높이를 더 높일 수 없고, 또 알지도 못합니다.'"라고 했는데, 이는 자공이 태재인 비와 성스러운 덕을 논술한 증거이니, 태재가 오나라 태재인 비가 된다는 것을 더욱 믿을 만하다. "종(縱)"은 주자(朱子)의 『논어집주(論語集注)』에 "풀어놓다[肆]와 같으니, 제한적인 헤아림을 하지 않는다는 말이다."라고 했다.

원문 李氏光地『論語劄記』, "說聖固是天縱, 多能亦是天縱, 子貢此言, 可謂智足知聖. 故夫子舍子貢之言, 而但言'大宰知我', 明知我多能也. 多能是鄙事, 君子且不貴, 況聖人乎? 蓋避聖之名而示人以學聖之方也."『風俗通』「窮通篇」引"固天縱之, 莫盛於聖", 似以"縱之"爲句. 皇本"大宰知我"下有"者"字.

역문 이광지(李光地)의 『논어차기(論語劄記)』에 "성인은 본디 하늘이 풀어놓은 것이고, 할 수 있는 것이 많은 것도 역시 하늘이 풀어놓은 것이라는 말이니, 자공의 이 말은 지혜가 족히 성인을 알 만하다고 이를 수 있다. 그러므로 공자가 자공의 말을 마다하고 단지 '태재가 나를 안다'라고만 말하여 내가 할 수 있는 것이 많음을 안다고 밝힌 것이다. 할 수 있는 것이 많은 것은 비천한 일이므로 군자도 귀하게 여기지 않는데 하물며 성인에 있어서이겠는가? 성인이라는 명성을 피하면서 사람들에게 성인을 배우는 방법을 보여 준 것이다."라고 했다. 『풍속통(風俗通)』「궁통(窮通)」에 "진실로 하늘이 내신 분 중에 성인보다 더 훌륭한 분은 없으시다.[固天縱之莫盛於聖.]"라고 했는데, "종지(縱之)"에서 구두를 끊은 것 같다. 황간본에는 "태재지아(大宰知我)" 아래 "자(者)" 자가 있다.

● 「注」, "大宰"至"小藝".

● 正義曰: 鄭『周官目錄』云: "冢, 大也, 宰者, 官也." 又「大宰」「注」, "變冢言大, 進退異名也." 先考典簿君『秋槎雜記』說, "天子六卿, 冢宰亦曰大宰. 宋備六卿, 同於天子, 魯則羽父求大宰, 鄭有大宰石㚟, 楚有大宰子商, 蓋散位從卿, 列國之僭制也." 謹案, 散位從卿, 卽是大夫, 故此「注」以大宰爲大夫官名也.

○ 「주」의 "태재(大宰)"부터 "소예(小藝)"까지.

○ 정의에서 말한다.

정현의 『주관목록(周官目錄)』에 "총(冢)은 크다[大]는 뜻이고 재(宰)는 관직[官]이다."라고 했고, 또 「태재(大宰)」의 「주」에 "총(冢)을 바꾸어 태(大)라고도 하니, 나아가고 물러남에 이름을 달리하는 것이다."라고 했다. 선친 전부군(典簿君)의 『추사잡기(秋槎雜記)』에 "천자에게는 6경(六卿)이 있는데, 총재(冢宰)는 또 태재라고도 한다. 송나라는 6경을 갖추었으니 천자와 같고, 노나라는 우보(羽父)[52]가 태재의 자리를 요구했으며, 정나라에는 태재 석착(石㚟)이 있었고, 초(楚)나라에는 태재 자상(子商)이 있었는데, 이름만 있고 실제로는 직책이 없는[散位] 경이었으니, 열국(列國)에서 제도를 참람한 것이었다."라고 했다. 삼가 살펴보니 실제로는 직책이 없는 경이란 바로 이러한 대부였기 때문에 이 「주」에서 태재를 대부의 관명이라고 한 것이다.

원문 『列子』「仲尼篇」, "商大宰見孔子曰: '丘聖者與?' 孔子曰: '聖則丘何敢? 然則丘博學多識者也.'" 宋是商後, 故亦稱商. 此「注」兼存吳·宋, 或卽暗據『列子』之文. 今不從者, 商大宰是與夫子語, 非問子貢, 不若吳大宰親問子貢爲得實也.

역문 『열자(列子)』「중니(仲尼)」에 "송나라의 태재[商大宰][53]가 공자를 만나 보고 말했다. '당신은 성자이신가?' 공자가 대답했다. '성자를 제가 어찌 감

---

52 우보(羽父): 춘추시대 노나라의 대부 공자(公子) 휘(翬)의 자이다.
53 상태재(商大宰): 상은 송나라를 가리킨다. 송나라의 도읍이 상구(商丘)에 있었고, 또 송은 상의 후예이므로 그렇게 부르기도 한다.

히…? 저는 그냥 널리 배우고 많이 기억하는 사람입니다.'"라고 했는데, 송나라는 상나라의 후예이기 때문에 또한 상이라 칭하기도 한다. 여기의 「주」에 오나라와 송나라가 함께 있는 것은 어쩌면 암암리에 『열자』의 글에서 근거한 것인 듯싶다. 지금 『열자』의 내용을 따르지 않는 것은 송나라 태재는 공자와 이야기를 나눈 것이지 자공에게 질문한 것이 아니기 때문이니, 오나라 태재가 자공에게 직접 물어본 것이 사실인 것만 못하다.

원문 "疑孔子多以於小藝"者, 正以禮樂是藝之大, 不得爲鄙事, 惟書·數·射·御皆是小藝, 大宰所指稱也. 『淮南子』「主術訓」, "孔子之通, 智過於萇弘, 勇服於孟賁, 足躡郊菟, 力招城關, 能亦多矣." 此時傳夫子多能之事. 大宰以多能爲聖, 但有美辭, 無疑辭也. 「注」亦微誤.

역문 "공자가 자잘한 기예에 재능이 많다고 생각한 것이다."

참으로 예악은 큰 기예이므로 비루한 일이 될 수 없고, 오직 쓰기[書]·셈하기[數]·활쏘기[射]·말 몰기[御]는 모두 작은 기예이므로 태재가 지적해서 일컬은 것이다. 『회남자』「주술훈(主術訓)」에 "공자의 달통함은, 그 지혜는 장홍(萇弘)보다 나았고 용기는 맹분(孟賁)[54]을 굴복시켰으며, 걸음은 달리는 토끼를 따라잡을 수 있었고, 힘은 성문의 장군목을 뽑아 들 수 있었으니 할 수 있는 것이 또한 많았을 것이다."라고 했으니,

---

54 맹분(孟賁, ?~?): 전국시대 위(衛)나라 사람. 제(齊)나라 사람이라고도 한다. 용력지사(勇力之士)로, 하육(夏育)과 이름을 나란히 했다. 대단한 완력과 용기를 지닌 인물로, 소의 생뿔을 잡아 뽑아낼 수 있었다. 땅에서는 맹수와 마주쳐도 두려워하지 않는 용기를 지녔고, 물속에서는 교룡(蛟龍)과의 싸움도 피하지 않았다고 한다. 화가 났을 때는 두 눈이 옆으로 찢어져 기세가 사람을 질리게 만들었다. 길을 가거나 물을 건널 때 아무도 그와 선두를 다투지 못했다. 맹열(孟說)이라고도 한다. 진 무왕(秦武王)의 사랑을 받던 역사(力士)라고도 한다.

이때 공자가 할 수 있는 것이 많았던 일을 전한 것이다. 태재는 할 수 있는 것이 많은 사람을 성인이라고 생각했기 때문에 다만 찬미하는 말만 있었고 의심하는 말은 없었던 것이다. 따라서 「주」가 조금은 잘못되었다.

- 「注」, "言天固縱大聖之德, 又使多能也."
- 正義曰:「注」以"固天縱之將聖"爲句, 亦通. "大聖", 卽"將聖"也. 錢氏大昕『潛硏堂文集』, "『詩』'有娀方將'·'我受命溥將'之將, 竝訓爲大. 然則'將聖'者, '大聖'也." 案, 『荀子』「堯問篇」, "然則孫卿懷將聖之心." 亦謂大聖也.
- 「주」의 "진실로 하늘이 위대한 성인의 덕을 풀어놓아 주었고, 또 할 수 있는 것이 많게 했다는 말이다."
- 정의에서 말한다.

  「주」에서는 "진실로 하늘이 내신 위대한 성인이시고[固天縱之將聖]"에서 구두를 끊었는데, 역시 통한다. 「주」의 "대성(大聖)"은 바로 본문의 "장성(將聖)"이다. 전대흔(錢大昕)의 『잠연당문집(潛硏堂文集)』에 "『시경』에서 '유융(有娀)이 바야흐로 커지니[有娀方將]'[55]라고 한 것과 '내 명(命)을 받음이 넓고 크거늘[我受命溥將]'[56]이라고 한 것의 장(將)은 모두 뜻을 크다[大]라고 새긴다. 그러므로 '장성(將聖)'은 '대성(大聖)'인 것이다."라고 했다. 살펴보니, 『순자(荀子)』「요문편(堯問篇)」에 "따라서 손경(孫卿)은 장성의 마음을 품었다."라고 한 것도 역시 위대한 성인[大聖]이라는 말이다.

원문 『論衡』「知實篇」"子貢曰: '故天縱之將聖.' '將'者, 且也, 不言已聖, 言且聖者, 以爲孔子聖未就也. 孔子從知天命至耳順, 學就知明成聖之驗也.

---

55 『시경(詩經)』「송(頌)·상송(商頌)·장발(長發)」.
56 『시경』「송·상송·열조(烈祖)」.

未五十・六十之時, 未能知天命至耳順也, 則謂之'且'矣. 當子貢答大宰時, 殆三十・四十之時也." 案, "故"與"固"通, "將聖", 當從此「注」訓大聖. 子貢初與大宰語, 在哀七年, 夫子年六十五. 至哀十二年, 則已七十, 而云在三十・四十之時, 誤矣.

『논형』「지실편(知實篇)」에 "자공이 '진실로 하늘이 내신 장차[將] 성인이실 것이다.'라고 했는데, '장(將)'은 장차[且]이니, 이미 성인이라고 하지 않고 장차 성인이실 것이라고 한 것은 공자의 성스러움이 아직 성취되지 않았다고 생각했기 때문이다. 공자의 천명을 앎[知天命]으로부터 귀가 순해짐[耳順]까지는 학문이 성취되고 지혜가 밝아져 성스러움을 이룬 증거이다. 아직 50세나 60세가 되지 않은 때라서 천명을 알아 귀가 순해지는 데까지 이르지 못했다면 '장차[且]'라고 했을 것이다. 당연히 자공이 태재에게 대답했을 때는 거의 30세나 40세 무렵이었을 것이다."라고 했는데, 살펴보니 "고(故)"는 "고(固)"와 통용되고, "장성(將聖)"은 마땅히 여기의 「주」에 따라 위대한 성인[大聖]이라고 새겨야 한다. 자공이 처음 태재인 비와 이야기를 나눈 것은 애공 7년에 있었고, 당시 공자의 나이 65세였다. 애공 12년에 이르면 이미 70세가 되니, 그런데도 30세나 40세 때 있었던 일이라고 하는 것은 잘못이다.

● 「注」, "我少"至"多也".

● 正義曰: 居官則有府史或胥徒, 用給徭役, 不自執事也. 夫子少小貧賤, 始習爲之, 故多能爲鄙人之事. 『周官』「遂人」, "五鄙爲鄙." 『荀子』「非相」「注」, "鄙人, 郊野之人也." 鄙卽是賤. 下篇"鄙夫"訓同. "君子"者, 則有德堪在位者也.

○ 「주」의 "아소(我少)"부터 "다야(多也)"까지.

○ 정의에서 말한다.

관직에 있으면 부사(府史)나 혹은 서도(胥徒)가 있어서 요역(徭役)을 공급하기 때문에 직접 일을 집행하지는 않는다. 공자는 젊었을 때 보잘것없고 빈천해서 처음부터 일을 익히고 집행했기 때문에 비천한 사람들의 일을 행함에 있어 할 수 있는 것이 많았던 것이다. 『주관』「수인(遂人)」에 "5찬(五酇)이 비(鄙)가 된다."[57]라고 했고, 『순자』「비상편(非相篇)」의 「주」에 "비인(鄙人)은 교야(郊野)의 사람이다."라고 했는데, 비(鄙)는 바로 천(賤)하다는 뜻이다. 아래 「양화(陽貨)」에 보이는 "비부(鄙夫)"도 뜻이 같다. "군자(君子)"란 덕을 가지고 지위에 있는 자이다.

9-7

牢曰: "子云: '吾不試, 故藝.'" 【注】鄭曰: "牢, 弟子子牢也. '試', 用也. 言孔子自云, 我不見用, 故多技藝."

뇌(牢)가 말했다. "선생님께서 말씀하시기를 '나는 쓰이지 못했기 때문에 기예가 많다.'라고 하셨다." 【주】정현이 말했다. "뇌는 제자(弟子)인 자뢰(子牢)이다. '시(試)'는 쓴다[用]는 뜻이다. 공자가 스스로 '나는 쓰이지 못했기 때문에 기예가 많다.'라고 말한 것이다."

원문 正義曰: 此引弟子述孔子語, 與前章"少賤"·"多能"語同, 故類記之.

역문 정의에서 말한다.

이것은 제자가 공자에 대해 진술한 말을 인용한 것으로 앞 장의 "젊었

---

57 『주례(周禮)』「지관사도하(地官司徒下)·수인(遂人)」.

을 때 미천했다[少賤]"라든가 "할 수 있는 것이 많다[多能]"라고 한 것과 얘기가 같으므로 같은 종류끼리 기록한 것이다.

- ●「注」, "牢, 弟子子牢也. 試, 用也."
- ● 正義曰:『莊子』「則陽篇」, "長梧封人問子牢", 子牢名僅見此.『左』「昭」二十年「傳」, "琴張聞宗魯死, 將往吊之. 仲尼曰: '齊豹之盜, 而孟縶之賊, 女何吊焉?'" 杜「注」, "琴張, 孔子弟子, 字子開, 名牢." 孔「疏」, "『家語』云: '孔子弟子琴張與宗魯友.'「七十子篇」云: '琴牢, 衛人, 字子開, 一字張.' 則以字配姓爲琴張, 卽'牢曰'子云'是也. 賈逵 · 鄭衆皆以爲子張卽顓孫師. 服虔云: '案,「七十子傳」云"子張少孔子四十餘歲", 孔子是時四十. 知未有子張, 鄭 · 賈之說不知所出.'"
- ○「주」의 "뇌는 제자인 자뢰이다. 시(試)는 쓴다[用]는 뜻이다."
- ○ 정의에서 말한다.
  『장자』「칙양(則陽)」에 "장오(長梧)의 국경지기가 자뢰에게 말했다."라고 했는데, 자뢰라는 이름은 고작 여기에만 보인다.『춘추좌씨전』「소공(昭公)」 20년의 「전」에 "금장(琴張)이 종노(宗魯)가 죽었다는 소식을 듣고 조문 가려 하자, 중니가 말했다. '제표(齊豹)가 위후(衛侯)의 형(兄)을 도살(盜殺)하고 맹집(孟縶)이 피살된 것이 모두 그로 인해 생긴 일인데, 너는 무엇 때문에 그런 자를 조문하려 하느냐?'"라고 했는데, 두예의 「주」에 "금장은 공자의 제자로 자는 자개(子開)이고 이름은 뇌이다."라고 했고, 공영달의 「소」에 "『공자가어(孔子家語)』「자하문(子夏問)」에 '공자의 제자 금장은 종노와 친구이다.'[58]라고 했고, 「칠십이제자해(七十二弟子解)」에 '금뢰(琴牢)는 위나라 사람으로 자는 자개이고, 또 다른 자는 장(張)이다.'라고 했으니, 자를 성(姓)에 붙여서 금장이라고 한 것으로, 바로 '뇌가 말했다. "선생님께서 말씀하시기를"'이라고 한 것이 이것이다. 가규(賈逵)와 정중(鄭衆)은 모두 자장(子張), 즉 전손사(顓孫師)라고 생각했다. 복건(服虔)은 '살펴보니, 「칠십이제자해」에 "자장은 공자보다 40여 살 어리다"라고 했는데, 당시 공자의 나이 40세였으니 아직 자장이 태어나지 않았다는 것을

---

58 『공자가어(孔子家語)』 권10, 「자하문(子夏問)」.

알 수 있다. 정중과 가규의 설은 어디서 나온 것인지 모르겠다.'라고 했다."라고 하였다.

원문 案, 趙岐注『孟子』「盡心」亦以琴張爲子張, 竝沿舊說之誤. 『漢書』「古今人表」有"琴牢", 王氏念孫『讀書雜志』以"琴牢"爲"琴張"之誤, 云: "「人表」所載, 皆經傳所有. 『左傳』及『孟子』皆作琴張, 『莊子』作子琴張, 無作琴牢者. 琴牢字張, 始見『家語』, 乃王肅僞撰. 後人據『家語』以改『漢書』." 其說良然.

역문 살펴보니, 조기(趙岐)가 주석한 『맹자』「진심(盡心)」에서도 금장을 자장이라고 했는데, 모두 구설(舊說)의 잘못을 따른 것이다. 『전한서』「고금인표(古今人表)」에 "금뢰"가 있는데, 왕염손(王念孫)의 『독서잡지(讀書雜志)』에서는 "금뢰"를 "금장"의 오기(誤記)라고 보고서, "「고금인표」에 실린 것들은 모두 경전에 있는 것들이다. 『좌전』 및 『맹자』에는 모두 금장이라고 되어 있고, 『장자』에는 자금장(子琴張)이라고 되어 있지만, 금뢰라고 되어 있는 것은 없다. 금뢰의 자가 장인 것은 『공자가어』에 처음 보이는데, 결국은 왕숙의 위찬(僞撰)이다. 후대의 사람들은 『공자가어』를 근거로 『한서』를 고친 것이다."라고 했는데, 이 말이 참으로 옳다.

원문 『白水碑』琴張 · 琴牢竝列, 此及『左傳』杜「注」皆爲『家語』所惑, 不足憑也. 自『家語』琴牢之名出, 唐贈琴牢 南陵伯, 宋贈頓丘侯, 改贈陽平侯, 則皆由『家語』之說誤之矣. 竊謂琴張非子張, 服氏之辨最確. 而子牢非琴張, 則鄭此「注」最當. 『莊子』「則陽」「釋文」引司馬彪云: "卽琴牢, 孔子弟子." 與杜預同誤. 『史記』「仲尼弟子列傳」無牢名, 當是偶闕. 云"試用"者, 『爾雅』「釋詁」文, 『說文』同.

역문 『백수비(白水碑)』에는 금장과 금뢰가 병렬되어 있는데, 이것과 『춘추좌씨전』두예의 「주」는 모두『공자가어』에 의해 헷갈린 것이니 족히 의거할 만한 것이 못 된다.『공자가어』에 금뢰라는 이름이 나옴으로부터 당(唐)나라 시대에는 금뢰를 남릉백(南陵伯)에 추증하였고, 송(宋)나라 시대에는 돈구후(頓丘侯)에 추증했다가 양평후(陽平侯)로 개증(改贈)했으니, 그렇다면 모두『공자가어』의 설에 따른 오류이다. 내가 생각하기에 금장은 자장이 아니니 복건의 변별이 가장 확실하다. 그리고 자뢰가 금장이 아니라면 정현의 이 「주」가 가장 합당하다.『장자』「칙양」의 「석문」에 사마표가 "바로 금뢰이니 공자의 제자이다."[59]라고 한 말을 인용했는데, 두예와 똑같은 잘못이다.『사기』「중니제자열전」에는 뇌라는 이름이 없는데, 당연히 우연히 빠진 것이다. "시용(試用)"이란,『이아』「석고」의 글인데,『설문해자』에도 같다.

9-8

子曰: "吾有知乎哉? 無知也. 【注】"知"者, 知意之知也. 知者言未必盡, 今我誠盡. 有鄙夫問於我, 空空如也. 我叩其兩端而竭焉." 【注】孔曰: "有鄙夫來問於我, 其意空空然, 我則發事之終始兩端以語之, 竭盡所知, 不爲有愛."

공자가 말했다. "내가 억측으로 아는 것이 있는가? 아는 것이 없다. 【주】"지(知)"는 억측으로 안다[知意]고 할 때의 지(知)이다. 안다는 작자들은 말을 할 때 반드시 다 말해 주지 않지만, 지금 나는 정성을 다해 말해 준다는 말이다. 어떤 비루한 사람이 나에게 묻더라도 그의 뜻이 정성스러우면 나

---

59 『경전석문』권28, 「장자음의하(莊子音義下)·칙양(則陽)」.

원문 正義曰: 夫子應問不窮, 當時之人, 遂謂夫子無所不知, 故此謙言"無知"
也.『釋文』, "空空, 鄭或作悾悾." 此與前篇"悾悾而不信"同, 鄭彼「注」云:
"悾悾, 誠愨也."『大戴禮』「主言篇」, "商愨, 女憧, 婦空空."『呂氏春秋』「下
賢篇」, "空空乎其不爲巧故也." "空空"竝卽"悾悾", 此鄙夫來問夫子, 其意
甚誠愨, 故曰"空空如". 皇「疏」以爲虛空, 非也.

역문 정의에서 말한다.

질문에 대한 공자의 응답이 무궁하므로 당시 사람들은 마침내 공자를
알지 못하는 것이 없다고 생각했기 때문에 여기에서 겸손하게 "아는 것
이 없다[無知]"라고 말한 것이다.『경전석문』에 "공공(空空)'은 정현이 더
러 공공(悾悾)으로 쓰기도 한다."라고 했는데, 이는 앞「태백(泰伯)」의
"성실하면서도 진실하지 않음[悾悾而不信]"과 같으니, 정현은 이 문장의
「주」에서 "공공(悾悾)은 성실함[誠愨]이다."라고 했다.『대대례』「주언(主
言)」에 "상인은 성실하고, 여자는 어리석은 듯하며, 부인은 정성스러워
야 한다[空空]."라고 했고,『여씨춘추(呂氏春秋)』「하현(下賢)」에 "거짓을
꾸미지 않음에 정성을 쏟는다[空空乎其不爲巧故也].''[60]라고 했는데, "공공
(空空)"은 모두 바로 "공공(悾悾)"이니, 여기서는 비루한 사람이 공자에게

---

60 『여씨춘추(呂氏春秋)』「하현(下賢)」고유(高誘)의「주」에 "공공(空空)은 성실함[愨]이고, 교
고(巧故)는 거짓[僞]이다.[空空, 愨也; 巧故, 僞詐.]"라고 했다.

와서 질문을 하더라도 그의 뜻이 대단히 정성스럽기 때문에 "공공여(空空如)"라고 한 것이다. 황간의 「소」에는 허공(虛空)이라고 했는데, 아니다.

원문 "叩"者, 反問之也, 因鄙夫力不能問, 故反問而詳告之也. 『說文』云: "訇, 扣也." 段氏玉裁「注」引此文, 似以"訇"卽"扣"字. 鄭「注」云: "兩端, 末也." 凡事物之始, 皆起微末, 故末有始義. 『說文』, "耑, 物初生之題也." 是也.

역문 "고(叩)"는 반문한다[反問]는 뜻이니, 비루한 사람의 힘으론 질문할 수 없기 때문에 반문하고서 자세히 알려 준다는 뜻이다. 『설문해자』에 "구(訇)는 두드림[扣]이다."[61]라고 했는데, 단옥재의 「주」에 이 글을 인용했으니, "구(訇)"를 "구(扣)" 자로 여긴 것 같다. 정현의 「주」에 "양단(兩端)이란 끝[末]이다."라고 했다. 모든 사물의 시작은 다 작은 끝에서 일어나므로 끝은 시작이라는 뜻이 있다. 『설문해자』에 "단(耑)은 만물이 생겨나는 맨 첫머리이다."[62]라고 했는데, 옳다.

원문 焦氏循『補疏』, "此'兩端', 卽『中庸』'舜執其兩端, 用其中於民'之兩端也. 鄙夫來問, 必有所疑, 惟有兩端, 斯有疑也. 故先叩發其兩端, 謂先還問其所疑, 而後卽其所疑之兩端, 而窮盡其意, 使知所問焉. 蓋凡事皆有兩端, 如楊朱爲我, 無君也, 乃曾子居武城, 寇至則去. 墨子兼愛, 無父也, 乃

---

61 『설문해자』 권3: 구(訇)는 두드림[扣]이다. 아내를 구함에 먼저 두드려 보는 것과 같다. 언(言)으로 구성되었고 구(口)로 구성되었으며, 구(口)가 또한 발음을 나타낸다. 고(苦)와 후(后)의 반절음이다.[訇, 扣也. 如求婦先訇叕之. 從言從口, 口亦聲. 苦后切.]

62 『설문해자』 권7: 단(耑)은 만물이 생겨나는 맨 첫머리이다. 위의 부분은 나오는 모양을 상형했으며 아랫부분은 뿌리의 모양을 상형했다. 모든 단(耑)부에 속하는 글자는 다 단(耑)의 뜻을 따른다. 다(多)와 관(官)의 반절음이다.[耑, 物初生之題也. 上象生形, 下象其根也. 凡耑之屬皆從耑. 多官切.]

<u>禹</u>手足胼胝, 至於偏枯. 一旌善也, 行之則詐僞之風起, 不行又無以使民知
勸. 一伸枉也, 行之則刁訴之俗甚, 不行又無以使民知懲. 一理財也, 行之
則頭會箕斂之流出, 不行則度支或不足. 一議兵也, 行之則生事無功之說
進, 不行則國威將不振. 凡若是, 皆兩端也. 而皆有所宜, 得所宜則爲中,
<u>孔子</u>叩之, 叩此也; 竭之, 竭此也. <u>舜</u>執之, 執此也; 用之, 用此也. 處則以
此爲學, 用則以此爲治, 通變神化之妙, 皆自兩端而宜之也." 皇本"鄙夫"下
有"來"字. 據僞孔「注」, 亦似有"來"字.

역문 초순의 『논어보소』에 "이 '양단(兩端)'은 바로 『중용(中庸)』의 '순(舜)은
양쪽 끝을 잡고 헤아려 그 중(中)을 취한 뒤에 백성에게 적용했다'라고
할 때의 '양단'이다. 비루한 사람이 와서 질문하더라도 반드시 의심하는
바가 있는 것은 오직 양쪽 끝이 있기 때문에 이에 의심이 있는 것이다.
그러므로 우선은 그 양쪽 끝을 반문해서 드러낸다는 것은 먼저 그가 의
심하는 것을 다시 물어본 뒤에 그가 의심하는 것의 양쪽 끝에 나아가 그
뜻을 끝까지 다 말해 주어 질문한 것을 알도록 해 준다는 말이다. 대체
로 모든 일은 다 양쪽 끝이 있으니, 예를 들어 양주(楊朱)가 위아설(爲我
說)을 주장해서 임금을 무시한 것과 같은 것은 바로 증자(曾子)가 무성(武
城)에 거처할 때 침략군이 쳐들어오자 떠나간 것과 같은 경우이고, 묵자
(墨子)가 겸애설(兼愛說)을 주장해서 아버지를 무시한 것과 같은 것은 우
(禹)임금이 손과 발에 못이 박히도록 일해서 온몸이 바짝 말라 버리는[偏
枯] 지경에 이르게 된 것과 같은 경우이다. 한 번 선을 표창함에도, 행하
면 거짓과 속임의 풍조가 이어 나고, 행하지 않으면 또 백성들에게 권도
를 알게 할 수가 없다. 한 번 펴고 굽힘에도, 행하면 간사한 참소의 풍속
이 심해지고, 행하지 않으면 또 백성들에게 징계를 알게 할 수가 없다.
한 번 재물을 다스림에도, 행하면 세금을 가혹하게 거두는[頭會箕斂][63] 유
폐(流弊)가 출현하고, 행하지 않으면 국가의 재정[度支]이 혹 부족해진다.

한 번 군사를 의논함에도, 행하면 일만 만들고 공이 없다는 설이 개진되고, 행하지 않으면 나라의 위엄이 장차 떨쳐지지 않는다. 대체로 이와 같은 것이 모두 양쪽 끝[兩端]이다. 그런데 모두 마땅한 바가 있는데, 마땅한 바를 얻으면 중(中)이 되니, 공자가 반문한 것[叩之]은 이것을 반문한 것이고, 다 말해 준 것[竭之]은 이것을 다 말해 준다는 것이다. 순이 잡은 것은 이것을 잡은 것이며, 적용한 것[用之]은 이것을 적용한 것이다. 편안히 거처할 때는 이것을 학문으로 삼고, 등용되면 이것으로 다스려 상황에 맞게 대처함[通變]과 신화(神化)의 오묘함이 모두 양쪽 끝으로부터 마땅해지는 것이다.”라고 했다. 황간본에는 “비부(鄙夫)” 아래 “내(來)” 자가 있다. 위공(僞孔)의 「주」를 근거해 보아도 역시 “내” 자가 있을 것 같다.

- 「注」, “知者”至“誠盡”.
- 正義曰: 皇「疏」云: “知謂有私意於其間之知也, 聖人體道爲度, 無有用意之知, 故先問弟子云 ‘吾有知乎哉’也, 又云‘無知也’, 明己不有知意之知也, 卽是無意也.”
- 「주」의 “지자(知者)”부터 “성진(誠盡)”까지.
- 정의에서 말한다.

  황간의 「소」에 “안다는 것은 그 시이에 사사로운 억측이 있음을 안다는 말이다. 성인은 도를 체득함을 법도로 삼고 억측으로 아는 것이 없기 때문에 먼저 제자들에게 ‘내가 아는 것이 있는가?’라고 물은 것이고, 또 ‘아는 것이 없다’라고 하여, 자기는 억측으로 아는 앎이 없음을 분

---

63 두회기렴(頭會箕斂): 세금을 가혹하게 거둔다는 뜻. 진(秦)나라 때에 관리가 집마다 방문하여 사람 머릿수대로 세금을 내게 하고 낸 곡식을 키로 까불러 받은 데서 나온 말. 『전한서(前漢書)』「장이진여전(張耳陳餘傳)」과 『사기』「장이진여열전(張耳陳餘列傳)」에, “안과 밖이 소란스러워 백성들이 피폐하였는데도, 두회기렴하여 군비를 조달하였다.[外內騷動, 百姓罷敝, 頭會箕斂, 以供軍費.]”라고 했다.

명히 한 것이니, 바로 억측함이 없다는 말이다."라고 했다.

9-9

子曰: "鳳鳥不至, 河不出圖, 吾已矣夫!"【注】孔曰: "聖人受命, 則
鳳鳥至, 河出圖, 今天無此瑞. '吾已矣夫'者, 傷不得見也. '河圖', 八卦是也."

공자가 말했다. "봉황새가 이르지 않고 황하에서 하도(河圖)가 나
오지 않으니, 나는 끝이로구나!"【주】공안국이 말했다. "성인이 천명을 받
으면 봉황새가 이르고, 황하에서 하도가 나오는데, 지금은 이런 상서로움이 없다. '나
는 끝이로구나!'라고 한 것은 볼 수 없음을 안타까워한 것이다. '하도'는 바로 팔괘(八
卦)이다.

원문 正義曰: 『說文』云: "鳳, 神鳥也." 『毛詩』「卷阿」「傳」, "雄曰鳳, 雌曰
凰." 此對文, 若散文通稱鳳. 『大戴記』「曾子天圜篇」, "羽蟲之精者曰鳳."
是也. 鄭注『尙書』「顧命」曰: "河圖, 圖出於河, 帝王聖者之所受." 不言圖
爲何物, 及所出之形. 『左傳』「序」「疏」引鄭說, "河圖·洛書, 龜龍銜負而
出." 此依『中候』「握河紀」爲言. 宋氏翔鳳以「疏」上文引『論語』, 則此鄭
說當爲『論語』「注」也.

역문 정의에서 말한다.

『설문해자』에 "봉(鳳)은 신령스러운 새[神鳥]이다."[64]라고 했다. 『모시』

---

[64] 『설문해자』권4: 봉(鳥)은 신령스러운 새[神鳥]이다. 천노(天老: 황제의 신하)가 말했다. "봉

「권아(卷阿)」의 「전」에 "수컷을 봉(鳳)이라 하고 암컷을 황(凰)이라 한
다."라고 했는데, 이것은 대문(對文)이고 산문(散文)과 같은 경우에는 봉
이라 통칭하니, 『대대례』「증자천환(曾子天圜)」에 "깃털이 있는 짐승 중
에 가장 뛰어난 것을 봉이라 한다."라고 한 것이 바로 이것이다. 정현은
『상서(尙書)』「고명(雇命)」을 주석하면서 "하도는 황하에서 나온 그림으
로, 제왕(帝王)이나 성자(聖者)가 받은 것이다."라고 하면서 무엇을 그렸
는지 및 어떻게 생겼는지는 말하지 않았다. 『춘추좌씨전』「서」의 「소」
에 정현의 말을 인용하면서 "하도와 낙서(洛書)는 거북이 등에 지고, 용
이 입에 물고 나온 것이다."라고 했는데, 이는 『중후(中候)』「악하기(握河
紀)」를 근거로 한 말이다. 송상봉은 「소」 앞의 글은 『논어』를 인용한 것
이라고 했는데, 그렇다면 여기의 정현의 말은 마땅히 『논어』의 「주」가
되어야 한다.

원문 『漢書』「董仲舒傳」對策曰: "故爲人君者, 正心以正朝廷, 正朝廷以正百
官, 正百官以正萬民, 正萬民以正四方. 四方正, 遠近莫敢不壹於正, 而亡

황의 생김새는 앞은 기러기와 같고 뒤는 기린을 닮았으며, 뱀과 같은 목과 물고기와 같은 꼬
리를 가졌고, 황새와 같은 이마와 원앙과 같은 아가미에, 용과 같은 무늬와 호랑이 같은 등
에 제비와 같은 턱과 닭의 부리를 하였으며, 깃털은 다섯 가지 색깔을 모두 갖추었다. 동쪽
의 군자가 사는 나라에 살며 사해(四海)의 바깥까지 날아다닌다. 곤륜산을 지나 황하 중류
에 있는 지주(砥柱)라는 바위에 흐르는 물을 마시고, 약수(弱水)에 깃털을 씻고, 밤이 되면
풍혈에 깃든다. 봉황이 세상에 나타나면 천하가 크게 편안해진다." 조(鳥)로 구성되었고 범
(凡)이 발음을 나타낸다. 봉(鵬)은 봉(鳳)의 고문인데, 상형자(象形字)이다. 봉황이 날면 떼
지은 새들이 수만 마리가 뒤따르므로 붕당(朋黨)의 글자로 삼기도 한다. 봉(鵬) 역시 봉(鳳)
의 고문이다. 풍(馮)과 공(貢)의 반절음이다.[鳳, 神鳥也. 天老曰: "鳳之象也, 鴻前麐後, 蛇頸
魚尾, 鸛顙鴛思, 龍文虎背, 燕頷雞喙, 五色備擧. 出於東方君子之國, 翱翔四海之外, 過崐崘,
飮砥柱, 濯羽弱水, 莫宿風穴. 見則天下大安寧." 從鳥凡聲. 鵬, 古文鳳, 象形. 鳳飛, 群鳥從以
萬數, 故以爲朋黨字. 鵬, 亦古文鳳. 馮貢切.]

有邪氣奸其間者, 是以陰陽調而風雨時, 群生和而萬物殖, 五穀熟而中木
茂, 天地之間被潤澤而大豊美, 四海之內聞盛德而皆倈臣, 諸福之物, 可致
之祥, 莫不畢至, 而王道終矣. <u>孔子</u>曰: '鳳鳥不至, <u>河</u>不出圖, 吾已矣夫!'
自悲可致此物, 而身卑賤不得致也." 是<u>董</u>以夫子此歎, 爲己不得受命之故.
『易』「坤鑿度」, "<u>仲尼</u>偶筮其命, 得「旅」, 泣曰: '天也命也! 鳳鳥不至, <u>河</u>
無圖至, 嗚乎! 天命之也.' 歎訖而後息志." 與<u>仲舒</u>說同. 又『漢書』「儒林傳」,
"<u>周道既衰, 壞於幽・厲</u>, 禮樂征伐自諸侯出, 陵夷二百餘年而<u>孔子</u>興, 以
聖德遭季世, 知言之不同而道不行, 乃歎曰: '鳳鳥不至'云云." 此以"吾已
矣夫"爲己不逢明君, 與<u>董氏</u>異, 當由『古』・『魯』不同. 故『論衡』「問孔篇」
解此文, 卽備二義, 其實後一義勝也.「孔子世家」載此文於"西狩獲麟"後.

역문 『전한서』「동중서전」의 대책에서 말했다. "그러므로 임금 된 자는 자
기 마음을 바로잡음으로써 조정을 바르게 하고, 조정을 바로잡음으로써
백관을 바르게 하며, 백관을 바로잡음으로써 만백성을 바르게 하고, 만
백성을 바로잡음으로써 사방을 바르게 합니다. 그래서 사방이 바르게
되면, 멀고 가까운 곳 모두가 감히 한결같이 올바르지 아니함이 없게 되
어서 그 사이에 사특한 기운이 범접하는 일이 없게 될 것입니다. 그러므
로 음양이 조화롭고 바람과 비가 때에 맞으며, 모든 생명이 평화롭고 만
물이 번식하며, 오곡이 익고 초목이 무성해지며, 천지 사이가 윤택해지
고 크게 풍부하며 아름다워져 사해(四海)의 안이 성대한 덕을 듣고 모두
와서 신하가 되고, 복(福)을 상징하는 모든 사물과 상서로움을 이룰 수
있는 것들이 모두 이르지 않음이 없으니 그렇게 해서 왕도가 완성되는
것입니다. 공자가 말하길 '봉황새가 이르지 않고 황하에서 하도가 나오
지 않으니, 나는 끝이로구나!'라고 했는데, 이러한 물건들을 나오게 할
수 있지만 자신이 비천해서 나오게 할 수 없음을 스스로 슬퍼한 것입니
다."라고 했는데, 이는 동중서가 공자의 이 탄식을 자기가 명(命)을 받지

못한 까닭으로 삼은 것이다. 『주역』「곤착도(坤鑿度)」에 "중니가 우연히 운명을 점쳐 「여괘(旅卦)」를 얻고는 흐느끼며 '하늘의 뜻이요, 운명이로 구나! 봉황새가 이르지 않고 황하에서 하도가 나오지 않으니, 아! 하늘의 명[天命]이로다.'라 하고 한탄한 뒤에 뜻을 안정시켰다."라고 했으니, 동중서의 말과 같다. 또 『전한서』「유림전(儒林傳)」에 "주나라의 도(道)가 이미 쇠하여 유(幽)왕과 여(厲)왕에게서 무너지고, 예악과 정벌이 제후로부터 나와 2백여 년을 쇠퇴하다가 공자가 일어났으나 성스러운 덕으로 말세[季世]를 만나니, 말이 같지 않고 도가 행해지지 않을 줄 알고는 이에 탄식하며 '봉황새가 이르지 않고'라며 운운했다."라고 했다. 이는 "나는 끝이로구나"라는 말로 자기가 명군(明君)을 만나지 못한 것으로 삼은 것인데, 동씨(董氏)와는 다르니, 당연히 『고논어』와 『노논어(魯論語)』가 같지 않기 때문이다. 그러므로 『논형』「문공편(問孔篇)」에 이 글을 풀이해서 바로 두 가지 뜻을 갖추었는데, 사실은 뒤의 한 가지 뜻이 더 낫다. 「공자세가」에는 이 글을 "서쪽으로 사냥을 나가 기린을 잡았다[西狩獲麟]"라는 대목 뒤에 실었다.

- 「注」, "聖人"至"是也".
- 正義曰: "受命"謂受謂受天之命, 躬致王也. 鳳鳥至, 爲聖王之瑞. 故『尙書』言"『簫韶』九成, 鳳凰來儀", 『左傳』言"少皥氏鳳鳥適至", 「周語」言"周之興, 鸑鷟鳴于岐山", 賈逵『解詁』以爲鸑鳳別名, 則知上古之時鳳常至也. 『淮南子』「繆稱訓」, "昔二皇鳳凰至於庭, 三代至乎門, 周室至乎澤, 德彌麤, 所至彌遠, 德彌精, 所至彌近." 是鳳鳥至爲聖瑞也. 『易』「稽覽圖」, "孔子曰: '天之將降嘉瑞, 應河水淸三日. 靑四日, 靑變爲赤, 赤變爲黑, 黑變爲黃, 各各三日, 河中水安, 幷天乃淸明, 圖乃見.'" 又云: "夜不可見, 水中赤, 煌煌如火, 英圖書虵皆然也." 又「坤靈圖」, "聖人受命, 瑞應先見于河." 是河出圖爲聖瑞也. 『書』「顧命」有河圖, 與大玉 · 夷玉 · 天球竝列東序, 當是玉石之類自然成文. 此元 兪炎之說, 最近事理者也.

○「주」의 "성인(聖人)"부터 "시야(是也)"까지.

○ 정의에서 말한다.

"수명(受命)"은 하늘의 명을 받아 몸소 왕을 이룬다는 말이다. 봉황새가 이르는 것은 성왕(聖王)의 상서로운 조짐이다. 그러므로 『상서』「익직(益稷)」에 "순임금이 창작한 음악인 『소소(簫韶)』를 아홉 번 연주하자, 봉황이 듣고 찾아와서 춤을 추었다."라고 하였다. 『춘추좌씨전』에 "소호씨(少皥氏)가 즉위할 때 마침 봉황새가 날아왔다."[65]라고 했고, 『국어』「주어」에 "주나라가 일어날 때 기산에서 봉황이 울었다."라고 했는데, 가규의 『춘추좌씨전해고(春秋左氏傳解詁)』에 난(鸞)을 봉황새의 별명(別名)이라고 했으니, 그렇다면 상고시대에는 봉황새가 항상 날아들었음을 알 수 있다. 『회남자』「무칭훈(繆稱訓)」에 "옛날 이황(二皇)의 세상 때 봉황이 궁정으로 날아들었고, 삼대(三代)에는 문에 이르렀으며, 주 왕실 때에는 늪으로 날아들었으니, 덕(德)이 추잡해질수록 날아드는 곳이 더욱 멀어지고 덕이 정수(精粹)할수록 날아드는 곳이 더욱 가까웠던 것이다."라고 했으니, 이것이 봉황새가 이르는 것이 성왕의 상서로운 조짐이 되는 것이다. 『주역』「계람도(稽覽圖)」에 "공자가 말했다. '하늘이 장차 상서로운 조짐[嘉瑞]을 내리려 할 때는 응당 황하의 물이 3일 동안 푸른색을 띤다. 4일 동안 푸른색을 띠면 푸른색이 변하여 붉은색이 되고, 붉은색이 변하여 검은색이 되며, 검은색이 변하여 누런색이 되는데, 각각 3일이 걸리며 황하 가운데의 물이 안정되면 정천(井天)이 청명(淸明)해지면서 하도가 이에 나타난다.'"라고 했다. 또 "밤에는 볼 수 없다가 물 가운데서 붉은색을 띠어 활활 타오르는 불과 같은데, 빛나는 하도와 낙서의 사(虵)가 모두 그렇다."라고 했다. 또 「곤령도(坤靈圖)」에 "성인이 천명을 받으면 상서로운 조짐이 응당 먼저 황하에 나타난다."라고 했는데, 이는 황하에서 나온 그림이 성인의 상서로운 조짐이 된다는 것이다. 『서경』「고명(雇命)」에 하도가 있는데, 큰 옥[大玉]과 보통 옥[夷玉]과 천구(天球)와 함께 나란히 동서(東序)에 나열되어 있으니, 마땅히 이것은 옥돌의 종류로 자연스럽게 무늬가 이루어진 것이다. 이는 원(元)나라 시대 유염(兪炎)의 말인데, 사리(事理)에 가장 가까운 말이다.

---

65 『춘추좌씨전』「소공(昭公)」17년: 나의 고조 소호(少皥) 지(摯)가 즉위할 때 마침 봉황새가 날아왔다. 그러므로 새로써 일을 기록하고 백관의 사장을 모두 '조(鳥)'로 명명하였다.[我高祖少皥摯之立也, 鳳鳥適至. 故紀於鳥, 爲鳥師而鳥名.]

원문 云"河圖八卦"者, 『書』「顧命」某氏「傳」, "河圖八卦, 伏羲王天下, 龍馬出河, 遂則其文以畵八卦, 謂之河圖." 孔「疏」, "『漢書』「五行志」劉歆以爲伏羲氏繼天而王, 受河圖, 則而畵之, 八卦是也. 『易』「繫辭」云: '伏羲氏仰則觀象于天, 俯則觀法于地, 觀鳥獸之文與地之宜, 近取諸身, 遠取諸物, 于是始作八卦.' 都不言法河圖. 此言河圖者, 蓋『易』理寬宏, 無所不法, 直如「繫辭」之言, 取法已自多矣, 亦何妨更法河圖也? 且「繫辭」又云: '河出圖, 洛出書, 聖人則之.' 若八卦不則河圖, 餘復何所取也?"

역문 "하도팔괘(河圖八卦)"

『서경』「고명」의 어떤 사람의 「전」에 "하도팔괘는 복희씨(伏羲氏)가 천하의 왕 노릇 할 때 용마(龍馬)가 황하에서 나오자 마침내 그 무늬를 본받아 팔괘를 그리고는 그것을 하도라 했다."라고 하였다. 공영달의 「소」에 "『전한서』「오행지(五行志)」에 유흠(劉歆)은 복희씨가 하늘을 계승해서 왕이 되자, 하도를 받아 그것을 본받아 획을 그렸는데, 팔괘가 이것이다. 『주역』「계사상(繫辭上)」에 '복희씨가 천하의 왕 노릇 할 때에 우러러 하늘의 상(象)을 관찰하고, 굽어 땅의 법(法)을 관찰하며, 새와 짐승의 무늬와 땅의 마땅함을 관찰하며, 가까이는 자신에게서 취하고 멀리는 물건에서 취하여, 이에 비로소 팔괘를 만들었다.'라고 했는데, 모두 하도를 본받았다는 말은 하지 않았다. 여기에서 말하는 하도는 아마도 『주역』의 이치가 넓고 커서 본보기가 되지 않는 것이 없어서 곧장 「계사상」의 말처럼 본보기를 취함이 이미 본래부터 많았을 것이니, 또한 다시 하도를 본받음에 무슨 방해가 되겠는가? 또 「계사상」에서 '하수(河水)에서 도(圖)가 나오고 낙수(洛水)에서 서(書)가 나오자 성인이 그것을 본받았다.'라고 했으니, 만약 팔괘가 하도를 본받은 것이 아니라면 나머지는 다시 어디에서 취했겠는가?"라고 했다.

원문 王氏嗚盛『尚書後案』, "蓋八卦是伏羲所受河圖, 而河圖不止是八卦, 『書』「傳」所載古帝王, 如黃帝·堯·舜·禹·湯, 皆受河圖, 亦不獨一伏羲." 由『書』「疏」·「後案」說推之, 河圖文不皆具八卦, 此特假伏羲事言之耳. 姚信『易注』, "連山氏得河圖, 夏人因之曰『連山』; 歸藏氏得河圖, 商人因之曰『歸藏』; 伏羲氏得河圖, 周人因之曰『周易』." 此略本『山海經』, 足知三『易』多法河圖矣.

역문 왕명성(王嗚盛)[66]의 『상서후안(尚書後案)』에 "팔괘는 복희씨가 받은 하도인데 하도는 이 팔괘에 그치지 않고, 『서경』의 「전」에 실려 있는 옛 제왕(帝王), 예컨대 황제(黃帝)·요·순·우·탕(湯)과 같은 이들도 모두 하도를 받았으니, 역시 유독 복희씨 한 사람뿐만은 아니다."라고 했다. 『서경』의 「소」와 「후안」의 설을 따라 미루어 보면 하도의 문양이 팔괘를 다 갖춘 것이 아니므로 여기에서 다만 복희씨의 일을 빌려서 말한 것일 뿐이다. 요신(姚信)[67]의 『주역주(周易注)』에 "연산씨(連山氏)가 하도를 얻자 하(夏)나라 사람들이 그로 인해 『연산(連山)』이라 했고, 귀장씨(歸藏氏)가 하도를 얻자 상나라 사람들이 그로 인해 『귀장(歸藏)』이라 했으며, 복희씨가 하도를 얻자 주나라 사람들이 그로 인해 『주역』이라 했다."라

---

66 왕명성(王嗚盛, 1722~1797): 청나라의 고증학자 겸 시인. 내각학사(內閣學士) 겸 예부시랑(禮部侍郎)을 지냈다. 학문은 청나라의 '고증사학(考證史學)'이라 불리며, 거의 같은 시대의 전대흔(錢大昕)·조익(趙翼) 등과 비견되는 유명한 역사학자이다. 자는 봉개(鳳喈), 호는 예당(禮堂)이다. 서장(西莊)과 서지(西沚)는 그의 별호이다. 저서는 여러 방면에 걸쳤으며 『상서후안(尚書後案)』, 『아술편(蛾術編)』 등이 있고, 시문집으로 『서장시존고(西莊始存稿)』, 『서지거사집(西沚居士集)』 등이 있다. 역사에도 정통하여 『십칠사상각(十七史商榷)』을 저술했다.

67 요신(姚信, ?~?): 중국 삼국시대 오(吳)나라의 학자. 자는 원도(元道)이며, 또 다른 자는 덕우(德佑), 원직(元直)이다. 저서에 『사위(士緯)』 10권과, 『주역주(周易注)』, 『요씨신서(姚氏新書)』, 『혼천론(昕天論)』, 『계자(戒子)』 등이 있다.

고 했는데, 이는 대략 『산해경(山海經)』을 근거한 것으로, 3개의 『역』이 하도를 많이 본받았음을 충분히 알 수 있다.

9-10

子見齊衰者·冕衣裳者與瞽者, 見之, 雖少, 必作; 過之, 必趨. 【注】包曰: "'冕'者, 冠也, 大夫之服. '瞽', 盲也. '作', 起也; '趨', 疾行也. 此夫子哀有喪, 尊在位, 恤不成人."

공자는 상복 입은 자와 면류관을 쓰고 의상을 차려입은 자와 장님을 보았을 때, 그들을 맞닥뜨렸을 때는 비록 나이가 적더라도 반드시 일어났고, 그들을 지나칠 때는 반드시 종종걸음을 하였다. 【주】 포함이 말했다. "'면(冕)'은 관(冠)이니, 대부의 복장이다. '고(瞽)'는 장님[盲]이다. '작(作)'은 일어남[起]이고, '추(趨)'는 빨리 가는 것[疾行]이다. 이것은 공자가 상을 당한 이를 슬퍼하고, 관직의 지위에 있는 사람을 높이고, 온전하지 못한 사람을 가엽게 여긴 것이다."

원문 正義曰: "見"謂目所接遇, 非以禮往來也. 前言"見", 後復言"見之"者, 稱 "見之"與"過之"文相儷也. 『說文』, "齋, 緶也. 從衣齊聲." 『廣雅』「釋詁」, "襀, 緁也." "襀"·"齋"同, 古字本作齊. 『釋名』「釋喪制」云: "齊, 齊也." 言 緝其衣裳之邊際而整齊之也是也. 「喪服」「記」, "衰長六寸, 博四寸." 『說 文』, "縗, 喪服衣, 長六寸, 博四寸, 直心. 從糸衰聲." 是"衰"卽"縗"省. 「論 語釋文」, "衰, 七雷反." 其字或從糸作"縗", 與『說文』合.

역문 정의에서 말한다. "견(見)"은 눈으로 직접 맞닥뜨렸다는 말이지 예로써 왕래한 것이 아니다. 앞에는 "견(見)"이라 하고, 뒤에 다시 "견지(見之)"라고 한 것은, "그들을 맞닥뜨렸을 때[見之]"라고 일컬어 "그들을 지나칠 때[過之]"와 글이 서로 짝을 이루게 한 것이다. 『설문해자』에 "자(齎)는 꿰맨다[緶]는 뜻이다. 의(衣)로 구성되었고 제(齊)가 발음을 나타낸다."[68]라고 했고, 『광아』 「석고」에 "제(襀)는 꿰맨다[緶]는 뜻이다."라고 했으니 "제(襀)"와 "자(齎)"는 같은 뜻이고 옛 글자는 본래 제(齊)로 되어 있다. 『석명』 「석상제(釋喪制)」에 "자(齊)는 꿰맨다[齊]는 뜻이다."라고 했는데, 윗·아랫도리의 가장자리 사이를 기워서 가지런히 한다는 말이 이것이다. 『의례』 「상복」의 「기」에 "최(衰)는 길이가 여섯 치, 너비가 네 치이다."라고 했다. 『설문해자』에 "최(縗)는 초상 때 입는 옷으로 길이가 여섯 치, 너비가 네 치이며 가슴 부분[心]을 직선으로 한다. 사(糸)로 구성되었고, 최(衰)가 발음을 나타낸다."[69]라고 했는데, 여기의 "최(衰)"가 바로 "최(縗)"의 생략형이다. 「논어석문(論語釋文)」에 "최(衰)는 칠(七)과 뇌(雷)의 반절음이다."라고 했는데, 그 글자는 혹체자로서 사(糸)로 구성되어 "최(縗)"로 되어 있으니, 『설문해자』와 일치한다.

원문 賈公彦「喪服記」「疏」, "衰綴於衣, 衣統名爲衰."『通典』引雷次宗說, "衰者, 當心六寸布也, 在衣則衣爲衰, 在裳則裳爲衰. 男子離其衣裳, 故衰獨在衣上; 婦人同爲一服, 故上下共稱也."「喪服記」, "凡衰外削幅, 裳內削幅."言"凡"者, 明五服皆有衰也. 外削幅者, 言縫之邊幅向外也; 內削幅

---

68 『설문해자』 권8: 자(齎)는 꿰맨다[緶]는 뜻이다. 의(衣)로 구성되었고 제(齊)가 발음을 나타낸다. 즉(卽)과 이(夷)의 반절음이다.[齎, 緶也. 從衣齊聲. 卽夷切.]

69 『설문해자』 권13: 최(縗)는 초상 때 입는 옷으로 길이가 여섯 치, 너비가 네 치이며 가슴 부분[心]을 직선으로 한다. 사(糸)로 구성되었고, 최(衰)가 발음을 나타낸다. 창(倉)과 회(回)의 반절음이다.[縗, 喪服衣. 長六寸, 博四寸, 直心. 從糸衰聲. 倉回切.]

者, 言縫之邊幅向內也. 據禮, 齊衰有三年・杖期・不杖期・三月之異, 所
謂"四齊"也.

역문 가공언의 「상복」「기」의 「소」에 "최(衰)는 저고리에 꿰매는데, 상복
저고리를 통틀어 최라고 이름한다."라고 했다. 『통전(通典)』에 뇌차종
(雷次宗)[70]의 말을 인용해서 "최(衰)란 가슴에 닿는 여섯 치 되는 베인데,
저고리에 있으면 저고리가 최가 되고, 아랫도리에 있으면 아랫도리가
최가 된다. 남자는 윗・아랫도리가 분리되어 있기 때문에 최가 저고리
위에만 있고 부인은 동일하게 한 복장을 하기 때문에 위아래를 함께 칭
한다."라고 했다. 「상복」「기」에서 "모든 최(衰)는 밖으로 폭을 줄이고,
아랫도리[裳]는 안으로 폭을 줄인다."라고 했는데, "모든[凡]"이라는 말은,
오복(五服)이 모두 최가 있음을 밝힌 것이다. 밖으로 폭을 줄인다는 것
은[71] 꿰맨 베의 가장자리를 밖으로 향하게 한다는 말이고, 안으로 폭을
줄인다는 것은 꿰맨 베의 가장자리를 안으로 향하게 한다는 말이다. 예
에 의거하면 자최(齊衰)에는 3년복・장기(杖期)[72]・부장기(不杖期)[73]・3월

---

70 뇌차종(雷次宗, 386~448): 남조 송나라 예장(豫章) 남창(南昌) 사람. 자는 중륜(仲倫)이다.
  어려서부터 여산(廬山)에 들어가 승려 혜원(慧遠) 밑에서 배웠다. 학문을 좋아하여 특히 삼례
  (三禮)와 『시경(詩經)』 등에 정통했다. 송 문제(宋文帝) 원가(元嘉) 15년(438) 문종(文宗)의
  부름으로 상경하여 계룡산(鷄龍山)에 학관을 개설하고 학생을 가르치니 백여 명의 제자들
  이 모여들었다. 나중에 종산(鍾山)의 서암(西巖) 아래 초은관(招隱館)을 짓고 제왕(諸王)과
  황태자에게 『상복경(喪服經)』 등을 강의했다. 그가 공문(公門)에 들지 못해 화림동문(華林
  東門)을 통해 연현당(延賢堂)으로 들어와 수업을 했다. 63살로 죽었다. 문집(文集)이 있다.
71 『논어정의』에는 "外削服"으로 되어 있으나, 『의례주소(儀禮注疏)』 「상복(喪服)」 가공언의
  「소」에 "外削幅"으로 되어 있다. 『의례주소』를 근거로 고쳤다.
72 장기(杖期): 기복(朞服)하는 동안에 지팡이를 짚는 것을 가리킨다. 만약 지팡이를 짚지 않으
  면 '부장기'라고 부른다.
73 부장기(不杖期): 자최복만 입고 지팡이를 짚지 않으며 1년 동안 입는 복(服)을 말한다.

의 차이가 있는데, 이른바 "4자(四齊)"라는 것이다.

원문 江氏永『鄕黨圖考』, "案五服一斬四齊, 第言'見齊衰'者, 擧齊以兼斬也." 由江說推之, 則此文"齊衰"亦當兼斬言. 「喪服」「傳」, "斬者何? 不緝也; 齊者何? 緝也." 斬衰服重, 齊衰服輕, 『論語』是擧輕以該重矣.

역문 강영의 『향당도고(鄕黨圖考)』에 "살펴보니, 오복은 한 참 녁 자(一斬四齊)이니, 다만 '견자최(見齊衰)'라고 한 것은 자최복을 들어서 참최복(斬衰服)을 겸한 것이다."라고 했다. 강영의 말을 따라 추론해 보면 이 글의 "자최(齊衰)" 역시 마땅히 참최(斬衰)를 겸해서 한 말이다. 「상복」의 「전」에 "참(斬)이란 무슨 뜻인가? 깁지 않았다는 뜻이다. 자(齊)란 무슨 뜻인가? 기웠다는 뜻이다."라고 했는데, 참최복은 상이 중한 것이고, 자최복은 상이 가벼운 것이니, 『논어』에서는 가벼운 상을 거론해서 중한 상을 포함한 것이다.

원문 『釋文』, "冕音免. 鄭本作弁, 云『魯』讀弁爲絻, 今從『古』." 陳氏鱣『古訓』, "『說文』, '冕, 冕也. 從兒, 象形. 弁, 或冕字.' '冕, 大夫以上冠也. 從冃免聲. 絻, 或從糸.' 蓋『古論』作冕, 『魯論』作冕, 字本相似也." 案, 『周官』「司服」, "卿·大夫服, 自玄冕而下如孤之服; 士之服, 自皮弁而下如大夫之服." 此上下通制, 故侯國同之. 冕·弁各異, 『說文』以"冕"訓"冕"者, 散文或通稱也. 鄭依『古論』作"弁"者, 冕·弁義雖兩通, 但言"弁"可以該"冕", 言"冕"不可以該"弁", 猶之"齊衰", 言"齊"可該斬, 若言斬則不得該"齊"也. 『白虎通』「紼冕篇」, "弁之爲言槃也, 所以樊持其髮也." 鄭注「士冠禮」云: "弁名出於槃, 槃, 大也, 言所以自光大也." 任氏大椿『弁服釋例』, "「士冠禮」「疏」, '冕者, 俛也, 低前一寸二分, 故得冕稱. 其爵弁則前後平, 故不得冕名.'" 案, 爵弁旣以弁名, 則其狀當似弁, 不特弁下無旒, 及前後

延平, 異於冕也. 考『釋名』, "弁如兩手相合抃時也. 以爵韋爲之, 謂之爵弁; 以鹿皮爲之. 謂之皮弁; 以靺韋爲之, 謂之韋弁也." 然則此三弁, 皆作合手狀矣. 其延下當上銳下圓. 案, 「雜記」, "大夫冕而祭於公, 士弁而祭於公." 又「禮運」, "冕弁兵革藏於私家, 非禮也." 是冕弁皆藏公所, 大夫·士行禮時, 於公所取服之. 故『孟子』以夫子去<u>魯</u>, 不稅冕而行爲微罪, 明助祭後, 當稅冕仍藏公所也.

역문 『경전석문』에 "면(冕)은 음이 면(免)이다. 정현본에는 변(弁)으로 되어 있는데, '『노논어』에는 변(弁)을 문(絻)의 뜻으로 읽으니, 지금은 『고논어』를 따른다.'라고 했다."라고 하였다. 진전(陳鱣)의 『논어고훈(論語古訓)』에 "『설문해자』에 '변(覍)은 면류관[冕]이다. 모(兒)로 구성되었고, 상형자(象形字)이다. 변(弁)은 변(覍)의 혹체자이다.'74라고 했고, 또 '면(冕)은 대부 이상의 복장이다. 모(冃)로 구성되었고 면(免)이 발음을 나타낸다. 문(絻)은 면(冕)의 혹체자인데 사(糸)로 구성되었다.'75라고 했다. 『고논어』에는 변(覍)으로 되어 있고, 『노논어』에는 면(冕)으로 되어 있는데, 글자가 본래는 서로 같은 것이다."라고 했다. 살펴보니, 『주례(周禮)』「춘관종백상(春官宗伯上)·사복(司服)」에 "경과 대부의 복장은 현면(玄冕)으로부터 그 이하는 고(孤)의 복장과 같고, 사의 복장은 피변(皮弁)으로부

---

74 『설문해자』 권8: 변(覍)은 면류관[冕]이다. 주(周)나라에서는 변(覍)이라 하고, 은나라에서는 우(吁)라 하고, 하(夏)나라에서는 수(收)라 한다. 모(兒)로 구성되었고, 상형자이다. 변(弁)은 변(覍)의 혹체자이다. 변(冔)은 변(覍)의 주문(籀文)인데 공(廾)으로 구성되었고, 위쪽이 상형자이다. 변(弁)은 변(覍)의 혹체자이다. 피(皮)와 변(變)의 반절이다.[覍, 冕也. 周曰覍, 殷曰吁, 夏曰收. 從兒, 象形. 冔, 籀文覍從廾, 上象形. 弁, 或覍字. 皮變切.]

75 『설문해자』 권7: 면(冕)은 대부 이상의 관이다. 옥장식과 귀막이 솜을 깊게 늘어뜨린다. 모(冃)로 구성되었고 면(免)이 발음을 나타낸다. 옛날 황제씨가 처음 면류관을 만들었다. 면(絻)은 면(冕)의 혹체자인데 사(糸)로 구성되었다. 망(亡)과 변(抃)의 반절음이다.[冕, 大夫以上冠也. 邃延·垂璪·紞纊. 從冃免聲. 古者黃帝初作冕. 絻, 冕或從糸. 亡抃切.]

터 그 이하는 대부의 복장과 같다."라고 했는데, 이는 위아래로 통하는 제도이기 때문에 제후국에서도 똑같이 한다. 면(冕)과 변(弁)은 각각 다른데, 『설문해자』에서 "면(冕)"을 "면류관[㝠]"으로 새긴 것은 산문(散文)에서는 더러 통칭(通稱)되기 때문이다. 정현이 『고논어』를 근거로 "변(弁)"이라고 한 것은 면(冕)과 변의 뜻이 비록 둘 다 통하지만, 단지 "변"이라고만 해도 "면"의 뜻을 포함할 수 있지만 "면"이라고만 하면 "변"의 뜻을 포함할 수 없기 때문이니, "자최(齊衰)"에서 "자(齊)"만 말해도 참(斬)을 포함하지만 만약 참이라고만 하면 "자"를 포함하지 못하는 것과 같다. 『백호통의』「불면」에 "변(弁)이란 말은 에워싼다[槃]는 뜻이니, 머리털을 에워싸서 고정시키는 것이다."라고 했다. 정현은 『의례』「사관례」를 주석하면서 "변(弁)이라는 이름은 반(槃)에서 나온 것인데, 반(槃)은 크다[大]는 뜻이니, 스스로를 빛나고 크게 하기 위한 것이라는 말이다."라고 했다. 임대춘(任大椿)[76]의 『변복석례(弁服釋例)』에 "「사관례」의 「소」에 '면류관[冕]이란 앞으로 숙인 관이라는 뜻이니, 앞쪽을 한 치 두 푼 낮게 하기 때문에 면(冕)이라는 명칭을 얻게 된 것이다. 작변(爵弁)은 앞뒤가 평평하기 때문에 면이라고 명명할 수 없다.'라고 했다."라고 하였다. 살펴보니, 작변을 이미 변이라고 명명했다면, 그 생김새는 마땅히 고깔[弁]과 같을 것이고, 다만 변 아래 구슬을 꿴 술이 없을 뿐 아니라 앞뒤의 덮개[延]도 평평하니, 면류관[冕]과는 다른 것이다. 『석명』을 살펴보니,

---

[76] 임대춘(任大椿, 1738~1789): 청나라 강소 흥화(興化) 사람. 자는 유식(幼植) 또는 자전(子田)이다. 건륭(乾隆) 34년(1769) 진사(進士)가 되고, 예부주사(禮部主事)와 사고전서(四庫全書) 찬수관(纂修官), 어사(御史) 등을 지냈다. 대진(戴震)의 영향으로 한유(漢儒)의 학문을 깊이 연구했다. 고례(古禮)의 명물(名物)을 상세히 고증하여 『심의석례(深衣釋例)』와 『변복석례(弁服釋例)』, 『석증(釋繒)』 등을 저술했다. 그 밖의 저서에 『소학구침(小學鉤沈)』과 『자림고일(字林考逸)』, 『열자석문고이(列子釋文考異)』 등이 있다.

"변(弁)은 두 손을 서로 맞대고 손뼉을 칠 때의 모양과 같다. 검은색의 가죽[爵韋]으로 만든 것을 작변이라 하고, 사슴 가죽으로 만든 것을 피변이라고 하며, 붉은색의 가죽[靺韋]으로 만든 것을 위변(韋弁)이라고 한다."라고 했으니, 그렇다면 이 세 가지 변은 모두 손을 맞대고 있는 모양으로 만들어졌을 것이며, 그 덮개 아래는 당연히 위쪽은 뾰족하고 아래쪽은 둥근 모양이어야 한다. 살펴보니, 『예기』「잡기(雜記)」에 "대부는 면류관[冕]을 쓰고 공소(公所)에서 제사 지내고, 사는 변을 쓰고 공소에서 제사 지낸다."라고 하였고, 또 「예운(禮運)」에 "면류관이나 변, 병장기 등을 사가(私家)에서 보관하는 것은 예가 아니다."라고 했으니, 이 면류관이나 변은 모두 공소에 보관하다가, 대부나 사가 예를 행할 때 공소에서 가져다가 착용을 하는 것이다. 그러므로 『맹자』에 공자가 노나라를 떠날 때 면류관을 벗지도 않고 떠난 것을 하찮은 잘못을 구실 삼아 떠난 것이라고 했으니,[77] 제사를 도운 뒤에는 마땅히 면류관을 벗어 그대로 공소에 보관해야 함을 밝힌 것이다.

원문 「曾子問」, "尸弁冕而出, 卿·大夫·士皆下之, 尸必式." "出" 謂出廟門, 非謂出大門在道上也. 若然, 夫子得見冕衣裳者, 意卽在公時所見. 其"過

---

77 『맹자』「고자하(告子下)」: 공자께서 노나라의 사구(司寇)가 되셨으나 그 말씀이 쓰이지 않고, 게다가 교(郊)제사를 지내고서 제사 지낸 고기를 보내오지 않자 공자께서 쓰고 계시던 면류관도 벗지 않고 떠나셨습니다. 공자를 알지 못하는 자들은 제사 고기 때문에 떠나셨다고 생각하고, 공자를 아는 자들은 노나라가 예가 없기 때문에 떠나셨다고 생각하였으나, 공자께서는 하찮은 잘못을 구실 삼아 떠나고자 하셨고 구차하게 떠나려고 하지 않으신 것이니, 군자가 하는 행동은 본래 중인(衆人)들은 알지 못하게 마련입니다.[孔子爲魯司寇, 不用, 從而祭, 燔肉不至, 不稅冕而行, 不知者以爲爲肉也; 其知者以爲爲無禮也, 乃孔子則欲以微罪行, 不欲爲苟去, 君子之所爲, 衆人固不識也.]

之”, 謂行出其前也. <u>閻氏若璩</u>『釋地三續』·<u>汪氏中</u>『經義知新記』竝謂“夫子見冕衣裳, 是見其人當服此者, 不必眞見其服.” 非也. <u>錢氏大昕</u>『潛研堂文集』亦疑冕是祭服, 非夫子燕居所見, 遂據『魯論』作“絻”, 以“冕”卽“絻”之譌, “絻”與“免”同.

역문 『예기』「증자문」에 “시동이 피변과 면류관을 쓰고 나오면, 경과 대부와 사는 모두 아래로 나가고 시동은 반드시 경례[式]한다.”라고 했는데, “나온다[出]”라는 것은 사당의 문을 나온다는 말이지 길가에 있는 대문으로 나온다는 말이 아니다. 만약 그렇다면, 공자가 면류관을 쓰고 의상을 차려입은 자를 볼 수 있었던 것은 아마도 공소에 있을 때 본 것인 듯싶다. 그리고 “그들을 지나칠 때”는 그들 앞으로 나아가 지나칠 때를 말하는 것이다. 염약거(閻若璩)의 『사서석지삼속(四書釋地三續)』과 왕중(汪中)『경의지신기(經義知新記)』에서는 모두 “공자가 면류관을 쓰고 의상을 차려입은 자를 본 것은 이런 복장에 해당되는 사람을 만났다는 것이지 반드시 진짜 그 복장을 한 사람을 만났다는 것은 아니다.”라고 했는데, 틀렸다. 전대흔의 『잠연당문집』에도 역시 면(冕)은 제복(祭服)이니 공자가 조정에서 물러나 한가롭게 거처할 때 본 것이 아니라고 생각해서 마침내 『노논어』를 근거로 “상복[絻]”이라고 했는데, “면(冕)”은 바로 “문(絻)”이 바뀐 것이고, “문(絻)”은 “문(免)”과 같다.

원문 「士喪禮」, “衆主人免于房.”「喪服」「記」, “朋友皆在他邦, 袒免.” 先儒以爲免象冠, 一寸, 用麻布爲之. 齊衰, 服之重者; 絻, 服之輕者. 擧其至重與至輕者, 而五服統之. 『古論』作“弁”, 疑卽「司服」所云“弔事之弁経服”, <u>鄭彼</u>「注」云: “弁経者, 如爵弁而素, 加環経也.” 此以“冕”爲“絻”訛. 絻與齊衰, 同爲喪服, 亦是强別爲義, 不必與經旨相應也. 裳者, 在下之服.『毛詩』「七月」「傳」, “上曰衣; 下曰裳.”『說文』, “常, 下裙也. 裳, 常或從衣.” 於

禮玄冕・爵弁服皆紂衣纁裳, 皮弁服素衣素裳, 韋弁服則衣韎韋, 裳或朱或素也.

역문 『의례』「사상례(士喪禮)」에 "중주인(衆主人)[78]은 방에서 문(免)을 한다."라고 했고, 「상복」「기」에 "붕우 간에 모두 다른 나라에 있을 경우에는 단(袒)을 하고 문(免)을 한다."라고 했다. 선유(先儒)는 문(免)을 관(冠)을 본뜬 것이라고 했는데, 너비가 한 치이고, 마포(麻布)를 사용해서 만든다. 사최는 복 중에 무거운 것이고, 문(統)은 복 중에 가벼운 것이다. 지극히 무거운 것과 지극히 가벼운 것을 거론한 것은 오복을 총괄한 것이다. 『고논어』에 "변(弁)"으로 되어 있는 것은, 어쩌면 『주례』「춘관종백상・사복」에서 "조문하는 일에서는 변질(弁絰)을 착용한다."라고 했고, 이에 대한 정현의 「주」에 "변질이란 작변과 같은데, 흰색이며 환질(環絰)을 더한 것이다."라고 했으니, 이는 "면(冕)"을 "문(統)"이 바뀐 것이라고 여긴 것이기 때문이다. 문(統)과 자최는 똑같은 상복(喪服)인데, 또한 억지로 뜻을 구별했기 때문에 경전의 취지와 꼭 상응하지는 않는다. 상(裳)이라는 것은 아래쪽에 입는 복장이다. 『모시』「칠월(七月)」의 「전」에 "윗도리를 의(衣)라 하고 아랫도리를 상(裳)이라 한다."라고 했고, 『설문해자』에 "상(常)은 치마[下裙]이다. 상(裳)은 상(常)의 혹체자인데 의(衣)로 구성되었다."[79]라고 했다. 예에 현면이나 작변복(爵弁服)은 모두 김은색 윗도리에 분홍색 아랫도리이며, 피변복(皮弁服)은 흰색 윗도리에 흰색 아랫도리이며, 위변복(韋弁服)은 윗도리는 붉은색 가죽[韎韋]이고 아랫도

---

78 중주인(衆主人): 죽은 자의 아들들. 즉 주인의 여러 형제.

79 『설문해자』권7: 상(常)은 치마[下裙]이다. 건(巾)으로 구성되었고 상(尙)이 발음을 나타낸다. 상(裳)은 상(常)의 혹체자인데 의(衣)로 구성되었다. 시(市)와 양(羊)의 반절음이다.[常, 下裙也. 從巾尙聲. 裳, 常或從衣. 市羊切.]

리는 혹은 붉은색이거나 혹은 흰색이다.

원문 "少"謂年少也.『史記』「孔子世家」, "見齊衰·瞽者, 雖童子必變." 以童子爲少者, 此安國故也. 禮, 四十始仕, 此童子得服冕或弁者, 春秋時, 世卿持位, 不嫌有年少已貴仕也. 皇本"少"下有"者"字.『宋石經』"趨"作"趍".

역문 "소(少)"는 나이가 적다는 말이다.『사기』「공자세가」에 "상복을 입거나 장님을 보았을 때 비록 동자(童子)라 할지라도 반드시 안색이 변하였다."라고 했는데, 동자를 나이가 적은 사람[少者]으로 본 것은 이 문장에 대한 공안국의 「주」 때문이다. 예(禮)에 40세에 비로소 벼슬을 하는데, 여기의 동자는 면류관이나 혹은 피변을 착용할 수 있었으니, 춘추시대에는 세경(世卿)으로서 지위를 가지고 있으면 어린 나이에 이미 귀한 벼슬이 있는 것을 꺼리지 않았던 것이다. 황간본에는 "소(少)" 아래 "자(者)" 자가 있다.『송석경(宋石經)』에는 "추(趨)"가 "추(趍)"로 되어 있다.

- 「注」, "冕者"至"行也".
- 正義曰:『說文』云: "冕, 大夫以上冠也."「司服」云: "公之服, 自衮冕而下如王之服; 侯·伯之服, 自鷩冕而下如公之服; 子·男之服, 自毳冕而下如侯·伯之服; 孤之服, 自希冕而下如子·男之服; 卿·大夫之服, 自玄冕而下如孤之服." 是大夫有玄冕. 玄者, 衣無文, 裳刺繡而已.
- 「주」의 "면자(冕者)"부터 "행야(行也)"까지.
- 정의에서 말한다.

  『설문해자』에 "면(冕)은 대부 이상의 관이다."라고 했고,『주례』「춘관종백상·사복」에 "공(公)의 의복은 곤면(衮冕) 이하로는 왕이 입는 것과 같고, 후(侯)나 백(伯)의 의복은 별면(鷩冕) 이하로는 공이 입는 것과 같으며, 자(子)나 남(男)의 의복은 취면(毳冕) 이하로는 후나 백이 입는 것과 같고, 고의 의복은 치면(希冕) 이하로는 자나 남이 입는 것과 같고, 경이나 대부의 의복은 현면 이하로는 고가 입는 것과 같다."라고 했으니, 대부에게는 현면이 있다. 현(玄)이란 윗도리에는 무늬가 없고 아랫도리에만 자수(刺繡)를 놓았을 뿐이다.

원문 瞽爲盲者.『說文』, "瞽, 目但有眹也." 眹, 目精也. 今謂之眼珠. 又"盲, 目無牟子也." 牟子, 今謂之瞳人. 許意瞽·盲二字同義, 皆是有眼珠而無牟子. 鄭司農『周官』「注」云: "無目眹謂之瞽." 與許異者, 蓋瞽有二: 一是有眹而無眸, 一是竝眹無之, 許·鄭各據一義也.『釋名』「釋疾病」云: "瞽, 鼓也, 瞑瞑然目平合如鼓皮也." 與司農合.

역문 "고(瞽)가 장님이라는 것.[瞽爲盲者.]"

『설문해자』에 "고(瞽)는 눈에 진(眹)만 있다는 뜻이다."[80]라고 했는데, 진(眹)은 안구[目精]이다. 지금은 이것을 눈알[眼珠]이라고 한다. 또 "맹(盲)은 눈에 눈동자[牟子]가 없다는 뜻이다."[81]라고 했는데, 모자(牟子)를 지금은 눈동자[瞳人]라고 한다. 허신은 고(瞽)와 맹(盲) 두 글자의 뜻이 같다고 생각했으니, 모두 눈알만 있고 눈동자가 없는 것이다. 정사농(鄭司農: 정중)의 『주관』「주」에 "눈알이 없는 것을 장님[瞽]이라고 한다."라고 했는데, 허신과 다르니, 장님[瞽]에는 두 종류가 있기 때문인데, 하나는 눈알만 있고 눈동자가 없는 것이며, 다른 하나는 눈알까지도 없는 것이다. 허신과 정사농은 각각 한 가지 뜻에 근거한 것이다. 『석명』「석질병(釋疾病)」에 "고(瞽)는 고(鼓)이니, 눈을 감은 것처럼 평평하게 붙어서 마치 북

---

80 『설문해자』권4: 고(瞽)는 눈에 진(眹)만 있다는 뜻이다. 목(目)으로 구성되었고 고(鼓)가 발음을 나타낸다. 공(公)과 호(戶)의 반절음이다.[瞽, 目但有眹也. 從目鼓聲. 公戶切.]

81 『설문해자』권4: 맹(盲)은 눈에 눈동자[牟子]가 없다는 뜻이다. 목(目)으로 구성되었고 망(亡)이 발음을 나타낸다. 무(武)와 경(庚)의 반절음이다.[盲, 目無牟子. 從目亡聲. 武庚切.]

가죽 같은 것이다."라고 했으니, 정사농의 뜻과 일치한다.

"作, 起", 見『說文』. 「鄕黨」"必變色而作", 「先進」"舍瑟而作", 訓竝同. 『說文』, "趨, 走也." 『釋名』「釋姿容」云: "兩脚進曰行, 徐行曰步, 疾行曰趨." 『爾雅』「釋宮」, "門外謂之趨." 門外行, 可疾走也. 「曲禮」鄭「注」云: "行而張足曰趨."

"작(作)은 일어남[起]이다."

『설문해자』에 보인다.[82] 「향당(鄕黨)」에 "반드시 낯빛을 바꾸면서 일어났다[必變色而作]"라고 했고, 「선진(先進)」에 "비파를 놓고 일어났다[舍瑟而作]"라고 했는데, 뜻이 모두 같다. 『설문해자』에 "추(趨)는 달린다[走]는 뜻이다."[83]라고 했다. 『석명』「석자용(釋姿容)」에 "두 다리로 가는 것을 행(行)이라 하고, 천천히 가는 것을 보(步)라 하며, 빨리 가는 것을 추(趨)라 한다."라고 했다. 『이아』「석궁(釋宮)」에 "문밖으로 가는 것을 추(趨)라 한다."라고 했고, 『예기』「곡례상(曲禮上)」정현의 「주」에 "보폭을 넓게 벌려서 가는 것을 추(趨)라 한다."라고 했다.

9-11

顔淵喟然歎曰: 【注】 "喟", 歎聲. "仰之彌高, 鑽之彌堅, 【注】 言不可窮盡. 瞻之在前, 忽焉在後! 【注】 言恍惚不可爲形象. 夫子循循然

---

82 『설문해자』권8: 작(作)은 일어남[起]이다. 인(人)으로 구성되었고 사(乍)로 구성되었다. 즉(則)과 낙(洛)의 반절음이다.[作, 起也. 從人從乍. 則洛切.]

83 『설문해자』권2: 추(趨)는 달린다[走]는 뜻이다. 주(走)로 구성되었고 추(芻)가 발음을 나타낸다. 칠(七)과 유(逾)의 반절음이다.[趨, 走也. 從走芻聲. 七逾切.]

善誘人,【注】"循循", 次序貌. "誘", 進也. 言夫子正以此道進勸人有所序.
博我以文, 約我以禮, 欲罷不能. 既竭吾才, 如有所立卓爾,
雖欲從之, 末由也已."【注】孔曰: "言夫子既以文章開博我, 又以禮節節
約我, 使我欲罷而不能. 已竭我才矣, 其有所立則又卓然不可及. 言己雖蒙夫子
之善誘, 猶不能及夫子之所立."

안연이 "아!" 하며 말했다. 【주】"위(喟)"는 탄식하는 소리이다. "우러러
볼수록 더욱 높고, 뚫을수록 더욱 단단하며, 【주】 다 궁구할 수 없음을
말한 것이다. 바라보니 앞에 계시더니, 홀연히 뒤에 계시도다! 【주】
황홀해서 형상(形象)할 수 없음을 말한 것이다. 선생님께서는 차근차근하게
사람을 잘 이끄시어, 【주】"순순(循循)"은 차례가 있는 모양이다. "유(誘)"는
진작시킴[進]이다. 선생님께서 바로 이 도로써 사람을 진작되도록 권장하시되, 순서
가 있었다는 말이다. 문(文)으로써 나를 넓혀 주시고 예(禮)로써 나를
단속해 주시니, 그만두고 싶어도 그만둘 수가 없다. 이미 나의 능
력을 다했는데도 우뚝하게 서 계신 경지가 있는 듯하니, 비록 따
르고 싶어도 어디에서부터 따라야 할지 모르겠다."【주】 공안국이
말했다. "선생님께서 이미 문장으로써 나를 넓게 열어 주시고 또 예절로써 나의 행동
을 조절하고 단속하셔서, 나로 하여금 그만두고 싶어도 그만둘 수 없게 하셨다. 그러
므로 이미 나의 재주를 다해 보았으나, 그가 세우신 경지는 또 더욱 우뚝하여 미칠
수 없었다는 말이다. 자기가 비록 선생님의 훌륭하신 가르침을 받았지만, 그래도 선
생님이 세운 경지에는 미칠 수 없다는 말이다."

원문 正義曰: "仰"者, 『說文』, "仰, 舉也." 『廣雅』「釋詁」, "卬, 向也." "卬"與
"仰"同, 謂舉向上也. "彌", 『說文』作"镾", 云"久長也." 『儀禮』「士冠禮」「注」,
"彌, 益也." "鑽"者, 『說文』云: "鑽, 所以穿也." 『漢嚴發碑』, "鐫堅仰高."

"鑽"作"鐫", 當由『齊』·『古』文異. "堅"者,『爾雅』「釋詁」, "堅, 固也."『論衡』「恢國篇」解此二句云: "此言<u>顔子</u>學於<u>孔子</u>, 積累歲月, 見道彌深也." "瞻"者,『爾雅』「釋詁」, "瞻, 視也." "忽"者,『左傳』, "其亡也忽焉." <u>杜</u>「注」, "忽, 速貌." "瞻之在前", 謂夫子道若可見也; "忽焉在後", 謂終不可見也. <u>邢</u>本·『集注』本"忽焉"作"忽然", 誤.

역문 정의에서 말한다.

"앙(仰)"은 『설문해자』에 "앙(仰)은 든다[擧]는 뜻이다."[84]라고 했고, 『광아』「석고」에 "앙(卬)은 향한다[向]는 뜻이다."라고 했으니, "앙(卬)"과 "앙(仰)"은 같은 뜻으로, 들어서 위를 향한다는 말이다. "미(彌)"는 『설문해자』에 "미(鸍)"로 되어 있는데, "장구하다[久長]는 뜻이다."[85]라고 했다. 『의례』「사관례」의 「주」에 "미(彌)는 더욱[益]이다."라고 했다. "찬(鑽)"은 『설문해자』에 "찬(鑽)은 뚫는다[穿]는 뜻이다."[86]라고 했고, 『한엄발비(漢嚴發碑)』에는 "뚫을수록 단단하고 우러러볼수록 높다[鐫堅仰高]"라고 하였으니, "찬(鑽)"이 "전(鐫)"으로 되어 있는 것은, 당연히 『제논어(齊論語)』와 『고논어』의 글자가 다르기 때문이다. "견(堅)"은 『이아』「석고」에 "견(堅)은 견고함[固]이다."라고 했다. 『논형』「회국편(恢國篇)」에 이 두 구절을 풀이하면서 "이것은 안자(顔子)가 공자에게서 배울 때 세월이 오래 쌓이고 누적될수록 도가 더욱 깊어짐을 본 것을 말한 것이다."라고 했다. "첨(瞻)"이란 『이아』「석고」에 "첨(瞻)은 본다[視]는 뜻이다."라고 했다. "홀

---

84 『설문해자』 권8: 앙(卬)은 든다[擧]는 뜻이다. 인(人)으로 구성되었고 앙(卬)으로 구성되었다. 어(魚)와 양(兩)의 반절음이다.[卬, 擧也. 從人從卬. 魚兩切.]

85 『설문해자』 권9: 미(鸍)는 장구하다[久長]는 뜻이다. 장(長)으로 구성되었고 이(爾)가 발음을 나타낸다. 무(武)와 이(夷)의 반절음이다.[鸍, 久長也. 從長爾聲. 武夷切.]

86 『설문해자』 권14: 찬(鑽)은 뚫는다[穿]는 뜻이다. 금(金)으로 구성되었고 찬(贊)이 발음을 나타낸다. 차(借)와 관(官)의 반절음이다.[鑽, 所以穿也. 從金贊聲. 借官切.]

(忽)"은 『춘추좌씨전』에 "그 망하는 것이 빨랐다.[其亡也忽焉.]"[87]라고 했는데, 두예의 「주」에 "홀(忽)은 빠른 모양이다."라고 했다. "바라보니 앞에 있다[瞻之在前]"라는 것은 공자의 도가 볼 수 있을 것 같다는 말이고, "홀연히 뒤에 있다[忽焉在後]"라는 것은 끝내 볼 수 없었다는 말이다. 형병본과 『논어집주』본에는 "홀언(忽焉)"이 "홀연(忽然)"으로 되어 있는데 잘못이다.

원문 "循循"或作"恂恂", 『後漢書』「趙壹傳」, "失恂恂善誘之德." 「注」引『論語』"夫子恂恂然善誘人". 又「李膺傳」「注」・『三國志』「步隲傳」・『孟子』「明堂章」「章指」引文竝同. 又蔡邕『姜伯淮碑』・『後漢』「郭泰傳」「論」・『宋書』「禮志」載晉 袁瓌「疏」・『南史』「王琳傳」・『魏書』「高允傳」・「賈思伯傳」・『隨書』「煬帝紀」用此文, 亦作"恂恂", 其「趙壹傳」「注」先引『論語』, 復云"恂恂, 恭順貌." 與鄭注「鄕黨」"恂恂, 恭順貌"同. 故翟氏灝『考異』・馮氏登府『異文考證』・臧氏庸 鄭「注」輯本竝以"恭順"之訓亦本鄭氏, 則謂鄭本作"恂恂"矣. 博文・約禮, 卽善誘之法. 先博文, 後約禮, 所謂循循也, 顏子之所仰・所鑽者也. "罷"者, 孫綽云: "猶罷息也." "才"者, 能也.

역문 "순순(循循)"은 더러 "순순(恂恂)"으로 되어 있기도 한데, 『후한서』「조일전(趙壹傳)」에 "공손하고 온순하게 잘 이끌어 주는 덕을 잃었다.[失恂恂善誘之德.]"라고 했는데, 「주」에 『논어』의 "선생님께서는 공손하고 온순하게 사람을 잘 이끌어 주셨다[夫子恂恂然善誘人]"라는 말을 인용했다. 또 「이응전(李膺傳)」의 「주」와 『삼국지(三國志)』「보척전(步隲傳)」과 『맹자』「명당장(明堂章)」의 「장지(章指)」에 인용한 문장도 모두 같다. 또 채옹의

---

87 『춘추좌씨전』「장공(莊公)」 11년.

『강백회비(姜伯淮碑)』와 『후한서』「곽태전(郭泰傳)」의 「논」과 『송서(宋書)』「예지(禮志)」에 실린 진(晉) 원괴(袁瓌)[88]의 「소」와 『남사(南史)』「왕림전(王琳傳)」과 『위서(魏書)』「고윤전(高允傳)」과 「가사백전(賈思伯傳)」과 『수서(隨書)』「양제기(煬帝紀)」에도 이 문장을 인용하고 있는데, 역시 "순순(恂恂)"으로 되어 있고, 『후한서』「조일전」의 「주」에도 먼저 『논어』를 인용하고, 다시 "순순(恂恂)은 공손하고 온순한[恭順] 모양이다."라고 했는데, 정현이 「향당」을 주석하면서 "순순(恂恂)은 공손하고 온순한 모양이다"라고 한 것과 같다. 그러므로 적호의 『사서고이』와 풍등부(馮登府)의 『논어이문고증(論語異文考證)』과 장용(臧庸)의 정현 「주」 집본(輯本)에서 모두 "공손함[恭順]"으로 해석한 것도 역시 정씨(鄭氏)를 근거로 한 것이니, 그렇다면 정현본에도 "순순(恂恂)"으로 되어 있을 것이라는 얘기다. 박문(博文)과 약례(約禮)는 바로 "잘 이끌어 주는[善誘]" 방법이다. 먼저 문으로써 넓혀 주고, 뒤에 예로써 단속하는 것이 이른바 순순(循循)이라는 것이니, 안자가 우러러보고 뚫었던 것이다. "파(罷)"는 손작(孫綽)이 "그만두고 그치는 것과 같다."라고 했다. "재(才)"는 능력[能]이다.

원문 "卓爾"者, 『說文』, "皁, 高也. 卓, 古文皁." 『漢韓勅修孔廟禮器碑』, "違彌之思", 錢氏大昕 『養新錄』謂卽 『論語』 "卓爾", 此亦 『齊』·『古』異文. 鄭「注」云: "卓爾, 絶望之辭." 絶望者, 言絶於瞻望也, 此探下文 "欲從"·"末由"爲義. 『法言』「學行篇」, "顔不孔, 雖得天下, 不足以爲樂.' '然亦有苦乎?' 曰: '顔苦孔之卓之至也.' 或人瞿然曰: '玆苦也, 祇其所以爲樂也與!'" 是 "卓爾", 乃言夫子之道極精微者, 不敢必知, 不可灼見, 故以 "如有" 形之.

---

88 원괴(袁瓌, ?~?): 동진(東晉)의 교육가. 자는 산보(山甫)이며 진군양하(陳郡陽夏) 사람이다.

역문 "우뚝함[卓爾]"은 『설문해자』에 "탁(卓)은 높다[高]는 뜻이다. 탁(卓)은 탁(卓)의 고문(古文)이다."[89]라고 했다. 『한한칙수공묘예기비(漢韓勅修孔廟禮器碑)』에 "원대한 생각[逴彌之思]"이라고 했는데, 전대흔의 『양신록(養新錄)』에 이르길 바로 『논어』의 "우뚝함[卓爾]"이라고 했으니, 이는 또한 『제논어』와 『고논어』에서는 표현을 다르게 한다. 정현의 「주」에 "탁이(卓爾)는 절망(絶望)하는 말이다."라고 했는데, 절망이란 바라보기를 그만둔다는 말이니, 이는 아래 단락의 "따르고 싶음[欲從]"과 "어디에서부터 따라야 할지 모름[末由]"을 추구해서 뜻으로 삼은 것이다. 『법언(法言)』「학행(學行)」에 "'안회(顔回)는 공자의 경지에 이르지 않고서는 비록 천하를 얻더라도 즐거움으로 삼기에는 부족했을 것이다.' '그렇다면 또한 괴로움도 있었는가?' '안회의 괴로움은 공자의 지극한 우뚝함이었다.' 어떤 사람이 놀라며 말했다. '이러한 괴로움이야말로 결국은 즐거움을 만들기 위한 것인 듯싶다.'"라고 했는데, 이 "우뚝함[卓爾]"이란 바로 공자의 도가 지극히 정미(精微)함을 말한 것이니 감히 반드시 알 수도 없고, 환하게 볼 수도 없기 때문에 "있는 듯하다[如有]"라는 말로 형언한 것이다.

원문 『韓詩外傳』孔子與子夏論『詩』云: "丘嘗悉心盡志, 已入其中, 前有高岸, 後有深谷, 泠泠然如此, 旣立而已矣, 不能見其裏, 未謂精微者也." 『外傳』所云: "旣立", 與此文所言"立"同. 『孟子』「盡心篇」, "公孫丑曰: '道則高矣, 美矣, 似不可及也, 何不使彼爲可幾及而日孳孳也?' 孟子曰: '大匠不爲拙工改廢繩墨, 羿不爲拙射變其彀率. 君子引而不發, 躍如也. 中道而

---

89 『설문해자』권8: 탁(𠦤)은 높다[高]는 뜻이다. 조(𠦒)와 비(匕)로 이루어졌는데, 비(匕)와 절(卩)로 이루어진 앙(卬)은 모두 뜻이 같다. 탁(𠦄)은 탁(卓)의 고문이다. 죽(竹)과 각(角)의 반절음이다.[𠦤, 高也. 𠦒匕爲, 匕卩爲卬, 皆同義. 𠦄, 古文卓. 竹角切.]

立, 能者從之.'" "中道而立", 亦謂道之高者·美者, 與此文言"立"義亦同也. "能者從之", 明不能者難以從之, 卽此所言"欲從"·"末由"也.

『한시외전』에 공자가 자하와 『시경』[90]을 논하며 "내[丘]가 일찍이 마음을 다하고 뜻을 다해 이미 그 안에 들어가 보니, 앞에는 높은 언덕이 있고 뒤에는 깊은 계곡이 있는데, 맑고 깨끗하게 이와 같이 서 있을 뿐이니[旣立而已], 그 속을 볼 수 없다는 것은 정미한 것을 이르는 것이 아닐 것이다.[91]라고 했는데, 『한시외전』에서 말한 "기립(旣立)"은 이 글에서 말한 "입(立)"과 같다. 『맹자』「진심상(盡心上)」에 "공손추(公孫丑)가 말했다. '도가 높고 아름답기는 하나, 이르지 못할 것 같은데, 어찌하여 저들로 하여금 거의 이를 수 있는 것이라고 여기게 해서, 날마다 부지런히 힘쓰게 하지 않습니까?' 맹자가 말했다. '큰 목수는 서툰 목공을 위해 먹줄과 먹통을 고치거나 폐하지 않으며, 활 잘 쏘는 예(羿)는 서툰 사수를 위하여 활시위를 당기는 기준을 변경하지 않는다. 군자는 사람을 가르칠 때 활시위를 당기기만 하고 쏘지 않으나[引而不發], 실제로 쏘는 것처럼 하고서 중도에 서 있으면 능한 자는 따라 한다.'"라고 했는데, "중도에 서 있는 것[中道而立]" 역시 높고 아름다운 도를 말하는 것으로 이 글의 "입(立)"의 뜻과도 같다. "능한 자가 따라 한다[能者從之]"라는 것은 능하지 못한 자는 따라 하기 어려움을 밝힌 것이니, 바로 여기에서 말한 "따르고 싶음[欲從]"과 "어디에서부터 따라야 할지 모르겠다[末由]"라는 것이다.

『春秋繁露』「二端」云: "小大·微著之分也. 夫覽求微細於無端之處, 誠

---

90 『논어정의』에는 "書"로 되어 있다. 『한시외전』을 근거로 "詩"로 고쳤다.
91 『논어정의』에는 "蓋謂"로 되어 있으나, 『한시외전』에는 "末謂"로 되어 있다. 『한시외전』을 근거로 고쳤다.

知小之將爲大也, 微之將爲著也. 吉凶未形, 聖人所獨立也, '雖欲從之, 末由也與', 此之謂也." 揆董所言, 亦以"欲從"者, 欲從夫子之所立也. 聖不可及. 故聖但獨立.

『춘추번로(春秋繁露)』「이단(二端)」에 "이단(二端)이란 작은 것과 큰 것, 미세한 것과 현저한 것을 구분하는 것이다. 실마리가 없는 곳에서 미세한 것을 포착하면 진실로 작은 것이 큰 것이 될 것이며, 미세한 것이 현저한 것이 될 것임을 알게 될 것이다. 길함과 흉함이 아직 드러나지 않음은 성인이 홀로 서 있는 경지이니, '비록 따르고 싶어도 어디에서부터 따라야 할지 모르겠다'라고 한 것이, 바로 이런 경우를 말하는 것이다." 라고 했다. 동중서가 말한 것을 헤아려 보면 역시 "따르고 싶다[欲從]"라는 것은 공자가 서 있는 경지를 따르고 싶다는 것이다. 성인의 경지는 미칠 수 없다. 그러므로 성인은 단지 홀로 서 있는 것이다.

姚氏配中『一經廬文鈔』, "道也者, 萬物之奧, 所以變化而凝成萬物, 使各終其性命者也. 是以仁者見之謂之仁, 知者見之謂之知, 百姓日用而不知. 其爲道也屢遷, 變動不居, 周流六虛, 上下無常. 剛柔相易, 不可爲曲要, 唯變所適, 此則道之權也. 知變化之道者, 知神之所爲, 其唯聖人乎. 知進退・存亡而不失其正者, 其唯聖人乎. 故孔子曰'可與立, 未可與權', '神而明之, 存乎其人', '苟非其人, 道不虛行.' 唯聖人則巽以行權. 巽, 入也, 精義入神以致用. 巽, 伏也, 寂然不動, 感而遂通天下之故. 所謂'龍蛇之蟄以存身', 至精者也, 至變者也, 至神者也, 聖人之所以極深而硏幾也." 案, 姚氏之論, 聖道精矣.

요배중(姚配中)의 『일경여문초(一經廬文鈔)』에 "도라는 것은 만물의 깊은 본질이며, 변화해서 만물을 응집시켜 완성하고, 각각으로 하여금 그 성명(性命)을 마치게 하는 것이다. 그러므로 인자(仁者)는 도를 보면 인

(仁)이라 하고, 지자(知者)는 보고서 지(知)라 하지만, 백성들은 날마다 쓰면서도 알지 못한다. 그 도의 양상은 자주 옮겨 다니고, 변하고 움직여 가만있지 않으며, 천지와 사방[六虛]⁹²을 두루 흘러 다니면서 위아래로 일정함이 없다. 굳센 것과 부드러운 것이 서로 바뀌니, 일정한 표준을 세울 수 없고, 오직 변해서 나가는 것일 뿐이니, 이것이 바로 도의 권도(權道)이다. 변화의 도를 아는 자는 신(神)의 소행을 아니, 그는 오직 성인뿐이다. 나아가고 물러남과 보존되고 멸망하는 이치를 알아 그 올바름을 잃지 않는 자는 오직 성인뿐이다. 그러므로 공자는 '덕을 세울 수는 있어도 아직 권도를 행할 수는 없다'⁹³라고 했으며, '신묘하게 해서 밝히는 것은 그것을 실행하는 사람에게 있다'⁹⁴라고 했으며, '진실로 그 사람이 아니면 도가 헛되이 행해지지 않는다.'⁹⁵라고 했으니, 오직 성인이라야 신묘한 경지에 들어가[巽] 권도를 행할 수 있다. 손(巽)은 들어간다[入]는 뜻이니, 의리를 정밀하게 하고 신묘한 경지에 들어가 쓰임을 다 발휘할 수 있는 것이다. 손(巽)은 엎드림[伏]이니,⁹⁶ 고요하여서 동요하지 않지만 감응하면 드디어 천하의 모든 이치에 통달한다. 이른바 '용과 뱀이 움츠려 자기 몸을 보존한다.'⁹⁷라는 것이 지극히 정밀한 것이며, 지극히 변하는 것이고, 지극히 신묘한 것이며, 성인이 심오함을 다하고 조짐을 연구

---

92 육허(六虛): 이 문장은 『주역』「계사하(繫辭下)」에 나오는 문장으로 「계사하」에서는 역(易)의 육위(六位)를 가리켜 '여섯 빈 자리'를 의미하지만, 여기서는 일반적인 의미의 "천지사방"으로 해석했다.

93 『논어』「자한(子罕)」.

94 『주역』「계사상(繫辭上)」.

95 『주역』「계사하」.

96 『주역』「잡괘(雜卦)」: 태(兌)는 나타남[見]이요, 손(巽)은 엎드림[伏]이다.[兌見, 而巽伏也.]

97 『주역』「계사하」.

하는 것이다."라고 했다. 살펴보니, 요씨가 논한 성인의 도가 정밀하다.

원문 夫子"七十從心所欲, 不踰矩", 從心所欲, 卽變動不居之謂. 孟子言 "大"·"化"·"聖"·"神", 皆是其詣意. 顔子此言所以窺聖道者, 在此時矣. 道不外學, 學不外禮, 夫子十五志學, 三十而立, 志學卽博文也, 立卽立於 禮也, 亦卽約禮也. "如有所立卓爾", 謂禮之所立, 無非道也. 顔子於博· 約之敎, 服習旣久, 故擧其所已知者以自明, 求其所未知者以自勉.

역문 공자는 "일흔 살에 마음이 하고자 하는 대로 따라도 법도를 넘지 않았 다"[98]라고 했는데, 마음이 하고자 하는 대로 따른다는 것은 바로 변하고 움직여 가만있지 않는다는 말이다. 맹자가 말한 "대(大)"·"화(化)"·"성 (聖)"·"신(神)"[99]이 모두 그에 가까운 뜻이다. 안자가 여기에서 말한 성인 을 헤아리는 방법이 이때에 있었을 것이다. 도는 학문을 도외시하지 않 고, 학문은 예를 도외시하지 않는데 공자는 열다섯 살에 배움에 뜻을 두 었고[志學], 서른 살에 학문이 확립되었으니[而立], 학문에 뜻을 두었다는 것은 바로 문(文)으로써 넓힌다는 것이고, 학문이 확립되었다는 것은 바 로 예를 확립했다는 것이니, 역시 예로써 단속한다는 것이다. "우뚝하게 서 계신 경지가 있는 듯하다"라는 것은 예를 확립한 것이 도가 아님이 없다는 말이다. 안지는 넓히고 단속히는 가르침에 대해 이미 오랫동안 가슴에 품고 익혔기 때문에 자기가 이미 알고 있는 것을 들어 스스로 밝 히고 자기가 아직 알지 못하는 것을 찾아 스스로 힘쓴 것이다.

---

98 『논어』「위정(爲政)」.

99 『맹자』「진심하」: 가득 차서 밖으로 광채가 드러나는 것을 '대인(大人)'이라 이르고, 대인이 면서 저절로 변화하여 자취가 없는 것을 '성인(聖人)'이라 이르고, 성스러워 알 수 없는 것을 '신인(神人)'이라 이른다.[充實而有光輝之謂大; 大而化之之謂聖; 聖而不可知之之謂神.]

원문 『莊子』「田子方篇」, "顏淵曰: '夫子步亦步, 夫子趨亦趨, 夫子馳亦馳.
夫子旣奔逸絶塵, 而回瞠若乎後矣!'" "奔逸絶塵", 則夫子之"所立卓爾"也;
"回瞠若後", 則"欲從"·"末由"也. 惟欲從末由, 故仰·鑽旣竭, 而彌高·彌
堅也. 在前可瞻, 而忽焉在後也, 此顏子未達一間也. 然雖欲從末由, 而終
是欲罷不能, 故夫子又言回"吾見其進, 未見其止矣". "末由", 『史記』「世家」
作"蔑繇", "蔑"·"末"聲轉, "繇"·"由"今古文異.

역문 『장자』「전자방(田子方)」에 "안연이 말했다. '선생님께서 걸으시면 저
도 걷고 선생님께서 빠른 걸음으로 걸으시면 저도 빠른 걸음으로 걷고
선생님께서 달리시면 저도 달립니다. 선생님께서 먼지도 나지 않을 정
도로 빨리 달리시면 저는 그저 멍하니 뒤에 처져서 눈만 휘둥그레 뜨고
바라볼 뿐입니다!'"라고 했는데, "먼지도 나지 않을 정도로 빨리 달림[奔
逸絶塵]"이 공자의 "우뚝하게 서 있는 경지[所立卓爾]"이고, "저는 그저 멍
하니 뒤에 처져서 눈만 휘둥그레 뜨고 바라볼 뿐[回瞠若後]"이라는 것은
"따르고 싶어 함[欲從]"과 "어디에서부터 따라야 할지 모르겠음[末由]"이
다. 오직 따르고 싶어도 어디에서부터 따라야 할지 모르겠기 때문에 우
러러보고 뚫기를 이미 다했는데도 더욱 높고 더욱 단단한 것이다. 앞에
있을 땐 볼 수 있었는데, 홀연히 뒤에 있는 것, 이것이 안자가 공자의 경
지에 한 칸을 도달하지 못하는 것이다. 그러나 비록 따르고 싶어도 어디
에서부터 따라야 할지 모르더라도 결국엔 그만두고 싶어도 그만둘 수
없기 때문에 공자도 또한 안회를 "나는 그가 진보하는 것은 보았지만,
그가 중지하는 것은 보지 못했다."[100]라고 말한 것이다. "말유(末由)"는 『사
기』「공자세가」에 "멸요(蔑繇)"로 되어 있는데, "멸(蔑)"과 "말(末)"은 발음

---

[100] 『논어』「자한」.

이 서로 바뀌기도 하고, "요(繇)"와 "유(由)"는 금문(今文)과 고문(古文)이
다르다.

- 「注」, "喟, 歎聲."
- 正義曰: 『說文』, "喟, 大息也." 或作"嘳". "歎, 吟也." 顔子贊美聖道, 自以竭力學之, 終不可
  幾及, 故有此歎.
- ○ 「주」의 "위(喟)는 탄식하는 소리이다."
- ○ 정의에서 말한다.

  『설문해자』에 "위(喟)는 한숨[大息]이다."[101]라고 했다. 간혹 "위(嘳)"로 쓰기도 한다. "탄(歎)
  은 탄식[吟]이다."[102] 안자는 성인의 도를 찬미해서 스스로 힘을 다해 배웠지만 끝내 도저히
  따라잡을 수가 없었기 때문에 이렇게 탄식한 것이다.

- 「注」, "言不可窮盡."
- 正義曰: 皇「疏」引孫綽曰: "夫有限之高, 雖嵩 · 岱可陵; 有形之堅, 雖金石可鑽. 若乃彌高 ·
  彌堅, 鑽 · 仰所不逮, 故知絶域之高堅, 未可以力至也."
- ○ 「주」의 "다 궁구할 수 없음을 말한 것이다."
- ○ 정의에서 말한다.

  황간의 「소」에 손작을 인용해서 "한계가 있는 높이는 비록 숭산(嵩山)과 대산(岱山)이라도
  넘을 수 있고, 형체가 있는 단단함은 쇠붙이나 돌이라도 뚫을 수 있다. 더욱 높고 더욱 단단한

---

101 『설문해자』 권2: 위(喟)는 한숨[大息]이다. 구(口)로 구성되었고 위(胃)가 발음을 나타낸다.
위(嘳)는 위(喟)의 혹체자인데 귀(貴)로 구성되었다. 구(丘)와 귀(貴)의 반절음이다.[喟, 大
息也. 從口胃聲. 嘳, 喟或從貴. 丘貴切.]

102 『설문해자』 권8: 탄(歎)은 탄식[吟]이다. 흠(欠)으로 구성되었고, 난(鸛)의 생략형이 발음을
나타낸다. 탄(歎)은 탄(歎)의 주문(籒文)인데 생략하지 않았다. 지(池)와 안(案)의 반절음이
다.[歎, 吟也. 從欠, 鸛省聲. 歎, 籒文歎不省. 池案切.]

것으로 말할 것 같으면 뚫어도 우러러보아도 미칠 바가 아니기 때문에 한계를 벗어난[絶域] 높이와 단단함은 힘으로 다다를 수 있는 것이 아님을 알 수 있다."라고 했다.

- 「注」, "言恍惚不可爲形象."
- 正義曰:『說文』, "怳, 狂貌." 引申爲無定之辭. "恍"卽"怳"俗. 老子『道德』, "道之爲物, 惟怳惟忽." "惚"亦"忽"俗.
- ○ 「주」의 "황홀해서 형상할 수 없음을 말한 것이다."
- ○ 정의에서 말한다.

  『설문해자』에 "황(怳)은 미친 모양이다."[103]라고 했는데, 이 뜻이 확대되어 안정됨이 없다는 뜻의 말이 되었다. "황(恍)"은 "황(怳)"의 속자(俗字)이다. 노자(老子)의 『도덕경(道德經)』에 "도라는 물건은 오직 황홀할 뿐이다."라고 했으니, "홀(惚)" 역시 "홀(忽)"의 속자이다.

- 「注」, "循循"至"所序".
- 正義曰:『說文』, "循, 行順也." 順行則有次序, 「注」就本字爲訓, 亦得通也. "誘", 『說文』, "㽗, 相訹呼也. 從厶羑. 誘, 或從言秀." 『詩』「野有死麕」「傳」, "誘, 道也." "道"與"導"同. 「學記」云: "故君子之敎喩也, 道而弗牽." 又云: "道而弗牽則和." 『繁露』「基義」云: "凡有興者, 稍稍上之, 以遜順往, 使人心說而安之, 無使人心恐." 卽進勸人法也.
- ○ 「주」의 "순순(循循)"부터 "소서(所序)"까지.
- ○ 정의에서 말한다.

  『설문해자』에 "순(循)은 행함이 순조로운 것이다[行順也]."[104]라고 했는데, 순조롭게 행하면 차례가 있으니, 「주」에서 본래 글자의 측면에서 새긴 것 역시 통할 수 있다. "유(誘)"는 『설문해자』에 "유(㽗)는 서로 꾀고 부르는 것이다. 사(厶)와 유(羑)로 구성되었다. 유(誘)는 유

---

103 『설문해자』 권10: 황(怳)은 미친 모양이다. 심(心)으로 구성되었고 황(況)의 생략형이 발음을 나타낸다. 허(許)와 왕(往)의 반절음이다.[怳, 狂之貌. 從心, 況省聲. 許往切.]

104 『설문해자』 권2: 순(循)은 행함이 순조로운 것이다[行順也]. 척(彳)으로 구성되었고 순(盾)이 발음을 나타낸다. 상(詳)과 준(遵)의 반절음이다.[循, 行順也. 從彳盾聲. 詳遵切.]『논어정의』에는 "順行"으로 되어 있다. 『설문해자』를 근거로 고쳤다.

(毳)의 혹체자인데 언(言)과 수(秀)로 구성되었다."[105]라고 했다. 『시경』「야유사균(野有死麕)」의 「전」에 "유(誘)는 인도함[道]이다."라고 했는데, "도(道)"는 "인도함[導]"과 같다. 『예기』「학기(學記)」에 "군자가 제자를 가르치고 깨우쳐 줄 때는 인도하기만 할 뿐 억지로 끌고 가지 않는다."라고 했고, 또 "인도하기만 할 뿐 억지로 끌고 가지 않으면 화(和)를 이룬다."라고 했다. 『춘추번로』「기의(基義)」에 "무릇 무언가 일어나는 것들은 점차적으로 올라와 순서에 따라 나아가 사람의 마음으로 하여금 기뻐하고 편안하도록 해야지 사람의 마음으로 하여금 두려움에 떨게 해서는 안 된다."라고 했으니, 바로 사람을 진작시키고 권면하는 방법이다.

9-12

子疾病, 【注】包曰: "疾甚曰'病'." 子路使門人爲臣. 【注】鄭曰: "孔子嘗爲大夫, 故子路欲使弟子行其臣之禮." 病間, 曰: "久矣哉! 由之行詐也. 【注】孔曰: "少差曰'間'. 言子路久有是心, 非今日也." 無臣而爲有臣, 吾誰欺? 欺天乎! 且予與其死於臣之手也, 無寧死於二三子之手乎! 【注】馬曰: "'無寧', 寧也. '二三子', 門人也. 就使我有臣而死其手, 我寧死於弟子之手乎!" 且予縱不得大葬, 【注】君臣禮葬. 予死於道路乎?" 【注】馬曰: "就使我不得以君臣禮葬, 有二三子在, 我寧當憂棄於道路乎?"

---

105 『설문해자』권9: 유(䛔)는 서로 꾀고 부르는 것이다. 사(厶)로 구성되었고 유(羑)로 구성되었다. 유(誘)는 유(䛔)의 혹체자인데 언(言)과 수(秀)로 구성되었다. 유(譸)는 유(䛔)의 혹체자인데 본래의 뜻과 같다. 유(羑)는 유(䛔)의 고문이다. 여(與)와 구(久)의 반절음이다. 䛔, 相訹呼也. 從厶從羑. 誘, 或從言秀. 譸, 或如此. 羑, 古文. 與久切.]

공자가 병환이 위중하자 【주】 포함이 말했다. "질환[疾]이 심한 것을 '병(病)'이라 한다." 자로가 문인들로 하여금 가신(家臣)이 되게 하였다. 【주】 정현이 말했다. "공자가 일찍이 대부가 된 적이 있기 때문에 자로가 제자들로 하여금 가신의 예를 행하게 하고자 한 것이다." 병이 좀 덜하자 말하였다. "오래되었구나! 유(由)가 거짓을 행함이. 【주】 공안국이 말했다. "병이 조금 차도가 있는 것을 '간(間)'이라 한다. 자로가 오랫동안 이 마음을 가지고 있었던 것이지, 오늘에 비로소 생긴 것이 아니라는 말이다." 가신이 없어야 하는데 거짓으로 가신을 두었으니, 내가 누구를 속인 것인가? 하늘을 속인 것이다! 또 내가 가신의 손에서 죽기보다는 차라리 자네들 손에서 죽는 것이 더 낫지 않겠는가! 【주】 마융이 말했다. "'무녕(無寧)'은 차라리[寧]이다. '이삼자(二三子)'는 문인이다. '설령 나에게 가신이 있다손 치더라도 그들의 손에서 죽기보다 나는 차라리 제자들의 손에서 죽을 것이다!'라는 말이다." 또 내가 비록 죽어서 큰 장례식을 치르지는 못한다고 하더라도 【주】 군신(君臣)의 예로써 장사 지내는 것이다. 내가 길에서 죽기야 하겠느냐? 【주】 마융이 말했다. "설령 내가 군신의 예로써 장사를 치르지 못한다고 하더라도 너희들이 있으니, 내가 어찌 길바닥에 버려질 것을 걱정하겠느냐?"

원문 正義曰: 『爾雅』「釋詁」, "詐, 僞也." 『說文』, "詐, 欺也." "無臣而爲有臣", "爲"卽是僞, 謂無臣而僞有臣也. 考「士喪禮」, 雖有夏祝・商祝・御者・徹者・擯者・奠者之屬, 皆暫時司其事者, 謂之有司, 本不爲臣, 今用大夫禮, 是僞有臣也. 僞所以爲欺, 故曰"吾誰欺? 欺天乎!"

역문 정의에서 말한다.

『이아』「석고」에 "사(詐)는 거짓[僞]이다."라고 했고, 『설문해자』에 "사(詐)는 속임[欺]이다."[106]라고 했다. "무신이위유신(無臣而爲有臣)"에서 "위

(爲)"는 바로 거짓[僞]이니 가신이 없어야 하는데 거짓으로 가신을 두었다는 말이다. 『의례』「사상례」를 살펴보면 비록 하축(夏祝)과 상축(商祝),[107] 어자(御者)와 철자(徹者), 빈자(擯者)와 전자(奠者)의 등속이 있지만, 모두 잠시만 그 일을 맡는 자로서 이들을 유사(有司)라 하고, 본래는 가신이 되지 않는데, 지금 대부의 예를 사용하니 이것은 거짓으로 신하를 두는 것이다. 거짓[僞]은 속이기[欺] 위한 것이기 때문에 "내가 누구를 속인 것인가? 하늘을 속인 것이다!"라고 한 것이다.

원문 皇「疏」云: "天下人皆知我無臣, 則人不可欺, 今日立之, 此政是遠欲欺天, 故云欺天乎" 鄭「注」云: "大夫退死, 葬以士禮, 致仕, 以大夫禮葬." 案, 年老歸政曰致仕. 其爵未失, 故從大夫禮葬. 若大夫退, 是君疏斥己, 或己避位弗仕, 旣去大夫之位, 則不得以大夫禮葬, 故宜以士禮葬也. 「王制」云: "大夫廢其事, 終身不仕, 死以士禮葬之." 是也. 夫子去魯是退, 當以士禮葬. 今子路用大夫之禮, 故夫子責之.

역문 황간의 「소」에 "천하의 사람들이 모두 내가 가신이 없다는 것을 아니 그렇다면 사람들은 속일 수 없는 것인데, 지금 가신을 세웠으니 이는 그야말로 멀게는 하늘을 속이고자 한 것이므로 '하늘을 속인 것'이라고 한 것이다."라고 했다. 정현의 「주」에 "대부의 자리에서 물러나 죽으면 사의 예로 장사 지내고, 벼슬을 그만두면[致仕] 대부의 예로 장사 지낸다."라고 했는데, 살펴보니 나이가 들고 늙어서 정사를 임금에게 돌려주는

---

106 『설문해자』 권3: 사(諆)는 속임[欺]이다. 언(言)으로 구성되었고 사(𠂹)가 발음을 나타낸다. 측(側)과 가(駕)의 반절음이다.[諆, 欺也. 從言𠂹聲. 側駕切.]

107 하축(夏祝)과 상축(商祝): 상례(喪禮)의 예식에 익숙해서 절차를 돕는 사람. 『의례(儀禮)』「사상례(士喪禮)」의 「소」에 따르면, 하례(夏禮)를 익혔으면 하축이라 하고, 상례(商禮)를 익혔으면 상축이라 한다.

것을 치사(致仕)라고 한다. 작위를 잃지 않았기 때문에 대부의 예에 따라 장사 지내는 것이다. 만약 대부의 자리에서 물러났다면 이는 임금이 자기를 멀리해서 내친 것이거나 혹은 자기가 자리를 피해 벼슬하지 않고 이미 대부의 지위를 버린 것이니, 그렇다면 대부의 예로 장사 지낼 수 없기 때문에 당연히 사의 예로써 장사 지내야 하는 것이다. 『예기』「왕제(王制)」에 "대부가 직무를 유기했을 경우에는 죽을 때까지 벼슬을 하지 못하며, 죽으면 사의 예로 장사 지낸다."라고 한 것이 이것을 말한다. 공자가 노나라를 떠난 것은 대부의 자리에서 물러난 것이니, 당연히 사의 예로써 장사 지내야 하는 것인데, 지금 자로는 대부의 예를 사용했기 때문에 공자가 꾸짖은 것이다.

원문 宋氏翔鳳 鄭「注」輯本云: "按, 此爲孔子未反魯事. 故有'死於道路'之語. 蓋孔子自知必反魯也." 今案, 此當是魯以幣召孔子, 孔子將反魯, 適於道路中得疾也. "大葬", 謂魯復用己, 以大夫禮葬也. 夫子言己雖未必復見用, 以禮大葬, 亦當得歸魯, 不至死於道路. 所以然者, 以天未喪斯文, 必將命以制作以敎萬世, 故決不死於道路, 亦兼明子路豫凶事爲過計也.

역문 송상봉의 정현「주」집본에 "살펴보니, 이 일은 공자가 아직 노나라로 돌아오지 않았을 때의 일이다. 그러므로 '길에서 죽겠는가?'라는 말이 있는 것이니, 아마도 공자는 스스로 반드시 노나라로 되돌아가게 될 것임을 알았을 것이다."라고 했다. 지금 살펴보니, 이는 당연히 노나라에서 폐백으로 공자를 부르자 공자가 노나라로 되돌아가려 하다가 마침 돌아오는 도중에 질병을 얻은 것이다. "큰 장례식[大葬]"은 노나라가 다시 자기를 기용해서 대부의 예로써 장사 지내는 것을 말한다. 공자의 말은 자기가 비록 반드시 다시 등용되어 큰 장례식을 치르지 못하더라도 또한 마땅히 노나라로 돌아갈 수 있게 되었으니 길에서 죽는 지경에는 이르지 않을 것이라는 말이다. 왜 그런가 하면 하늘이 아직 이 도[文]을 없애려 하지 않아 반드시 장차 예를 제정하고 음악을 만들게 해서 만세를 가르치도록 명할 것이기 때문이니, 그러므로 결코 길에서 죽지 않을 것이라고 한 것이며, 또한 아울러 자로가 흉사를 예비한 것이 잘못된 계획임을 밝힌 것이다.

● 「注」, "疾甚曰病."

● 正義曰:『說文』, "病, 疾加也." 加·甚義同. 鄭此「注」云"病謂疾益困也."

○ 「주」의 "질환[疾]이 심한 것을 병(病)이라 한다."

○ 정의에서 말한다.

『설문해자』에 "병(病)은 질환이 심해진 것[疾加]이다."[108]라고 했는데, 가(加)와 심(甚)은 뜻이 같다. 정현은 여기의 「주」에 "병(病)은 질환이 더욱 위중해졌다는 말이다."라고 했다.

● 「注」, "孔子嘗爲大夫, 故子路欲使弟子行其臣之禮."

● 正義曰: 夫子仕魯爲司寇, 是大夫也. 及去魯, 以微罪行, 宜降用士禮. 今子路尊榮夫子, 欲用大夫喪葬之禮, 故使門人爲臣助治之.

○ 「주」의 "공자가 일찍이 대부가 된 적이 있기 때문에 자로가 제자들로 하여금 가신의 예를 행하게 하고자 한 것이다."

○ 정의에서 말한다.

공자는 노나라에서 벼슬하여 사구(司寇)가 되었으니, 이것이 대부의 지위였다. 노나라를 떠남에 미쳐 사소한 잘못을 구실로 떠나갔으니 강등해서 사의 예를 사용하는 것이 마땅하다. 그런데 지금 자로는 공자를 존귀하고 영화롭게 하기 위해 대부의 초상과 장례의 예를 쓰고자

---

108 『설문해자』 권7: 병(病)은 질환이 심해진 것[疾加]이다. 역(疒)으로 구성되었고 병(丙)이 발음을 나타낸다. 피(皮)와 명(命)의 반절음이다.[病, 疾加也. 從疒丙聲. 皮命切.]

했기 때문에 문인들로 하여금 가신이 되어 치상(治喪)을 돕게 했던 것이다.

- 「注」, "少差曰間."
- 正義曰: 『方言』, "差·知, 愈也. 南楚病愈者謂之差, 或謂之間." 郭「注」, "間, 言有間隙." 「文
  王世子」, "文王有疾, 旬有二日乃間." 「注」, "間, 猶瘳也."
- ○ 「주」의 "병이 조금 차도가 있는 것을 간(間)이라 한다."
- ○ 정의에서 말한다.
  『방언(方言)』에 "차(差)와 지(知)는 병이 낫는다[愈]는 뜻이다. 남초(南楚) 지방에서는 병이
  나은 것[愈]을 차(差)라 하고, 더러는 간(間)이라고 한다."라고 했는데, 곽박(郭璞)의 「주」에
  "간(間)은 차도[間隙]가 있다는 말이다."라고 했다. 『예기』 「문왕세자(文王世子)」에 "문왕이
  병이 들었다가 12일이 지나서 병이 나았다[旬有二日乃間]"라고 했는데 「주」에 "간(間)은 병
  이 나았다[瘳]는 뜻과 같다."라고 했다.

- 「注」, "就使我有臣而死其手, 我寧死於弟子之手乎!"
- 正義曰: 有臣死於臣手, 禮也. 夫子願死於弟子手者, 以弟子情益親也. 故皇「疏」云; "在三事同,
  若以親察而言, 則臣不及弟子也." 又云: "臣禮就養有方, 有方則隔; 弟子無方, 無方則親也."
- ○ 「주」의 "설령 나에게 가신이 있다손 치더라도 그들의 손에서 죽기보다 나는 차라리 제자들의
  손에서 죽을 것이다!"
- ○ 정의에서 말한다.
  가신을 두고서 가신의 손에 죽는 것은 예이다. 그런데 공자가 제자들의 손에서 죽기를 바란
  것은 제자들과의 정이 더욱 친밀했기 때문이다. 그러므로 황간의 「소」에 "부모·스승·임금
  을 섬김에 있어서는 똑같으나, 만약 친히 살피는 것으로 말하면 가신은 제자에게 미치지 못하
  는 것이다."라고 했고, 또 "가신의 예는 나아가 봉양함에 일정한 방소가 있으니, 일정한 방소
  가 있으면 사이가 뜨고, 제자는 일정한 방소가 없으니, 방소가 없으면 친밀하다."라고 했다.

- 「注」, "就使"至"路乎".
- 正義曰: 大葬, 謂用大夫禮葬也. 大夫稱"君"者, 對臣言之. 有二三子在, 不憂棄於道路, 明二

三子亦能葬其師, 不必迫以君臣之義也.

○ 「주」의 "취사(就使)"부터 "노호(路乎)"까지.

○ 정의에서 말한다.

"큰 장례식[大葬]"은 대부의 예를 써서 장사 지낸다는 말이다. 대부를 "군(君)"이라고 칭한 것은 가신[臣]에 상대해서 말한 것이다. 이는 너희들[二三子]이 있어서, 길에서 버려짐을 근심하지 않는다는 것이니, 너희들 또한 자기 스승을 장사 지낼 수 있으므로 굳이 군신 간의 의리를 가지고 닦달할 필요가 없음을 밝힌 것이다.

9-13

子貢曰: "有美玉於斯, 韞匵而藏諸? 求善賈而沽諸?"【注】馬曰: "'韞', 藏也; '匵', 匱也, 謂藏諸匱中. '沽', 賣也, 得善賈, 寧肯賣之邪?" 子曰: "沽之哉! 沽之哉, 我待賈者也."【注】包曰: "沽之哉, 不衒賣之辭, 我居而待賈."

자공이 말했다. "여기에 아름다운 옥이 있다면 궤 속에 감추어 보관해 두시겠습니까? 좋은 상인을 구하여 파시겠습니까?"【주】마융이 말했다. "'온(韞)'은 감춘다[藏]는 뜻이고, '독(匵)'은 궤[匱]이니, 궤 속에 감추어 둔다는 말이다. '고(沽)'는 판다[賣]는 뜻이니, 좋은 상인을 얻는다면 차라리 기꺼이 팔지 않겠느냐는 말이다." 공자가 말했다. "팔아야지! 팔기는 하겠지만, 나는 상인을 기다리는 자이다."【주】포함이 말했다. "팔기는 하겠지만, 팔 것이라는 광고는 하지 않을 것이고, 나는 가만히 있으면서 상인을 기다릴 것이라는 말이다."

원문 正義曰: "君子於玉比德." 時夫子抱道不仕, 故子貢借美玉以觀夫子藏用之意. "善賈", 喩賢君也. 雖有賢君, 亦待聘乃仕, 不能枉道以事人也.

역문 정의에서 말한다.

"군자는 옥에다 덕을 견준다."[109]라고 하니, 당시 공자는 도를 품고도 벼슬하지 않았기 때문에 자공이 아름다운 옥을 빌려 공자가 쓰이는 데 감추어 둔[110] 뜻을 살펴본 것이다. "선고(善賈)"는 현명한 군주[賢君]를 비유한 것이다. 비록 현명한 군주가 있더라도 또한 예를 갖추어서 초빙하기를 기다렸다가 벼슬하는 것이니, 도를 굽혀서까지 남을 섬길 수는 없는 것이다.

원문 『釋文』, "匵, 本又作櫝." 通用字. 物茂卿『論語徵』云: "善賈者, 賈人之善者也. 賈音古." 先典簿君『秋槎雜記』, "『儀禮』「聘禮」, '賈人西面坐, 啓櫝取圭.'「注」, '賈人, 在官知物價者.' 古人重玉, 凡用玉必經賈人, 況鬻之乎? 昭十六年『左傳』, '宣子有環, 其一在鄭商. 韓子賈諸賈人, 旣成賈矣.' 此沽玉必經賈人之證."

역문 『경전석문』에 "독(匵)은 판본에 따라 또 독(櫝)으로 되어 있다."라고 했는데, 통용되는 글자이다. 모노 시게노리[物茂卿]의 『논어징(論語徵)』에 "'선고(善賈)'란 상인 가운데 좋은 사람이다. '賈'의 발음은 '고(古)'이다."라고 했다. 선친 전부군의 『추사잡기』에 "『의례』「빙례」에 '고인(賈人)이 서쪽을 향해 앉아서 궤[櫝]를 열고 규(圭)를 취한다.'라고 했는데, 「주」에

---

109 『예기』「옥조(玉藻)」: 군자는 특별한 연고가 없으면 패옥(佩玉)을 몸에서 떼지 않으니, 군자는 옥에 덕을 견준다.[君子無故, 玉不去身, 君子於玉比德焉.]

110 장용(藏用):『주역』「계사상」에 "인을 실현하는 데 드러나며 쓰이는 데 감추어져 있다.[顯諸仁, 藏諸用.]"라는 표현이 보인다.

'고인이란 물건의 값을 아는 관직에 있는 사람이다.'라고 했다. 옛사람들은 옥을 중히 여기므로 무릇 옥을 사용할 때는 반드시 고인을 경유하는데, 하물며 그것을 파는 데에 있어서이겠는가? 소공(昭公) 16년의 『춘추좌씨전』에, '선자(宣子)에게 옥환(玉環)이 있었는데, 그 한 짝은 정나라 상인에게 있었다. 한자(韓子)는 고인에게 옥환을 구매하기로 하여 이미 값을 흥정하였다.'라고 했는데, 이것이 옥을 팔 때 반드시 고인을 경유했다는 증거이다."라고 했다.

원문 謹案, 「論語釋文」, "'善賈', 音嫁, 一音古." 是舊讀賈有古音, 卽賈人也. 『說文』, "賈, 市也." 段氏玉裁「注」, "賈者, 凡買賣之稱也. 引伸之, 凡賣者之所得, 買者之所出, 皆曰賈. 俗又別其字作'價', 別其音入禡韻, 古無是也." 竊謂下句"待賈", 亦謂待賈人.

역문 삼가 살펴보니, 「논어석문」에 "'善賈'는 발음이 가(嫁)이고, 또 다른 발음이 고(古)이다."라고 했는데, 이는 옛날에는 가(賈)를 읽을 때 고(古)라고 발음하는 경우가 있으니, 바로 고인이라는 것이다. 『설문해자』에 "고(賈)는 장사[市]이다."[111]라고 했는데, 단옥재의 「주」에 "고(賈)란 무릇 사고파는 것[買賣]을 일컫는다. 이 뜻이 확장되어 파는 사람의 소득과 사는 사람의 소출을 모두 고(賈)라고 한다. 세속에는 또 그 글자를 구별해서 '가(價)'로 쓰고, 그 발음을 입성(入聲)의 마운(禡韻)으로 구별하는데, 옛날에는 이 글자가 없었다."라고 했다. 가만히 생각해 보니 아래 구절의 "대고(待賈)"도 역시 고인(賈人)을 기다린다는 말이다.

---

111 『설문해자』 권6: 고(賈)는 장사[市]이다. 패(貝)로 구성되었고 아(襾)가 발음을 나타낸다. 일설에는 앉아서 파는 장사라고 한다. 공(公)과 호(戶)의 반절음이다.[賈, 市也. 從貝襾聲. 一曰坐賣售也. 公戶切.]

원문 『白虎通』「商賈篇」, "商之爲言商也. 商其遠近, 度其有無, 通四方之物, 故謂之商也. 賈之爲言固也. 固其有用之物, 以待民來, 以求其利者也. 行曰商; 止曰賈. 『易』曰: '先王以至日閉關, 商旅不行.' 『論語』曰: '沽之哉, 我待價者也.'" 『白虎通』引『論語』, 以證"止賈"亦當作"待賈", 今作"待價", 明爲後人所改矣.

역문 『백호통의』「상고(商賈)」에 "상(商)이라는 말은 헤아린다[商]는 뜻이다. 멀고 가까움을 계산하고[商], 있고 없는 것을 헤아려[度] 사방의 물건을 유통시키기[通] 때문에 상(商)이라고 하는 것이다. 고(賈)라는 말은 고정되어 있다[固]는 뜻이다. 쓰임새가 있는 물건을 고정시켜 두고서 백성들이 오기를 기다려 추구하는 사람이다. 이동하면서 장사하는 사람을 상(商)이라 하고, 한곳에 머물러서 장사하는 사람을 고(賈)라 한다.『주역』에 '선왕이 「복괘(復卦)」를 보고서, 동짓날에는 관문을 닫게 하고, 행상인이 다니지 않게 한다.'112라고 했고,『논어』에 '팔기는 하겠지만, 나는 상인을 기다리는 자이다.'라고 했다."라고 하였다. 『백호통의』에서는『논어』를 인용해서 "지고(止賈)" 역시 마땅히 "대고(待賈)"가 되어야 함을 증명했으니, 지금 "대가(待價)"로 되어 있는 것은 분명 후대의 사람들에 의해 고쳐진 것이다.

원문 "沽",『漢石經』俱作"賈", 見『東觀餘論』. 段氏以"買賣"皆可云"賈", "沽"是假借字.『玉篇』引"求善賈而及諸",『說文』云: "夆以市買多得爲及." 則作及亦通. 此當出『齊』·『古』異文.『群經音辨四』, "『論語』'沽之哉', 鄭康成亦音故." 此就鄭義爲音.

---

112 『주역』「복(復)·상(象)」.

역문 “고(沽)”는 『한석경(漢石經)』에는 모두 “고(賈)”로 되어 있으니, 『동관여론(東觀餘論)』[113]에 보인다. 단씨(段氏)는 “사고파는 것[買賣]”을 모두 “고(賈)”라 할 수 있다고 했고, “고(沽)”는 가차자(假借字)라고 했다.[114] 『옥편(玉篇)』에 “좋은 상인을 구해 이문을 얻고 팔 것이다.”라고 인용했고, 『설문해자』에 “진(秦)나라 사람이 저자에 나가 물건을 팔아 수지를 맞춘[多得] 것을 고(及)라 한다.”[115]라고 했으니, 고(及)라고 써도 역시 통한다. 이 글자는 당연히 『제논어』와 『고논어』에 나온 것은 표현을 다르게 한다. 『군경음변(群經音辨)』[116] 권4에 “『논어』의 ‘고지재(沽之哉)’는 정강성(鄭康成) 역시 고(故)라고 발음했다.”라고 했으니, 여기서는 정강성의 뜻에 따라 발음한다.

● 「注」, “韞藏”至“匱中”.

● 正義曰: 鄭「注」云: “韞, 裹也, 匵, 匱也.” 卽本馬「注」. “裹” · “藏”同義. “韞”旣訓“藏”, 經下文又言“藏”者, 古人自有復語, 若『詩』“采采芣苢, 薄言采之”, 上下句皆言“采”矣. 『說文』“匵, 匱

---

113 『동관여론(東觀餘論)』: 송(宋) 황백사(黃伯思, 1079~1118)가 찬(撰)한 책으로 그의 아들 잉(訒)이 엮어 낸 것이다. 고문(古文) · 기자(奇字) · 종정(鐘鼎) · 이기(彝器) · 관식(款式) 등을 밝게 변증하고 있다. 총 2권이다.

114 『설문해자주(說文解字注)』에 “고(賈)란 모든 사고파는 행위[買賣]를 일컫는다.[賈者, 凡買賣之稱也.]”라고 했고, 또, “지금 『논어』에 고(沽)로 되어 있는 것은 가차자(假借字)이다.[今『論語』作沽者, 假借字也.]”라고 했다.

115 『설문해자』 권5: 고(及)는 진(秦)나라 사람이 저자에 나가 물건을 팔아 수지를 맞춘[多得] 것을 고(及)라 한다. 내(乛)로 구성되고, 치(攵)로 구성된 것은. 이익이 지극하다[益至]는 뜻이다. 내(乃)로 구성되었다고도 하는데, 『시경』에 “내 짐짓 저 금잔에 술을 부어.[我及酌彼金罍.]”라고 했다. 고(古)와 호(乎)의 반절음이다.[及, 䙷以市買多得爲及. 從乛從攵, 益至也. 從乃. 『詩』曰: “我及酌彼金罍.” 古乎切.]

116 『군경음변(群經音辨)』: 송나라 개봉 사람 가창조(賈昌朝, 998~1065)의 저서.

也. 匵, 匣也." 今俗別作"櫃".

○ 「주」의 "온장(韞藏)"부터 "궤중(匵中)"까지.

○ 정의에서 말한다.

정현의 「주」에 "온(韞)은 싼대[裹]는 뜻이고, 독(匵)은 궤[匱]이다."라고 했는데, 바로 마융의 「주」에 근거한 것이다. "과(裹)"와 "장(藏)"은 뜻이 같다. "온(韞)"의 뜻을 이미 "감추대[藏]"로 새기고, 경문의 아래 글자에 또 "감추대[藏]"라고 말한 것은, 옛사람들은 본래 말을 반복해서 하기 때문이니, 예컨대 『시경』에 "캐고 캐네 질경이를, 급하게 캐네.[采采芣苢, 薄言采之.]"[117]라고 했는데, 앞뒤 구절에 모두 "캔대[采]"라고 말한 것과 같다. 『설문해자』에 "독(匵)은 궤(匱)이다.[118] 궤(匱)는 상재[匣]이다.[119]"라고 했는데, 지금 세속에서는 구별해서 "궤(櫃)"로 쓴다.

● 「注」, "沽之"至"待賈".

● 正義曰:『太平御覽』「珍寶部」三引鄭此「注」云: "寧有自衒賣之道乎? 我居而待價者." 與包此「注」同. "沽之哉" 乃反言以決絶之辭, 明沽是衒賣也. 皇「疏」引王弼曰: "重言'沽之哉', 賣之不疑也." 此與包‧鄭義異, 似亦通也.『說文』, "衒, 行且賣也. 從行從言. 衒, 衒或從玄." 顏師古『漢書』「東方朔傳」「注」, "衒, 行賣也." 包‧鄭均云"居而待賈", 亦似音古.『御覽』引鄭作"待價", 字之誤.

○ 「주」의 "고지(沽之)"부터 "대고(待賈)"까지.

○ 정의에서 말한다.

『태평어람(太平御覽)』「진보부3(珍寶部三)」에 정현의 이 「주」를 인용해서 "어찌 스스로를 파는 도리가 있겠는가? 나는 가만히 있으면서 상인을 기다리는 자이다."라고 했으니, 포함의 여기에 대한 「주」와 같다. "팔아야지[沽之哉]"라고 한 것은 바로 반언(反言)해서 결정된 것

---

117 『시경』「국풍(國風)‧주남(周南)‧부이(芣苢)」.
118 『설문해자』 권12: 독(匵)은 궤[匱]이다. 방(匚)으로 구성되었고 매(賣)가 발음을 나타낸다. 도(徒)와 곡(谷)의 반절음이다.[匵, 匱也. 從匚賣聲. 徒谷切.]
119 『설문해자』 권12: 궤(匱)는 상재[匣]이다. 방(匚)으로 구성되었고 귀(貴)가 발음을 나타낸다. 구(求)와 위(位)의 반절음이다.[匱, 匣也. 從匚貴聲. 求位切.]

을 확정하는 말이니, 고(沽)가 판다[衒賣]는 뜻임을 분명히 한 것이다. 황간의 「소」에는 왕필 (王弼)을 인용해서 "거듭 '고지재(沽之哉)'라고 말한 것은 팔 것임을 의심하지 않는다는 것이 다."라고 했는데, 이는 포함이나 정현의 뜻과는 다르지만 역시 통할 것 같기도 하다. 『설문해 자』에 "현(衒)은 다니면서 판다[行且賣]는 뜻이다. 행(行)으로 구성되었고 언(言)으로 구성되 었다. 현(衒)은 현(衒)의 혹체자인데 현(玄)으로 구성되었다."[120]라고 했고, 안사고(顔師古) 의 『전한서』「동방삭전(東方朔傳)」의 「주」에 "현(衒)은 다니면서 판다[行賣]는 뜻이다."라고 했는데, 포함과 정현은 똑같이 "가만히 있으면서 상인을 기다린다[居而待賈]"라고 했으니, 역시 고(古)로 발음한 것 같다. 『태평어람』에서 정현을 인용하면서 "대가(待價)"라고 한 것 은 글자를 잘못 쓴 것이다.

9-14

子欲居<u>九夷</u>, 或曰: "陋, 如之何?" 子曰: "君子居之, 何陋之 有?"【注】馬曰: "'<u>九夷</u>', 東方之夷, 有九種. 君子所居則化."

공자가 구이(九夷)에서 살려고 하자, 어떤 사람이 말했다. "누추 한데, 어떻게 하시렵니까?" 공자가 말했다. "군자가 그곳에 살고 있으니, 무슨 누추함이 있겠는가?"【주】마융이 말했다. "'구이'는 동방의 오랑캐로서, 아홉 종족이 있다. 군자가 거처하는 곳이면 교화된다."

---

120 『설문해자』권2: 현(衒)은 다니면서 판다는 뜻이다. 행(行)으로 구성되었고 언(言)으로 구성 되었다. 현(衒)은 현(衒)의 혹체자인데 현(玄)으로 구성되었다. 황(黃)과 현(絢)의 반절음이 다.[衒, 行且賣也. 從行從言. 衒, 或從玄. 黃絢切.]

正義曰: 子欲居九夷, 與乘桴浮海, 皆謂朝鮮. 夫子不見用於中夏, 乃欲

行道於外域, 則以其國有仁·賢之化故也. 說見前"浮海"「疏」.

정의에서 말한다.

공자가 구이에서 살려고 한 것과 뗏목을 타고 바다를 건너려 한 것은
모두 조선(朝鮮)을 이른다. 공자가 중국에서 등용되지 않아 결국 국외에
서 도를 실행하고자 했다면 그 나라에는 인자(仁者)와 현자(賢者)의 교화
가 있기 때문이다. 설명은 앞 "부해(浮海)"[121]의 「소」에 보인다.

『後漢書』「東夷列傳」, "昔箕子違衰殷之運, 避地朝鮮. 始其國俗未有聞
也, 及施八條之約, 使人知禁, 遂乃邑無淫盜, 門不夜扃, 回頑薄之俗, 就
寬略之法, 行數百千年. 故東夷通以柔謹爲風, 異乎三方者也. 苟政之所
暢, 則道義存焉. 仲尼懷憤, 以爲九夷可居, 或疑其陋. 子曰: '君子居之, 何
陋之有?' 亦徒有以焉爾." 此本『前漢』「地理志」, 而意更顯.

『후한서』「동이열전(東夷列傳)」에 "옛날 기자(箕子)가 쇠망하는 은나라
의 운수를 피하여 조선 땅에 피난하였다. 처음엔 그 나라의 풍속이 알려
진 바 없었으나, 8조(條)의 법을 시행하여 사람들에게 해서는 안 되는 것
을 알게 하니, 마침내 고을마다 음란한 행동과 도둑이 없어져서 밤에도
문을 잠그지 않았으며, 완악하고 천박한 풍속을 바꾸고 너그럽고 간략
한 법을 이루어 수천 년 동안 행하여졌다. 그러므로 동이(東夷)의 전체가
온유함과 공손함을 풍속으로 삼으니 3방(三方)[122]의 풍속과는 다른 것이

---

121 『논어』「공야장(公冶長)」: 공자가 말했다. "도(道)가 행해지지 않아 뗏목을 타고 바다를 건
널 것이다. 나를 따를 자는 아마도 유(由)일 것이다!" 자로가 이 말을 듣고 기뻐했다.[子曰:
"道不行, 乘桴浮于海. 從我者, 其由與!" 子路聞之喜.]

122 3방(三方): 사이(四夷) 중 동이(東夷)를 제외한 서융(西戎)·남만(南蠻)·북적(北狄)을 말한다.

었다. 진실로 정교(政敎)가 창달되는 곳이면 도의가 있기 마련이다. 중니는 분연한 마음을 품고 구이가 살 만한 곳이라고 여겼으나, 누군가는 그곳의 누추함을 의심하였기에 공자가 '군자가 그곳에 살고 있으니 무슨 누추함이 있겠는가?'라고 했으니, 역시 그때는 그럴 수밖에 없는 점이 있었기 때문이었을 것이다."라고 했는데, 이는 『전한서』「지리지(地理志)』를 근거한 것으로 뜻이 더욱 분명하다.

원문 "九夷"者, 夷有九種, 朝鮮特九夷之一. 『淮南』「齊俗訓」謂"泗上十二諸侯, 率九夷以朝." 越王勾踐, 惟九夷在東, 故泗上諸侯得以率之. 『戰國』「秦策」, "楚包九夷." 「魏策」, "楚破南陽 九夷, 內沛, 許·鄢陵危." 『史記』「李斯傳」, "惠王用張儀之計, 南取漢中, 包九夷, 制鄢·郢." 『索隱』曰: "九夷卽屬楚之夷也." 呂氏祖謙『大事記』據『索隱』說, 以爲孔子在陳·蔡, 相去不遠, 所以有欲居九夷之言. 案, 呂氏誤也. 南方曰蠻, 其稱夷, 稱九夷者, 皆假借稱之. 況楚地之夷, 其風俗獷悍, 至今猶然, 則正或人所議, 夫子不應欲居之矣.

역문 "구이(九夷)"

이(夷)에는 아홉 종족이 있으니, 조선은 다만 구이 중 하나이다. 『회남자』「제속훈(齊俗訓)」에 "사수(泗水) 가의 12제후가 구이를 거느리고 조회했다."라고 했는데, 월왕(越王) 구천(勾踐)은 아마도 구이로서 동쪽에 있었기 때문에 사수 가의 제후들을 거느릴 수 있었을 것이다. 『전국책(戰國策)』「진책(秦策)」에 "초나라가 구이를 포괄한다."라고 했고, 「위책(魏策)」에 "초나라가 남양(南陽)의 구이를 깨뜨리고 패(沛)로 들어오게 되면 허(許)와 언릉(鄢陵)이 위험해진다."라고 했으며, 『사기』「이사전(李斯傳)」에 "혜왕(惠王)이 장의(張儀)의 계책을 써서 남쪽으로 한중(漢中)을 차지했으며 구이를 아우르고 언(鄢) 땅과 영(郢) 땅을 제압했다."라고 했는데, 『사

기색은』에 "구이는 바로 초나라에 속한 오랑캐이다."라고 했다. 여조겸
(呂祖謙)[123]은 『대사기(大事記)』에서 『사기색은』의 설을 근거로, 공자가
진(陳)나라와 채(蔡)나라에 있을 때 서로 간의 거리가 멀지 않았기 때문
에 구이에 가서 살고 싶다는 말을 했을 것이라고 여겼다. 살펴보니 여조
겸이 틀렸다. 남방의 오랑캐를 만(蠻)이라고 하니, 그곳을 이(夷)라고 칭
하거나 구이라고 일컫는 것은 모두 가차(假借)해서 일컬은 것이다. 더구
나 초나라 지역의 이는 그 풍속이 사납고 지금에 이르기까지도 여전히
그러하니, 그렇다면 혹자들의 의견을 바르다고 하더라도 공자는 응당
살려고 하지 않았을 것이다.

원문 "陋"者, 言其地僻陋, 人不知禮儀也. 何異孫『十一經問對』, "箕子受封
於朝鮮, 能推道訓俗, 教民禮義田蠶, 至今民飮食以籩豆爲貴, 衣冠禮樂,
與中州同, 以箕子之化也. '君子居之', 指箕子言, 非孔子自稱爲君子."

역문 "누(陋)"란 그 지역이 후미지고 누추해서 사람들이 예의(禮儀)를 알지

---

123 여조겸(呂祖謙, 1137~1181): 남송 무주(婺州) 금화(金華) 사람. 조적(祖籍)은 수주(壽州)이
고, 자는 백공(伯恭)이며, 호는 동래선생(東萊先生)으로, 여대기(呂大器)의 아들이다. 명문
에서 태어나 유복하게 자랐고, 임지기(林之奇)와 왕응진(汪應辰) 등에게 사사했으며, 주희
(朱熹), 장식(張栻) 등과 사귀며 폭넓은 학식을 갖추었다. 효종(孝宗) 융흥(隆興) 원년(1163)
진사에 급제한 뒤 다시 박학굉사과(博學宏詞科)에 합격했다. 저작랑(著作郎) 겸 국사원편수
관(國史院編修官)을 거쳐 『휘종실록』 중수에 참여하고, 『황조문감(皇朝文鑒)』을 편찬·간
행했다. 남외종학교수(南外宗學教授)에서부터 태학박사, 실록원검토관 등 학문과 관계있는
직책에서 오래 지냈다. 주희, 장식 등과 강학하면서 학문이 더욱 정밀해졌는데, 당시 '동남
삼현(東南三賢)'으로 불렸다. 순희(淳熙) 2년(1175) 주희와 육상산(陸象山)의 학문 조정을
꾀하기 위해 아호(鵝湖)에서 모임을 주재했다. 시호는 성(成)인데, 충량(忠亮)으로 고쳐졌
다. 저서에 『여씨가숙독시기(呂氏家塾讀詩記)』32권과 『동래선생좌씨박의(東萊先生左氏博
議)』 25권, 『여동래선생문집(呂東萊先生文集)』 40권, 『역대제도상설(歷代制度詳說)』 등이
있으며, 주희와의 공저(共著)인 『근사록(近思錄)』은 특히 유명하다.

못한다는 말이다. 하이손(何異孫)[124]의 『십일경문대(十一經問對)』에 "기자가 조선에 봉해짐을 받아 도를 미루어 풍속을 훈화(訓化)하고 백성들에게 예의(禮義)와 농사와 누에 치는 일을 가르치니, 지금에 이르기까지 백성들이 먹고 마실 때는 변두(邊豆)를 귀하게 여기고, 의관과 예악이 중국과 같아진 것은 기자의 교화 때문이다. '군자가 그곳에 살고 있다'라는 것은, 기자를 가리켜 한 말이지 공자가 스스로를 일컬어 군자라고 한 것은 아니다."라고 했다.

- 「注」, "九夷"至"則化".
- 正義曰: 皇「疏」云: "東有九夷, 一玄菟·二樂浪·三高麗·四滿飾·五鳧更·六索家·七東屠·八倭人·九天鄙, 皆在海中之夷. 玄菟, 樂浪, 高麗, 皆朝鮮地." 『後漢』「東夷傳」, "夷有九種: 曰畎夷, 于夷, 方夷, 黃夷, 白夷, 赤夷, 玄夷, 風夷, 陽夷, 故孔子欲居之也." 此謂夷之九種, 凡在海中及居中國, 皆得名之, 與皇「疏」所指略異. 蓋皇「疏」以地言, 『漢』「傳」以類言也. 『爾雅』「釋地」, "九夷·八狄·七戎·六蠻謂之四海."
- 「주」의 "구이(九夷)"부터 "즉화(則化)"까지.
- 정의에서 말한다.

   황간의 「소」에 "동방에 구이가 있으니, 첫째가 현도(玄菟), 둘째가 낙랑(樂浪), 셋째가 고려(高麗), 넷째가 만식(滿飾), 다섯째가 부경(鳧更), 여섯째가 색가(索家), 일곱째기 동도(東屠), 여덟째가 왜인(倭人), 아홉째가 천비(天鄙)로 모두 바다 가운데 있는 이이다. 현도와 낙랑과 고려는 모두 조선 땅이다."라고 했고, 『후한서』「동이열전」에는 "이에는 아홉 종족이 있는데, 견이(畎夷)·우이(于夷)·방이(方夷)·황이(黃夷)·백이(白夷)·적이(赤夷)·현이(玄夷)·풍이(風夷)·양이(陽夷)이므로 공자가 그곳에서 살려고 한 것이다."라고 했다. 여기에서 말한 아홉 종족의 이는 모두 바다 가운데 있거나 중국에 거주하므로 모두 그렇게 명명하

---

124 하이손(何異孫, ?~?): 중국 원대의 경학가(經學家). 저서에 『십일경문대(十一經問對)』가 있다.

게 된 것이니, 황간의 「소」에서 가리키는 것과는 약간 다르다. 대체로 황간의 「소」는 지역을 가지고 말한 것이고, 『후한서』「동이열전」은 족류(族類)를 가지고 말한 것이다. 『이아』「석지(釋地)」에 "구이·팔적(八狄)·칠융(七戎)·육만(六蠻)을 사해(四海)라 한다."라고 했다.

원문 『白虎通』「禮樂篇」, "東所以九何? 蓋來者過九, 九之爲言究也. 德徧究, 故應德而來亦九也. 非故爲之, 道自然也."『孟子』「盡心篇」, "君子所過者化, 所存者神." 故君子居之, 則能變其舊俗, 習以禮儀, 若<u>泰伯</u>君吳, 遂治周禮矣.

역문 『백호통의』「예악(禮樂)」에 "동방의 이족(夷族)이 구(九)인 까닭은 어째서인가? 아마도 찾아왔던 자들이 아홉 종족이 넘었기 때문이었을 것이다. 구(九)란 말은 궁구한다[究]는 뜻이다. 덕(德)을 두루 궁구하기 때문에 덕에 응해서 찾아오는 종족 역시 구였던 것이다. 의도적으로 궁구하는 것이 아니라, 도가 저절로 그렇게 만든 것이다."라고 했다. 『맹자』「진심상」에 "군자가 지나가면 교화(敎化)되고, 마음에 간직하고 있으면 신묘(神妙)해진다."라고 했으니, 따라서 군자가 그곳에 살고 있으면 그 오랜 풍속을 변화시키고 예의(禮儀)를 익힐 수 있으니, 마치 태백(泰伯)이 오(吳)의 군주가 되어 마침내 주나라의 예를 다스린 것과 같은 것이다.

9-15

子曰: "吾自<u>衛</u>反<u>魯</u>, 然後樂正, 「雅」·「頌」各得其所."【注】<u>鄭</u>曰: "反<u>魯</u>, <u>哀公</u>十一年冬. 是時道衰樂廢, <u>孔子</u>來還乃正之, 故「雅」·「頌」各得其所."

공자가 말했다. "내가 위나라로부터 노나라로 돌아온 뒤에 음악이 바르게 되어 「아(雅)」와 「송(頌)」이 각기 제자리를 얻었다."

【주】정현이 말했다. "공자가 노나라로 돌아온 것은 애공 11년 겨울이다. 이 당시 도가 쇠퇴하고 음악이 퇴폐하였는데, 공자가 돌아와서 마침내 바로잡았기 때문에 「아」와 「송」이 각각 제자리를 얻은 것이다."

원문 正義曰: 皇本"反"下有"於"字. "雅"者, 正也, 所以正天下也. 周室四都, 爲政治之所自出, 故以其音爲正而稱「雅」焉. 至平王東遷, 政教微弱, 不能復雅, 故降而稱「風」.「風」·「雅」皆以音言. "頌"者, 容也, 以舞容言之也. 蓋「風」·「雅」但絃歌笙間, 惟三「頌」始有舞容, 故稱「頌」. 此阮氏元釋頌義. 孔子正樂, 兼有「風」·「雅」·「頌」, 此不及「風」者, 擧「雅」·「頌」則「風」可知.

역문 정의에서 말한다.

황간본에는 "반(反)" 아래 "어(於)" 자가 있다. "아(雅)"란 바르다[正]라는 뜻이니 천하를 바르게 하는 것이다. 주나라 왕실의 4도(四都)는 정치가 나오는 곳이므로 그곳의 발음을 표준으로 삼아 「아」라고 칭한 것이다. 평왕(平王)이 동으로 천도(遷都)함에 이르러 정교(政教)가 미약해져 「아」를 회복할 수 없게 되었기 때문에 강등시켜 「풍(風)」이라 일컬었는데, 「풍」과 「아」는 모두 발음을 가지고 말한 것이다. "송(頌)"이란 용(容)이니 춤추는 모습[舞容]을 가지고 말한 것이다. 대체로 「풍」과 「아」는 단지 현악기에 맞춰 노래하면서 간간이 생황을 연주할 뿐이고, 오직 3「송」에서 비로소 무용(舞容)이 있기 때문에 「송」이라 칭한다. 이상은 완원이 해석한 송의 의미이다. 공자가 음악을 바로잡을 때 「풍」·「아」·「송」도 함께 있었는데, 여기에서 「풍」을 언급하지 않은 것은 「아」와 「송」을 거론하면 「풍」은 알 수 있기 때문이다.

- 「注」, "鄭曰"至"其所".

- 正義曰: 皇本此「注」作"包曰". 反魯, 在哀十一年冬, 見『左氏傳』, 時孔子年六十九.『後漢書』「範升傳」奏曰: "『詩』・『書』之作, 其來已久. 孔子尙周流遊觀, 至於知命, 自衛反魯, 乃正「雅」・「頌」." 以正樂爲在知命時, 誤也. 「鄕陰酒禮」「注」云: "後世衰微, 幽・厲尤甚, 禮・樂之書, 稍稍廢棄. 孔子曰: '吾自衛反於魯'云云, 謂當時在者而復重雜亂者也, 惡能存其亡者乎?'『周官』「太師」先鄭「注」亦云: "時禮樂自諸侯出, 頗有謬亂不正, 孔子正之." 則二鄭皆以「雅」・「頌」得所, 爲整理其篇第也.

○ 「주」의 "정왈(鄭曰)"부터 "기소(其所)"까지.

○ 정의에서 말한다.

황간본의 이 「주」는 "포왈(包曰)"로 되어 있다. "공자가 노나라로 돌아온 것은 애공 11년 겨울이다."라는 말은『춘추좌씨전』에 보이는데, 당시 공자의 나이는 69세였다. 『후한서』「범승전(範升傳)」에서 아뢰기를 "『시경』과 『서경』이 지어진 것은 그 유래가 이미 오래되었습니다. 공자는 여전히 천하를 주유하면서 두루 둘러보다가 천명을 앎에 이르러서는 위나라에서 노나라로 돌아와 이에 「아」와 「송」을 바로잡았습니다."라고 해서 음악을 바로잡은 것이 천명을 알았을 당시에 있었던 일이라고 하였는데, 잘못이다. 『의례』「향음주례(鄕陰酒禮)」의 「주」에 "후세에 들어오면서 도가 쇠미해지다가 유왕과 여왕의 시대에 더욱 심해져, 예와 악에 관한 책들이 점점 폐기되었다. 공자는 '내가 위나라로부터 노나라로 돌아온 뒤로'라고 운운했는데, 당시에 남아 있던 것 중에 중복되고 어지럽게 섞여 있던 것들을 말하는 것이지, 어찌 그 없어진 것들을 보존할 수 있었겠는가?'라고 했고, 『주관』「태사(太師)」 선정(先鄭)[125]의 「주」에도 "당시에 예와 악이 제후들로부터 나와 자못 그릇되고 어지러우며 바르지 않으므로 공자가 그것을 바로잡았다."라고 했으니, 정현과 정중사(鄭仲師: 정중) 두 사람 모

---

125 선정(先鄭): 정중(鄭衆, ?~83?)을 가리킨다. 경학자들은 정중을 선정(先鄭), 정현을 후정(後鄭)이라 부른다.

두 「아」와 「송」이 제자리를 찾게 되었다는 말을 그 편제(篇第)를 정리했다는 말로 여긴 것이다.

원문 毛氏奇齡『四書改錯』不從鄭說, 謂"正樂"非正『詩』. 又云: "正樂, 正樂章也, 正「雅」・「頌」之入樂部者也. 部者, 所也. 如「鹿鳴」一「雅」詩, 奏於「鄉陰酒禮」, 則「鄉陰酒禮」其所也. 又用之「鄉射禮」・「燕禮」, 則「鄉射」・「燕禮」亦其所也. 然此三所, 不止「鹿鳴」, 又有「四牡」・「皇皇者華」兩詩, 則以一「雅」分數所, 與聯數「雅」合一所, 總謂之'各得其所'. 乃從而正之, 則先正諸「雅」之在諸所者, 並正此「雅」之錯入他所, 與他「雅」之錯入此所者, 皆謂之正「雅」. 惟「頌」亦然. 「淸廟」祀<u>文王</u>, 則祀<u>文王</u>其所也. 然而「祭統」謂'大嘗・禘, 歌「淸廟」.' 則嘗・禘又其所. 又且「文王世子」謂天子養老, 登歌「淸廟」, 而「仲尼燕居」且謂「淸廟」者, 兩君相見之樂歌, 則養老與君相見禮無非其所. 此必夫子當時專定一書, 合統諸節目, 正其出入, 如<u>漢</u>後樂錄名色, 而今不傳矣. 兹但就「雅」・「頌」二詩之首, 約略大概如此. 若其它雜見, 如「肆夏」爲「時邁」一詩, 饗禮, 天子所以享元侯, 而祭禮謂大祭迎尸. 「采蘋」・「采蘩」, 燕禮用之, 而「射義」謂大夫以「采蘋」爲射節, 士以「采蘩」爲射節. 祭禮祀<u>文</u>以「雍」徹, 而「仲尼燕居」謂大饗賓出亦以「雍」徹. 「大武」舞「勺」又舞「象」, 「勺」卽「酌」詩, 「象」卽「維淸」詩. 而「內則」入學, 亦復十三舞「勺」, 成童舞「象」, 是樂各有所眞, 有不如是而必不可者, 所謂'正'也." <u>毛氏</u>之論, 視<u>鄭</u>爲覈.

역문 모기령의 『사서개착(四書改錯)』은 정현의 설을 따르지 않고, "정악(正樂)"이 『시경』을 바르게 했다는 것이 아니라고 했다. 또 "정악(正樂)은 악장(樂章)을 바로잡은 것이니, 바로 「아」와 「송」을 악부(樂部)에 편입시켰다는 것이다. 부(部)란 자리[所]이다. 예를 들면 「녹명(鹿鳴)」은 일종의 「아」

에 속하는 시(詩)인데,「향음주례」에서 연주되면「향음주례」가 그 자리[所]가 되는 것과 같은 것이다. 또「향사례(鄕射禮)」나「연례」에 사용되면「향사례」나「연례」가 또 그 자리가 된다. 그러나 이 세 자리는「녹명」에 그치지 않고 또「사모(四牡)」와「황황자화(皇皇者華)」두 시가 있으니, 그렇다면 하나의「아」를 여러 자리로 나누어 여러「아」와 함께 연결해서 하나의 자리로 합하는데, 그것을 총괄해서 '각기 제자리를 얻었다.'라고 하는 것이다. 이에 좇아서 바르게 했다면 먼저 여러 자리에 있는 많은「아」를 바로잡고, 아울러 이「아」가 다른 자리에 잘못 들어가 있는「아」를 바로잡는 것이니, 이 자리에 잘못 들어가 있는 다른「아」와 더불어 모두「아」를 바로잡았다고 하는 것이다.「송」도 역시 마찬가지다.

「청묘(淸廟)」는 문왕에게 제사 지내는 시이니, 그렇다면 문왕을 제사 지내는 것이 그 자리인 것이다. 그런데『예기』「제통」에 '대상(大嘗)과 체(禘)에「청묘」를 노래한다.'라고 했으니 그렇다면 상제(嘗祭)나 체제(禘祭)가 또 그 자리가 된다. 또「문왕세자」에 천자가 노인을 봉양할 때 올라가서「청묘」를 노래한다고 하고,「중니연거(仲尼燕居)」에 또「청묘」를 말한 것은 양국의 군주가 서로 만나 볼 때의 악가(樂歌)이니, 노인을 봉양하는 것과 군주가 서로 만나 보는 예가 그 자리가 아닌 것이 없는 것이다. 이는 필시 공자 당시에 전적으로 정리한 하나의 문서로 절목에 통합해서 그 출입을 바로잡은 것인데, 한(漢)나라 시대 이후의 악록(樂錄)의 명색(名色)과 같은 것은 지금은 전해지지 않는다. 이에 다만「아」와「송」두 시의 첫머리에만 대략 요약한 것이 대체로 이와 같다. 그 외에 잡다하게 보이는 것 같은 경우, 예를 들어「사하(肆夏)」는「시매(時邁)」에 들어 있는 하나의 시인데, 향례(饗禮)에서는 천자가 원후(元侯)에게 연향을 베푸는 것이고, 제례(祭禮)에서는 큰 제사에서 시동을 맞이함을 말한다.「채빈(采蘋)」과「채번(采蘩)」은 연례에서 사용하는데,『예기』「사의(射義)」에서 대부는 「채빈」으로 활쏘기의 절주[射節]로 삼고, 사는 「채번」을 활쏘기의 절주로 삼는다. 제례에서 문왕을 제사할 때 「옹(雍)」을 노래하면서 제사상을 거두었는데, 「중니연거」에 대향(大饗)에서 손님[賓]이 나갈 때도 「옹」을 노래하면서 상을 거둔다고 했다. 「대무(大武)」는 「작(勺)」시의 가락에 맞춰 춤을 추고 또 「상(象)」시의 가락에 맞춰 춤을 추는데, 「작(勺)」은 바로 「작(酌)」시이고, 「상(象)」은 바로 「유청(維淸)」시이다. 그리고 「내칙」에 따르면 배움에 입문할 때도 역시 다시 열세 살이 되면 「작(勺)」시의 가락에 맞춰 춤을 추고, 열다섯 살 이상[成童]이 되면 「상」시의 가락에 맞춰 춤을 추게 하는데, 이 음악들은 각각 진정한 자리가 있어서 이와 같지 않으면 반드시 안 되는 것이 있음이 이른바 '바르게 되었다'라는 것이다.”라고 했는데, 모기령의 논리가 정현보다 정확하다.

원문 包氏愼言『敏甫文鈔』以「雅」・「頌」爲音, 與毛又異, 而義亦通. 今都錄其說云: “『論語』‘「雅」・「頌」’以音言, 非以『詩』言也. 樂正而律與度協, 聲與律諧, 鄭・衛不得而亂之, 故曰‘得所’. 『詩』有六義, 曰風, 曰賦, 曰比, 曰興, 曰雅, 曰頌. 而其被之於樂, 則「雅」中有「頌」, 「頌」中有「雅」, 「風」中亦有「雅」・「頌」. 『詩』之「風」・「雅」・「頌」以體別, 樂之「風」・「雅」・「頌」以律同, 本之性情, 稽之度數, 協之韻律, 其中正和平者, 則俱曰「雅」・「頌」焉云爾.

역문 포신언(包愼言)의 『민보문초(敏甫文鈔)』에는 「아」와 「송」을 소리라고 했으니, 모기령과는 또 다르지만 의미는 역시 통한다. 지금 그의 설을 모아 정리해 보면 “『논어』의 ‘「아」와 「송」’은 소리를 가지고 말한 것이지 『시경』을 가지고 말한 것이 아니다. 음악이 바르게 되매 음률(音律)과 도수가 조화롭고, 성음과 가락이 화합을 이루니 정나라 음악과 위나라 음악이 어지럽힐 수 없게 되었으므로 '제자리를 얻었다'라고 한 것이다. 『시경』에는 육의(六義)가 있으니, 풍(風)과 부(賦)와 비(比)와 흥(興)과 아(雅)와 송(頌)이다. 이것을 음악에 입히면 「아」 속에 「송」이 있고 「송」 속에 「아」가 있으며, 「풍」 속에 또 「아」와 「송」이 있다. 『시경』의 「풍」·「아」·「송」은 시를 짓는 형식[體]으로 구별하고, 음악의 「풍」·「아」·「송」은 가락으로 같아지는데, 성정(性情)에 근본하고 도수(度數)를 상고해서 운율(韻律)에 조화를 이루어 중정(中正)하고 화평(和平)한 것은 모두 「아」라고 하거나 「송」이라고 한다.

원문 楊雄『法言』曰: '或問, "五聲十二律也, 或「雅」或鄭, 何也?" 曰: "中正爲「雅」, 多哇爲鄭." "請問本." 曰: "黃鍾以生之, 中正以平之, 確乎鄭·衛不能入也."' 由是言之, 樂有樂之「雅」·「頌」; 『詩』有『詩』之「雅」·「頌」, 二者固不可比而同也. 「七月」, 「邠風」也. 而「籥章」吹以養老息物則曰「雅」, 吹以迎送寒暑則曰「頌」. 一詩而可「雅」可「頌」, 「邠風」然, 知十五國亦皆然.

역문 양웅(楊雄)의 『법언』에 '어떤 사람이 물었다 "음악이란 똑같이 오성(五聲)과 십이율(十二律)로 만들어졌는데, 어떤 것은 「아」와 같은 바른 음악이 되고 어떤 것은 정나라 음악처럼 음란한 음악이 되는 것은 어째서입니까?" "중정하면 「아」와 같은 바른 음악이 되고, 음란한 소리가 많으면 정나라 음악과 같은 음란한 음악이 됩니다." "청컨대, 근본을 묻겠습니다." "황종(黃鍾)[126]으로 시작해서 중정으로 고르게 하면 정나라와 위나

---

126 황종(黃鍾): 동양 음악의 십이율(十二律) 중에서 첫 번째에 해당하는 달이라는 뜻으로 음력 11월을 달리 부르는 말. 중국 고대 역법에서는 십이율은 낮은음으로부터 황종, 대려(大呂), 태주(太簇), 협종(夾鍾), 고선(姑洗), 중려(仲呂), 유빈(蕤賓), 임종(林鍾), 이칙(夷則), 남려

라의 음악과 같은 음란한 음악은 결코 침입해 들어올 수 없습니다.'"라
고 했다. 여기에 따라 말해 보면 음악에는 음악의 「아」와 「송」이 있고,
『시경』에는『시경』의 「아」와 「송」이 있으니 둘을 나란히 해서 같은 것
이라고 해서는 안 된다. 「칠월」시는 「빈풍(邠風)」의 시인데, 『주례』「약
장(籥章)」에서는 피리로 「칠월」시를 불어 노인을 봉양하고 만물을 쉬게
할 때는 「아」라고 하고 피리로 「칠월」시를 불어 추위와 더위를 맞이하
고 전송할 때는 「송」이라고 한다. 하나의 시인데 「아」도 될 수 있고 「송」
도 될 수 있는데, 「빈풍」이 그러하니, 15개 나라가 모두 그렇다는 것을
알 수 있다.

원문 『大戴禮』「投壺」云: '凡「雅」二十六篇, 「鹿鳴」·「狸首」·「鵲巢」·「采
蘩」·「采蘋」·「白駒」·「伐檀」·「騶虞」, 八篇可歌.' 「鵲巢」·「采蘩」·
「采蘋」·「伐檀」·「騶虞」, 此五篇, 皆「風」也, 而名之爲「雅」者, 其音雅
也. 「投壺」又云: '八篇廢, 不可歌: 七篇「商」·「齊」, 可歌.' 「商」, 「頌」
也; 「齊」, 「風」也. 而皆曰「雅」, 由是言之, 「雅」·「頌」者, 通名也.

역문 『대대례』「투호(投壺)」에 '「아」는 모두 26편인데, 「녹명」·「이수(狸
首)」·「작소(鵲巢)」·「채번」·「채빈」·「백구(白駒)」·「벌단(伐檀)」·「추
우(騶虞)」 여덟 편은 노래할 수 있다.'라고 했는데, 「작소」·「채번」·「채
빈」·「벌단」·「추우」 이 다섯 편은 모두 「풍」이지만, 그것을 「아」라고
명명한 것은 그 음이 청아하기 때문이다. 「투호」에 또 '여덟 편은 없어
져 노래할 수 없고, 일곱 편 중에서 「상(商)」과 「제(齊)」는 노래할 수 있

(南呂), 무역(無射), 응종(應鍾)의 순으로 되어 있다. 십이율을 각각 일 년 열두 달에 배속시
켰는데 양(陽)의 기운이 처음 생기는 동짓달부터 시작하였기 때문에 첫 음인 황종은 11월에
해당한다.

다.'라고 했는데 「상」은 「송」이고, 「제」는 「풍」이다. 그런데도 모두 「아」
라고 했으니, 이에 따라 말해 보면 「아」이니 「송」이니 하는 것은 공통
된 명칭인 것이다.

원문 『漢』「杜夔傳」, ‘「雅」樂四曲.’ 有「鹿鳴」·「伐檀」·「騶虞」·「文王」.
墨子謂「騶虞」爲文王之樂’, 與「武」·「勺」竝稱, 則「風」詩之在樂, 可名
「雅」, 而又可名「頌」矣. 『淮南』「泰族訓」曰: ‘「雅」·「頌」之聲, 皆發於
辭, 本於情, 故君臣以睦, 父子以親, 故「韶」·「夏」之樂也, 聲乎金石, 潤
乎草木.’ 然則「韶」·「夏」亦云「雅」·「頌」, 豈第二「雅」三「頌」之謂哉?
又曰: ‘言不合乎先王者, 不可以爲道; 音不調乎「雅」·「頌」者, 不可以爲
樂.’ 然則「雅」·「頌」自有「雅」·「頌」之律, 性情正, 音律調, 雖「風」亦曰
「雅」·「頌」. 性情不正, 韻律不調, 卽「雅」·「頌」亦不得爲「雅」·「頌」. 後
世非無「雅」·「頌」之詩, 而不能與「雅」·「頌」竝稱者, 情乖而律不調也.

역문 『전한서』「두기전(杜夔傳)」에 ‘「아」 음악은 네 개의 악곡이다.'라고 했
는데, 「녹명」과 「벌단」과 「추우」와 「문왕(文王)」이 있다. 묵자는 ‘「추우」
는 문왕을 위한 음악’이라고 하면서 「무」와 「작」을 아울러 일컬었으니,
그렇다면 「풍」 시가 음악에 있으면 「아」라고 명명할 수 있고, 또 「송」이
라고도 명명할 수 있다. 『회남자』「태족훈(泰族訓)」에 ‘「아」와 「송」의 소
리는 모두 말[辭]에서 나왔으나, 정(情)에 근본하였기 때문에 임금과 신하
가 이로써 화목하고, 아버지와 아들이 이로써 친하니, 그런 까닭에 「소
(韶)」와 「하(夏)」의 음악이며, 쇠와 돌을 소리 나게 하고, 풀과 나무를 윤
택하게 한다.'라고 했으니, 그렇다면 「소」와 「하」 역시도 「아」와 「송」
이라고 하니, 어찌 겨우 2「아」와 3「송」만을 이를 뿐이겠는가? 또 ‘어떤
말이라도 선왕(先王)과 일치되지 않는 것은 도라고 할 수 없으며, 어떤
소리라도 「아」와 「송」에 조화되지 않는 것은 음악이라고 할 수 없다.'

라고 했으니, 그렇다면 「아」와 「송」은 본래 「아」와 「송」의 음률이 있으므로 성정(性情)이 바르고, 음률이 조화로우면 비록 「풍」이라 할지라도 또한 「아」와 「송」이라고 한다. 성정이 바르지 않고 음률이 조화롭지 못하면 「아」·「송」도 또한 「아」와 「송」이 될 수 없다. 후세엔 「아」와 「송」의 시가 없는 것은 아니지만 「아」나 「송」과 함께 나란히 일컬을 수 없는 것은 정이 어그러지고 음률이 조화를 이루지 않기 때문이다.

원문 太史公「樂書」曰: '凡作樂者, 所以節樂. 君子以謙退爲禮, 減損爲樂, 其如此也. 以爲州異國殊, 情習不同, 故博采風俗, 協比聲律, 以補短移化, 助流政敎. 天子躬於明堂臨觀, 而萬民咸蕩滌邪穢, 斟酌飽滿, 以飾厥性. 故云「雅」·「頌」之音理而民正.' 夫'州異國殊', 風也. 天子博采而協比以音律, 則俱曰「雅」·「頌」. 樂之「雅」·「頌」, 其果以詩分乎? 不以詩分乎?

역문 태사공(太史公)의 『사기』 「악서(樂書)」에 '무릇 음악을 만든 까닭은 음악으로써 사람들의 쾌락을 절제하기 위한 것이다. 군자는 겸손하게 물러나는 것을 예로 삼으며, 스스로 사욕을 덜어 내고 빼는 것을 즐거움으로 삼았으니 음악이란 이런 것이다. 지역마다 다르고 나라마다 특수해서 인정과 습속이 같지 않기 때문에 널리 풍속을 채집하고 지방마다의 소리와 음률을 맞춰 보고 비교해서 단점을 보충하고 풍속을 바꾸어야 유행하는 정치와 교화에 도움이 될 수 있다. 천자가 몸소 명당(明堂)에 나아가 관람을 하매 만백성들이 모두 사악하고 더러운 마음을 깨끗이 씻으니, 배부르고 만족한지를 헤아려 본성을 다스리는 것이다. 그러므로 「아」와 「송」의 소리가 다스려지매 백성들이 바르게 된다.'라고 했는데, '지역마다 다르고 나라마다 특수함'이 풍(風)이다. 천자가 풍속을 널리 채집하고 음률로 맞춰 보고 비교한 것은 모두 「아」와 「송」이라고 한다. 그러니 음악의 「아」와 「송」을 과연 시를 가지고 구분하겠는가? 시를 가지고 구분하지 않겠는가?

원문 「樂書」又言, '天子·諸侯聽鍾磬, 未嘗離於庭, 卿·大夫聽琴瑟之音, 未嘗離於前, 所以養仁義·防淫佚也. 夫淫佚生於無禮, 故聖人使耳聞「雅」·「頌」之音, 目視威儀之禮.' 由是言之, 樂之「雅」·「頌」, 猶禮之威儀. 威儀以養身, 「雅」·「頌」以養心. 聲應相保, 細大不踰. 使人聽之而志意得廣, 心氣和平者, 皆「雅」·「頌」也. 以『詩』之「雅」·「頌」爲樂之「雅」·「頌」, 則經傳多格而不通矣.

역문 「악서」에 또 '천자와 제후가 종과 경쇠의 음을 듣고 일찍이 조정을 떠나지 않고, 경과 대부가 거문고와 비파의 음을 듣고 앞에서 떠나지 않은 것은 인(仁)과 의(義)를 기르고 음탕함과 게으름을 방지하기 위함이었다. 대저 음탕함과 게으름은 무례함에서 생기기 때문에 성인(聖人)은 사람들로 하여금 귀로는 「아」와 「송」의 음을 듣도록 하고, 눈으로는 위엄을 갖춘 예(禮)를 보도록 했다.'라고 했는데, 여기에 따라서 말하자면 음악의 「아」와 「송」은 예의 위의(威儀)와 같다. 위의로써 몸을 기르고 「아」와 「송」으로 마음을 기른다. 소리가 응하여 서로 편안하게 조화를 이루고, 미세한 음과 커다란 소리가 서로 넘나들지 않게 고르게 퍼져 사람이 들으매 의지와 뜻이 넓어져 심기가 화평해지도록 하는 것은 모두 「아」와 「송」이다. 『시경』의 「아」와 「송」을 음악의 「아」와 「송」으로 삼으면, 많은 경전이 가로막혀 통하지 않게 될 것이다.

원문 「樂記」曰: '故人不能無樂, 樂不能無形, 形而不爲道, 不能無亂. 故制「雅」·「頌」之聲以道之.' 「周南」·「召南」, 莫非先王所制, 則莫非「雅」·「頌」也. 非先王所制, 而本之以性情, 稽之度數, 協之聲律, 不悖於先王者, 聖人有取焉.

역문 『예기』「악기(樂記)」에 '그러므로 사람은 즐거움이 없을 수 없고, 즐거우면 곧 겉으로 드러나지 않을 수 없는데, 겉으로 드러나되 도에 맞지 않으면 어지럽지 않을 수 없다. 그러므로 「아」와 「송」의 소리를 제정해서 인도하는 것이다.'라고 했다. 「주남(周南)」과 「소남(召南)」이 선왕이 제정하지 않은 것이 없다면 「아」와 「송」이 아닌 것이 없다. 선왕이 제정한 것이 아니지만 성정에 근본하고 도수를 상고해서 운율에 조화를 이루어 선왕에게서 어긋나지 않는 것은 성인이 취한 것이 있다.

원문 『史記』「孔子世家」言'『詩』三百五篇, <u>孔子</u>皆弦歌之, 以求合乎「韶」·「武」·「雅」·「頌」之音.' 三百篇之於「雅」·「頌」, 不必盡合也. 其合乎「雅」·「頌」者, 卽謂之「雅」·「頌」. 故「伐檀」也, 「齊」也, 亦曰「雅」. 『大戴』所言, <u>杜夔</u>所傳, 豈其謬哉?

역문 『사기』「공자세가」에 '『시경』의 305편을 공자는 모두 거문고를 뜯으며 노래하여 「소」·「무」·「아」·「송」의 소리에 맞추고자 하였다.'라고 했는데, 300편이 「아」와 「송」의 소리에 반드시 다 맞아야 하는 것은 아니다. 「아」와 「송」에 맞는 것을 바로 「아」와 「송」이라고 한다. 그러므로 「벌단」과 「제」를 역시 「아」라고 하는 것이다. 『대대례』에서 말한 것은, 두기(杜夔)[127]가 전한 것이니, 어찌 틀렸겠는가?

---

[127] 두기(杜夔, ?~?): 삼국시대 위(魏)나라 하남(河南) 사람. 자는 공량(公良)이다. 한(漢) 영제(靈帝) 때 음률에 밝아 아악랑(雅樂郎)이 되었다. 중평(中平) 5년(188) 벼슬을 버리고 형주(荊州)로 달아나 유표(劉表)에 의지했다. 나중에 조조(曹操)에게 귀순하여 군모좨주(軍謀祭酒)가 되어 태악(太樂)의 일에 참여하여 아악(雅樂)을 창제했다. 위 문제(魏文帝) 때 태악령(太樂令)과 협률도위(協律都尉)가 되었다. 종률(鐘律)을 잘하여 귀가 아주 밝아 사죽팔음(絲竹八音)에 능하지 않은 것이 없었다.

원문 『漢書』「禮樂志」云: '周衰, 王官失業, 「雅」·「頌」相錯, <u>孔子</u>論而定之. 故曰: "吾自<u>衛</u>反<u>魯</u>, 然後樂正, 「雅」·「頌」各得其所."' <u>班氏</u>所謂「雅」·「頌」相錯'者, 謂聲律之錯, 非謂篇章錯亂也. 所謂'<u>孔子</u>論而定之'者, 謂定其聲律, 非謂整齊其篇次也.

역문 『전한서』「예악지(禮樂志)」에 '주나라가 쇠미해져서 조정의 관리[王官]들이 일을 잃으매 「아」와 「송」이 서로 어지럽게 뒤섞였으므로 공자가 그것을 논설하고 정리했다. 그러므로 "내가 위나라로부터 노나라로 돌아온 뒤로 음악이 바르게 되어 「아」와 「송」이 각기 제자리를 얻었다."라고 한 것이다.'라고 했는데, 반씨(班氏)의 이른바 '「아」와 「송」이 서로 어지럽게 뒤섞였다'라는 것은 소리와 음률이 어지럽게 뒤섞였다는 말이지, 편장(篇章)이 어지럽게 뒤섞였다는 말은 아니다. 그리고 이른바 '공자가 그것을 논설하고 정리했다.'라는 것도 그 소리와 음률을 정리했다는 말이지 그 편차(篇次)를 정리했다는 말이 아니다.

원문 子曰: '<u>師摯</u>之始, 「關雎」之亂, 洋洋乎盈耳哉.' 「關雎」篇次, 非有所錯, 然洋洋之盛, 必待<u>孔子</u>正樂之後. 蓋自新聲旣起, 音律以乖, 先王「雅」·「頌」皆因之以亂. 『詩』則是也, 聲則非也, 故曰惡<u>鄭</u>聲之亂「雅」樂也.

역문 공자가 '태사(太師)인 지(摯)가 음악을 시작할 때와 「관저(關雎)」로 합주(合奏)를 마칠 때의 음악 소리가 양양(洋洋)하게 귀에 가득하구나!'[128]라고 했으니, 「관저」의 편차가 어지럽게 뒤섞임이 있었던 것은 아니지만 양양한 성대함은 반드시 공자가 음악을 바르게 하기를 기다린 뒤에 있었다. 아마도 새로운 성음이 이미 일어나게 됨으로부터 음률이 그 때문

---

128 『논어』「태백(泰伯)」.

에 어그러지고, 선왕의 「아」와 「송」이 모두 그로 인해 어지러워졌다. 『시경』은 옳았지만, 소리가 틀렸기 때문에 '정나라 소리가 「아」악을 어지럽히는 것을 미워한다.'[129]라고 한 것이다.

원문 『淮南』曰: '先王之制法也, 因民之所欲, 而爲之節文者也. 因其好色, 而制婚姻之禮, 故男女有別. 因共好音, 而正「雅」·「頌」之聲, 故「風」不流. 「關雎」·「葛覃」·「卷耳」, 正所謂節而不使流者也. 然使以<u>鄭</u>聲弦之歌之, 則樂者淫, 哀者傷矣.' 明乎此, 而「雅」·「頌」之不繫乎『詩』可知, '得所'之非整理其篇章亦可知."

역문 『회남자』「태족훈」에 '선왕이 제정한 법은 백성들이 바라는 것을 따라 절문(節文)한 것이다. 백성들이 색(色)을 좋아함에 따라 혼인의 예를 제정했기 때문에 남녀의 구별이 생겼다. 함께 음악을 좋아함에 따라 「아」와 「송」의 소리를 바로잡았기 때문에 「풍」이 방탕하게 흐르지 않는다.'라고 했는데, 「관저」와 「갈담(葛覃)」과 「권이(卷耳)」가 바로 이른바 절문해서 방탕한 곳으로 흐르지 않게 한 것이다. 그러나 만약 정나라의 소리를 현악기에 맞춰 노래하면 즐거움이 지나치고 슬픔이 마음을 상하게 할 것이다. 이것을 분명히 알아야 「아」와 「송」이 『시경』에 달려 있지 않음을 알 수 있고, '제자리를 얻었다'라는 것이 그 편장을 정리한 것이 아니라는 것도 알 수 있다."라고 했다.

---

129 『논어』「양화(陽貨)」.

子曰: "出則事公卿, 入則事父兄, 喪事不敢不勉, 不爲酒困, 何有於我哉?"【注】馬曰: "困, 亂也."

공자가 말했다. "밖에 나가서는 공경(公卿)을 섬기고, 집에 들어와서 부형을 섬기며, 상사(喪事)에서 감히 힘쓰지 않음이 없고, 술 때문에 문란해지지 않으니, 이 외에 무엇이 더 나에게 있겠는가?"[130] 【주】마융이 말했다. "곤(困)'은 문란(紊亂)이다."

원문 正義曰:「鄕飮酒禮」「注」, "大國有孤, 四命謂之公." 胡氏匡衷『儀禮釋官』, "天子有三孤, 副三公. 大國無公, 惟有孤, 故孤亦號爲公."『白虎通』「爵篇」, "卿之爲言章也, 章善明理也."『禮』「王制」, "大國三卿, 皆命於天子; 次國三卿, 二卿命於天子, 一卿命於其君; 小國二卿, 命於其君." 夫子此言"事公卿", 則已仕魯時也.

역문 정의에서 말한다.

『의례』「향음주례」의 「주」에 "대국(大國)에는 고(孤)가 있고, 사명(四命)을 받은 사람을 공(公)이라 한다."라고 했고, 호광충(胡匡衷)[131]의 『의례

---

130 『논어정의』「술이(述而)」 묵지장(默識章) 정의(正義)에 "하유어아(何有於我)?'란 두 가지 외에 내가 가지고 있는 것이 없다는 말이다.['何有於我?', 言二者之外, 我無所有也.]"라고 했으므로 이에 의거해서 번역했다. 아래 「주」 134에 보충설명을 하였다.

131 호광충(胡匡衷, ?~?): 청나라 안휘(安徽) 적계(績溪) 사람. 자는 인신(寅臣)이고, 호는 박재(樸齋)이다. 호배휘(胡培翬)의 할아버지이다. 공생(貢生)을 지냈다. 효성스럽고 우애가 깊어 고향에서 존경을 받았다. 경학(經學)에 힘써 선유(先儒)들의 학설에 얽매이지 않고 이경

석관(儀禮釋官)』에 "천자에게는 삼고(三孤)[132]가 있고, 삼공(三公)[133]을 보좌하는 부사로 삼는다. 대국에는 공은 없고 오직 고만 있기 때문에 고 역시 공이라 호칭한다."라고 했다. 『백호통의』「작(爵)」에 "경(卿)은 장(章)이니, 장(章)은 이치를 잘 밝힌다[善明理]는 뜻이다."라고 했다. 『예기』「왕제」에 "대국은 삼경(三卿)이니 모두 천자에게서 명을 받고, 그다음의 나라는 삼경인데, 두 명의 경은 천자에게서 명을 받고 한 명의 경은 자기 군주에게서 명을 받으며, 소국(小國)은 이경인데, 모두 자기의 군주에게서 명을 받는다."라고 했다. 공자가 여기에서 "공경을 섬긴다[事公卿]"라고 했으니, 그렇다면 이미 노나라에서 벼슬할 때인 것이다.

원문 邢「疏」云: "言出仕朝廷, 則盡其忠順以事公卿也; 入居私門, 則盡其孝悌以事父兄也; 若有喪事, 則不敢不勉力以從禮也; 未嘗爲酒亂其性也." 案, "何有", 言不難有也, 說見"默識"章「疏」.

역문 형병의 「소」에 "조정에 나아가 벼슬할 때는 그 충순(忠順)을 다해 공경을 섬기고, 집에 들어가 개인 가정에 머물 때는 효도와 공손을 다해

중경(以經證經)의 방법으로 경전을 연구하여 독자적인 견해를 많이 피력했다. 조카 호병건(胡秉虔), 손자 호배휘와 힘께 '직계삼호(績溪三胡)'라 일컬어졌다. 74살로 죽었다. 저서에 『주역전의의참(周易傳義疑參)』과 『삼례차기(三禮箚記)』, 『정전출부고(井田出賦考)』, 『주례정전도고(周禮井田圖考)』, 『의례석관(儀禮釋官)』, 『좌전익복(左傳翼服)』, 『논어고본증이(論語古本證異)』, 『논어보전(論語補箋)』, 『장자집평(莊子集評)』, 『이소집주(離騷集注)』, 『박재문집(樸齋文集)』 등이 있다.

132 삼고(三孤): 주나라 때 삼공의 다음가는 벼슬로, 교화를 펴는 역할을 하는 관직인 소사(少師)·소부(少傅)·소보(少保)를 말한다. 삼소(三少)라고도 하며 우리나라의 찬성(贊成)이 이에 해당한다.

133 삼공(三公): 주나라의 태사(太師)·태부(太傅)·태보(太保)를 말하는데, 도를 논하여 나라를 다스리며 음양을 조화롭게 한다.

부형을 섬기며, 만약 상사가 있으면 감히 힘써 예에 종사하지 않음이 없고, 일찍이 술 때문에 그 성품을 어지럽히지 않았다는 말이다."라고 했다. 살펴보니, "하유(何有)"는 어려움이 있지 않다는 말이니, 설명이 "묵지(默識)"장 「소」에 보인다.[134]

- 「注」, "困, 亂也."
- 正義曰: "困"訓亂者, 引申之義. 「鄕飮酒義」, "降, 說屨升堂, 脩爵無數. 飮酒之節, 朝不廢朝, 莫不廢夕. 賓出, 主人拜送, 節文終遂焉. 知其能安燕而不亂也." 下篇說夫子事云: "唯酒無量, 不及亂."
○ 「주」의 "곤(困)은 문란(紊亂)이다."
○ 정의에서 말한다.

"곤(困)"을 문란으로 새긴 것은 의미를 확장시킨 것이다. 『예기』「향음주의(鄕飮酒義)」에 "내려가서 신을 벗은 뒤에 당에 올라서 앉고 술잔[爵]을 무수하게 돌린다[脩]. 음주의 예절은 아침에는 조회를 폐하지 않고 저녁에도 집안일을 버리지 않는다. 손님이 나가면 주인이 절하고 배웅하여 절문(節文)이 충분히 갖추어지니, 능히 편안하게 연음(燕飮)하되 문란함이 없음을 알겠다."라고 했는데, 아래 「향당」에 공자의 일을 말하면서 "오직 술은 양을 정해 두지 않았으나 문란한 지경에 이르지는 않았다."라고 했다.

---

134 『논어주소(論語注疏)』나 『논어집해의소(論語集解義疏)』 모두 묵지장 「소」에 "不難有"라는 표현은 보이지 않는다. "不難有"라는 표현은 「주」에 대한 해설을 하면서, "「이인」에서 '나라를 다스림에 무슨 어려움이 있겠는가[爲國乎何有]'라고 한 것과, 「옹야(雍也)」에서 '정치에 종사함에 무슨 어려움이 있겠는가[於從政乎何有]'라고 한 곳의 '하유(何有)'는 모두 어렵지 않다는 말이다.[與上篇'爲國乎何有?' '於從政乎何有?', '何有'皆爲不難也.]"라고 했다.

子在川上曰: "逝者如斯夫! 不舍晝夜." 【注】 包曰: "'逝', 往也, 言
凡往也者, 如川之流."

공자가 시냇가에 있으면서 말했다. "가는 것이 이와 같구나! 밤낮
을 그치지 않는구나." 【주】 포함이 말했다. "'서(逝)'는 간다[往]는 뜻이니, 모
든 가는 것은 냇물의 흐름과 같음을 말한 것이다."

- 「注」, "包曰"至"之流".
- 正義曰: 皇本作鄭「注」, 高麗本及『文選秋興賦』「注」引此「注」作"包", 與邢本同. "凡"者, 非
  一之辭. 明君子進德修業, 孳孳不已, 與水相似也.
- 「주」의 "포왈(包曰)"부터 "지류(之流)"까지.
- 정의에서 말한다.
  황간본에는 정현의 「주」로 되어 있고, 고려본(高麗本) 및 『문선추흥부(文選秋興賦)』의
  「주」에는 이 「주」를 인용해서 "포(包)"로 되어 있으니, 형병본과 같다. "범(凡)"이라는 것은
  하나가 아니라는 말이다. 군자가 덕을 진전시키고 학업을 닦아 중단하지 않고 부단히 노력
  하는 것이 물과 서로 같음을 밝힌 것이다.

원문 『法言』「學行篇」, "或問進, 曰: '水.' 或曰: '爲其不舍晝夜與?' 曰: '有是
哉. 滿而後漸者, 其水乎!'" 『法言』所謂進, 與夫子言"逝義"同. 逝者, 往也,
言往進也.

역문 『법언』「학행」에 "혹자가 진전[進]에 대해서 묻자 '물이다.'라고 했다.

혹자가 말했다. '밤낮을 그치지 않기 때문인가?' '참으로 옳다. 가득 찬 뒤에 점차 나아가는 것이 물이다!'라고 했으니, 『법언』의 이른바 진전[進]이 공자가 말한 "서(逝)"의 뜻과 같다. 서(逝)는 간다[往]는 뜻이니 가서 진전됨을 말한 것이다.

원문 『春秋繁露』「山川頌篇」, "水則源泉混混沄沄, 晝夜不竭, 旣似力者; 盈科後行, 旣似持平者; 循微赴下, 不遺小間, 旣似察者; 循溪谷不迷, 或奏萬里而必至, 旣似知者. 障防山而能淸淨, 旣似知命者; 不淸而入, 潔淸而出, 旣似善化者; 赴千仞之壑, 入而不疑, 旣似勇者. 物皆困於火, 而水獨勝之, 旣似武者; 咸得之生, 失之而死, 旣似有德者. 孔子在川上曰: '逝者如斯夫! 不舍晝夜.' 此之謂也." 董引『論語』, 以證"似力"一節, 非以論全德也. 至『法言』所謂"滿而後漸", 則又一意.

역문 『춘추번로』「산천송(山川頌)」에 "물은 발원지에서 퐁퐁 솟아오르거나 콸콸 용숫음쳐 밤낮을 쉬지 않고 흘러가니 이미 노력하는 사람과 같고, 웅덩이를 다 채운 뒤에 앞으로 나아가니 이미 공평함을 지키는 사람과 같으며, 낮은 곳을 따라 아래로 달려가며 작은 틈도 남겨 두지 않으니 이미 꼼꼼하게 살피는 사람과 같고, 계곡을 따라 지나가며 헤매지 않고 더러 만 리 길을 달려가 반드시 이르니 이미 지혜로운 사람과 같다. 산으로 가로막혀 있어도 맑고 깨끗해질 수 있으니 이미 천명을 아는 자와 같고, 맑지 않은 채로 들어와도 깨끗하게 맑아져 나가니 이미 잘 감화시키는 자와 같으며, 천 길 낭떠러지로 달려가더라도 들입다 나아가서 조금도 머뭇거리지 않으니 이미 용맹한 사람과 같다. 만물은 모두 불을 만나면 힘들어하지만, 물만이 불을 이겨 버리니 위무(威武)가 당당한 사람과 같고, 모든 것이 물을 얻으면 살지만 물을 얻지 못하면 죽으니 이미 덕이 있는 사람과 같다. 공자가 시냇가에 있으면서 '가는 것이 이와 같구나! 밤낮을 그치지 않는구나.'라고 한 것은 이것을 말하는 것이다."라고 했는데, 동중서는 『논어』를 인용해서 "노력하는 사람과 같다[似力]"라는 구절을 증명했으니, 완전한 덕을 논한 것이 아니다. 『법언』의 이른바 "가득 찬 뒤에 점차 나아감[滿而後漸]"에 이르면, 또 별도의 한 의미가된다.

『孟子』「離婁篇」, "徐子曰: '仲尼亟稱於水, 曰"水哉, 水哉!"何取於水也?' 孟子曰: '源泉混混, 不舍晝夜, 盈科而後進, 放乎四海. 有本者如是, 是之取爾.'" 此卽"滿而後漸"之義, 亦前意之引申. 故趙岐『孟子章指』云: "言有本不竭, 無本則涸, 虛聲過實, 君子恥諸. 是以仲尼在川上曰'逝者如斯', 明夫子此語, 旣是贊其不息, 且知其有本也." "如川之流", 『詩』「常武」文. 「地官」「序官」「注」, "川, 流水."

『맹자』「이루하(離婁下)」에 "서자(徐子)가 말했다. '중니는 자주 물을 일컬어 "물이여, 물이여!"라고 하셨는데, 물에서 무엇을 취한 것입니까?' 맹자가 말했다. '근원이 있는 물은 철철 넘쳐서 밤낮을 그치지 않고 흘러[不舍晝夜], 웅덩이를 만나면 구덩이를 다 채운 뒤에 앞으로 나아가 사해에까지 이른다. 근원이 있는 것은 이와 같으니, 이 점을 취하신 것일 뿐이다.'"라고 했는데, 이것이 바로 "가득 찬 뒤에 점차 나아감[滿而後漸]"의 뜻이니, 역시 앞의 의미를 확장시킨 것이다. 그러므로 조기의 『맹자장지(孟子章指)』에 "근원이 있으면 쉬지 않고 흘러가지만 근원이 없으면 물이 말라 버림을 말한 것이니, 헛된 명성과 부풀려진 실정을 군자는 수치로 여긴다. 그러므로 중니가 냇가에 있으면서 '가는 것이 이와 같다'라고 했으니, 분명 공자의 이 말은 이미 그것이 쉬지 않음을 찬미한 것이며, 또한 그것이 근원이 있음을 알고 있는 것이다. "냇물의 흐름과 같음[如川之流]"은 『시경』「상무(常武)」의 글이다. 『주례』「지관사도(地官司徒)·

서관(序官)」의 「주」에, "천(川)은 흐르는 물[流水]이다."라고 했다.

9-18

子曰: "吾未見好德如好色者也." 【注】疾時人薄於德而厚於色, 故發
此言.

공자가 말했다. "나는 덕을 좋아하기를 여색(女色) 좋아하듯이 하
는 자를 아직 보지 못했다."【주】 당시 사람들이 덕을 박대(薄待)하고 여색
을 후대(厚待)하는 것을 미워했기 때문에 이 말을 발언한 것이다.

원문 正義曰:『史記』「孔子世家」言, "孔子居衛, 靈公與夫人同車, 宦者雍渠
參乘, 出, 使孔子爲次乘, 招搖市過之. 孔子曰: '吾未見好德如好色者也.'
於是醜之, 去衛過曹. 是歲, 魯定公卒." 則此語在定十四年.『史記集解』引
李充曰: "使好德如好色, 則棄邪而反正矣."

역문 정의에서 말한다.

『사기』「공자세가」에 "공자가 위나라에 머무르고 있을 때 영공이 부
인과 함께 수레를 타고는 환관 옹거(雍渠)를 옆에 시위로 태우고 외출했
는데, 공자를 뒤 수레에 타게 하고 손을 흔들고 뽐을 내며 저잣거리를
지나갔다. 공자가 '나는 덕을 좋아하기를 여색 좋아하듯이 하는 자를 아
직 보지 못했다.'라고 하고는 이에 이 광경을 추잡하게 여기고 위나라를
떠나 조나라로 갔다. 이해에 노나라 정공이 죽었다."라고 했으니, 그렇
다면 이 말은 노나라 정공 14년에 한 말이다.『사기집해(史記集解)』에 이
충(李充)을 인용해서 "만약 덕을 좋아하기를 여색을 좋아하듯이 했다면

사악함을 버리고 정도(正道)로 되돌아가 질서를 회복했을 것이다."라고
했다.

- 「注」, "疾時人薄於德而厚於色."
- 正義曰:「坊記」「注」解此文云: "疾時人厚於色之甚, 而薄於德也." 卽此「注」文所本. 『毛詩』
  「序」, "「女曰雞鳴」, 刺不好德也, 陳古義, 以刺今不說德而好色也." 鄭「注」, "德謂賢士大夫
  有德者."
- ○「주」의 "당시 사람들이 덕을 박대하고 여색을 후대하는 것을 미워했다."
- ○ 정의에서 말한다.

  『예기』「방기(坊記)」의 「주」에 이 글을 해석하면서 "당시 사람들이 여색을 지나치게 후대하
  고 덕을 박대함을 미워한 것이다."라고 했는데, 바로 이 「주」의 글은 이것을 근거로 한 것
  이다. 『모시』「서」에 "『시경』「국풍(國風)·정(鄭)·여왈계명(女曰雞鳴)」은 덕을 좋아하지
  않음을 풍자한 시이니, 옛 의(義)를 말하여 지금의 덕을 좋아하지 않고 여색을 좋아함을 풍
  자한 것이다."라고 했다. 정현의 「주」에 "덕은 현명한 사대부로서 덕을 지닌 자를 이른다."라
  고 했다.

9-19

子曰: "譬如爲山, 未成一簣, 止, 吾止也,【注】包曰: "'簣', 土籠也.
此勸人進於道德. 爲山者其功雖已多, 未成一簣而中道止者, 我不以其前功多
而善之, 見其志不遂, 故不與也." 譬如平地, 雖覆一簣, 進, 吾往也."
【注】馬曰: "'平地'者, 將進加功, 雖始覆一簣, 我不以其功少而薄之, 據其欲
進而與之."

공자가 말했다. "비유하자면 산을 만드는 것과 같아서, 흙 한 삼태기를 완성시키지 않고 그만두면 나도 그만둘 것이며,【주】 포함이 말했다. "'궤(簣)'는 흙 삼태기[土籠]이다. 이것은 사람들에게 도덕에 매진하기를 권한 것이다. 산을 만드는 자가 들인 공력이 비록 이미 많다 하더라도 아직 한 삼태기의 흙을 붓지 않아 산을 완성하지 못하고 중도에서 그만두면 나는 그의 이전의 공이 많다고 해서 그를 훌륭하게 여기지 않을 것이니, 그의 뜻이 완수되지 않을 것임을 보았기 때문에 함께하지 않겠다는 것이다." 비유하자면 땅을 평평하게 하는 것과 같아서, 비록 흙 한 삼태기를 붓더라도 진전된다면 내가 가서 함께할 것이다."【주】 마융이 말했다. "'평지(平地)'란 장차 나아가 공력을 더 들여야 하는 곳이니, 비록 처음에 한 삼태기의 흙만 부었다 하더라도 나는 그의 공력이 적다고 해서 그를 박대하지 않을 것이니, 그가 진전되고자 한 것을 근거로 그와 함께하겠다는 것이다."

원문 正義曰: "爲山", 謂積土爲山也. "簣", 『漢書』「禮樂志」·『後漢』「班固傳」「注」·達摩多羅『禪經上』「注」引此文並作"匱". 『唐化度寺碑』, "資覆匱以成山", 亦用此文, 蓋叚借也.

역문 정의에서 말한다.

"위산(爲山)"이란 흙을 쌓아 산을 만든다는 말이다. "궤(簣)"는 『전한서』「예악지」와 『후한서』「반고전(班固傳)」의 「주」와 달마다라(達摩多羅)[135]의

---

135 달마다라(達摩多羅): 산스크리트어 다르마트라타(dharmatrāta)의 음사. 달마다라(達摩多羅)·달마달라다(達摩呾邏多)·담마다라(曇摩多羅) 등으로 음역한다. 5세기경, 설일체유부(說一切有部)의 승려로, 불대선(佛大先)과 함께 계빈국(罽賓國)에서 선법(禪法)을 전파했다. 『법구경(法句經)』의 편자로도 유명하다. 삼세실유(三世實有)의 종의(宗義)를 내세워 과거·현재·미래 3세(三世)의 법은 그 유(類)가 다르므로 그를 구별한 것이라고 주장하였고, 안식(眼識)이 색(色)을 본다는 학설, 즉 식견설(識見說)의 입장을 취하였다. 『아비달마대비

『선경상(禪經上)』의 「주」에 이 글을 인용했는데 모두 "궤(匱)"로 되어 있다. 『당화도사비(唐化度寺碑)』에 "바닥에 흙 한 삼태기[匱]를 덮어 산을 이룬다"라고 하면서, 역시 이 글자를 썼는데, 아마도 가차한 것인 듯하다.

원문 『荀子』「宥坐篇」, "孔子曰: '如垤而進, 吾與之; 如丘而止, 吾已矣.'" 卽此章異文. 『孟子』「盡心篇」, "有爲者, 辟若掘井, 掘井九軔而不及泉, 猶爲棄井也." 『大戴禮』「勸學」云: "積土成山, 風雨興焉; 積水成淵, 蛟龍生焉; 積善成德, 而神明自得, 聖心備焉. 故不積跬步, 無以至千里, 不積小流, 無以成江河. 騏驥一躍, 不能十步; 駑馬十駕, 功在不舍. 鍥而舍之, 朽木不折; 鍥而不舍, 金石爲鏤." 二文竝與此章義相發.

역문 『순자』「유좌편(宥坐篇)」에 "공자가 말했다. '작은 개밋둑만 하다 할지라도 발전하고 있다면 나는 그와 함께하겠지만, 만일 큰 언덕만 하다 할지라도 그만둔다면 나는 그만둘 것이다.'"라고 했으니, 바로 이 장의 글자를 달리한 것이다. 『맹자』「진심상」에 "훌륭한 일을 하는 것은 비유하면 우물을 파는 것과 같으니, 우물을 아홉 길이나 팠더라도 샘물을 얻는 데까지 이르지 못했으면, 또한 우물을 버린 것과 같다."라고 했고, 『대대례』「권학(勸學)」에 "흙을 쌓아 산을 이루면 거기에서 비바람이 일고, 작은 물이 고여 연못을 이루면 거기에서 이무기와 용이 살게 되듯, 선을 쌓아 덕을 이룩하면 신통한 지혜가 저절로 얻어지고 성인의 마음이 갖추어진다. 그러므로 반걸음이라도 쌓이지 않으면 천 리(千里)에 이를 수 없고, 작은 물이라도 모이지 않으면 강과 바다를 이룰 수 없다. 천리마

바사론(阿毘達磨大毘婆沙論)』의 비평가로도 유명하다. 『오사비바사론(五事毘婆沙論)』, 『잡아비담심론(雜阿毘曇心論)』의 저자도 동명(同名)이나, 이는 3세기경 이 나라에서 활약한 동명의 승려로 보는 견해가 유력하다.

[騏驥]라도 한 번 뛰어서는 열 걸음을 갈 수 없고, 둔한 말이라도 열흘 동안 달리면 천리마가 한 번 뛴 거리를 따라잡을 수 있으니[駑馬十駕],[136] 공은 그만두지 않는 것에 있다. 좋은 낫[鍥]이라도 버려두면 썩은 풀도 베지 못하지만 좋은 낫을 버려두지 않으면 쇠나 돌이라도 아로새길 수 있다."라고 했는데, 두 문장이 모두 이 장의 뜻과 서로 발명된다.

- 「注」, "簣土"至"興也".
- 正義曰: 鄭此「注」云: "簣, 盛土器." 與包「注」互備. 『廣雅』「釋器」, "簣·筹·筊·籧·籧·篝·笭, 籠也." 皆異名同物. 顏師古「王莽傳」「注」, "匱, 織竹爲器, 所以盛土." 又「禮樂志」「注」, "織草爲器." "草"疑"竹"之誤.

○ 「주」의 "궤토(簣土)"부터 "흥야(興也)"까지.
○ 정의에서 말한다.

정현은 이 문장에 대한 「주」에서 "궤(簣)는 흙을 담는[盛土] 그릇이다."라고 했으니, 포함의 「주」와 서로 구비된다. 『광아』「석기(釋器)」에 "궤(簣)·방(筹)·노(筊)·요(籧)·영(籧)·구(篝)·영(笭)은 대그릇[籠]이다."라고 했으니 모두 이름은 다르지만 같은 물건이다. 안사고의 『전한서』「왕망전(王莽傳)」「주」에 "궤(匱)는 대나무를 짜서 만든 그릇으로 흙을 담기 위한 것이다."라고 했고, 또 「예악지」의 「주」에 "풀을 짜서 만든 그릇이다."라고 했는데, "풀[草]"은 아마도 "죽(竹)"을 잘못 쓴 것 같다.

원문 "勸人進於道德"者, 明人進行道德, 當如爲山積土不已, 期於成也. "見其志不遂故不與"者, 明已設敎, 當觀其志能遂與否, 若見志不遂, 則其功終

---

136 이 부분은 『순자(荀子)』「권학편(勸學篇)」과 착오가 있는 듯하다. 『대대례기(大戴禮記)』「권학(勸學)」에는 "駑馬無極"으로 되어 있고, 『순자』「권학편」에 "駑馬十駕"라고 되어 있다.

不能就, 如斯之人, 不能復與之也.『禮』「中庸」云: "故天之生物, 必因其材而篤焉. 故栽者培之, 傾者覆之." 此之謂.

역문 "사람들에게 도덕에 매진하기를 권한 것이다."라는 것은 사람들이 도덕을 진작시키고 실천하기를 마땅히 산을 만듦에 끊임없이 흙을 쌓듯이 해서 성공을 기약할 것을 분명히 했다는 말이다. "그의 뜻이 완수되지 않을 것임을 보았기 때문에 함께하지 않겠다"라는 것은, 이미 가르침을 베풀었으면 마땅히 그의 뜻이 이루어질 수 있는지의 여부를 살펴야 하니, 만약 뜻이 완수되지 않을 것임을 보았다면 그의 공이 끝내 성취되지 못한 것이니, 이와 같은 사람과 다시는 함께할 수 없다는 것을 분명히 한 것이다.『예기』「중용(中庸)」에 "그러므로 하늘이 만물을 낼 적에는 반드시 그 재질을 따라 돈독히 하여, 심은 것은 북돋아 주고, 기울어지는 것은 엎어 버린다."라고 했는데, 이것을 말하는 것이다.

9-20

子曰: "語之而不惰者, 其回也與!"【注】顏淵解, 故語之而不惰, 餘人不解, 故有惰語之時.

공자가 말했다. "말해 주기를 게을리하지 않은 사람은 안회였을 것이다!"【주】안연은 공자의 말을 이해했기 때문에 말해 주기를 게으르게 하지 않았고, 나머지 사람들은 공자의 말을 이해하지 못했기 때문에 말해 주기를 게을리할 때가 있었다.

원문 正義曰:『說文』, "憜, 不敬也. 從心, 𡐦省聲. 惰, 憜或省𡱂." 不敬, 則有

懈倦之意. 『廣雅』「釋詁」, "惰, 嬾也."

역문 정의에서 말한다.

『설문해자』에 "타(憜)는 경건하지 않음[不敬]이다. 심(心)으로 구성되었고 휴(墮)의 생략형이 발음을 나타낸다. 타(惰)는 타(憜)의 혹체자인데 부(𦣻)가 생략되었다."[137]라고 했는데, 공경하지 않음[不敬]에는 게으르고 나태하다[懈倦]는 뜻이 있다. 『광아』「석고」에 "타(惰)는 게으름[嬾]이다."라고 했다.

- 「注」, "<u>顔淵</u>"至"之時".
- 正義曰: <u>顔子</u>於夫子言無所不說, 說者, 解也. 夫子與<u>顔子</u>言終日, 是語之不惰也. 「學記」云: "古之教者, 時觀而勿語, 必力不能問, 然後語之, 語之而不知, 雖舍之可也." "舍之", 卽惰矣.

○ 「주」의 "안연(顔淵)"부터 "지시(之時)"까지.

○ 정의에서 말한다.

안자는 공자의 말에 기뻐하지 않는 것이 없었으니, 기뻐했다는 것은 이해했다는 것이다. 공자는 안자와 더불어 종일토록 이야기를 나누었는데, 이것이 말해 주기를 게을리하지 않은 것이다. 『예기』「학기」에 "옛날의 가르침은 때에 맞게 학습하는 것을 관찰하되 말해 주지 않았고, 반드시 질문할 힘조차 없을 정도로 노력한 뒤라야 말해 주었으며, 말해 주어도 알지 못하면 비록 버려두어도 괜찮다."라고 했는데, "버려둠[舍之]"이 바로 게을리함[惰]이다.

---

137 『설문해자』권10: 타(憜)는 경건하지 않음[不敬]이다. 심(心)으로 구성되었고 휴(墮)의 생략형이 발음을 나타낸다. 『춘추전』에 "옥을 잡음이 태만했다."라고 했다. 타(惰)는 타(憜)의 혹체자인데 부(𦣻)가 생략되었다. 타(媠)는 타(憜)의 고문이다. 도(徒)와 과(果)의 반절음이다.[憜, 不敬也. 從心, 墮省聲. 『春秋傳』曰: "執玉憜." 惰, 憜或省𦣻. 媠, 古文. 徒果切.]

9-21

子謂顏淵, 曰: "惜乎! 吾見其進也, 未見其止也." 【注】 包曰: "孔
子謂顏淵進益未止, 痛惜之甚."

공자가 안연을 평하며 말했다. "애석하구나! 나는 그가 진보하는
것은 보았지만, 그가 중지하는 것은 보지 못하였다." 【주】 포함이
말했다. "공자가 안연에 대해 더욱 진보하고 중지하지 않았다고 평한 것이니, 매우
아파하고 애석해한 것이다."

- 「注」, "包曰"至"之甚".
- 正義曰: 皇本作"馬「注」". 『說文』, "惜, 痛也." 『楚辭』「惜誓序」, "惜者, 哀也." 皇「疏」云: "顏
  淵死後, 孔子有此歎也."
- 「주」의 "포왈(包曰)"부터 "지심(之甚)"까지.
- 정의에서 말한다.
  황간본에는 "마융의 「주」"라고 되어 있다. 『설문해자』에 "석(惜)은 아픔[痛]이다."[138]라고 했
  고, 『초사(楚辭)』 「석서서(惜誓序)」에 "석(惜)이란 슬픔[哀]이다."라고 했다. 황간의 「소」에
  "안연이 죽은 뒤에 공자가 이 탄식을 한 것이다."라고 했다.

---

[138] 『설문해자』 권10: 석(惜)은 아픔[痛]이다. 심(心)으로 구성되었고 석(昔)이 발음을 나타낸다.
사(思)와 적(積)의 반절음이다.[惜, 痛也. 從心昔聲. 思積切.]

9-22

子曰: "苗而不秀者有矣, 夫秀而不實者有矣夫!" 【注】 孔曰: "言
萬物有生而不育成者, 喩人亦然."

공자가 말했다. "싹은 났지만, 이삭이 패지 못하는 경우도 있고,
이삭은 팼지만, 열매를 맺지 못하는 경우도 있구나!" 【주】 공안국이
말했다. "만물(萬物) 중에는 생겨나기는 했지만 자라나서 완성되지 못하는 것이 있음
을 말하여, 사람도 그러함을 비유한 것이다."

원문 正義曰: 『說文』, "苗, 草生於田者." 艸謂穀也. 『倉頡篇』, "苗, 禾之未
秀者也." <u>何休</u>『公羊』「莊」七年「注」, "苗者, 禾也. 生曰苗, 秀曰禾." 秀卽
朵也. 『說文』, "朵, 禾成秀也." 凡禾黍先作華, 華瓣收, 卽爲穄而成實, 實
卽穄中之仁也. 苗而不秀, 秀而不實, 謂年穀不順成也.

역문 정의에서 말한다.

『설문해자』에 "묘(苗)는 밭에서 자라는 풀이다."[139]라고 했는데, 초(艸)
는 곡(穀)을 이른다. 『창힐편(倉頡篇)』에 "묘(苗)는 벼가 아직 이삭이 패지
않은 것이다."라고 했다. 하휴의 『춘추공양전』「장공(莊公)」 7년의 「주」
에 "묘(苗)란, 벼[禾]이다. 처음 싹이 텄을 때를 묘(苗)라 하고, 이삭이 팬
것을 화(禾)라 한다."라고 했으니, 수(秀)는 바로 이삭이 팼다[朵]는 뜻이다.
『설문해자』에 "수(朵)는 벼가 자라서 이삭이 팬 것이다."[140]라고 했다. 모

---

139 『설문해자』 권1: 묘(苗)는 밭에서 자라는 풀이다. 초(艸)로 구성되었고 전(田)으로 구성되었
  다. 무(武)와 표(鑣)의 반절음이다.[苗, 艸生於田者. 從艸從田. 武鑣切.]
140 『설문해자』 권7: 수(朵)는 벼가 자라서 이삭이 팬 것으로, 사람이 수확하는 것이다. 조(爪)와

든 벼와 기장은 먼저 꽃이 피었다가 꽃에 씨앗이 맺히면 수확을 하는데, 바로 겉겨가 생겨나면서 쌀알[實]이 영그는 것이니, 쌀알은 바로 겉겨 속에 있는 흰 알맹이[仁]이다. "싹은 났지만, 이삭이 패지 못했다[苗而不秀]"라는 것과, "이삭은 팼지만, 열매를 맺지 못했다[秀而不實]"라는 것은 그 해의 곡식이 순조롭게 영글지 않았다는 말이다.

원문 翟氏灝『考異』, "牟融『理惑論』云: '顔淵有"不幸短命"之記, "苗而不秀"之喩.' 禰衡『顔子碑』云: '亞聖德, 蹈高蹤, 秀不實, 振芳風.' 李軌『法言』「注」云: '仲尼悼顔淵苗而不秀, 子雲傷童烏育而不苗.'『文心雕龍』云: '苗而不秀, 千古斯慟.' 皆以此爲惜顔子. 而『世說新語』謂'王戎之子萬有大成之風, 苗而不秀.'『梁書』徐勉因子悱卒, 爲『答客喩』云: '秀而不實, 尼父爲之歎息.'" 是六朝之前, 人皆以此節謂爲顔子而發, 自必『古論語』家相傳舊義.

역문 적호의『사서고이』에 "모융(牟融)[141]의『이혹론(理惑論)』에 '안연에게는 "불행하게 단명했다"라는 기록과 "싹은 났지만, 이삭이 패지 않았다"라는 비유가 있다.'라고 했고, 예형(禰衡)[142]의『안자비(顔子碑)』에 '아성(亞

화(禾)로 구성되었나. 수(穗)는 수(采)의 혹체자인데 화(禾)로 구성되었고 혜(惠)가 발음을 나타낸다. 서(徐)와 취(醉)의 반절음이다.[采, 禾成秀也, 人所以收. 從爪, 禾. 穗, 采或從禾惠聲. 徐醉切.]

[141] 모융(牟融, ?~79): 후한 북해(北海) 안구(安丘) 사람. 자는 자우(子優)이다. 젊어서 박학하여 음운학(音韻學)에도 정통하여『대하후상서(大夏侯尙書)』를 가르쳤는데, 제자가 수백 명에 이르렀다. 명제(明帝) 때 무재(茂才)로 천거되어 풍령(豐令)이 되었는데, 다스리는 3년 동안 고을에 옥송(獄訟)이 없었다. 거듭 승진하여 사공(司空)이 되었는데, 거동이 방정(方正)하여 대신의 절조(節操)를 갖추었다. 장제(章帝)가 즉위하자 태위(太尉)에 오르고, 녹상서사(錄尙書事)에 참여했다.

[142] 예형(禰衡, 173~198): 후한 말기 평원(平原) 반현(般縣) 사람. 자는 정평(正平)이다. 젊었을

聖)의 덕을 지니고, 성인의 높은 발자취를 밟았으므로 이삭만 패고 열매를 맺지 못했지만 꽃다운 풍모를 떨쳤다.'라고 했으며, 이궤(李軌)의 『법언』「주」에 '중니는 안연이 싹은 났지만, 이삭이 패지 않음을 슬퍼했고, 자운(子雲: 양웅의 자)은 자신의 아들인 동오(童烏)¹⁴³를 길렀지만, 싹을 틔우지 못함을 안타까워했다'라고 했으며, 『문심조룡(文心雕龍)』에 '싹은 났지만, 이삭이 패지 않았으니, 천고의 애통함이다.'라고 했는데, 모두 이 글을 가지고 안자를 애석해한 것이다. 그리고 『세설신어(世說新語)』에 '왕융(王戎)¹⁴⁴의 아들 만(萬)이 대성(大成)할 기풍이 있었는데, 싹은 났

때부터 말주변이 있었고, 성격이 강직하면서 오만했다. 오직 공융(孔融), 양수(楊修)와만 마음을 터놓고 사귀었다. 공융이 그의 재능을 아껴 여러 차례 조조 앞에서 칭송했다. 조조가 만나려고 불렀지만, 병을 핑계로 나가지 않았다. 조조가 불러 고사(鼓史)로 삼아 빈객(賓客)들을 불러 모으고 그를 욕보이려고 했지만, 오히려 그에게 모욕을 당했다. 조조가 노하여 형주에 사신으로 보내 유표(劉表)의 손을 빌려 그를 죽이려 했다. 유표를 만나 비난의 말을 퍼붓자 기분 나쁘게 여긴 유표는 그를 강하태수 황조(黃祖)에게 보냈다. 결국 욱하는 성격의 황조를 욕하다가 죽임을 당했다. 작품에 『앵무부(鸚鵡賦)』가 있다.

143 동오(童烏, ?~?): 전한 말(前漢末)의 학자 양웅(楊雄, 기원전 53~18)의 아들. 9세 때 양웅이 짓고 있는 '태현경(太玄經)'을 도왔으므로 태현경을 '동오(童烏)'라고도 한다. 동오가 아버지 양웅과 아주 미묘하며 깊고 그윽한[玄妙深遠] 학문인 노장학(老莊學)을 논한 일을 동오예현(童烏預玄)이라고 한다.

144 왕융(王戎, 234~305): 서진(西晉) 낭야(琅邪) 임기[臨沂, 지금의 산동(山東)에 속함] 사람. 자는 준충(濬沖)이다. 왕혼(王渾)의 아들이고, 죽림칠현(竹林七賢) 가운데 한 사람이다. 어려서부터 영특했고 풍채가 비범했으며 청담(淸談)을 즐겼다. 완적(阮籍), 혜강(嵇康)과 더불어 죽림에서 노닐었는데, 왕융이 늦게 참여하자 완적이 "속물(俗物)이 다시 왔으니 남의 뜻을 그르치게 하겠다."라고 했던 것처럼 '칠현' 가운데 가장 범속(凡俗)한 인물의 전형이었다. 진무제(晉武帝) 때 이부황문랑(吏部黃門郎)과 산기상시(散騎常侍), 하동태수(河東太守), 형주자사(荊州刺史)를 역임했고, 안풍현후(安豊縣侯)의 작위가 수여되었다. 나중에 광록훈(光祿勳), 이부상서(吏部尙書) 등의 직책으로 옮겼다. 혜제(惠帝) 때 관직이 사도(司徒)에 이르렀다. 구차하게 아첨하여 총애를 얻었고 명리(名利)에 열중하여 조정에 서면 중간하여 바로잡는 성과가 없었다. 성품이 극히 탐욕스럽고 인색하여 전원(田園)이 여러 주(州)에 있었는데

지만, 이삭이 패지 않았다.'라고 했고, 『양서(梁書)』에 서면(徐勉)[145]이 아들 비(俳)의 죽음으로 인해 『답객유(答客喩)』를 지어 '이삭은 팼으나 열매를 맺지 못해 이부(尼父)는 그 때문에 탄식했다.' 하였다."라고 했으니, 이는 육조(六朝) 이전에는 사람들이 모두 이 구절을 안자를 위해 발언한 것이라고 말하는 것인데, 본래는 필시 『고논어』학파에서 서로 전하는 구의(舊義)였다.

원문 案, 『漢沛相範君墓碣』, "茂而不實, 顔氏暴顚." 茂・秀義同. 唐玄宗『顔子贊』, "秀而不實, 得無慟焉?" 漢・唐人說皆如此. 皇「疏」云: "又爲歎顔淵爲譬也." 邢「疏」云: "此章亦以顔淵早卒, 孔子痛惜之, 爲之作譬." 說竝得之.

역문 살펴보니, 『한패상범군묘갈(漢沛相範君墓碣)』에 "무성하였으나 열매를 맺지 못하고 안씨(顔氏)는 갑작스레 세상을 떠났다."라고 했으니 무(茂)와 수(秀)는 뜻이 같다. 당(唐) 현종(玄宗)의 『안자찬(顔子贊)』에 "이삭이 팼으나 열매를 맺지 못했으니, 애통함이 없을 수 있겠는가?"라고 했는

도 재물 모으기를 멈추지 않고 직접 셈판을 들고 밤낮으로 계산하면서 늘 부족한 듯 행동했다. 집에 훌륭한 오얏나무가 있었는데, 다른 사람이 가꿀까 봐 늘 씨앗에 구멍을 내어 팔았다. 이 때문에 세상 사람들에게 비난을 받았다. 평생 저서는 남기지 않았다.

145 서면(徐勉, 466~535): 남북조(南北朝)시대 남양(南梁)의 명신(名臣)이자 문학가(文學家). 자는 수인(修仁)이다. 동해군(東海郡) 담현[郯縣, 지금의 산동성 담성현(郯城縣)] 사람으로, 어려서 외롭고 가난했으나, 지조 있고 청렴하였으며, 의지가 돈독하고 배우기를 좋아하였다. 양조(梁朝) 건립 후 중서시랑(中書侍郞)에 제수되고, 상서좌승(尙書左丞)이 되었다가 태자첨사(太子詹事)에 천거되어 양나라의 제1대 황제 무제의 태자인 소통(蕭統)을 보좌하였다. 문장을 얽어서 짓는 속문(屬文)에 뛰어났으며, 저술에 부지런하여 큰일을 처리하면서도 끊임없이 저술하였다. 저술로는 『좌승탄사(左丞彈事)』, 『선품(選品)』, 『태묘축문(太廟祝文)』, 『회림(會林)』 등이 있으나, 지금은 대부분 일실되었다.

데, 한 · 당시대 사람들의 설명은 모두 이와 같다. 황간의 「소」에 "또 안연을 탄식하기 위해 비유한 것이다."라고 했고, 형병의 「소」에 "이 장 역시 안연이 일찍 죽었기 때문에 공자가 아파하고 애석해하면서 비유한 것이다."라고 했으니 설명이 둘 다 옳다.

- 「注」, "言萬物有生而不育成者, 喩人亦然."
- 正義曰:『法言』「問神篇」, "育而不苗者, 吾家之童烏乎."『後漢書』「章帝八王傳」「贊」, "振振 子孫, 或秀或苗." 皆以此章喩人早夭也. 人早夭, 故成德亦有未至.
- 「주」의 "만물 중에는 생겨나기는 했지만 자라나서 완성되지 못하는 것이 있음을 말하여, 사람도 그러함을 비유한 것이다."
- 정의에서 말한다.
  『법언』「문신(問神)」에 "자라나서 싹을 틔우지 못한 자는 우리 집의 동오이다."라고 했고, 『후한서』「장제팔왕전(章帝八王傳)」의 「찬」에 "번성한 자손들이 혹은 이삭을 패기도 하고 혹은 싹을 틔우기도 하였다."라고 했는데, 모두 이 장을 가지고 사람이 일찍 요절한 것을 비유한 것이다. 사람은 일찍 요절하기 때문에 덕을 이룸에 또한 이르지 못하는 경우가 있는 것이다.

9-23

子曰: "後生可畏, 焉知來者之不如今也? 四十 · 五十而無聞焉, 斯亦不足畏也已." 【注】"後生"謂年少.

공자가 말했다. "후생(後生)은 두려울 만하니, 그들의 장래가 지금의 나보다 못할 줄을 어찌 알겠는가? 그러나 마흔에서 쉰 살이 되어도 알려짐이 없다면, 이 또한 두려워하기엔 부족할 따름이다."【주】"후생(後生)"은 나이가 적다[年少]는 말이다.

원문 正義曰: "後生可畏", 謂生質獨美也. "不如今", 謂不如今日之可畏也. 人少時有聰慧, 爲人所畏. 至年壯老, 學力復充, 故人常畏服之. 曰"焉知"者, 『論衡』「實知篇」解此文, 以爲"後生難處"是也.

역문 정의에서 말한다.

"후생은 두려울 만하다[後生可畏]"라는 것은 타고난 자질이 유독 훌륭하다는 말이다. "지금의 나보다 못하다[不如今]"라는 것은 두려워할 만한 지금의 나보다 못하다는 말이다. 사람들은 어렸을 때는 총명함과 지혜로움이 있어서 남이 두려워하고 나이가 건장하고 늙음에 이르면 학력이 다시 채워지기 때문에 사람들이 항상 경외하여 복종한다. "어찌 알겠는가[焉知]"에 대해 『논형』「실지편」에서는 이 글을 해석하면서 "후생의 장래 상황에 대해 알기 어렵다"라고 했는데, 옳다.

원문 『大戴禮』「曾子立事篇」, "三十·四十之間而無藝, 卽無藝矣; 五十而不以善聞, 則無聞矣." 與此文義同. "無聞", 謂無善聞於人也. "無聞"由於無藝, 藝謂所學之業也. 『禮』「學記」云: "時過然後學, 則勤苦而難成. 學貴不失時, 故君子愛日也."

역문 『대대례』「증자입사」에 "서른에서 마흔 살 사이에 재예[藝]가 없으면 영영 재예가 없을 것이며, 쉰 살에 잘하는 재예로 명성이 알려지지 않으면 영영 명성이 알려짐이 없을 것이다."라고 했는데, 이 글과 뜻이 같다. "무문(無聞)"은 남에게 잘 알려짐이 없다는 말이다. 알려짐이 없음[無聞]

은 예(藝)가 없음으로 말미암는데, 예란 배운 바의 학업을 말한다. 『예기』「학기」에 "때가 지난 뒤에 배우면 괴롭기만 하고 이루어지기 어렵다. 배움은 때를 잃지 않음을 귀하게 여기기 때문에 군자는 날을 아끼는 것이다."라고 했다.

원문 胡氏紹勳『拾義』, "人至五十爲老年, 是以養老自五十始. 「曲禮」云: '五十曰艾', 「王制」云: '五十始衰', 縱能加功, 進境有限, 況「王制」又云'六十不親學'. 五十無聞, 更無望於六十矣. 據「內則」'二十博學不敎, 三十博學無方.' 學至有聞, 早則定於四十以前, 遲則定於五十以前, 斷不定於五十以後. 因直決之曰: '斯亦不足畏也已.'" 皇本"可畏"下有"也"字, "已"下有"矣"字.

역문 호소훈(胡紹勳)의 『사서습의(四書拾義)』에 "사람이 50세가 되면 노년(老年)이 되니, 이런 까닭에 노인을 봉양함은 50세부터 시작한다. 『예기』「곡례상」에 '50세를 예(艾)라 한다'라고 했으며, 「왕제」에 '50세가 되면 노쇠하기 시작한다'라고 했으니, 비록 노력을 더 한다고 하더라도 결국에는 한계가 있고, 더구나 「왕제」에서는 또 '60세가 되면 직접 배우지 않는다'라고 했다. 50세가 되어도 알려짐이 없으면 60세가 되면 더욱 바랄 것이 없다. 「내칙」에 의거하면 '20세가 되면 널리 배우되 가르치지 않고, 30세가 되면 널리 배우되 일정한 방소를 두지 않는다.'라고 했다. 배워서 알려짐이 있는 경지에 이르는 것은 빠르면 40세 이전에 정해지고 더뎌도 50세 이전에 정해지니, 결단코 50세 이후에 정해지지는 않는다. 그러므로 곧장 결론적으로 '그 또한 두려워하기엔 부족할 따름이다.'라고 한 것이다."라고 했다. 황간본에는 "가외(可畏)" 아래 "야(也)" 자가 있고, "이(已)" 아래 "의(矣)" 자가 있다.

子曰: "法語之言, 能無從乎? 改之爲貴. 【注】 孔曰: "人有過以正道告之, 口無不順從之, 能必自改之, 乃爲貴." 巽與之言, 能無說乎? 繹之爲貴. 【注】 馬曰: "'巽', 恭也, 謂恭孫謹敬之言, 聞之無不說者, 能尋繹行之, 乃爲貴." 說而不繹, 從而不改, 吾末如之何也已矣."

공자가 말했다. "올바른 도리[法]로 일러 주는 말을 따르지 않을 수 있겠는가? 그러나 스스로 잘못을 고치는 것이 귀함이 된다. 【주】 공안국이 말했다. "사람에게 잘못이 있을 때 올바른 도리로 일러 주면 입으로는 순종하지 않는 자가 없지만, 반드시 스스로 잘못을 고칠 수 있어야 귀함이 된다." 공손하고 신중하게 해 주는 말을 기뻐하지 아니할 수 있겠는가? 그러나 이치를 찾아서 연역하고 실천하는 것이 귀함이 된다. 【주】 마융이 말했다. "손(巽)'은 공손함[恭]이니, 공손하고 신중하게 해 주는 말은 듣고 기뻐하지 않는 자가 없지만, 그 말의 저의를 찾아서 연역하고 실천해야 귀함이 된다는 말이다." 기뻐하기만 하고 이치를 찾아서 연역해 내지 못하며, 따르기만 하고 고치지 않으면, 그런 사람은 내가 어찌할 수 없을 뿐이다."

원문 正義曰: 『釋文』, "語, 於據反." 謂告語之也. 『方言』, "悛·懌, 改也. 自山而東或曰懌." 郭「注」引 "懌之爲貴". 『廣雅』「釋詁」, "懌, 改更也." 繹·懌, 古多通用. 『詩』「板」·「泮水」·「那」 『釋文』竝云 "繹本作懌", 「頍弁」 『釋文』 "懌本作繹" 可證也. 郭注 『方言』引此文, 是訓懌爲改, 與馬「注」異, 亦得通也.

역문 정의에서 말한다.

『경전석문』에 "어(語)는 어(於)와 거(據)의 반절음이다."라고 했으니, 일러서 말해 줌을 이른다. 『방언』에 "전(悛)과 역(懌)은 고친다[改]는 뜻이다. 산으로부터 동쪽에 있는 지역을 간혹 역(懌)이라 한다."라고 했는데, 곽박의 「주」에 "고치는 것이 귀함이 된다[懌之爲貴]"라는 말을 인용했다. 『광아』「석고」에 "역(懌)은 고치고 바꿈[改更]이다."라고 했으니, 역(繹)과 역(懌)은 옛날에는 대체로 통용되었다. 『시경』「판(板)」과 「반수(泮水)」와 「나(那)」의 『경전석문』에도 모두 "역(繹)은 판본에 따라 역(懌)으로 되어 있다."라고 했고, 「규변(頍弁)」의 『경전석문』에 "역(懌)은 판본에 따라 역(繹)으로 되어 있다."라고 했으니, 증거로 삼을 만하다. 곽박이 『방언』을 주석하면서 이 글을 인용한 것은 역(懌)의 뜻을 새기기를 고침[改]의 뜻으로 했으니, 마융의 「주」와는 다르지만 역시 통할 수는 있다.

원문 "法語之言", "巽與之言", 言者祇此二術. 故說而不繹, 從而不改, 雖聖人亦無如之何矣. 『淮南子』「原道訓」, "故聽善言便計, 雖愚者知說之, 稱至德高行, 雖不肖知慕之. 說之者衆, 而用之者鮮; 慕之者多, 而行之者寡. 所以然者何也? 不能反諸性也."

역문 "법으로 일러 주는 말"과 "공손하고 신중하게 해 주는 말"은 말하는 것이 다만 이 두 가지 방법뿐인 것이다. 그러므로 기뻐하기만 하고 찾아서 연역해 내지 못하며, 따르기만 하고 고치지 않으면 비록 성인이라도 어떻게 할 수가 없을 것이다. 『회남자』「원도훈(原道訓)」에 "그러므로 좋은 말이나 편리한 계책을 들으면 비록 어리석은 자라도 기뻐할 줄을 알고, 지극한 덕과 높은 행실을 칭찬하면 비록 불초한 자라도 사모할 줄을 알게 된다. 기뻐하는 자는 많지만, 사용하는 자는 적으며, 사모하는 자는 많지만, 행동하는 자는 적다. 그러한 까닭은 무엇 때문인가? 모두 자신의 성(性)으로 돌아가지 못하기 때문이다."라고 했다.

- ●「注」, "人有"至"爲貴".
- ● 正義曰: "法"者, "灋"之借字. 『說文』, "灋, 刑也. 平之如水, 從水. 廌, 所以觸不直者去之, 從去." 引申爲典則銓度之稱, 故此「注」"法"爲正道也. 用正道告之, 人畏義而服, 故口不能不順從.
- ○「주」의 "인유(人有)"부터 "위귀(爲貴)"까지.
- ○ 정의에서 말한다.

  "법(法)"은 "법(灋)"의 차자(借字)이다. 『설문해자』에 "법(灋)은 형(刑)이다. 평평하기가 물과 같다는 뜻이고 수(水)로 구성되었다. 치(廌)는 곧지 않은 것을 찔러서 제거하는 것이고 거(去)로 구성되었다."[146]라고 했는데, 의미가 확장되어 법칙[典則]으로 헤아려 앎을 일컫는다는 뜻이 되었기 때문에 여기의 「주」에서 "법(法)"을 올바른 도리[正道]라고 한 것이다. 올바른 도리를 써서 일러 주면 사람들은 의(義)를 경외해서 복종하기 때문에 입으로는 순종하지 않을 수 없는 것이다.

- ●「注」, "巽恭"至"爲貴".
- ● 正義曰: 『易』「巽·象傳」, "順以巽也." 虞「注」, "巽, 外跡相卑下也." 是「巽」有恭義. 人有過, 我以恭遜謹敬與之言, 人感我柔順, 不能不說也.
- ○「주」의 "손공(巽恭)"부터 "위귀(爲貴)"까지.
- ○ 정의에서 말한다. 『주역』「손괘(巽卦)」의 「상(象)」에, "순하여 공손하기 때문이다."라고 했는데, 우번(虞翻)의 「주」에 "손(巽)이란 외모의 자취가 서로 낮추는 것이다."라고 했으니, "손(巽)"에는 공손하다[恭]는 뜻이 있다. 남이 허물이 있더라도 내가 공손함과 삼가고 경건한

---

146 『설문해자』권10: 법(灋)은 형(刑)이다. 평평하기가 물과 같다는 뜻이고 수(水)로 구성되었다. 치(廌)는 곧지 않은 것을 찔러서 제거하는 것이고 거(去)로 구성되었다. 법(法)은 법(灋)의 금문(今文)인데 생략형이고, 법(佱)은 법(法)의 고문이다. 방(方)과 핍(乏)의 반절음이다.[灋, 刑也. 平之如水, 從水. 廌, 所以觸不直者去之, 從去. 法, 今文省. 佱, 古文. 方乏切.]

태도로 그와 더불어 말하면 남이 나의 유순함에 감동해 기뻐하지 않을 수 없는 것이다.

원문 『說文』, "尋, 繹理也. 繹, 抽絲也." 『方言』, "繹, 理也." 絲曰繹之, 是"尋繹"謂抽引其理也. 旣尋繹之, 則能行之可知. 「注」義自爲引伸也. 鄭「注」云: "繹, 陳也." 此本『爾雅』「釋詁」, 其義未詳.

역문 『설문해자』에 "심(尋)은 이치를 궁구한다[繹理]는 뜻이다.[147] 역(繹)은 실을 뽑는다[抽絲]는 뜻이다.[148]"라고 했다. 『방언』에 "역(繹)은 다스림[理]이다. 실[絲]의 경우에는 풀어낸다[繹之]고 한다."라고 했으니, "심역(尋繹)"은 그 이치를 뽑아서 끌어낸다는 뜻이다. 이미 이치를 뽑아서 끌어냈으면 실천할 수 있다는 것을 알 수 있다. 「주」의 뜻은 본래 의미를 확장시킨 것이다. 정현의 「주」에 "역(繹)은 펼침[陳]이다."라고 했는데, 이는 『이아』「석고」에 근거한 것으로 그 뜻이 자세하지 않다.

9-25

子曰: "主忠信, 毋友不如己者, 過則勿憚改." 【注】愼所主友, 有過務改, 皆所以爲益.

---

[147] 『설문해자』 권3: 심(尋)은 이치를 궁구한다[繹理]는 뜻이다. 공(工)과 구(口)와 우(又)와 촌(寸)으로 구성되었다. 공(工)과 구(口)는 다스린다[亂]는 뜻이고 우(又)와 촌(寸)은 이치를 나눈다[分理]는 뜻이다. 삼(彡)이 발음을 나타낸다. 이는 잉(𣪠)과 같은 뜻이다. 사람의 두 팔을 벌려서 잰 길이가 심(尋)이 되니, 여덟 자[尺]이다. 서(徐)와 임(林)의 반절음이다.[尋, 繹理也. 從工從口從又從寸. 工·口, 亂也; 又·寸, 分理之. 彡聲. 此與𣪠同意. 度人之兩臂爲尋, 八尺也. 徐林切.]

[148] 『설문해자』 권13: 역(繹)은 실을 뽑는다[抽絲]는 뜻이다. 사(糸)로 구성되었고 역(睪)이 발음을 나타낸다. 양(羊)과 익(益)의 반절음이다.[繹, 抽絲也. 從糸睪聲. 羊益切.]

공자가 말했다. "성실하고 진실한 사람과 가까이하며, (성실함과 진실함이) 나만 못한 자와 벗하지 말고, 허물이 있으면 고치기를 어려워하지 말아야 한다." 【주】 가까이하고 벗할 사람을 신중히 선택하고, 허물이 있으면 고치기를 힘쓰는 것은 모두 유익함이 되기 때문이다.

【원문】 正義曰: 皇「疏」云: "此事再出也. 范寧云: '聖人應於物作敎, 一事時或再言, 弟子重師之訓, 故又書而存焉.'"

【역문】 정의에서 말한다.

황간의 「소」에 "이 일은 거듭 나온 것이다. 범녕(范寧)이 말하길 '성인은 사물에 응하여 가르침을 세우고 한 가지 일이라도 때로는 혹 거듭 말하며, 제자들은 스승의 가르침을 중히 여기기 때문에 또 기록해서 남겨 둔다.'라고 했다."라고 하였다.

9-26

子曰: "三軍可奪帥也, 匹夫不可奪志也." 【注】 孔曰: "三軍雖衆, 人心不一, 則其將帥可奪而取之. 匹夫雖微, 苟守其志, 不可得而奪也."

공자가 말했다. "삼군으로부터 장수는 빼앗을 수 있지만, 필부로부터 뜻을 빼앗을 수는 없다." 【주】 공안국이 말했다. "삼군은 비록 무리가 많지만, 군인들의 마음이 하나로 단결하지 않으면 그 장수를 빼앗아 취할 수 있다. 필부는 비록 미약하지만 진실로 자기의 뜻을 지킨다면 그 뜻을 빼앗을 수 없다."

원문 正義曰: "帥"者, "衛"之借字. 『說文』, "衛, 將衛也." "匹夫"者, 『爾雅』「釋
詁」, "匹, 合也." 『書』「堯典」「疏」, "士大夫已上, 則有妾媵, 庶人無妾媵,
惟夫妻相匹. 其名旣定, 雖單亦通謂之匹夫 · 匹婦."

역문 정의에서 말한다.

"수(帥)"는 "솔(衛)"의 차자(借字)이다. 『설문해자』에 "솔(衛)은 거느린다
[將衛]는 뜻이다."[149]라고 했다. "필부(匹夫)"는 『이아』「석고」에 "필(匹)은
합(合)이다."라고 했다. 『서경』「요전(堯典)」의 「소」에 "사대부 이상은 첩
[妾媵]을 두지만, 서인(庶人)은 첩은 없고 오직 지아비와 아내가 서로 짝이
된다. 그 명칭이 이미 정해졌으니, 비록 한쪽만이라 하더라도 역시 통칭
해서 필부(匹夫) · 필부(匹婦)라고 한다."라고 했다.

원문 鄭「注」云: "匹夫之守志, 重於三軍之死將者也. 死將, 謂奪取軍將而致
之死也. 三軍之帥, 以人爲衛, 故遇强敵可覆而取之. 匹夫守志, 志有一定,
不可得而奪也." 『禮』「緇衣」云: "子曰: '言有物而行有格也. 是以生則不
可奪志, 死則不可奪名.'" 又「儒行」云: "儒有今人與居, 古人與稽, 今世行
之, 後世以爲楷. 適弗逢世, 上弗援, 下弗推, 讒諂之民, 有比黨而危之者,
身可危也, 而志不可奪也."

역문 정현의 「주」에 "필부(匹夫)가 뜻을 지키는 것이 삼군의 장수를 죽이는
것[死將]보다 중하다. 장수를 죽인다는 것은 군대의 장수를 탈취해서 죽
인다는 말이다. 삼군의 장수는 사람이 호위를 하기 때문에 강적을 만나
면 무너뜨리고 탈취할 수 있다. 필부가 뜻을 지키는 것은 뜻이란 한 번
정해지면 빼앗을 수가 없다."라고 했다. 『예기』「치의(緇衣)」에 "공자가

---

149 『설문해자』 권2: 솔(衛)은 거느린다[將衛]는 뜻이다. 행(行)으로 구성되었고 솔(率)이 발음을
나타낸다. 소(所)와 율(律)의 반절음이다.[衛, 將衛也. 從行率聲. 所律切.]

말했다. '말에는 내용이 있고 행실에는 격식이 있다. 이런 까닭에 살아 있을 때는 그의 뜻을 빼앗을 수 없고, 죽은 뒤에는 그의 명성을 빼앗을 수 없다.'"라고 했다. 또 「유행(儒行)」에 "선비 중에는 지금 사람들과 함께 살되 옛사람을 상고해 보고, 지금 세상에 행하되 후세에서 법도로 삼는 자가 있다. 그런 사람은 좋은 세상을 만나지 못했을 때는 위에서 원조해 주지 않고 아랫사람들이 지지해 주지 않으며, 남을 헐뜯고 아첨하는 짓을 저지르는 자들이 무리를 지어 위협하는 경우도 있는데, 몸은 위협할 수 있지만, 뜻은 빼앗을 수가 없다."라고 했다.

- 「注」, "三軍"至"取之".
- 正義曰: 『孫子』「始計篇」, "道者, 令民與上同意, 可與之死, 可與之生, 而不畏危也." 又「九地篇」, "故善用兵者, 攜手若使一人, 不得已也." 是言行軍貴一心也. 若衆心不一, 則士卒懈散, 莫有鬪志, 故其將可奪而取之. 『吳子』「論將」云: "士輕其將而有歸志, 塞易開險, 可邀而取."
- ○「주」의 "삼군(三軍)"부터 "취지(取之)"까지.
- ○ 정의에서 말한다.
  『손자(孫子)』「시계(始計)」에 "도란 백성들로 하여금 윗사람과 뜻을 함께하여 함께 죽을 수도 있고 함께 살 수도 있되 위태로움을 두려워하지 않게 하는 것이다."라고 했고, 또「구지(九地)」에 "그러므로 용병(用兵)을 잘하는 자가 손을 잡고 한 사람을 부리는 것과 같이 함은 형세가 부득이하기 때문이다."라고 했는데, 이는 군대를 운용함에는 마음을 한데 뭉치는 것을 귀하게 여긴다는 말이다. 만약 여러 사람의 마음이 한데 뭉치지 않으면 사졸(士卒)이 해이해지고 풀어져 투지가 없어지기 때문에 그 장수를 빼앗아 취할 수 있다. 『오자(吳子)』「논장(論將)」에 "적의 병사들이 자기 장수를 가볍게 여겨 귀순하려는 마음이 있을 경우 평탄한 곳을 막고 험한 곳을 열어 놓으면 요격하여 취할 수 있다."라고 했다.

子曰: "衣敝縕袍, 與衣狐貉者立, 而不恥者, 其由也與!" 【注】
孔曰: "'縕', 枲著."

공자가 말했다. "해진 헌 솜옷이나 평상복을 입고, 여우나 담비
가죽옷을 입은 자와 같이 서 있으면서도 부끄러워하지 않는 자는
유일 것이다." 【주】 공안국이 말했다. "'온(縕)'은 수삼으로 둔 솜이다."

원문 正義曰: 『釋文』云: "弊, 本今作敝." 皇本及『說文』「衣部」亦作"弊". 『釋
文』引鄭「注」, "縕, 枲也." 『藝文類聚』三十五‧『御覽』四百八十二引鄭
「注」"枲"竝作"絮". 盧氏文弨『釋文考證』以作"絮"爲正. 蓋鄭與孔異, 故『釋
文』引之. 若亦訓"枲", 則與孔無甚異矣. 『禮』「玉藻」, "纊爲繭, 縕爲袍."
「注」云: "衣有著之異名也. 纊謂今之新綿也, 縕謂今之纊及舊絮也."

역문 정의에서 말한다.

『경전석문』에 "폐(弊)는 판본에 따라 지금은 폐(敝)로 되어 있다."라고
했고, 황간본 및 『설문해자』「의부(衣部)」에도 "폐(弊)"로 되어 있다. 『경
전석문』에는 정현의 「주」를 인용해서, "온(縕)은 수삼[枲]이다."라고 했
고, 『예문유취(藝文類聚)』 권35와 『태평어람』 권482에도 정현의 「주」를
인용했는데 "시(枲)"가 모두 "서(絮)"로 되어 있다. 노문초(盧文弨)의 『경
전석문고증(經典釋文考證)』에서는 "서(絮)"로 되어 있는 것이 옳다 했다.
정현과 공안국의 주석이 다르기 때문에 『경전석문』에서는 정현의 「주」
를 인용했다. 만약 역시 "수삼[枲]"이라고 뜻을 새겼다면 공안국의 주석
과 크게 다를 것은 없다. 『예기』「옥조」에 "새 솜으로 견(繭)을 만들고 묵

은 솜으로 포(袍)를 만든다.[纊爲繭, 縕爲袍.]"라고 했는데, 「주」에 "솜이 들어 있는 옷의 다른 이름이다. 광(纊)은 지금의 새 솜[新綿]을 말하고, 온(縕)은 지금의 새 솜[纊]과 묵은 솜[舊絮]을 말한다."라고 했다.

원문 李氏惇『群經識小』, "古無木綿, 著皆以絮爲之. 絮, 絲餘也. 「玉藻」「注」所云'今'者, 指漢末而言. 古以新綿爲纊, 舊絮爲縕. 漢則以精者爲綿, 而粗者爲纊, 古今語異也." 案, 『韓詩外傳』, "士褐衣縕著, 未嘗完也." 又云: "曾子褐衣縕緒, 未嘗完也." 『漢書』「東方朔傳」, "衣縕無文." 師古「注」, "縕, 亂絮也." 皆以"縕"爲"絮". 『說文』, "絮, 敝緜也."

역문 이돈(李惇)의 『군경식소(群經識小)』에 "옛날에는 목면(木綿)이 없었기 때문에 옷[著]은 모두 솜[絮]으로 만들었다. 서(絮)는 생사로 만든 솜[絲餘]이다. 「옥조」의 「주」에서 말한 '지금'이란 한나라 시대 말기를 가리켜서 한 말이다. 옛날에는 새 솜[新綿]으로 광(纊)을 만들고 헌솜[舊絮]으로 온(縕)을 만들었다. 한나라 시대에는 정밀한 것으로 면(綿)을 만들고 거친 것으로 광(纊)을 만들었으니, 옛날과 지금의 말이 다르다."라고 했다. 살펴보니, 『한시외전』에 "선비는 갈옷에 헌솜을 착용하니, 일찍이 온전한 것이 없었다."라고 했고, 또 "증자는 갈옷에 헌 솜옷을 걸쳤으니 일찍이 온전한 것이 없었다."라고 했다. 『전한서』「동방삭전」에 "무늬 없는 헌 솜옷을 입었다."라고 했는데, 안사고의 「주」에 "온(縕)은 얽힌 솜[亂絮]이다."라고 했으니, 모두 "온(縕)"을 "솜[絮]"이라고 한 것이다. 『설문해자』에 "서(絮)는 해진 솜[敝緜]이다."[150]라고 했다.

---

150 『설문해자』 권13: 서(絮)는 해진 솜[敝緜]이다. 사(糸)로 구성되었고 여(如)가 발음을 나타낸다. 식(息)과 거(據)의 반절음이다.[絮, 敝緜也. 從糸如聲. 息據切.]

"袍"者,『說文』, "袍, 襺也."『爾雅』「釋言」, "襺, 袍也." 互相訓.『釋名』
「釋衣服」云: "袍, 丈夫著下至跗者也. 袍, 包也; 包, 內衣也." 任氏大椿『深
衣釋例』, "「喪大記」, '袍必有表, 謂之一稱.'「注」, '袍, 褻衣.' 蓋袍爲深衣
之制, 特燕居便服耳, 故云'褻衣'.『周官』「玉府」「注」云'燕衣服者, 巾絮·
寢衣·袍襗之屬.'『論語』'紅紫不以爲褻服', 鄭「注」云: '褻服, 袍襗.' 此袍
爲褻衣之明證也." 案, "袍"是春秋二時之服, 若袷褶之類. 於時人已服裘,
子路猶衣敝袍也.

"포(袍)"는『설문해자』에 "포(袍)는 솜옷[襺]이다."[151]라고 했고, 『이아』
「석언(釋言)」에 "견(襺)은 솜옷[袍]이다."라고 했으니 뜻을 새김이 서로 통
한다.『석명』「석의복(釋衣服)」에 "포(袍)는 장부(丈夫)의 옷인데, 발등까
지 내려오는 것이다. 포(袍)는 감싼다[包]는 뜻이고, 포(包)는 속곳[內衣]이
라는 뜻이다."라고 했다. 임대춘의『심의석례(深衣釋例)』에 "「상대기(喪
大記)」에 '포(袍)에는 반드시 겉옷이 있으니, 이를 한 벌이라고 칭한다.'
라고 했는데,「주」에 '포(袍)는 평상복[褻衣]이다.'라고 했으니, 포(袍)는
심의(深衣)의 제도로서, 특히 조정에서 물러나 한가롭게 거처할 때의 편
리한 복장일 뿐이기 때문에 '평상복[褻衣]'이라고 한 것이다.『주관』「옥부
(玉府)」의「주」에 '연의복(燕衣服)이란 솜을 누인 두건[巾絮]과 잠옷[寢衣]과
평상복[袍襗]의 등속이다.'라고 했다.『논어』「향당」에 '다홍색 비단과 자
주색 비단으로 평상복[褻服]을 만들지 않았다'라고 했는데, 정현의「주」
에 '설복(褻服)은 평상복[袍襗]이다.'라고 했으니, 이는 포(袍)가 평상복[褻
衣]이라는 명백한 증거이다."라고 했다. 살펴보니, "포(袍)"는 봄과 가을

---

151 『설문해자』권8: 포(袍)는 솜옷[襺]이다. 의(衣)로 구성되었고 포(包)가 발음을 나타낸다.『논
어』에 "해지고 헌 솜옷을 입는다.[衣弊緼袍.]"라고 했다. 박(薄)과 포(襃)의 반절음이다.[袍,
襺也. 從衣包聲.『論語』曰: "衣弊緼袍." 薄襃切.]

두 철의 복장으로 두 겹으로 지은 옷[袷褶]과 같은 종류이다. 당시 사람들은 이미 갖옷을 입었지만, 자로는 여전히 해진 평상복[敝袍]을 입고 있었던 것이다.

원문 "狐貉", 二獸名. 『汗簡』引『古論語』"貉"作"貅". 『說文』, "貅, 似狐, 善睡." 引『論語』"狐貅之厚以居". <u>段氏玉裁</u>「注」謂, "凡'狐貉'連文者, 皆當作貅. 今字作貉, 皆假借." "貉", 『說文』以爲北方豸種. <u>先鄭</u>「職方」「注」, "北方曰貉." 是貉乃夷狄之名, 別一義也.

역문 "호학(狐貉)"은 두 종의 짐승 이름이다. 『한간(汗簡)』에는 『고논어』를 인용하면서 "학(貉)"을 "학(貅)"으로 썼다. 『설문해자』에 "학(貅)은 여우와 닮았고, 잠을 잘 잔다."[152]라고 하면서 『논어』「향당」을 인용해서 "여우와 담비의 두꺼운 가죽으로 방석을 만들어 거처했다"라고 했는데, 단옥재의 「주」에 "'호학(狐貉)'이라고 글자를 연결해서 표현한 것은 모두마땅히 학(貅)으로 써야 한다. 지금 글자 중에서 학(貉)으로 되어 있는 것은 모두 가차한 것이다."라고 했다. "맥(貉)"은 『설문해자』에 북방(北方)의 해태[豸]의 종류라고 했다.[153] 정중은 『주례』「하관사마하(夏官司馬下)・직방(職方)」의 「주」에서 "북방의 오랑캐를 맥(貉)이라 한다."라고 했는데, 이때의 맥(貉)은 바로 오랑캐[夷狄]의 명칭이니, 일반적인 의미와

---

152 『설문해자』 권9: 학(貅)은 여우와 닮았고 잠을 잘 자는 짐승이다. 치(豸)로 구성되었고 주(舟)가 발음을 나타낸다. 『논어』에 "여우와 담비의 두꺼운 가죽으로 방성을 만들어 거처했다."라고 하였다. 하(下)와 각(各)의 반절음이다.[貅, 似狐, 善睡獸. 從豸舟聲. 『論語』曰: "狐貅之厚以居." 下各切.]

153 『설문해자』 권9: 맥(貅)은 북방의 해태[豸]의 일종이다. 치(豸)로 구성되었고 각(各)이 발음을 나타낸다. 공자가 말했다. "맥(貉)이라는 말은 악하다[惡]는 뜻이다." 막(莫)과 백(白)의 반절음이다.[貅, 北方豸種. 從豸各聲. <u>孔子</u>曰: "貉之爲言惡也." 莫白切.]

는 다르다.

원문 『詩』「七月」, "一之日于貉, 取彼狐狸, 爲公子裘." 貉·狐·狸, 皆公子
之裘, 『詩』文參互. 鄭「箋」以"于貉"爲邠民自取, 非也. 『春秋繁露』「服制
篇」, "百工商賈, 不敢服狐貉." 則"狐"·"貉"竝貴者所服. 江氏永『鄕黨圖
考』謂"狐貉之裘爲褻裘." 則此文"狐貉"與"縕袍"竝爲燕居之服矣.

역문 『시경』「칠월」에 "일양(一陽)의 날에 담비 사냥을 가서 저 여우와 살쾡
이를 잡아 공자(公子)의 갖옷을 만든다.[一之日于貉, 取彼狐狸, 爲公子裘.]"라
고 했는데 담비[貉]와 여우[狐]와 삵[狸]의 가죽은 모두 공자의 갖옷감으
로, 『시경』의 글귀에서는 번갈아 가면서 섞어서 쓴다. 정현의 「전」에는
"우학(于貉)"을 빈(邠) 땅의 백성들이 스스로 취하는 것이라고 했는데, 아
니다. 『춘추번로』「복제(服制)」에 "백공(百工)과 상고(商賈)는 감히 여우나
담비의 가죽으로 만든 갖옷을 입지 못한다."라고 했으니, "여우(狐)"와
"담비(貉)"는 모두 존귀한 자들의 옷감이다. 강영의 『향당도고』에 "여우
나 담비의 가죽으로 평상시에 입는 갖옷을 만든다."라고 했으니, 그렇다
면 이 글의 "호학(狐貉)"과 "온포(縕袍)"는 모두 조정에서 물러나 한가롭게
거처할 때 입는 옷일 것이다.

- 「注」, "縕, 枲著."
- 正義曰: "枲"者, 麻之異名. 「注」與鄭異, 亦通. 『說文』, "縕, 紼也. 紼, 亂系也." 又"襺"下云:
  "以絮曰襺, 以縕曰袍." 別絮言"縕", 則"縕"是"枲"可知. 『漢書』「蒯通傳」, "束縕請火於亡肉
  家." 師古「注」, "縕, 亂麻也." "著", 猶言藏也. 「士喪禮」, "著組繫." 「注」, "著, 充之以絮也."
- ○ 「주」의 "온(縕)은 수삼으로 둔 솜이다."
- ○ 정의에서 말한다.

"시(枲)"란 수삼[麻]의 다른 명칭이다. 「주」는 정현의 설명과는 다르지만 역시 통한다. 『설문해자』에 "온(縕)은 얽힌 삼[紼]이다.[154] 불(紼)은 얽힌 실마리[亂系]이다.[155]"라고 했다. 또 "견(褕)" 자의 아래에 "해진 솜[絮]으로 만든 것을 견(褕)이라 하고, 얽힌 솜[縕]으로 만든 것을 포(袍)라 한다."[156]라고 해서, 해진 솜[絮]을 구별해서 "얽힌 솜[縕]"이라고 했으니, 그렇다면 "온(縕)"이 "수삼으로 둔 솜[枲]"임을 알 수 있다. 『전한서』「괴통전(蒯通傳)」에 "얽힌 솜을 묶어 고기를 잃어버린 집에 가서 불을 붙여 달라고 청했다."라고 했는데, 안사고의 「주」에 "온(縕)은 얽힌 수삼[亂麻]으로 둔 솜이다."라고 했다. "착(著)"은 저장한다[藏]는 말과 같다. 『의례』「사상례」에 "솜을 채워 넣고 귀퉁이에 실끈을 매단다.[著組繫.]"라고 했는데, 「주」에 "착(著)"은 해진 솜[絮]을 채워 넣는다는 뜻이다."라고 했다.

9-28

"不忮不求, 何用不臧?"【注】馬曰: "'忮', 害也, '臧', 善也. 言'不忮害, 不貪求, 何用爲不善?' 疾貪惡忮害之詩." <u>子路終身誦之, 子曰:</u> "是道也, 何足以臧?"【注】馬曰: "'臧', 善也. 尚復有美於是者, 何足以爲善?"

"해치지 않고 탐하지 않으니 어찌 선(善)하지 않겠는가?"라는 시

---

154 『설문해자』권13: 온(縕)은 얽힌 삼[紼]이다. 사(糸)로 구성되었고 온(昷)이 발음을 나타낸다. 어(於)와 운(云)의 반절음이다.[縕, 紼也. 從糸昷聲. 於云切.]

155 『설문해자』권13: 불(紼)은 얽힌 실마리[亂系]이다. 사(糸)로 구성되었고 불(弗)이 발음을 나타낸다. 분(分)과 물(勿)의 반절음이다.[紼, 亂系也. 從糸弗聲. 分勿切.]

156 『설문해자』권8: 견(襺)은 솜을 둔 옷[袍衣]이다. 의(衣)로 구성되었고 견(繭)이 발음을 나타낸다. 해진 솜[絮]으로 만든 것을 견(襺)이라 하고, 얽힌 솜[縕]으로 만든 것을 포(袍)라 한다. 『춘추전』에 "한여름에 솜옷을 껴입었다.[盛夏重襺.]"라고 했다. 고(古)와 전(典)의 반절음이다.[襺, 袍衣也. 從衣繭聲. 以絮曰襺; 以縕曰袍. 『春秋傳』曰: "盛夏重襺." 古典切.]

구절을 말해 주자, 【주】 마융이 말했다. "기(忮)'는 해침[害]이고, '장(臧)'은 선(善)이다. '해치지도 않고 탐하지도 않으니 어찌 불선(不善)이 되겠는가?'라는 말이니, 탐욕스러운 흉악과 해침을 미워하는 시이다." 자로가 종신토록 외려 하니, 공자가 말했다. "이 방법[道]이 어찌 충분히 선일 수 있겠느냐?"【주】 마융이 말했다. "'장(臧)'은 선(善)이다. 오히려 이보다 더 훌륭한 것이 또 있으니, 어찌 선이 되기에 충분하겠는가?"

원문 正義曰: "終身"者, 言常誦之將終身也. "誦"者, 『周官』「大司樂」「注」, "以聲節之曰誦."

역문 정의에서 말한다.

"종신(終身)"이란 죽을 때까지 항상 암송한다는 말이다. "송(誦)"이란 『주관』「대사악(大司樂)」의 「주」에 "소리를 내어 리듬을 맞추는 것을 송(誦)이라 한다."라고 했다.

원문 <u>孔氏廣森</u>『經學巵言』, "<u>子路終身常誦'不忮不求'</u>二言, 猶<u>南容</u>一日三復'白圭之玷'. 子以其取於『詩』者小, 故語之曰'不忮不求', 是或一道也, 然止于是而已, 則亦何足臧哉? 尋省舊注, 絶不與上'衣敝縕袍'相蒙, 作疏者始以引『詩』爲美, <u>子路</u>又以'終身誦之'爲聞譽自足, 旣重誣賢者, 且夫子先旣取『詩』詞'何用不臧', 而後頓抑之謂'何足以臧', 是自異其柄鑿, 不可通也." 又云: "『注疏』本三十章, 『釋文』則云三十一章, 竊疑<u>陸</u>所見古本多一章者, 正分'不忮不求'以下矣." 案, 「仲尼弟子列傳」載"衣敝縕袍"一節, 無"不忮不求"二句, 亦一證.

역문 공광삼의 『경학치언』에 "자로가 평생토록 항상 '불기불구(不忮不求)' 두 마디를 암송한 것은 남용(南容)이 하루에 세 번 '백규지점(白圭之玷)'을 반복해서 왼 것과 같다. 공자는 자로가 『시경』에서 취한 것이 작았기 때문에 '해치지도 않고 탐하지도 않음[不忮不求]'을 말해 준 것인데, 이것도 혹 하나의 방법이긴 하지만 여기에 그칠 뿐이니, 그렇다면 또한 어찌 충분한 선이겠는가? 옛 주석을 찾아 살펴보더라도 절대적으로 앞의 '해진 헌 솜옷이나 평상복을 입는다[衣敝縕袍]'라는 구절과 내용이 서로 연결되지 않는데, 해석하는 자가 처음에는 인용한 『시경』을 훌륭한 것이라고 여겼고, 자로도 '종신토록 암송하려 한 것'을 명예로 삼아 스스로 만족스럽게 생각한 것이니, 이미 무겁게 현자를 속인 것이고, 또 공자도 먼저는 이미 『시경』의 '어찌 선하지 않겠는가[何用不臧]'라는 말을 취하였다가, 나중에 갑자기 억제하여 '어찌 충분히 선일 수 있겠는가[何足以臧]'라고 했으니, 이는 스스로 그 예조(枘鑿)[157]를 달리한 것이므로 통할 수가 없다."라고 했다.

또 "「자한(子罕)」은 『논어주소(論語注疏)』본에는 다해서 30장이고 『경전석문』에는 31장이라고 하는데, 어쩌면 아마도 육덕명이 본 고본 『논어』가 1장이 더 많은 것은 바로 '불기불구(不忮不求)' 이하를 별도의 1장으로 나누었기 때문인 듯싶다."라고 했다. 살펴보니, 「중니제자열전」에는 "의폐온포(衣敝縕袍)" 한 구절만 실려 있고 "불기불구(不忮不求)" 두 구절은 없으니, 역시 하나의 증거이다.

● 「注」, "忮害"至"之詩".

---

157 예조(枘鑿): 예(枘)는 둥근 자루, 조(鑿)는 네모난 구멍으로 서로 맞지 않는다는 의미이다. 『초사(楚辭)』「구변(九辯)」에 "둥근 자루에 모난 구멍을 뚫으니, 어긋나서 들어가기 어려울 줄 나는 알겠다.[圓枘而方鑿兮, 吾固知其鉏鋙而難入.]"라고 하였다.

● 正義曰: "忮害, 臧善", 並毛「傳」文.『說文』, "忮, 很也."『漢書』「寧成傳」, "汲黯爲忮." <u>師古</u>
曰: "忮, 意堅也." 義並相近. "何用爲不善", 明"不忮不求"卽爲善也.

○「주」의 "기해(忮害)"부터 "지시(之詩)"까지.

○ 정의에서 말한다.

"기(忮)는 해침[害]이고, 장(臧)은 선(善)이다"는 모두『시경』「국풍·패(邶)·웅치(雄雉)」의
모형의「전」에 있는 글이다.『설문해자』에 "기(忮)는 패려궂다[很]는 뜻이다."[158]라고 했다.
『전한서』「영성전(寧成傳)」에 "급암(汲黯)[159]은 뜻이 견고하다[汲黯爲忮]"라고 했는데, 안사
고는 이에 대해 "기(忮)는 뜻이 견고하다[意堅]는 뜻이다."라고 했으니, 뜻이 모두 서로 비슷
하다. "어찌 불선이 되겠는가[何用爲不善]"라는 말은 "해치지 않고 탐하지 않음[不忮不求]"이
바로 선이 됨을 분명히 한 것이다.

원문 『韓詩外傳』, "夫利爲害本, 而福爲禍先. 唯不求利者爲無害, 不求福者

---

158 『설문해자』권10: 기(忮)는 패려궂다[很]는 뜻이다. 심(心)으로 구성되었고 지(支)가 발음을
나타낸다. 지(之)와 의(義)의 반절음이다.[忮, 很也. 從心支聲. 之義切.]

159 급암(汲黯, ?~기원전 112?): 전한 복양(濮陽) 사람. 자는 장유(長孺)이다. 경제(景帝) 때 음
보(蔭補)로 태자세마(太子洗馬)가 되었다. 무제(武帝) 초에 알자(謁者)가 되어 하남(河南)
지역의 화재(火災)를 시찰했는데, 제문(制文, 황제의 명령서)을 고쳐 창고를 열어 이재민을
구휼했다. 외직으로 나가 동해태수(東海太守)가 되었는데, 형벌을 경감하고 정치를 간소하
게 집행하면서 가혹하거나 지나치게 상세한 처결을 하지 않아 치적을 올렸다. 불려 주작도
위(主爵都尉)에 올라 구경(九卿)의 한 사람이 되었다. 사람 됨됨이가 충간을 좋아하고 정쟁
(廷諍)을 거침없이 제기했는데, 무제가 속으로는 욕심이 많았지만, 겉으로 인의(仁義)를 많
이 베푼 것도 그의 힘이 컸다. 무제가 그를 두고 '사직(社稷)을 지탱하는 신하'라 칭송했다.
또 흉노와의 화친을 주장하고 전쟁은 반대했다. 승상 장탕(張湯)과 어사대부(御史大夫) 공
손홍(公孫弘) 등을 문서로 장난을 쳐 법을 농간하는 법률 만능주의자요, 천자에게 아첨하는
영교지도(佞巧之徒)라 비난했다. 황로지도(黃老之道)와 무위(無爲)의 정치를 주장하며 황
제에게 간했는데, 받아들여지지 않았다. 어떤 일로 면직되어 몇 년 동안 전원에서 보냈다.
다시 불려 회양태수(淮陽太守)가 되고, 재직 중에 죽었다.

爲無禍." 又云: "故非道而行之, 雖勞不至; 非其有而求之, 雖強不得. 故智者不爲非其事, 廉者不求非其有, 是以害遠而名彰也." 又云: "安命養性者, 不待積委而富; 名號傳乎世者, 不待勢位而顯, 德義暢乎中, 而無外求也." 三節皆引『詩』"不忮不求, 何用不臧".

역문 『한시외전』에 "이익을 탐하면 근본을 해치게 되고 복을 추구하면 재앙이 먼저 이르게 된다. 오직 이익을 탐하지 않는 자만이 해침이 없고 복을 추구하지 않는 자만이 재앙이 없다."라고 했고, 또 "그러므로 길이 아닌데 가면 비록 수고롭게 가더라도 이르지 못하고, 자기 소유가 아닌데 탐하면 비록 억지로 탐하더라도 얻지 못한다. 그러므로 지혜로운 자는 자기 일이 아닌 것은 하지 않고 청렴한 사람은 자기 소유가 아닌 것을 탐하지 않기 때문에 해침이 멀어지고 명예가 빛나는 것이다."라고 했으며, 또 "천명을 편안히 여기고 본성을 기르는 자는 굳이 저축하고 쌓아 두지 않더라도 부유해지고, 세상에 이름이 불리고 전해지는 자는 굳이 권세와 지위가 아니더라도 현달(顯達)하니, 마음속에 덕(德)과 의(義)가 화창하매 밖으로 탐하는 것이 없다."라고 했는데, 세 구절 모두 『시경』의 "해치지 않으며 탐하지 아니하니 어찌 선하지 않겠는가[不忮不求, 何用不臧]"를 인용한 것이다.

원문 揆韓之意, 似以不害由於不求也. "害"謂己有禍患, 不謂傷害人也. 此義與馬不同, 竝得通也. 鄭『詩』「箋」云: "言君子之行, 不忮害, 不求備於一人." 解"不忮"與馬同, "不求"與韓·馬異, 或本『齊』·『魯』說. "疾貪惡忮害之詩"者, 貪惡謂貪求之惡. "詩"者, 「邶風」「雄雉篇」文.

역문 한영(韓嬰)[160]의 뜻을 헤아려 보니, 해치지 않음은 남의 것을 탐하지 않

---

160 한영(韓嬰, ?~?): 한생(韓生)이라고 한다. 전한 연(燕, 北京) 사람으로, 문제(文帝) 때 박사

는 데서 유래하는 것 같다. "해(害)"는 자기에게 재앙과 근심이 있다는 말이지 남을 해친다는 말이 아니다. 이 뜻은 마융과는 같지 않지만 둘 다 통할 수는 있다. 정현의 『시경』「전」에 "군자의 행실은 해치지 않고 한 사람에게 완벽하기를 요구하지 않는다."라고 했는데, "불기(不忮)"를 해석한 것이 마융과 같고, "불구(不求)"를 해석한 것은 한영이나 마융과 다르니, 아마도 『제논어』나 『노논어』의 설을 근거한 것인 듯싶다. "탐욕스러운 흉악과 해침을 미워하는 시[疾貪惡忮害之詩]"에서 탐욕스러운 흉악[貪惡]은 탐욕스럽게 갈구하는 흉악함을 말한다. "시"는 『시경』「국풍·패·웅치」의 내용이다.

- 「注」, "臧善"至"爲善".
- 正義曰: "臧, 善也." 見上「注」, 此當衍. "尙復有美於是者", 言學道無止境也. 譬若富者無驕, 貧者無諂, 尙未若富好禮, 貧樂道也. 克伐怨欲不行, 可以爲難, 尙未可以爲仁也. 是皆未足爲善也.

○ 「주」의 "장선(臧善)"부터 "위선(爲善)"까지.

○ 정의에서 말한다.

"장(臧)은 선(善)이다."라고 한 것은 바로 앞의 「주」에도 보이니, 이것은 당연히 연문(衍文)이다. "오히려 이보다 더 훌륭한 것이 또 있다"라는 것은 학문의 도는 그치는 지경이 없다는

(博士)를, 경제(景帝) 때 상산왕(常山王) 유순(劉舜)의 태부(太傅)를 지냈다. 한시학(韓詩學)의 개창자로, 『시경』과 『주역』을 깊이 연구했다. 무제(武帝) 때 동중서(董仲舒)와 황제 앞에서 논란을 펼쳤는데, 동중서가 당해 내지 못했다. 이름난 제자로 분생(賁生)과 조자(趙子)가 있다. 저서에 『한시내전(韓詩內傳)』과 『한시외전(韓詩外傳)』이 있었지만, 남송 이후부터 『한시외전』만 전한다. 그의 이론은 『제시(齊詩)』나 『노시(魯詩)』와는 다른 부분이 있었다. 그 밖의 저서로 『옥함산방집일서』에 『한시고(韓詩故)』와 『한시설(韓詩說)』, 『주역한씨전(周易韓氏傳)』이 집록되어 있다.

말이다. 비유하자면 부유한 자가 교만함이 없고 가난한 자가 아첨함이 없는 것은, 오히려 부유하면서 예를 좋아하고 가난하면서도 도를 즐기는 것보다 못함[161]과 같은 것이다. 남을 이기기를 좋아하는 마음, 자기의 공을 자랑하는 마음, 원망하는 마음, 탐욕스러운 마음이 행해지지 않음은 어렵다고 할 수 있지만 아직은 인이 되지 못한다.[162] 이러한 것은 모두 아직은 선이 되기에 충분하지가 않다.

9-29

子曰: "歲寒, 然後知松柏之後彫也."【注】大寒之歲, 衆木皆死, 然後知松柏小彫傷. 平歲則衆木亦有不死者. 故須歲寒而後別之. 喩凡人處治世, 亦能自修整, 與君子同; 在濁世, 然後知君子之正不苟容.

공자가 말했다. "한 해[歲]의 날씨가 추워진 뒤에야 소나무와 잣나무가 늦게 시듦을 알 수 있다."【주】아주 추운 해에는 뭇 나무가 모두 죽고, 그런 후에 소나무와 잣나무가 조금만 시들거나 상함을 안다. 평년의 추위에는 뭇 나무 역시 죽지 않는 것이 있다. 그러므로 반드시 한 해의 날씨가 추워진 다음에나 구별된다. 모든 사람도 태평한 시대에는 역시 자신을 수양하고 정제(整齊)해서 군자와 같을 수 있지만, 혼탁한 세상을 만난 뒤에야 구차하게 세상에 용납되기를 구하지

---

161 『논어』「학이(學而)」: 자공(子貢)이 말했다. "가난하면서도 아첨함이 없고, 부유하면서도 교만함이 없으면 어떻습니까?" 공자가 말했다. "괜찮으나, 아직은 가난하면서도 도를 즐기고, 부유하면서도 예를 좋아함만 못하다."[子貢曰: "貧而無諂, 富而無驕, 何如?" 子曰: "可也, 未若貧而樂, 富而好禮者也."]

162 『논어』「헌문」: "남을 이기기를 좋아하는 마음, 자기의 공을 자랑하는 마음, 원망하는 마음, 탐욕스러운 마음이 행해지지 않으면 인이라고 할 수 있습니까?" 공자가 말했다. "어렵다고는 할 수 있겠으나, 인인지는 내가 모르겠다."["克伐怨欲, 不行焉, 可以爲仁矣?" 子曰: "可以爲難矣, 仁則吾不知也."]

않는 군자의 정정당당함을 알 수 있음을 비유한 것이다.

원문 正義曰: "歲寒"者, 孫炎『爾雅』「注」云: "四時一終曰歲, 取歲星行一次也."『說文』"寒"作⧆, 云: "凍也. 從人在宀下, 以茻薦覆之, 下有仌."『釋名』「釋天」, "寒, 扞也, 扞格閉塞不通也."

역문 정의에서 말한다.

"한 해의 날씨가 추워짐[歲寒]"

손염(孫炎)의 『이아』「주」에 "네 계절이 한 번 마치는 것을 세(歲)라 하니, 1년에 별자리가 한 성차(星次)[163]씩 운행하는 데서 뜻을 취한 것이다."『설문해자』에 "한(寒)" 자는 한(⧆)으로 되어 있고, "춥다[凍]는 뜻이다. 사람[人]이 지붕[宀] 아래 있으면서 풀을 깔고 덮고 있는데, 그 아래 얼음[仌]이 있는 형태로 구성되었다."[164]라고 했고, 『석명』「석천(釋天)」에 "한(寒)은 한(扞)이니, 완강하게 거절하며 닫히고 막혀 통하지 않는다는 뜻이다."라고 했다.

원문 翟氏灝『考異』云: "『莊子』「讓王篇」'天寒旣至, 霜雪旣降, 吾是以知松柏之茂也. 陳·蔡之隘, 于丘其幸乎!' 乃子厄陳·蔡時, 謂子路之言." 案, 此又見『風俗通』「窮通篇」.『說文』云: "凋, 半傷也. 彫, 琢文也." 義別, 今

---

163 성차(星次): 옛날 사람들이 해, 달, 별의 운행을 재기 위하여 하늘을 12분야로 나눈 것으로, 12분야마다 각각 수성(壽星), 대화(大火), 석목(析木), 성기(星紀), 현효(玄枵), 추자(娵訾), 강루(降婁), 대량(大梁), 실침(實沈), 순수(鶉首), 순화(鶉火), 순미(鶉尾)라는 명칭이 있다.

164 『설문해자』 권7: 한(⧆)은 춥다[凍]는 뜻이다. 사람[人]이 지붕[宀] 아래 있으면서 풀을 깔고 덮고 있는데, 그 아래 얼음[仌]이 있는 형태로 구성되었다. 호(胡)와 안(安)의 반절음이다. [⧆, 凍也. 從人在宀下, 以茻薦覆之, 下有仌. 胡安切.]

多通用.

역문 적호의 『사서고이』에 "『장자』「양왕(讓王)」에 '찬 계절이 이미 오고 서리와 눈이 이미 내리고 나서야 비로소 우리는 이 때문에 소나무와 잣나무가 추위를 견디며 무성함을 알게 된다. 지금 진(陳)나라와 채나라에서 겪고 있는 재난은 나에겐 오히려 다행한 일일 것이다!'라고 했는데, 바로 공자가 진나라와 채나라에서 곤액을 당하고 있을 때 자로에게 일러서 한 말이다."라고 했다. 살펴보니, 이 말은 또 『풍속통』「궁통」에도 보인다. 『설문해자』에 "조(凋)는 반이 시들었다[半傷]는 뜻이다.[165] 조(彫)는 문양을 새긴다[琢文]는 뜻이다.[166]"라고 했으니 뜻은 다르지만, 지금은 대부분 통용된다.

- 「注」, "大寒"至"苟容".
- 正義曰:『玉篇』, "寒, 冬時." 是寒乃曆歲氣候. 「注」必言"大寒"者, 極言之耳. 『荀子』「大略篇」, "君子隘窮而不失, 勞倦而不苟, 臨患難而不忘細席之言. 歲不寒無以知松柏, 事不難無以知君子." 『史記』「伯夷列傳」, "歲寒, 然後知松柏之後凋. 擧世汙濁, 淸士乃見." 『淮南子』「俶眞訓」, "夫大寒至, 霜雪降, 然後知松柏之茂也. 據難履危, 利害陳於前, 然後知聖人之不失道也."
- 「주」의 "대한(大寒)"부터 "구용(苟容)"까지.
- 정의에서 말한다.
  『옥편』에 "한(寒)은 겨울[冬時]이다."라고 했으니, 이 추위는 바로 한 해를 지나가는 기후(氣

---

[165] 『설문해자』 권11: 조(凋)는 반이 시들었다[半傷]는 뜻이다. 빙(冫)으로 구성되었고 주(周)가 발음을 나타낸다. 도(都)와 요(僚)의 반절음이다.[凋, 半傷也. 從冫周聲. 都僚切.]

[166] 『설문해자』 권9: 조(彫)는 문양을 새긴다[琢文]는 뜻이다. 삼(彡)으로 구성되었고 주(周)가 발음을 나타낸다. 도(都)와 요(僚)의 반절음이다.[彫, 琢文也. 從彡周聲. 都僚切.]

候)인 것이다. 「주」에서 굳이 "큰 추위[大寒]"라고 말한 것은 극단적으로 말한 것일 뿐이다. 『순자』「대략편(大略篇)」에 "군자는 험하고 궁색하더라도 지조를 잃지 않고, 수고롭고 피곤하더라도 구차하지 않으며, 환난에 임하더라도 평소에 소신하던 말을 잊지 않는다. 한 해의 날씨가 춥지 않으면 소나무와 잣나무가 늦게 시듦을 알지 못하고, 사업이 어렵지 않으면 군자를 알아볼 수가 없다."라고 했고, 『사기』「백이열전(伯夷列傳)」에 "한 해[歲]의 날씨가 추워진 뒤에야 소나무와 잣나무가 늦게 시듦을 알 수 있다. 온 세상이 더럽고 혼탁해야 고결한 선비가 드러나는 것이다."라고 했으며, 『회남자』「숙진훈(俶眞訓)」에 "큰 추위가 오고 서리와 눈이 내린 뒤에야 소나무와 잣나무가 추위를 견디며 무성함을 알게 된다. 어려움에 의지하고 위험을 겪으며, 이익과 해로움이 앞에 베풀어진 뒤에야 성인이 도를 잃지 않았다는 것을 알게 된다."라고 했다.

원문 『潛夫論』「交際篇」, "昔魏其之客, 流於武安, 長平之吏, 移於冠軍. 廉頗・翟公, 載盈載虛. 夫以四君之賢, 藉舊貴之凤恩, 客猶若此, 則又況乎生貧賤者哉? 惟有古烈之風, 忠義之士, 爲不然爾. 恩有所結, 終身無解, 心有所矜, 賤而益篤. 故歲寒然後知松柏之後凋也." 諸說或以 "歲寒" 喩事難, 喩世亂, 喩勢衰, 義均得通. 「注」就亂世言.

역문 『잠부론(潛夫論)』「교제(交際)」에 "옛날 위기(魏其)[167]에게 몰렸던 빈객

---

167 위기(魏其, ?~기원전 131): 전한 신도(信都) 관진(觀津) 사람으로 한 무제(漢武帝) 때 승상을 지냈던 두영(竇嬰)의 봉호(封號)이다. 자는 왕손(王孫)이고, 문제(文帝) 두황후(竇皇后)의 조카다. 문제 때 오상(吳相)이 되었는데, 병으로 사직했다. 경제(景帝)가 즉위하자 첨사(詹事)가 되었다. 오초(吳楚)가 반란을 일으키자 대장군(大將軍)이 되어 형양(滎陽)을 지키면서 제(齊)와 조(趙)의 병사들을 감독했다. 7국(國)이 격파되자 위기후(魏其侯)에 봉해졌다. 경제가 사람됨이 가벼워 스스로를 진중하게 유지하지 못한다고 하여 재상으로 기용하지는 않았다. 무제 초에 승상(丞相)에 임명되었고, 유술(儒術)을 숭상해 두태후의 뜻을 거슬러 파직되어 집에 머물렀다. 나중에 승상 전분(田蚡)과 사이가 나빠져 그의 모함을 받아 살해당했다.

들은 무안(武安)으로 흘러갔고, 장평(長平)[168] 밑에 있던 아전들은 관군(冠軍)으로 옮겨 갔다. 염파(廉頗)[169]와 적공(翟公)[170]의 문에는 세력이 있을

---

168 장평(長平, ?~기원전 106): 전한 하동(河東) 평양(平陽) 사람인 위청(衛青)을 가리킨다. 자는 중경(仲卿)이고, 시호는 열(烈)이다. 본성은 정(鄭)이다. 아버지 정계(鄭季)가 평양후(平陽侯)의 가첩(家妾) 위온(衛媼)과 정을 통해 그를 낳았는데, 어머니의 성을 따랐다. 처음에 평양공주(平陽公主)의 가노(家奴)로 있었는데, 누이 위자부(衛子夫, 衛皇后)가 무제의 총희(寵姬)여서 관직에 진출해 태중대부(太中大夫)가 되었다. 원광(元光) 6년(기원전 129) 거기장군(車騎將軍)으로 군대를 거느리고 흉노(匈奴)를 격파하고 관내후(關內侯)에 올랐다. 원삭(元朔) 2년(기원전 127) 다시 병사를 운중(雲中)으로 출병하여 하투(河套) 지구를 수복하고 장평후(長平侯)에 봉해졌다. 원수(元狩) 4년(기원전 119) 대장군(大將軍)으로 곽거병(霍去病)과 함께 대군을 이끌고 막북(漠北)으로 나가 흉노의 주력을 궤멸시켰다. 이후 7차례에 걸쳐 흉노를 정벌하여 더 이상 한나라의 위협이 되지 못하도록 했다. 곽거병과 함께 대사마(大司馬)가 되었다.

169 염파(廉頗, ?~?): 전국시대 조(趙)나라 사람. 조나라 혜문왕(惠文王) 때 장(將)이 되고, 나중에 상경(上卿)으로 승진했다. 제(齊)나라와 위(魏)나라를 공격해 여러 차례 크게 이기고 제나라의 기(幾)와 위나라의 방릉(防陵), 안양(安陽) 등지 등 많은 땅을 빼앗았다. 장평(長平) 전투에서 견고하게 수비하여 진(秦)나라 군대가 3년 동안 출병했지만 얻은 것 없이 돌아가게 만들었다. 나중에 조나라가 진나라의 반간계에 걸려 해직하고 조괄(趙括)을 장수로 기용해 대패했다. 효성왕(孝成王) 15년 연(燕)나라가 대군을 일으켜 침입하자 오히려 역공을 취해 연나라 장수 율복(栗腹)을 죽이고 연나라의 수도를 포위한 뒤 5개 성을 할양받고 화친을 맺었다. 이 공으로 위문(尉文)에 봉해졌고, 신평군(信平君)이 되어 가상국(假相國)에 임명되었다. 도양왕(悼襄王) 때 낙승(樂乘)으로 대신하게 하자 위나라로 달아나 대량(大梁)에서 살았다. 나중에 초나라에서 늙어 죽었다. 인상여(藺相如)와 생사를 같이하기로 하면서 문경지교(刎頸之交)를 맺은 일이 유명하다.

170 적공(翟公, ?~?): 서한(西漢) 때 사람. 하규(下邽)의 정위(廷尉) 벼슬을 할 때 손님이 하도 많아 문지방이 닳았는데, 그 자리에서 물러나자 문에 거미줄이 슬어 새를 잡는 그물을 친 듯했다. 이를 "문전나작(門前羅雀)"이라 한다. 그가 다시 정리가 되니 또 손님들이 들끓어서 문에 크게 방을 붙이기를[적공서문(翟公書門)], "죽은 뒤에야 그 참다운 사귐을 알아볼 수 있고, 가난해져 보아야 부자로 살 때의 참된 태도를 알 수 있으며, 한 번 귀하게 되고 한 번 천하게 되는 그 속에서 사귄 정이 어떠했는지를 알게 되네.[一死一生乃知交情, 一貧一富乃知交態, 一貴一賤交情乃見.]"라고 하여 세상 인정의 경박함을 말했다.

때는 찾아오는 빈객이 가득 찼다가 실권하자 텅텅 비고 말았다. 무릇 저 네 군자의 현명함이 오랫동안 귀하게 서로 은혜를 주고받은 바탕이 있었건만 그 밑의 빈객들은 오히려 이와 같은데, 그렇다면 또 하물며 태어날 때부터 빈천한 자에게 있어서이겠는가? 오직 옛 열사[古烈]의 풍모를 지닌 충의(忠義)의 선비만이 그렇지 않을 뿐이다. 그들은 맺어진 은혜가 있으면 종신토록 이를 풀지 않으며, 긍지로 여기는 마음이 있으면 천해지더라도 더욱 돈독해진다. 그러므로 한 해[歲]의 날씨가 추워진 뒤에야 소나무와 잣나무가 늦게 시듦을 알 수 있는 것이다."라고 했는데, 여러 설이 "세한(歲寒)"을 혹은 일의 어려움에 비유하거나, 또는 세상의 혼란함에 비유하거나, 권세가 쇠함에 비유했는데, 의미가 균등하게 통할 수 있다. 「주」에서는 난세(亂世)의 입장에서 말하였다.

9-30

子曰: "知者不惑, 【注】 包曰: "不惑亂." 仁者不憂, 【注】 孔曰: "無憂患." 勇者不懼."

공자가 말했다. "지혜로운 사람은 미혹되지 않고, 【주】 포함이 말했다. "미혹되어 어지럽지 않음이다." 인한 사람은 근심하지 않으며, 【주】 공안국이 말했다. "우환(憂患)이 없다는 것이다." 용기 있는 사람은 두려워하지 않는다."

원문 正義曰: 『申鑒』「雜言下」, "君子樂天知命, 故不憂: 審物明辨, 故不惑:

定心致公, 故不懼. 若乃所憂懼則有之, 憂己不能成天性也, 懼己惑之. 憂不能免, 天命無惑焉."

정의에서 말한다.

『신감(申鑒)』「잡언하(雜言下)」에 "군자는 하늘의 뜻을 즐거워하고 천명을 알기 때문에 근심하지 않고, 사물의 이치를 살펴 분명하게 분석해내기 때문에 미혹되지 않으며, 마음을 정하여 공정함을 이루기 때문에 두려워하지 않는다. 근심하고 두려워하는 것으로 말할 것 같으면 있으니, 자기가 타고난 본성을 이루지 못함을 근심하고, 자기가 미혹되는 것을 두려워한다. 하지만 근심을 벗어나지 못한다고 하더라도 천명에 대해서는 미혹됨이 없다."라고 했다.

9-31

子曰: "可與共學, 未可與適道; 可與適道, 未可與立; 可與立, 未可與權."【注】"適", 之也. 雖學, 或得異端, 未必能之道. 雖能之道, 未必能有所立. 雖能有所立, 未必能權量其輕重之極. "唐棣之華, 偏其反而! 豈不爾思? 室是遠而". 子曰: "未之思也, 夫何遠之有!"【注】逸詩也. "唐棣", 栘也, 華反而後合. 賦此詩者, 以言權道反而後至於大順. 思其人而不得見者, 其室遠也, 以言思權而不得見者, 其道遠也. 夫思者當思其反, 反是不思, 所以爲遠. 能思其反, 何遠之有? 言權可知, 唯不知思耳. 思之有次序, 斯可見矣.

공자가 말했다. "함께 배울 수는 있어도 아직 도에 나아갈 수는 없으며, 도에 나아갈 수는 있어도 아직 확립할 수는 없으며, 확립할 수는 있어도 아직 권도(權道)를 행할 수는 없다."【주】"적(適)"은 간다[之]는 뜻이다. 비록 배웠더라도 혹 이단(異端)의 도를 터득했다면 반드시 도에 나아갈 수 있는 것은 아니다. 비록 도에 나아갈 수는 있어도 반드시 확립하는 바가 있을 수 있는 것은 아니다. 비록 확립하는 것이 있다 하더라도 반드시 가볍고 무거움의 극치를 저울질하고 헤아릴 수 있는 것은 아니다. "당체(唐棣) 꽃잎이여, 뒤로 젖혀져 있구나! 어찌 그대를 생각하지 않겠는가? 집이 멀기 때문이다."라고 했는데, 공자가 말했다. "생각하지 않아서이지 어찌 멂이 있겠는가?"【주】 일시(逸詩)이다. "당체(唐棣)"는 산앵두나무[栘]인데, 꽃잎이 뒤로 젖혀졌다가 합쳐진다. 이 시를 지은 사람은 이를 가지고 권도도 당체의 꽃처럼 상도(常道)와 반대가 된 뒤에 크게 순조로운 상태에 이름을 말한 것이다. 그 사람을 생각하지만 만날 수 없는 것은 그의 집이 멀기 때문이니, 이 말을 가지고 권도를 생각하지만, 알 수가 없는 것은 그 도가 심원(深遠)하기 때문임을 말한 것이다. 생각하는 자는 반대를 생각해야 하는데, 반대로 하기를 생각하지 않기 때문에 멀다고 여기는 것이다. 반대를 생각할 수만 있다면 어찌 멂이 문제가 되겠는가? 권도는 알 수 있는 것인데 오직 생각할 줄 모를 뿐이라는 말이다. 순서에 따라 생각하면 바로 알 수 있을 것이다.

원문 正義曰: "與"者, 以也. 『淮南子』「泛論訓」, "孔子曰: '可以共學矣, 而未可以適道也; 可與適道, 未可以立也; 可以立, 未可與權.'" 與·以錯出, "與"卽"以"也.

역문 정의에서 말한다.

"여(與)"는, 이(以)이다. 『회남자』「범론훈(泛論訓)」에 "공자가 말했다. '함께 배울 수는 있어도, 아직 도에 나아갈 수는 없고, 도에 나아갈 수는 있어도 아직 확립할 수는 없으며, 확립할 수는 있어도 아직 권도를 행할 수는 없다.'"라고 했는데, 여와 이가 섞여서 나오니, "여"는 바로 "이"이다.

원문 "學"者, 業之所同, 講習切磋, 彼此資益, 故曰"共學". 至適道立權, 各由人所自得, 故不曰"共"也. <u>高誘</u>『淮南子』「注」曰: "道, 仁義之善道. 立, 謂立德·立功·立言."

역문 "배움[學]"이란 학업을 함께하는 것으로 강습(講習)하고 절차(切磋)해서 피차(彼此)간에 도움이 되어 유익하기 때문에 "함께 배운다[共學]"라고 한 것이다. 도에 나아가고 확립하며 권도를 행함에 이르면 각각 사람이 스스로 터득한 것을 따르기 때문에 "함께[共]"라고 말하지 않은 것이다. 고유(高誘)의 『회남자』「주」에 "도(道)는 인의(仁義)의 선도(善道)이다. 입(立)은 덕(德)을 확립하고 공(功)을 세우며 말을 수립한다는 말이다."라고 했다.

원문 <u>戴氏震</u>『孟子字義疏證』, "蓋同一所學之事, 試問何爲而學, 其志有去道甚遠者矣, 求利祿聲名者是也. 道責於身, 不使差謬, 而觀其守道, 能不見奪者寡矣. 故'未可與立'. 守道卓然, 知常而不知變, 由精義未深. 所以增益其心志之明, 使全乎聖智者, 未之盡也. 故'未可與權'."

역문 대진(戴震)의 『맹자자의소증(孟子字義疏證)』에 "똑같은 배움의 일인데 시험 삼아 무엇 때문에 배우는 것이냐고 물어보면, 그 뜻이 도와는 거리가 매우 먼 사람이 있으니 이익과 봉록과 명성을 구하는 자들이 그렇다. 그러므로 '아직 도에 나아갈 수는 없다'라고 한 것이다.[171] 도를 몸소 실천함에 어긋나거나 잘못되게 하지 않더라도 그가 도를 지키는 것을 살펴보면 빼앗기지 않을 수 있는 자가 적다. 그러므로 '아직 세울 수는 없다'라고 한 것이다. 비록 도를 지킴이 뛰어나더라도 일정함만을 알고 변

---

171 『맹자자의소증(孟子字義疏證)』「권(權)」에 "求祿利聲名者是也"와 "道責於身" 사이에 "未可與適道"라고 했으므로, 『맹자자의소증』을 근거로 보충했다.

화를 알지 못하는 것은 뜻을 정밀하게 판단하는 것이 아직 깊지 못하기 때문이다. 따라서 그 심지(心志)의 밝음을 더욱 증진시켜 성스러움과 지혜로움을 온전하게 하는 것에는 아직 부족하다. 그러므로 '아직 권도를 행할 수는 없다'라고 한 것이다."라고 했다.

원문 "唐棣之華"云云者, 此引『詩』, 言以華之反而後合, 喩權之反經而合道也. 『春秋繁露』「竹林篇」·『文選』「廣絕交論」「注」引此文作"棠棣", "唐"·"棠"通用字. 『爾雅』「釋草」云: "木謂之榮, 草謂之華." 此唐棣是木, 亦言華者, 散文可通稱. 故『說文』云: "蕚, 榮也." 是也.

역문 "당체꽃[唐棣之華]"이라고 했는데, 이는 『시경』을 인용해서 꽃잎이 뒤로 젖혀졌다가 모이는 것을 말하여 권도가 상도[經]와 반대가 되었다가 도에 부합함을 비유한 것이다. 『춘추번로』「죽림(竹林)」과 『문선(文選)』「광절교론(廣絕交論)」의 「주」에 이 글을 인용하면서 "당체(棠棣)"라고 했는데, "당(唐)"과 "당(棠)"은 통용되는 글자이다. 『이아』「석초(釋草)」에 "나무에 피는 꽃을 영(榮)이라 하고, 풀에 피는 꽃을 화(華)라 한다."라고 했는데, 이 당체(唐棣)는 나무인데도 화(華)라고 했으니, 산문(散文)에서는 통칭(通稱)할 수 있다. 따라서 『설문해자』에서 "화(蕚)는 꽃[榮]이다."[172]라고 한 것이 바로 이것이다.

원문 "偏其反而"者, 皇「疏」云: "言偏者, 明唯其道偏與常反也." 朱子『集注』引『晉書』"偏"作"翩", 似『晉書』無此文. 「角弓詩」, "翩其反矣." 「桑柔詩」,

---

172 『설문해자』 권6: 화(蕚)는 꽃[榮]이다. 초(艸)와 화(蕚)로 구성되었다. 모든 화(蕚)부에 속하는 한자는 다 화(華)의 의미를 따른다. 호(戶)와 과(瓜)의 반절음이다.[蕚, 榮也. 從艸從蕚. 凡蕚之屬皆從華. 戶瓜切.]

"旟旐有偏." 『釋文』, "偏, 本亦作翩." 韋昭「周語」「注」, "翩翩, 動搖不休止之意." 然則偏讀翩, 義亦通矣. "而"者, 語助之辭.

역문 "뒤로 젖혀져 있구나[偏其反而]"

황간의 「소」에 "'젖혀졌다[偏]'라고 말한 것은 오직 그 도가 뒤집혀서 상도(常道)와 반대가 됨을 밝힌 것이다."라고 했다. 주자의 『논어집주』에는 『진서(晉書)』를 인용해 "편(偏)"을 "편(翩)"이라고 했는데,[173] 『진서』에는 이 글이 없는 것 같다. 『시경』「소아(小雅)・각궁(角弓)」에 "반대로 젖혀졌도다.[翩其反矣.]"라고 했고, 「대아(大雅)・상유(桑柔)」에, "깃발이 펄럭거린다.[旟旐有偏.]"라고 했는데, 『경전석문』에 "편(偏)은 판본에 따라 편(翩)으로 되어 있기도 하다."라고 했다. 위소의 『국어』「주어」「주」에 "편편(翩翩)은 움직이고 흔들려 그치거나 멈추지 않는다는 뜻이다."라고 했다. 그렇다면 편(偏)을 편(翩)으로 읽어도 뜻은 역시 통한다. "이(而)"는 어조사(語助辭)이다.

원문 皇「疏」云: "'豈不爾思, 室是遠而'者, 言凡思其人而不得見者, 其居室遼遠故也. 人豈不思權, 玄邈如其室奧遠故也." 劉氏逢祿『述何篇』, "夫子以思爲未思者, 不欲諉咎於室, 誠之至也."

역문 황간의 「소」에 "'어찌 그대를 생각하지 않겠는가? 집이 멀기 때문이다.[豈不爾思, 室是遠而.]'는 그 사람을 생각하면서도 만나 볼 수 없는 것은 그가 거처하는 집이 멀기 때문이라는 말이다. 사람이 어찌 권도를 생각하지 않겠는가마는 현묘하고 아득함이 마치 그 집이 아득하고 멀기 때

---

173 『논어집주(論語集註)』「자한(子罕)」: 편(偏)은 『진서(晉書)』에는 편(翩)으로 되어 있으니, 그렇다면 번(反)도 또한 당연히 번(翻)과 같아야 할 것이다. 이는 꽃의 흔들림을 말한 것이다.[偏, 『晉書』作翩, 然則反亦當與翻同. 言華之搖動也.]

문인 것과 같다."라고 했다. 유봉록(劉逢祿)의『논어술하편(論語述何篇)』
에 "공자가 생각하지 않기 때문이라고 여긴 것은 집에다 허물을 돌리고
싶지 않았기 때문이니 성실함이 지극한 것이다."라고 했다.

원문 <u>馮氏登府</u>『異文考證』, "「綿詩」「正義」及『三國志』「魏武帝紀」「注」·『說
苑』「權謀」·『北周書』「宇文護傳」「論」竝作'可與適道, 未可與權', 『筆解』
作'可與共學, 未可與立; 可與適道, 未可與權', 謂今文錯簡.『唐文粹』<u>馮
用之</u>『機論』引與『筆解』同. 此當由後人隨意引入, 非今文有錯簡也."

역문 풍등부의『논어이문고증』에 "『시경』「대아·면(綿)」의「정의」및『삼
국지』「위무제기(魏武帝紀)」의「주」와『설원』「권모(權謀)」와『북주서(北
周書)』「우문호전(宇文護傳)」의「논」에는 모두 '도에 나아갈 수는 있지만,
아직 권도를 행할 수는 없다[可與適道, 未可與權]'로 되어 있고,『논어필해
(論語筆解)』에는 '배울 수는 있지만, 아직 설 수는 없고 도에 나아갈 수는
있지만, 아직 권도를 행할 수는 없다[可與共學, 未可與立; 可與適道, 未可與權]'
라고 되어 있으니, 금문(今文)이 착간(錯簡)이라는 말이다.『당문수(唐文
粹)』의 풍용지(馮用之)[174]의『기론(機論)』에 인용한 것은『논어필해』와 같
다. 이는 당연히 후대의 사람들이 자기 마음대로 끌어들였기 때문이니,
금문에 착간이 있는 것이 아니다."라고 했다.

원문『釋文』, "未, 音味. 或作末者, 非. 夫, 音符. 一讀以夫字屬上句." <u>高麗
本</u>讀正同. <u>武氏億</u>『經讀考異』謂"如一讀有詠歎淫泆之趣." 又謂"古人釋

---

174 풍용지(馮用之, ?~?): 중국 하남(河南) 낙양(洛陽) 사람. 당(唐) 현종(玄宗) 때 만년현(萬年
縣) 현령과 금부원외랑(金部員外郞), 창부낭중(倉部郞中) 등의 직책을 역임했다. 저술로는
『기론(機論)』이 있는데, 기회, 재치, 기술을 주요 내용으로 하는 정치적 지혜를 담고 있다.

『詩』之詞多以'夫'字屬句末."歷引『左傳』「僖」二十四年·「宣」十二年·「成」八年·「襄」二十四年·『中庸』·『法言』爲證，其說良然. 皇本"有"下多"哉"字.

역문 『경전석문』에 "미(未)는 발음이 미(味)이다. 더러 말(末)로 되어 있는 것은 틀린 것이다. 부(夫)는 발음이 부(符)이다. 다른 판본에는 부(夫) 자를 앞 구절에 붙여서 읽기도 한다."라고 했는데, 고려본의 구두와 정말로 같다. 무억(武億)의 『경독고이(經讀考異)』에 "만일 한번 읽어 보면 영탄해 마지않는[詠歎淫泆] 취지가 있다."라고 했고, 또 "옛사람들이 『시』를 해석한 말에는 '부(夫)' 자를 앞 구절 끝에 붙이는 경우가 많다."라고 하면서 『춘추좌씨전』「희공」24년·「선공(宣公)」12년·「성공(成公)」8년·「양공」24년과 『중용』·『법언』을 낱낱이 인용해서 증명했으니, 그의 설명이 참으로 옳다. 황간본에는 "유(有)" 아래 "재(哉)" 자가 하나 더 있다.

- 「注」, "適之"至"之極".
- 正義曰: "之"者, 往也. 『法言』「問道篇」, "或問道. 曰: '道也者, 通也, 無不通也.' 或曰: '可以適他與?' 曰: '適堯·舜·文王者爲正道, 非堯·舜·文王爲他道. 君子正而不他. 塗雖曲, 而通諸夏則由諸; 川雖曲, 而通諸海則由諸." 宋咸「注」, "他, 異端也." 與此「注」相發.
- 「주」의 "적지(適之)"부터 "지극(之極)"까지.
- 정의에서 말한다.
  "지(之)"는 간다[往]는 뜻이다. 『법언』「문도(問道)」에 "어떤 사람이 도에 대해서 묻자 다음과 같이 말했다. '길[道]이란 통하는 것이니, 통하지 않는 것이 없다는 뜻이다.' 어떤 사람이 물었다. '다른 길로 가도 괜찮은가?' 대답했다. '요임금이나 순임금이나 문왕에게로 가는 것이 바른길[正道]이 되고, 요임금이나 순임금이나 문왕이 아닌 데로 가는 것은 다른 길[他道]이 된다. 군자는 바른길로 가야지 다른 길로 가면 안 된다. 길[塗]이 비록 굽었다 하더라도 중국[諸

夏]으로 통하면 중국을 따라가는 것이고, 냇물의 흐름이 비록 구불구불하더라도 바다로 통하면 바다를 따라가는 것이다."라고 했는데, 송함(宋咸)[175]의 「주」에 "타(他)는 이단(異端)이다."라고 했으니, 여기의 「주」와 서로 발명이 된다.

원문 『玉篇』, "權, 秤錘也."『孟子』「梁惠王篇」, "權然後知輕重." <u>焦氏循說</u>權曰: "權之於稱也, 隨物之輕重以轉移之, 得其平而止. 物增損而稱則長平, 轉移之力也. 不轉移, 則隨物爲低昂而不得其平, 故變而不失常, 權而後經正." 皇「疏」引王弼曰: "權者, 道之變. 變無常體, 神而明之, 存乎其人, 不可豫設, 尤至難者也."

역문 『옥편』에 "권(權)은 저울추[秤錘]이다."라고 했다. 『맹자』「양혜왕상(梁惠王上)」에 "저울추[權]로 달아 본 뒤에야 가볍고 무거움을 안다."라고 했는데, 초순은 저울추[權]를 설명하기를 "저울[稱]의 추[權]는 물건의 경중에 따라 옮기다가 평형을 이룬 뒤에 멈춘다. 물건이 불거나 줄다가 균형을 이루면 계속해서 평형을 이루는데, 이는 저울추가 옮겨 간 힘이다. 저울추를 옮기지 않으면 물건에 따라 위아래로 끄떡여 평형을 이루지 못하기 때문에 변화를 시켜야 일정함을 잃지 않으니, 권도로 헤아린 뒤에야 상도[經]가 바르게 되는 것이다."라고 했다. 황간의 「소」에는 왕필을 인용해서 "권(權)이란 상도가 변한 것이다. 변화[變]는 일정한 체(體)가 없어 신묘(神妙)하게 해서 밝힘은 사람에 달려 있지만 미리 만들 수가 없

---

175 송함(宋咸, ?~?): 중국 북송(北宋) 대의 학자. 자는 관지(貫之)이다. 건양(建陽) 동유리(童遊里) 사람으로, 담대함과 식견을 겸비하였으며, 문·무에 모두 능했다고 한다. 북송 천성(天聖) 2년(1024년)에 벼슬에 나아갔으며, 저서로는 『주역보주(周易補注)』, 『양자법언광주(楊子法言廣注)』, 『모시정기외의(毛詩正紀外義)』, 『논어증주(論語增注)』, 『조제요람(朝制要覽)』 등이 있다.

으니 더욱이나 지극히 어려운 것이다."라고 했다.

- 「注」, "唐棣"至"見矣".
- 正義曰: "唐棣・栘"者, 『爾雅』「釋木」文. 又常棣・棣二木, 皆見『詩』. 陳氏奐『毛詩疏』謂 "『爾雅』當作'唐棣, 栘; 常棣, 栘.'" 以棣之名專屬唐棣, 而以常棣爲棣之類. 若然, 則此「注」 所云"唐棣栘", "栘"字亦"棣"之誤矣. 陳「疏」又云: "『說文』, '栘, 常棣也. 棣, 白棣也.' '棠'當作 '常'. 『爾雅』邢「疏」引陸璣『義疏』云: '許愼曰: "白棣, 樹也." 如李而小, 如櫻桃正白, 今宮園 種之. 又有赤棣樹, 亦似白棣, 葉如刺楡葉而微圓, 子正赤, 如鬱李而小. 五月始熟. 自關西・ 天水・隴西多有之.' 案, 元恪謂白棣以實白而得名, 赤棣如鬱李, 其實正赤. 鬱李一名奧李, 一名雀李, 一名車下李, 爲棣之屬. 乃『論語』邢「疏」引『義疏』云: '唐棣, 奧李也. 一名雀李, 亦曰車下李, 所在山皆有. 其華或白或赤, 六月中熟, 大如李子, 可食.' 此與『齊民要術』引「豳 風・七月篇」「義疏」'鬱樹高五六尺, 實大如李, 赤色, 食之甜'正同. 則『論語』「疏」引'唐棣', 必是'常棣'之誤. 「小雅」之常棣, 「七月」之'鬱', 皆卽赤棣歟, 而非此'唐棣'也." 案, 陳說是也.
- 「주」의 "당체(唐棣)"부터 "견의(見矣)"까지.
- 정의에서 말한다.

  "당체(唐棣)는 산앵두나무[栘]이다."라고 한 것은 『이아』「석목(釋木)」의 글이다. 또 상체(常 棣)와 체(棣)는 서로 다른 나무인데 모두 『시경』에 보인다. 진환(陳奐)의 『모시전소(毛詩傳 疏)』에 "『이아』에는 마땅히 '당체(唐棣)는 산앵두나무[栘]이고, 상체(常棣)는 산앵두나무[栘] 이다.'라고 해야 한다."[176]라고 해서 체(棣)라는 명칭을 오로지 당제에만 귀속시키고 싱체를 산앵두나무[棣]의 종류로 삼았다. 만약 그렇다면 여기의 「주」에서 "당체(唐棣)는 산앵두나무 [栘]이다."라고 할 때의 "이(栘)" 자 역시 "체(棣)"의 오자인 듯하다. 진환의 「소」에는 또 "『설 문해자』에 '이(栘)는 상체(常棣)이다.[177] 체(棣)는 백체(白棣)이다.[178]'라고 했으니, '당(棠)'

---

176 『이아(爾雅)』「석목(釋木)」에는 "唐棣, 栘; 常棣棣."로 되어 있다.

177 『설문해자』 권6: 이(栘)는 상체(棠棣)이다. 목(木)으로 구성되었고 다(多)가 발음을 나타낸 다. 익(弋)과 지(支)의 반절음이다.[栘, 棠棣也. 從木多聲. 弋支切.]

은 마땅히 '상(常)'이 되어야 한다. 『이아』 형병의 「소」에 육기(陸璣)[179]의 『모시초목조수충어소(毛詩草木鳥獸蟲魚疏)』를 인용해 '허신이 "백체(白棣)는 나무[樹]이다."라고 했는데, 오얏[李]과 같으면서 작고, 앵도(櫻桃)와 같은 순백색[正白]이며 지금 궁원(宮園)에 그것을 심어 놓았다. 또 적체(赤棣)나무가 있으니, 역시 백체와 유사하고 잎사귀는 시무나무[刺榆] 잎사귀와 같은데 조금 둥글며 열매는 순적색[正赤]이고 산앵두나무[鬱李]와 같으며 5월에 익기 시작한다. 관서(關西)와 천수(天水), 용서(隴西) 지방부터 많이 있다.'라고 했다. 살펴보니, 원각(元恪: 육기의 자)은 백체는 열매가 흰색이기 때문에 그렇게 명명하게 된 것이고, 적체(赤棣)는 산앵두나무[鬱李]와 같으며 그 열매는 순적색[正赤]이라고 생각한 것이다. 산앵두나무[鬱李]의 다른 명칭은 오리(奧李)이며, 또 다른 명칭은 작리(雀李)이고, 또 다른 명칭은 거하리(車下李)인데, 체(棣)의 등속이 된다. 그러므로 『논어』 형병의 「소」에 육기의 『의소』를 인용해서 '당체(唐棣)는 오리(奧李)이다. 또 다른 명칭은 작리(雀李)이며, 또 거하리(車下李)라고도 하는데, 산이 자리하고 있는 곳에는 모두 있다. 그 꽃잎은 혹은 흰색이거나 혹은 적색이고 6월 중에 익으며 큰 것은 오얏 열매 같고 먹을 수 있다.'라고 했다. 이것은 『제민요술(齊民要術)』에 인용한 『시경』「빈풍(豳風)·칠월」의 「의소」에서 '산앵두나무[鬱樹]의 높이는 5~6자이고 열매의 크기는 오얏과 같으며 적색인데 먹어 보면 달다.'라고 한 것과 똑같다. 그렇다면 『논어』의 「소」에서 인용한 '당체(唐棣)'는 분명 '상체(常棣)'의 잘못이다. 『시경』「소아」의 상체(常棣)와 「칠월」의 '울(鬱)'은 모두 적체(赤棣)일 것이므로 이 '당체(唐棣)'는 아닌 것이다."라고 했다. 살펴보니 진환의 설이 옳다.

원문 郭注『爾雅』以"唐棣似白楊", 郝氏懿行『義疏』引牟願相說, "卽今小桃白, 其樹高七八尺, 其華初開反背, 終乃合竝. 但其樹皮色紫赤, 不似白楊

---

178 『설문해자』 권6: 체(棣)는 백체(白棣)이다. 목(木)으로 구성되었고 이(隶)가 발음을 나타낸다. 특(特)과 계(計)의 반절음이다. [棣, 白棣也. 從木隶聲. 特計切.]

179 육기(陸璣, ?~?): 중국 삼국시대 오(吳)나라의 학자. 자는 원각(元恪)이다. 오군[吳郡: 지금의 소주(蘇州)] 사람이다. 저서에 『모시초목조수충어소(毛詩草木鳥獸蟲魚疏)』 2권이 있다.

耳." <u>牟氏</u>此說, 得之目驗, 與<u>許愼</u>所稱"白棣", 當無異矣. 皇「疏」云: "夫樹木之花, 皆先合而後開, 唐棣之花, 則先開而後合." 是華反而後合也.

역문 곽박은 『이아』를 주석하면서 "당체(唐棣)는 백양(白楊)과 같다"라고 했고, 학의행(郝懿行)의 『이아의소(爾雅義疏)』에는 모원상(牟願相)[180]의 설을 인용해서, "바로 지금의 작은 도백(桃白)이니 그 나무의 높이는 7~8자이고 그 꽃잎이 처음 벌어질 때는 뒤로 젖혀졌다가 끝에 가서 함께 모인다. 다만 그 나무의 껍질색은 자줏빛을 띠는 붉은색으로 백양(白楊)과는 같지 않다."라고 했는데, 모원상의 이 말은 눈으로 보면 증명할 수 있으니, 허신이 일컬은 "백체(白棣)"와는 당연히 다를 것이 없다. 황간의 「소」에 "나무에 피는 꽃은 모두 먼저는 꽃잎이 오므라져 있다가 나중에 벌어지는데, 당체의 꽃잎은 먼저 벌어져 있다가 나중에 오므라진다."라고 했으니, 이것이 꽃잎이 젖혀진 뒤에 모인다는 것이다.

원문 <u>高誘</u>『淮南子』「注」云: "權因事制宜, 權量輕重, 無常形勢, 能合醜反善, 合於時適." 義是由反而至大順, 亦用權之道, 所謂"無常形勢"也. 『公羊』「桓」十一年「傳」, "權者何? 反乎經, 然後有善者也." 『後漢』「周章傳」・『北周』「宇文護傳」引『論語』解之, 竝爲反經, 用『公羊』義也.

역문 고유의 『회남자』「사논훈(氾論訓)」「주」에 "권(權)은 일에 따라서 제도를 알맞게 하는 것이니, 경중을 재고 헤아림에 일정한 형세가 없지만 추한 것을 모아 도리어 선하게 할 수 있고 시의적절함에 합당하게 할 수 있다."라고 했는데, 이 뜻이 바로 상도와 반대됨으로부터 크게 순조로운

---

180 모원상(牟願相, ?~?): 청나라 시대의 학자. 산동 서하(栖霞) 사람으로, 자는 단보(亶甫)이고 호는 철리(鐵李)이다. 저서에 『소해초당시문집(小澥草堂詩文集)』과 『모원상선생유저(牟愿相先生遺著)』가 있다.

상태에 이르는 것 역시 권도를 쓴다는 것이니, 이른바 "일정한 형세가 없다"라는 것이다. 『춘추공양전』 「환공」 11년의 「전」에 "권(權)이란 무엇인가? 상도[經]와는 반대가 되지만, 뒤에 가서 보면 훨씬 바람직한 결과가 되는 것이다."라고 했는데, 『후한서』 「주장전(周章傳)」과 『북주서』 「우문호전」에 『논어』를 인용해서 해석하면서 모두 일정한 법도와 반대되는 것이라고 했으니, 『춘추공양전』의 뜻을 원용한 것이다.

원문 焦氏循說"權"曰: "說者疑於經不可反. 夫經者, 法也. 法久不變則弊生, 故反其法以通之; 不變則不善, 故反而後有善. 不變則道不順, 故反而後至於大順. 故反寒爲暑, 反暑爲寒. 日月運行, 一寒一暑, 乃爲順風行; 恒寒恒燠, 則爲咎徵. 禮減而不進則消, 樂盈而不反則放. 禮有報而樂有反, 此反經所以爲權."

역문 초순은 "권(權)"에 대해 설명하기를 "설자들은 상도[經]에 대해서는 반대로 할 수 없다고 생각한다. 상도[經]란 법이다. 법이 오래도록 변하지 않으면 폐단이 생겨나기 때문에 그 법을 반대로 해서 통하게 하는 것이고, 변하지 않으면 바람직하지 않기 때문에 반대로 한 뒤에 바람직함이 있게 된다. 변하지 않으면 도가 순조롭지 않기 때문에 반대로 한 뒤에 크게 순조로운 상태에 이르게 된다. 그러므로 추위를 반대로 하면 더위가 되고 더위를 반대로 하면 추위가 된다. 해와 달이 하늘에서 운행하면 한 번은 춥고 한 번은 더워져 순풍(順風)이 운행하게 되고, 항상 춥고 항상 따뜻하면 재앙의 징조가 된다. 예는 감쇄하기만 하고 나아가지 않으면 사그라지고 음악은 가득 차기만 하고 돌아오지 않으면 방탕해진다. 예는 보답이 있고 음악은 돌아옴이 있는 것이니, 이것이 상도[經]를 반대로 함이 권도[權]가 되는 까닭이다."라고 했다.

원문 『春秋繁露』「竹林篇」, "『春秋』之常辭也, 不予夷狄而予中國爲禮. 至邲之戰, 偏然反之, 何也? 曰: 『春秋』無通辭, 從變而移. 故盟不如不盟, 然而有所謂善盟; 戰不如不戰, 然而有所謂善戰. 不義之中有義, 義之中有不義, 辭不能及, 皆在於指, 非精心達思者, 其孰能知之? 『詩』云: '棠棣之華, 偏其反而! 豈不爾思? 室是遠而.' 子曰: '未之思也, 夫何遠之有?' 由是觀之, 見其指者不任其辭, 然後可與適道矣." 劉勰『新論』「明權篇」, "古之權者, 審其輕重, 必當於理而後行焉. 『易』稱'巽以行權', 『語』稱'可以適道, 未可與權.' 權者反於經而合於道, 反於善而後有善, 若唐棣之華, 反而更合. 孝子事親, 和顏卑體, 盡孝盡敬, 及其溺也, 則攬髮而拯之, 非敢侮慢, 以救死也. 故漲而捽父, 祝則名君, 勢不得已, 權之所設也." 二說皆足以發明此章經「注」之義.

역문 『춘추번로』「죽림」에 "『춘추』의 통상적인 표현법은 이적(夷狄)을 인정하지 않고 중국을 인정하는 것을 예(禮)로 삼는다. 그러나 필(邲) 땅의 전쟁에 이르러 표현이 확 반대로 뒤집혔는데,[181] 어째서인가? 동중서가 대답했다. 『춘추』에는 모든 상황에 모두 똑같이 적용되는 표현법은 없고 사태의 변화에 따라 바뀐다. 그러므로 맹약을 맺은 것이 맹약을 맺지 않은 것만 못하지만, 그중에는 이른바 잘 맺은 맹약이라는 것이 있고, 전쟁을 하는 것이 진쟁히지 않는 것만 못하지만, 그중에는 이른바 잘한 전

---

181 『춘추(春秋)』「선공(宣公)」 12년: 여름 6월 을묘일(乙卯日)에 진(晉)나라 순림보(荀林父)가 군대를 거느리고 가서 초자(楚子)와 필(邲)에서 전쟁하였는데, 진군(晉軍)이 대패했다.[夏六月乙卯, 晉荀林父帥師及楚子戰于邲, 晉師敗績.] 초나라의 장왕(莊王)이 정나라를 침략해서 승리를 거두자, 순림보가 이끄는 진나라의 구원병이 정나라에 도착했지만 이미 뒤늦은 상태에서 초나라와 명분 없는 전쟁을 벌였다가 대패를 당한 것이다. 『춘추』에서는 이에 대해 초나라를 이적으로 간주하지 않고 오히려 초나라에게 중원의 국가 질서에 편입될 만한 자격을 부여한 것이다.

쟁이라는 것이 있다. 불의(不義) 가운데 의로움이 있기도 하고 의로움 가운데 불의가 있는데, 말이 제대로 언급하지 못하는 것은 모두 취지에 달려 있으니, 마음을 치밀하게 갖추고 생각을 철저하게 하는 사람이 아니라면 누가 그 취지를 알 수 있겠는가? 『시경』에 '당체의 꽃잎이여, 뒤로 젖혀져 있구나! 어찌 그대를 생각하지 않겠는가? 집이 멀기 때문이다.'라고 했는데, 공자가 '생각하지 않아서이지 어찌 멂이 있겠는가?'라고 했으니, 여기에 따라 생각해 보면 『춘추』의 취지를 아는 사람은 그 말에만 사로잡히지 않게 되니, 말에만 사로잡히지 않은 뒤라야 도에 나아갈 수 있는 것이다."라고 했다.

유협(劉勰)[182]의 『신론(新論)』「명권(明權)」에 "옛날의 권도란 그 경중을 살펴 반드시 이치에 합당한 뒤에 실행한다. 『주역』「계사하(繫辭下)」에 '손(巽)으로써 권도를 행한다'라고 했고, 『논어』에 '도에 나아갈 수는 있지만, 아직 권도를 행할 수는 없다'라고 했는데, 권도란 상도[經]에 반대가 되었다가 도에 부합하는 것이며, 선에 반대가 된 뒤에 선이 있는 것이니, 마치 당체의 꽃잎이 뒤로 젖혀졌다가 다시 모이는 것과 같다. 효

---

182 유협(劉勰, 465~521): 남조 양(梁)나라 동완(東莞) 거현(莒縣) 사람. 자는 언화(彦和)이다. 어릴 때 고아가 되어 학문에 열중하면서 결혼도 하지 않고 사문(沙門) 승우(僧祐)에 귀의해 함께 10여 년을 생활하면서 경론(經論)에 정통하게 되었다. 양 무제(梁武帝) 태감(太監) 초에 봉조청(奉朝請)을 시작으로 임천왕(臨川王) 소굉(蕭宏)의 기실(記室)이 되었다가 동궁통사사인(東宮通事舍人)을 거쳐 보병교위(步兵校尉)로 옮겼다. 만년에 출가하여 법명을 혜지(慧地)라고 했지만, 얼마 뒤 죽었다. 일찍이 정림사(定林寺) 장경(藏經)을 정리했다. 불전(佛典)을 비롯하여 각종 서적을 열독하여 많은 교양을 쌓았는데, 그의 심오한 학문적 소양은 『문심조룡(文心雕龍)』에 잘 나타나 있다. 이 책의 원고를 탈고하여 당시 문단의 중진이었던 심약(沈約)에게 교열을 부탁하자 심약은 한 번 보고 감탄하면서 탁자 위에 정중히 놓았다고 한다. 소명태자(昭明太子)의 신임이 두터웠으며, 소명태자의 『문선(文選)』 편찬에는 그의 창작 이론이 많은 영향을 주었다.

자가 어버이를 섬김에 낯빛을 온화하게 하고 몸을 낮추어 효도를 다하고 공경을 다하지만, 어버이가 물에 빠지게 되면 터럭을 움켜쥐고 건져 내어도 감히 업신여기거나 오만불손함이 되지 않는 것은 죽음에서 구제했기 때문이다. 따라서 물이 불어 넘쳐흐르면 아버지의 머리채를 낚아채고, 축문을 읽을 때는 임금의 이름도 휘하지 않고 부르는데,[183] 이는 형세가 그렇게 하지 않을 수 없기 때문이니, 이것이 권도가 세워진 까닭이다."라고 했는데, 두 설이 모두 이 장의 경문에 대한 「주」의 뜻을 충분히 드러내고 밝혔다.

원문 毛氏奇齡『稽求篇』, "『毛詩』'不思其反, 反是不思.' 陽固「嫉邪」詩'反是不思, 維塵及矣.' 皆'未之思也'之注. 若相反之思, 則王符『潛夫論』有云: '夫長短大小, 淸濁疾徐, 必相和也. 然攻玉以石, 洗金以鹽, 濯錦以魚, 浣布以灰, 夫物固有以賤理貴, 以醜化好者矣. 智者棄短而取長, 則才可致.' 賢者激濁以見淸, 則士可用. 孔子曰: '未之思也, 夫何遠之有?' 此正以貴賤·好醜·長短·淸濁相反而實相成, 見思反之意."

역문 모기령의 『논어계구편(論語稽求篇)』에 "『모시』에 '그 뒤집힐 것을 생각지 않았노라. 뒤집힐 것을 생각하지 않았으니'라고 했고, 양고(陽固)[184]의

---

183 『논어정의』에는 "漲而捽之, 父祝則名君."으로 되어 있으나, 『신론(新論)』 「명권(明權)」에는 "漲而捽父, 祝則名君."으로 되어 있다. 『신론』을 근거로 수정하고 해석했다.

184 양고(陽固, 467~523): 북위(北魏)의 학자. 자는 경안(敬安)이다. 북평(北平) 무종[無終: 지금의 천진(天津) 계현(薊縣)] 사람. 급사중과 북평태수를 역임했으며 은혜로운 정사를 펼쳤다. 여러 전적을 두루 열람하여 문재가 있었다. 요역을 생략할 것과 세금을 적게 걷을 것, 학교를 부흥하고 농업 생산을 발전시킬 것, 불교 사업의 비용을 삭감할 것을 주장했다. 유가와 묵가, 도가와 도교 사상을 아울러 채용했다. 철학적으로는 노장의 경향을 띠었고, 특히 노장의 과욕(寡欲)과 부쟁(不爭)의 관점을 견지했다. 저서로는 『남북이도부(南北二都賻)』와 『연이부(演頤賦)』, 『종제(終制)』가 있고, 후인들이 그의 작품을 모아서 수록한 『양태상집(陽太

「질사(嫉邪)」라는 시에 '뒤집힐 것을 생각하지 않아, 이에 속세의 티끌이 이르도다.'라고 했는데, 모두 '생각하지 않음[未之思也]'을 주석한 것이다. 상반됨을 생각하는 것으로 말할 것 같으면 왕부(王符)[185]의 『잠부론』에 있는데, '장단(長短)과 대소(大小), 청탁(淸濁)과 질서(疾徐)는 반드시 서로 조화[186]를 이루어야 한다. 그러니 옥은 돌로 다듬고 금은 소금으로 씻으며 비단은 물고기 기름으로 빨고 삼베는 잿물로 세탁하니, 이처럼 물건들은 진실로 천한 것으로 귀한 것을 다스리고 추한 것으로 좋은 것을 변화시키는 것이 있다. 지혜로운 사람은 단점을 버리고 장점을 취하니 재주를 이룰 수 있다.'라고 했다. 현명한 사람은 탁류(濁流)를 밀어 내보내고 청류(淸流)를 끌어올리니, 선비를 등용할 수 있다. 공자가 말하길 '생각하지 않아서이지 어찌 멂이 있겠는가?'라고 했으니, 이는 바로 귀천(貴賤)과 호추(好醜)와 장단과 청탁이 서로 반대가 되면서 실제로는 서로 이루어 줌을 가지고, 뒤집어서 생각하는 의미를 나타낸 것이다."라고 했다.

원문 又云: "嘗讀「王祥傳」, 知祥以漢・魏遺老身爲三公, 而卒預晉禪, 心嘗愧恨. 雖不奉朝請, 不立殿陛, 而終不自安. 故於臨歿時, 屬後人使不澣濯,

---

常集)』3권이 있다.

185 왕부(王符, ?~?): 후한 말기 안정군(安定郡) 임경(臨涇) 사람. 자는 절신(節信)이다. 가문이 미천하여 고향 사람들에게 천대를 받았지만, 어려서부터 학문을 좋아했고, 마융(馬融)과 두장(竇章), 장형(張衡), 최원(崔瑗) 등과 가깝게 지냈다. 절개를 굳게 지켰고, 농민들의 반란이 계속되는 세속(世俗)에 분개하여 숨어 살면서 30여 편의 책을 썼다. 평생 벼슬하지 않았다. 이름을 나타내기 싫어하여 저서도 『잠부론(潛夫論)』이라 했다. 이 책에서 당시의 득실(得失)을 지적하면서 치국부민(治國富民)의 방법을 논했다.

186 『논어정의』에 "應"으로 되어 있으나, 『잠부론』「실공(實貢)」에 "和"로 되어 있다. 『잠부론』을 근거로 고쳤다.

不含斂, 不沐棺槨, 不起墳塋; 家人不送喪, 祥禫不饗祀. 雖不用古法, 而反經行權, 期合於道, 故旣以孝弟信讓通屬之, 而終之曰: ‘未之思也, 夫何遠之有?’ 此正取「唐棣」是篇以反作正之一證也.” 案, 如毛說, “未之思”是思反, 亦卽是思權, 與此「注」說亦正合. 云“次序”者, 謂先反後順也.

역문 또 “일찍이「왕상전(王祥傳)」을 읽고서, 왕상(王祥)[187]이 한(漢)나라와 위(魏)나라의 유로(遺老)[188]로서 몸소 삼공(三公)이 되었으나, 마침내 진왕(晉王) 사마염(司馬炎)의 양위에 산여해 마음속으로 일찍이 부끄럽고 유삼스러워했음을 알았다. 비록 조청(朝請)을 받들지 않고[189] 임금이 거처하는 전각의 섬돌[殿陛]에 서지는 않았지만 끝내 스스로 편하지 않았다. 그리하여 죽음에 임했을 때 후인들에게 빨래를 하지 말고, 반함과 염습을 하지 말며, 관곽을 씻지 말고, 봉분을 올리지 말 것을 부탁했고, 집안의 식구들도 장사 지내지 않았으며, 대상(大祥)과 담제(禫祭)에서 제사 향사(饗祀)를 올리지 않았다. 비록 옛 법을 쓰지는 않았지만, 상도를 뒤집어[反經] 권도를 행하여 도에 부합하기를 기약한 것이므로, 이미 효제(孝弟)와

---

187 왕상(王祥, 184~268): 삼국시대 위나라 말 서진 초 낭야 임기 사람. 자는 휴징(休徵)이다. 성품이 지극히 효성스러워 계모(繼母)가 한겨울에 생선회를 원하자 곧 강으로 가서 옷을 벗고 얼음 위에 누워 얼음을 녹여 고기를 잡으려고 하니 두 마리의 잉어(鯉魚)가 튀어나와 잡아 드렸다고 한다. 24효(孝)의 한 사람이다. 후한 말에 난리를 피해 여강(廬江)에서 30여 년 동안 은거했다. 서주자사(徐州刺史) 여건(呂虔)이 불러 별가(別駕)에 임명했는데, 치적을 올렸다. 위나라 고귀향공(高貴鄉公)이 즉위하자 사예교위(司隷校尉)에 임명되었고, 사공(司空)을 거쳐 태위(太尉)에 이르렀다. 진나라에 들어 태보(太保)에 오르고 수릉공(睢陵公)에 봉해졌다.

188 유로(遺老): 여러 대(代)를 중요한 지위에 있어서 나라와 운명을 같이하는 나이 많은 신하를 이름.

189 봉조청(奉朝請): 제후(諸侯)가 봄에 천자에게 조회(朝會)하는 것을 조(朝)라 하고, 가을에 조회하는 것을 청(請)이라 한 데서 정기적으로 조회에 참여하는 것을 봉조청이라 하였는데, 퇴직한 대신이나 황실과 외척에게 봉조청의 명의를 주어 조회에 참가하도록 하였다.

신의와 겸양으로써 공통으로 속하게 하고, 마침내 '생각하지 않아서이지 어찌 멂이 있겠는가?'라고 했으니, 이것이 바로 「당체(唐棣)」이 편의 내용에서 뒤집음으로써 바르게 만든다는 뜻을 취했다는 하나의 증거이다."라고 했다. 살펴보니, 모기령의 말대로라면 "생각하지 않음[未之思]"은 뒤집힐 것을 생각하는 것으로 또한 바로 권도를 생각하는 것이니, 이 「주」의 설명과도 바로 일치한다. "차서(次序)"란 먼저는 반대로 하다가 나중에 순서대로 한다는 말이다.

색 인

사항 색인

저자 유보남(劉寶楠)

1791년 강소성 보응현에서 아버지 이순(履恂)과 어머니 교씨(喬氏) 사이에서 태어났으며, 다섯 살에 아버지를 여의고, 어머니의 가르침 속에 성장하였다. 종부 태공(台拱)의 학문이 깊고 정밀하였으므로 그에게 전수받기를 청하여 학행으로 향리에서 명성이 자자하였다. 제생(諸生)이 되었을 때 의징(儀徵)의 유문기(劉文淇)와 명성을 나란히 하여 사람들이 "양주이유(揚州二劉)"라고 칭송하였다. 도광 20년(1840) 진사가 되어 직례성 문안현의 지현(知縣)을 제수받았다. 문안현은 지형이 웅덩이에 비해 낮았는데도 둑이나 제방이 닦이지 않아 장마가 내리거나 가을 홍수가 나면 번번이 백성들의 해가 되곤 하였다. 이에 유보남은 제방을 두루 걸어 다니면서 병폐와 고통을 묻고 옛 서적들을 검토하여 일군의 주둔병과 백성이 함께 정비하도록 독촉하였다. 함풍 원년(1851) 삼하(三河)를 수비하고 있었는데, 동성(東省)의 군대가 국경을 지나는 것을 맞닥뜨리고는 병거를 모두 마을 아래로 출동시켰다. 병사가 많아 들쭉날쭉하니 백성들이 감당할 바가 아니라 생각해 수레 품삯을 백성들의 값으로 지급하자 백성들이 동요하지 않을 수 있었다. 16년 동안 관직에 있었는데, 항상 의관이 소박하여 마치 제생 때와 같았다. 송사를 처리함에 삼갔고, 문안에서 관직 생활을 하는 동안 쌓인 현안 1,400여 건을 자세하게 살펴 결론을 내렸으며, 새벽닭이 처음 울 때면 당청에 앉아, 원고와 피고가 모두 법정에 나오고 증거가 구비되면 때에 맞춰 상세히 국문하였다. 큰 사건이건 작은 사건이건 할 것 없이 균등하게 자기의 뜻대로 안건을 판결했고, 패도한 자는 법의 판례에 비추어 죄를 다스렸다. 무릇 소송에 연루된 친척이나 오랜 친족은 내외척 간의 친목[睦婣]으로 깨우쳐, 대체로 화해하고 풀도록 하였다. 송사와 옥사가 한가해지고 나면 아전들은 자리를 떠나 돌아가 농사를 짓게 하였으니, 멀고 가까이에 있는 자들이 화합하여 순량(循良)이라는 칭호를 붙여 주었다. 『논어정의』는 그가 38세에 뜻을 두고 착수하여 평생을 바친 저작으로, 청대『논어』연구의 결정판으로 널리 알려져 있다. 24권까지 지었으나 완성하지 못하고 아들 공면에게 이를 이을 것을 맡긴 후 함풍 5년(1855)에 죽으니, 향년 65세이다.

저자 유공면(劉恭冕)

광서 5년(1879)에 거인(擧人)이 되었다. 가학을 지켜 경훈(經訓)에 통달했고, 경학을 공부해 거처하는 당의 이름을 광경당(廣經堂)이라 했다. 안휘성의 학정(學政) 주란(朱蘭)의 막에 들어가 이이덕(李貽德)의 『춘추가복주집술(春秋賈服注輯述)』을 교정하여 백수십 가지의 일을 옮겨서 보충하였다. 후에 호북성의 경심서원(經心書院)에서 주강(主講)이 되었는데, 돈독한 품행과 신중한 행실로 질박한 학문을 숭상하였다. 어려서 『모시(毛詩)』를 익혔고, 만년에는 『공양춘추(公羊春秋)』를 연구해서, "신주(新周)"의 뜻을 발명하여, 하휴(何休)의 오류를 물리치니, 같은 시대의 모든 선비가 그것을 아름답게 여겼다. 역대 제가의 이설(異說)을 참고하고 비교하여 아버지가 완성하지 못한 『논어정의』를 완성했다. 『면양주지(沔陽州志)』와 『황주부지(黃州府志)』, 『한양부지(漢陽府志)』, 『황강현지(黃岡縣志)』를 편찬했다. 향년 60세이다.

역주자 함현찬(咸賢贊)

1963년 강원도 영월에서 태어나 고등학교까지 마쳤다. 1987년 성균관대학교 동양철학과를 졸업하고, 같은 대학교 대학원 유학과에서 석사와 박사과정을 마쳤으며, 2000년 중국 송대 철학 전공으로 박사학위를 받았다. 성균관 한림원에서 한문을 공부하였으며, 현재 성균관대학교 유학·동양학과 및 대학원 초빙교수로 재직하고 있고, 아울러 성균관 한림원 교수로 재직하고 있다. 저서로는 『장재: 송대 기철학의 완성자』(2003), 『주돈이: 성리학의 비조』(2007), 『(교수용 지도서) 사자소학』(1999), 『(교수용 지도서) 추구·계몽편』(1999), 『(교수용 지도서) 격몽요결』(2010) 등이 있고, 함께 번역한 책으로는 『논어징』 전 3권(2010), 『성리논변』(2006), 『증보 동유학안』 전 6권(2008), 『주자대전』 전 13권(2010), 『주자대전차의집보』 전 4권(2010), 『역주 예기집설대전 2』(2021), 『왕부지 중용을 논하다』(2014) 등이 있다. 이 외에 연구논문으로는 「《논어징》에 나타난 오규 소라이의 성인관」(2015), 「《논어징》에 나타난 오규 소라이의 도 인식」(2011), 「성리학의 태동과 정체성에 대한 일고찰」(2011) 등이 있다.

Lun Yu Zheng Yi

—The Corrected Meaning of the
LUN YU—